Lisa Brennan-Joh

Be

PIPER

Zu diesem Buch

»Erst vor Kurzem habe ich mein Glück begriffen: Ich habe ihn gekannt, ehe er so berühmt wurde und als er noch gesund genug war, um mit mir Rollschuhlaufen zu gehen …« Lisa war das Ergebnis einer schon im Ansatz gescheiterten Liebe. Als die Studentin Chrisann Brennan schwanger wurde, hatte Steve Jobs gerade das College geschmissen und schraubte in der berühmten Garage im Silicon Valley komische Kästen zusammen. Chrisann wollte Künstlerin werden und suchte eigentlich jemand Besseren als den »Nerd« Steve. Diese Kränkung sollte er ihr – und auch Lisa – lange nicht verzeihen. Der Apple-Gründer bestritt die Vaterschaft, nannte aber gleichzeitig wohl einen seiner Computer nach dem kleinen Mädchen. Und Lisa erlebte eine Kindheit der Extreme: Da war einerseits ihre Hippie-Mutter, die nicht einmal genug Geld für ein Sofa hatte, und andrerseits eben einer der reichsten und berühmtesten Männer der Welt …
Herzzerreißend und komisch – eine Kindheit, die man so nie erfinden könnte.

Lisa Nicole Brennan-Jobs ist eine amerikanische Autorin. Sie ist die Tochter von Apple-Gründer Steve Jobs und der Künstlerin Chrisann Brennan. Nachdem Steve Jobs mehrere Jahre die Vaterschaft an Lisa auch gerichtlich bestritt, kam es später zur Versöhnung, und Lisa lebte einen Teil ihrer Teenagerjahre bei ihm und ihren Stiefgeschwistern.

Lisa Brennan-Jobs

BEIFANG

Eine Kindheit wie ein Roman

Aus dem Englischen
von Bettina Abarbanell

PIPER

Mehr über unsere Autoren und Bücher:
www.piper.de

MIX
Papier aus verantwortungsvollen Quellen
FSC® C083411

Ungekürzte Taschenbuchausgabe
ISBN 978-3-492-31624-8
August 2020

Titel der amerikanischen Originalausgabe:
»Small Fry«, Grove Atlantik, New York 2018

Umschlaggestaltung: zero-media.net, München
Umschlagabbildung: Getty Images (teobraga; nicoolay)
Satz: psb, Berlin
Gesetzt aus der Centaur MT
Druck und Bindung: CPI books GmbH, Leck
Printed in the EU

Für Bill

DRITTER FISCHER
Meister, wie können doch nur die Fische in der See leben?

ERSTER FISCHER. Nun! Eben so, wie die Menschen zu Lande; die Großen fressen die Kleinen. Unsre reichen Geizhälse kann ich mit nichts so gut, als mit einem Walfische vergleichen; der spielt und bäumt, und treibt die armen kleinen Fische vor sich her, bis er sie zuletzt all' mit einem Schluck hinunterschlingt. Solche Walfische soll es auch auf dem Lande geben, die solange das Maul aufsperren, bis sie das ganze Kirchsprengel, Kirche, Glockenturm, Glocken und alles hinuntergeschluckt haben.

Shakespeare, *Perikles*
(in der Übersetzung von Ludwig Tieck)

... es war sehr sonderbar, der unerkannte Ursprung dieser öffentlichen Attraktion zu sein und im Graupelregen zu stehen – man kam sich vor wie ein Phantom.

Saul Bellow, *Humboldts Vermächtnis*
(in der Übersetzung von Eike Schönfeld)

Drei Monate vor seinem Tod begann ich, Sachen aus dem Haus meines Vaters zu stehlen. Ich lief barfuß umher und ließ Gegenstände in meinen Taschen verschwinden. Rouge, Zahnpasta, zwei leicht angestoßene, seladonblaue Fingerschalen, eine Flasche Nagellack, ein Paar abgetragene lederne Ballettschläppchen und vier vergilbte Kissenhüllen von der Farbe alter Zähne.

Nach jedem Diebstahl war etwas in mir gestillt. Ich versprach mir, dass es das letzte Mal gewesen sei. Doch der Drang, mir noch etwas zu nehmen, kam immer wieder wie Durst.

Auf Zehenspitzen ging ich ins Zimmer meines Vaters. Ich achtete darauf, an der Schwelle einen großen Schritt zu machen, um nicht auf die knarrende Diele zu treten. Als er noch Treppen steigen konnte, war dies sein Arbeitszimmer gewesen, jetzt stand hier sein Bett. Der Raum war vollgestopft mit Büchern, Briefen und Arzneimittelflaschen; Äpfeln aus Glas, Äpfeln aus Holz; Preisen, Zeitschriften, stapelweise Papier; gerahmten Drucken von Hasui, Zwielicht und Sonnenuntergänge an Tempeln. Auf die Wand neben ihm fiel ein Streifen rosa Licht.

Er trug Shorts und saß, an Kissen gelehnt, im Bett. Die Beine, nackt und so dünn wie Arme, waren angewinkelt wie die eines Grashüpfers.

»Hi, Lis«, sagte er.

Neben ihm stand Segyu Rinpoche. Er war in letzter Zeit oft da, wenn ich zu Besuch kam. Rinpoche, ein kleiner Brasilianer mit funkelnden braunen Augen und einer kratzigen Stimme, war ein buddhistischer Mönch mit brauner Kutte über dem runden Bauch. Wir nannten ihn bei seinem Titel. Tibetanische Heilige wurden heutzutage manchmal im Westen geboren, zum Beispiel in Brasilien. Mir kam er nicht sehr heilig vor – er war weder entrückt noch undurchschaubar. Neben uns summte ein schwarzer, leinener Nährstoffbeutel mit Motor und Pumpe; der Schlauch verschwand irgendwo unter der Bettwäsche meines Vaters.

»Es ist gut, seine Füße zu berühren«, sagte Rinpoche und legte die Hände um einen Fuß meines Vaters auf dem Bett. »So.«

Ich wusste nicht, ob das Füßeberühren für meinen Vater oder für mich gedacht war oder für uns beide.

»Okay«, sagte ich. Ich nahm den anderen Fuß in seiner dicken Socke, auch wenn das komisch war, und beobachtete ihn, denn wenn er vor Schmerz oder Wut das Gesicht verzog, sah es so ähnlich aus, wie wenn er anfing zu lächeln.

»Das ist schön«, sagte mein Vater und schloss die Augen. Ich schielte auf die Kommode neben ihm und zu den Regalen auf der anderen Seite des Zimmers, falls es dort etwas gab, das ich haben wollte, dabei wusste ich, dass ich es nicht wagen würde, in seiner Gegenwart zu stehlen.

Während er schlief, streifte ich durchs Haus – was ich suchte, war mir selbst nicht klar. Im Wohnzimmer saß eine Krankenschwester; die Hände im Schoß, horchte sie darauf, dass mein Vater nach ihr rief. Es war still im Haus, die Geräusche gedämpft, die weiß gestrichenen Backsteinwände knittrig wie Kissen. Der Terrakottaboden fühlte sich kühl unter meinen Füßen an, außer dort, wo die Sonne ihn auf Hauttemperatur erwärmt hatte.

Im kleinen Bad neben der Küche, in dem Schränkchen, wo früher immer ein zerfleddertes Exemplar der Bhagavadgita gestanden hatte, fand ich eine Flasche teures Rosengesichtsspray. Bei geschlossener Tür setzte ich mich, ohne das Licht einzuschalten, auf die Klobrille, sprühte in die Luft und machte die Augen zu. Das Spray nieselte auf mich herab, kühl und heilig, wie im Wald oder in einer alten Steinkirche.

Außerdem lag dort noch ein silberner Lipglossstift, der oben eine kleine Bürste und unten einen Drehmechanismus hatte, mit dem man die Flüssigkeit in die Bürstenmitte schieben konnte. Den musste ich haben. Ich steckte ihn ein, um ihn mit in die Einzimmerwohnung in Greenwich Village zu nehmen, wo ich mit meinem Freund zusammenlebte, denn mir war so klar, wie mir je irgendetwas klar gewesen war, dass dieser Lipgloss mein Leben vervollständigen würde. Weil ich der Haushälterin, meinem Bruder, meinen Schwestern und meiner Stiefmutter im Haus aus dem Weg gehen musste, um nicht beim Klauen erwischt zu werden, aber auch, weil es wehtat, wenn sie mich nicht wahrnahmen oder mein *Hallo* nicht erwiderten, und ich mich stattdessen auf der dunklen Toilette einsprühte, damit das Gefühl nachließ, dass ich nach und nach verschwand – denn in dem herabnieselnden Spray spürte ich wieder so etwas wie meine Konturen –, empfand ich es allmählich als anstrengend, ja lästig, meinen kranken Vater in seinem Zimmer zu besuchen.

Im zurückliegenden Jahr war ich etwa alle zwei Monate übers Wochenende bei ihm gewesen.

Die Hoffnung auf eine große Versöhnung, wie im Film, hatte ich aufgegeben, aber ich kam trotzdem immer wieder.

Zwischen den Besuchen sah ich meinen Vater überall in New York. Ich sah ihn im Kino sitzen, *genau* die gleiche Linie von Hals, Kiefer, Wangenknochen. Ich sah ihn, wenn ich im Winter am Hudson entlanglief, auf einer Bank sitzen und die Boote auf dem Dock betrachten, sah ihn auf dem Weg zur Arbeit in der Subway oder auf dem Bahnsteig, wenn ich durch das Gedränge davonging. Dünne Männer mit olivenfarbener Haut, feinen Fingern, schmalen Handgelenken, Stoppelbart, die aus bestimmten Blickwinkeln genauso aussahen wie er. Jedes Mal musste ich dann genauer hinschauen, und das Herz schlug mir bis zum Hals, obwohl ich wusste, dass er es unmöglich sein konnte, weil er ja in Kalifornien krank im Bett lag.

Davor, in den Jahren, als wir kaum miteinander redeten, hatte ich überall sein Foto gesehen. Es gab mir einen seltsamen Kick. Das Gefühl war so ähnlich, wie wenn ich mich in einem Spiegel auf der anderen Seite eines Raums entdeckte und dachte, es sei jemand anderes, bis ich merkte, dass es mein eigenes Gesicht war: Da war er, schaute aus Zeitschriften und Zeitungen und Bildschirmen heraus, egal, in welcher Stadt ich war. *Das ist mein Vater, und niemand weiß es, aber es ist wahr.*

Bevor ich mich verabschiedete, ging ich noch einmal auf die Toilette, um mich einzusprühen. Das Spray war naturbelassen, was zur Folge hatte, dass es binnen weniger Minuten nicht mehr scharf nach Rosen roch, sondern faulig und übel wie ein Sumpf, aber das wusste ich da noch nicht.

Als ich in sein Zimmer kam, wollte er gerade aufstehen. Ich sah zu, wie er mit einem Arm beide Beine umfasste, sich um neunzig Grad herumdrehte, indem er sich mit dem anderen Arm vom Kopfende abstieß, und dann mit beiden Armen die eigenen Beine über den Bettrand und auf den Boden drückte. Als wir uns umarmten, spürte ich seine Wirbel, seine Rippen. Er roch muffig, nach Medizinschweiß.

»Ich komme bald wieder«, sagte ich.

Wir ließen uns los, und ich ging zur Tür.

»Lis?«

»Ja?«

»Du riechst nach Klo.«

HIPPIES

Als ich sieben wurde, waren meine Mutter und ich schon dreizehnmal umgezogen.

Mal wohnten wir im möblierten Schlafzimmer einer Freundin, mal vorübergehend bei irgendwem zur Untermiete, immer inoffiziell. Die letzte Wohnsituation war ungeeignet geworden, als jemand ohne Vorwarnung den Kühlschrank verkauft hatte. Am nächsten Tag rief meine Mutter meinen Vater an, bat um mehr Geld, und er erhöhte die Unterhaltszahlungen um zweihundert Dollar pro Monat. Wir zogen erneut um, ins Erdgeschoss eines kleinen Gebäudes hinter einem Haus in der Channing Avenue in Palo Alto – es war das erste Mal, dass im Mietvertrag der Name meiner Mutter stand. Diese neue Wohnung war nur für uns.

Das vordere Haus war ein dunkelbraunes Craftsman mit staubbedecktem Efeu, wo Rasen hätte sein können, und zwei Buscheichen, die so krumm waren, dass ihre Zweige beinahe den Boden berührten. Zwischen den Bäumen und dem Efeu hingen Spinnennetze voller Pollen, die in der Sonne weiß leuchteten. Von der Straße aus war nicht zu sehen, dass sich hinter dem Haus ein Apartmentkomplex befand.

Vorher hatten wir in umliegenden Ortschaften gewohnt – Menlo

Park, Los Altos, Portola Valley –, aber Palo Alto ist der Ort, den wir unser Zuhause nennen sollten.

Hier war der Boden schwarz, feucht und wohlriechend; unter den Steinen fand ich kleine rote Käfer, rosa- und aschefarbene Würmer, dünne Tausendfüßler und schieferfarbene Asseln, die sich zu gepanzerten Kugeln einrollten, wenn ich sie störte. Die Luft roch nach Eukalyptus und sonnenwarmer Erde, nach Feuchtigkeit und gemähtem Gras. Eisenbahngleise teilen die Stadt in zwei Hälften; nicht weit von ihnen liegt die Stanford University mit ihrem großen Rasenoval und der goldgeränderten Kapelle am Ende einer von Palmen gesäumten Straße.

Am Tag unseres Einzugs parkte meine Mutter den Wagen vor dem Haus, und wir trugen unsere Sachen hinein: Küchenutensilien, einen Futon, einen Schreibtisch, einen Schaukelstuhl, Lampen, Bücher. »Deshalb kriegen Nomaden nie was zustande«, sagte sie, als sie eine Kiste über die Schwelle schleppte. Ihre Haare waren zerzaust, ihre Hände mit weißer Grundierungsfarbe gesprenkelt. »Sie bleiben nicht lange genug an einem Ort, um irgendetwas Dauerhaftes aufzubauen.«

Das Wohnzimmer hatte Glasschiebetüren, durch die man auf eine kleine Terrasse trat. Hinter der Terrasse waren ein Stück Rasen aus trockenem Gras und Disteln, eine weitere Buscheiche und ein Feigenbaum – beide spindeldürr – sowie eine Reihe Bambus, den man, wie meine Mutter sagte, schwer wieder loswurde, wenn er erst einmal Wurzeln geschlagen hatte.

Als wir mit dem Ausladen fertig waren, stand sie mit den Händen in den Hüften da, und gemeinsam blickten wir uns im Zimmer um: Mit all unseren Habseligkeiten darin sah es immer noch leer aus.

Am nächsten Tag rief sie meinen Vater in seinem Büro an und bat ihn um Hilfe.

»Elaine kommt mit dem Transporter – wir fahren zum Haus deines Vaters und holen ein Sofa ab«, sagte meine Mutter ein paar Tage später. Mein Vater wohnte in Monte Sereno, einem Vorort von Saratoga, etwa eine halbe Stunde von uns entfernt. Ich war noch nie in seinem Haus gewesen und hatte auch noch nie von dem Ort gehört, wo er wohnte – ich war ihm erst ein paarmal begegnet.

Meine Mutter sagte, mein Vater habe ihr dieses Sofa angeboten, als sie ihn angerufen habe. Aber wenn wir es uns nicht bald holten, würde er es wegwerfen oder das Angebot zurückziehen, das sei ihr klar. Und wer wusste, wann wir das nächste Mal Zugriff auf Elaines Transporter hätten.

Ich ging in dieselbe Klasse wie Elaines Zwillinge, ein Junge und ein Mädchen. Elaine war älter als meine Mutter und hatte welliges schwarzes Haar mit losen Strähnen, die bei gewissem Licht einen Heiligenschein um ihren Kopf herum schufen. Meine Mutter war jung, sensibel und schillernd, ohne Ehemann, Haus und Familie, die Vorzüge über die Elaine verfügte. Dafür hatte sie mich, und ich hatte zwei Aufgaben: erstens, sie zu beschützen, damit sie mich beschützen konnte; zweitens, sie zu formen und aufzurauen, damit sie mit der Welt zurechtkam, so wie man eine Oberfläche mit Sandpapier bearbeitet, damit die Farbe hält.

»Links oder rechts?«, fragte Elaine andauernd. Sie war in Eile, weil sie einen Arzttermin hatte. Meine Mutter ist Legasthenikerin, behauptete aber, das sei nicht der Grund, warum sie Landkarten scheue. Vielmehr trage sie die Karten in sich selbst und könne den Weg zu jedem Ort finden, wo sie je gewesen sei, selbst wenn ein paar Umwege nötig seien, bis sie sich orientiert habe. Aber wir verirrten uns oft.

»Links«, sagte sie. »Nein, rechts. Warte. Doch links.«

Elaine war leicht gereizt, aber meine Mutter entschuldigte sich nicht. Sie benahm sich, als wäre man auf Augenhöhe mit denen, die einen retten.

Die Sonne zeichnete mir Spitze auf die Beine. Die Luft war feucht und dick und kitzelte mich mit dem Geruch nach Gewürzlorbeer und Erde in der Nase.

Die Hügel in den Städten rund um Palo Alto waren durch Verschiebungen unter der Erde entstanden, dadurch, dass Platten sich aneinander rieben. »Wir müssen in der Nähe des Grabenbruchs sein«, sagte meine Mutter. »Wenn es jetzt ein Erdbeben gäbe, würden wir verschluckt werden.«

Wir fanden die richtige Straße und dann die baumbestandene Auffahrt mit einem Rasen am Ende – einem Kreis aus leuchtendem Gras, dessen dünne Halme aussahen, als würden sie sich weich unter meinen Füßen anfühlen. Das Haus war zwei Stockwerke hoch und hatte ein Giebeldach, dunkle Schindeln auf weißem Gipsverputz. Lange Fenster verbogen das Licht. So sahen die Häuser aus, die ich auf leere Seiten zeichnete.

Wir klingelten und warteten, aber niemand kam. Meine Mutter versuchte, die Tür zu öffnen.

»Abgeschlossen«, sagte sie. »Mist. Ich wette, er lässt sich nicht blicken.«

Sie ging ums Haus herum, prüfte die Fenster, die Hintertür. »Abgeschlossen!«, rief sie immer wieder. Ich war mir nicht so sicher, ob es wirklich sein Haus war.

Sie kam wieder nach vorne und sah zu den Schiebefenstern hinauf, zu hoch für sie. »Ich versuch's mal mit denen«, sagte sie. Sie stieg auf einen Sprinklerkopf, dann auf ein Regenrohr, bekam die Kante eines Fenstersimses zu fassen und drückte sich flach an die Wand. Sie fand neue Tritte und Griffe, blickte hinauf, zog sich höher.

Elaine und ich sahen zu. Ich hatte panische Angst, dass sie abstürzen würde.

Mein Vater sollte eigentlich an die Tür kommen und uns hereinbitten. Vielleicht würde er uns noch weitere Möbel zeigen, die er nicht brauchte, und uns einladen wiederzukommen.

Stattdessen kletterte meine Mutter wie ein Dieb am Haus hoch.

»Lass uns lieber wegfahren«, rief ich. »Ich glaube, wir dürfen nicht hier sein.«

»Ich hoffe, es gibt keine Alarmanlage«, sagte sie.

Sie erreichte das Sims. Ich hielt die Luft an, wartete darauf, dass eine Sirene losheulen würde, doch der Tag blieb so still wie zuvor. Sie entriegelte das Fenster, das sich scharrend hoch- und aufschieben ließ, verschwand, Bein für Bein, drinnen und trat ein paar Sekunden später aus der Haustür in den Sonnenschein.

»Wir sind drinnen!«, sagte sie. Ich schaute durch die Tür: Holzböden, die das Licht reflektierten, hohe Zimmerdecken. Kühle, leere Räume. Ich verband ihn an dem Tag – und später – mit Lichtlachen, die durch große Fenster fielen, Schatten in der Tiefe von Räumen, den muffigen, süßen Gerüchen von Schimmel und Weihrauch.

Meine Mutter und Elaine trugen das Sofa, manövrierten es durch die Tür und die Treppe hinunter. »Es wiegt nicht viel«, sagte meine Mutter und bat mich, aus dem Weg zu gehen. Ein dickes geflochtenes Bastgestell mit Polstern aus grob gewebtem Leinen. Die Kissen waren cremefarben und mit leuchtenden Chintzblumen in Rot, Orange und Blau gesprenkelt, und jahrelang zupfte ich an den Rändern der Blütenblätter und versuchte, mit den Fingernägeln unter ihre gemalten Spitzen zu gelangen.

Elaine und meine Mutter bewegten sich schnell und ernst, so als wären sie wütend; meiner Mutter fiel eine Haarlocke aus dem Reif. Nachdem sie es hinten in den Transporter geschoben hatten, gingen sie wieder hinein und holten noch einen Sessel und einen Schemel heraus, beides passend zum Sofa.

»Okay, fahren wir«, sagte meine Mutter.

Hinten war der Wagen voll, also saß ich vorne auf ihrem Schoß.

Meine Mutter und Elaine waren aufgedreht. Sie hatten ihre Möbel, und Elaine würde nicht zu spät zu ihrem Termin kommen. Das war der Grund für meine Wachsamkeit und Besorgnis: Ich wollte, dass meine Mutter fröhlich und zufrieden war.

Elaine bog aus der Einfahrt auf eine zweispurige Straße ein. Einen Augenblick später fegten zwei Polizeiwagen aus der entgegengesetzten Richtung an uns vorbei.

»Vielleicht sind sie hinter uns her!«, sagte Elaine.

»Vielleicht müssen wir ins *Gefängnis!*«, sagte meine Mutter lachend.

Ich verstand ihren übermütigen Ton nicht. Wenn wir ins Gefängnis kämen, wären wir getrennt. Soweit ich wusste, wurden Kinder und Erwachsene nicht in denselben Zellen untergebracht.

Am nächsten Tag rief mein Vater an. »He, seid ihr bei mir eingebrochen und habt das Sofa mitgenommen?«, fragte er. Er lachte. Er habe einen stillen Alarm. Der sei auf der örtlichen Polizeiwache losgegangen, und daraufhin seien vier Polizeiwagen zum Haus gerast und hätten uns knapp verpasst.

»Ja, sind wir«, sagte sie, etwas Prahlerisches in der Stimme.

Jahrelang verfolgte mich die Idee eines stillen Alarms und wie nah wir der Gefahr gewesen waren, ohne es zu wissen.

Meine Eltern lernten sich im Frühjahr 1972 an der Homestead High School in Cupertino, Kalifornien, kennen, als er in der elften und sie in der zehnten Klasse war.

Jeden Mittwoch arbeitete sie die ganze Nacht lang auf dem Schulhof mit ein paar Freunden zusammen an einem Animationsfilm. Als sie in einer dieser Nächte gerade im Scheinwerferlicht stand und im Begriff war, die Knetanimationsfiguren zu bewegen, kam mein Vater zu ihr und gab ihr einen Bob-Dylan-Songtext, den er abgetippt hatte: *Sad Eyed Lady of the Lowlands.*

»Wenn du fertig bist, möchte ich ihn wiederhaben«, sagte er.

Er kam immer, wenn sie da war, und hielt Kerzen für sie, damit sie etwas sehen konnte, während sie zwischen den Takes zeichnete.

In jenem Sommer zogen sie zusammen in eine Hütte am Ende der Stevens Canyon Road; mein Vater bezahlte die Miete vom Erlös aus dem Verkauf der sogenannten Blue Boxes, die er zusammen mit seinem Freund Woz baute. Woz war Ingenieur, ein paar Jahre älter als mein Vater, schüchtern und ernst, dunkelhaarig. Sie hatten sich in einer Technik-AG kennengelernt, waren Freunde geworden, die auch zusammenarbeiteten, und sollten später gemeinsam Apple gründen. Die Blue Boxes erzeugten die Töne, mit denen Anrufe umsonst durchkamen, illegal. Sie hatten in der Bibliothek ein Buch der Telefongesellschaft gefunden, in dem das System erklärt und die genaue Tonabfolge beschrieben wurde. Man hielt die Box an den Hörer, die Box erzeugte die Töne, und die Telefongesellschaft verband einen kostenlos, weltweit, mit jedem, den man anrufen wollte. Die Leute, die neben der Hütte wohnten, hatten aggressive Ziegen, und wenn meine Eltern mit dem Auto nach Hause kamen, lenkte meine Vater die Ziegen ab, während meine Mutter zur Tür rannte, oder er rannte auf die Beifahrerseite und trug sie hinein.

Damals waren die Eltern meiner Mutter schon geschieden; ihre Mutter war psychisch krank und wurde zunehmend grausam. Meine Mutter lebte abwechselnd bei ihr und bei ihrem Vater, der oft nicht da war, sondern unterwegs auf Geschäftsreisen. Er hielt nichts davon, dass meine Eltern zusammenziehen wollten, versuchte aber auch nicht, sie daran zu hindern. Der Vater meines Vaters, Paul, war entrüstet über das Vorhaben, seine Mutter Clara dagegen verständnisvoll, die Einzige der vier, die abends einmal zum Essen zu ihnen kam; es gab Campbells-Suppe, Spaghetti und Salat.

Im Herbst zog mein Vater nach Oregon, um sein Studium am Reed College aufzunehmen, das er nach ungefähr sechs Monaten schmiss. Sie trennten sich; richtig darüber gesprochen hätten sie nicht, sagte meine Mutter, weder über die Beziehung noch über die Trennung, und sie habe bald einen neuen Freund gehabt. Als er begriffen habe, dass es vorbei war, sei er so fertig gewesen, dass er kaum aufrecht habe gehen, sich nur noch habe vorwärtsschleppen können. Dass sie es war, die sich von ihm getrennt hatte, überraschte mich, und später fragte ich mich, ob das vielleicht ein Grund war, warum er sich nach meiner Geburt ihr gegenüber so rachsüchtig zeigte. Er sei damals ziellos gewesen, sagte sie, ein Studienabbrecher, der sich nach ihr sehnte, selbst wenn sie bei ihm war.

Meine Eltern reisten beide unabhängig voneinander nach Indien. Er blieb sechs Monate, sie nach seiner Rückkehr ein Jahr. Wie er mir später erzählte, war er eigentlich nach Indien gegangen, um den Guru Neem Karoli Baba kennenzulernen, doch der war, als er ankam, gerade gestorben. Der Ashram, in dem der Guru gelebt hatte, ließ meinen Vater ein paar Tage lang dort wohnen, in einem weißen Zimmer, in dem es nichts weiter gab als ein Bett auf dem Boden und ein Exemplar des Buches *Autobiografie eines Yogi*.

Zwei Jahre später, als die Firma, die mein Vater gemeinsam mit Woz gründete – Apple –, noch ganz am Anfang stand, waren meine

Eltern wieder ein Paar und wohnten zusammen mit einem gewissen Daniel, der wie sie bei Apple arbeitete, in einem dunkelbraunen, im Ranchstil gebauten Haus in Cupertino. Meine Mutter arbeitete im Lager. Sie hatte beschlossen, Geld anzusparen, um die Vororte und meinen launischen Vater irgendwann verlassen zu können und im The Good Earth in Palo Alto anzuheuern, einem Biorestaurant an der Ecke von University Corner und Emerson Street. Sie hatte sich eine Spirale einsetzen lassen, die ihr Körper jedoch, wie es in seltenen Fällen passiert, unbemerkt abstieß, und stellte irgendwann fest, dass sie schwanger war.

Sie sagte es meinem Vater am nächsten Tag. Sie standen im Zimmer direkt neben der Küche. Möbel gab es darin nicht, nur einen Teppich. Er machte ein wütendes Gesicht, presste die Kiefer aufeinander, stürmte dann aus der Haustür und knallte sie hinter sich zu. Er fuhr weg, und sie glaubte, dass er zu einem Anwalt gefahren war, der ihm riet, nicht mehr mit ihr zu sprechen, denn von da an schwieg er eisern.

Sie kündigte ihren Job im Lager von Apple, weil es ihr zu peinlich war, mit dem Kind meines Vaters im Bauch herumzulaufen und gleichzeitig in seiner Firma zu arbeiten, und wohnte bei verschiedenen Freunden. Sie lebte von Sozialhilfe, hatte kein Auto, kein Einkommen. Sie erwog eine Abtreibung, entschied sich aber dagegen, nachdem sie mehrfach von einem Schweißbrenner zwischen ihren Beinen geträumt hatte. Auch über Adoption dachte sie nach, doch die einzige Frau bei Planned Parenthood, der sie Vertrauen schenkte, wurde in einen anderen Bezirk versetzt. Sie ging putzen und wohnte eine Zeit lang in einem Trailer. Viermal während ihrer Schwangerschaft nahm sie an Schweige-Retreats teil, unter anderem, weil es dort so viel zu essen gab. Mein Vater blieb in dem Haus in Cupertino, bis er das Haus in Monte Sereno kaufte, aus dem wir uns später das Sofa holten.

Im Frühjahr 1978, als meine Eltern vierundzwanzig waren, brachte meine Mutter mich auf der Farm ihres gemeinsamen Freundes Robert in Oregon mithilfe zweier Hebammen zur Welt. Von der ersten Wehe bis zur Geburt vergingen drei Stunden. Robert machte Fotos. Mein Vater kam ein paar Tage später dazu. »Es ist nicht mein Kind«, sagte er immer wieder zu jedem auf der Farm aber er war trotzdem ins Flugzeug gestiegen, um mich zu sehen. Ich hatte schwarzes Haar und eine große Nase, und Robert sagte: »Sie sieht aber aus wie du.«

Meine Eltern gingen mit mir auf eine Wiese, legten mich auf eine Decke und blätterten in einem Namensbuch. Er wollte mich Claire nennen. Sie erwogen diverse Namen, ohne sich einigen zu können. Sie wollten nichts Abgeleitetes, keine Kurzform eines längeren Namens.

»Wie wäre es mit Lisa«, sagte meine Mutter schließlich.

»Ja. Das ist es«, sagte er freudig.

Am nächsten Tag flog er ab.

»Ist Lisa nicht die Kurzform von Elisabeth?«, fragte ich meine Mutter.

»Nein. Wir haben nachgeschaut. Es ist ein eigener Name.«

»Und warum hast du ihn meinen Namen mit aussuchen lassen, obwohl er behauptete, er wäre gar nicht mein Vater?«

»Weil er dein Vater war«, sagte sie.

Auf meiner Geburtsurkunde trug meine Mutter ihre beiden Namen ein, aber als meinen Nachnamen nur ihren: Brennan. Sie zeichnete überall Sterne an den Rand des Dokuments, Sterne, die nur Umrisse haben und in der Mitte hohl sind.

Ein paar Wochen später zogen meine Mutter und ich zu ihrer älteren Schwester Kathy in einen Ort namens Idyllwild in Südkalifornien. Meine Mutter lebte nach wie vor von Sozialhilfe; mein Vater kam nicht zu Besuch und zahlte keinen Unterhalt. Wir blieben fünf Monate dort, bevor unsere Umzugsserie begann.

In der Zeit, als meine Mutter schwanger war, begann mein Vater an einem Computer zu arbeiten, der später Lisa heißen sollte. Es war der Vorläufer des Macintosh, der erste Computer für den Massenmarkt mit externer Maus – so groß wie ein Stück Käse –, inklusive Software in Form von Floppy Disks: LisaCalc und LisaWrite. Doch er erwies sich als zu teuer für den Markt, ein kommerzieller Misserfolg; mein Vater hatte in dem Team angefangen, das für Lisa arbeitete, war dann aber ins konkurrierende Mac-Team gewechselt, wo er gegen den Lisa-Computer arbeitete. Die Produktion wurde eingestellt, die dreitausend nicht verkauften Geräte landeten irgendwann auf einer Mülldeponie in Logan, Utah.

Bis ich zwei war, besserte meine Mutter die Sozialhilfezahlungen mit Putz- und Kellnerinnenjobs auf. Von meinem Vater kam keine Unterstützung, ihr Vater und ihre Schwestern halfen, wenn sie konnten; viel war es nicht. Sie fand Betreuung für mich in einer kirchlichen Kindertagesstätte, die von der Frau des Pfarrers geleitet wurde. Ein paar Monate lang hatten wir ein Zimmer in einem Haus, von dem meine Mutter durch einen Aushang erfahren hatte; es war für Schwangere gedacht, die darüber nachdachten, ihr Kind zur Adoption freizugeben.

»Wenn du geweint hast, habe ich mitgeweint; ich war noch so jung, ich wusste nicht, was ich machen sollte, und deine Traurigkeit hat mich traurig gemacht«, sagte meine Mutter über diese Jahre. Das kam mir falsch vor. Zu viel Verschmelzung. Dennoch spürte ich, wie es mich geformt hatte, mein Mitgefühl mit anderen, das manchmal so stark war, als wären sie ich. Durch die Abwesenheit meines Vaters wirkt all ihr Tun und Lassen dramatischer, so als fände es vor einer schwarzen Kulisse statt.

Ich warf ihr später vor, dass ich in Räumen, wo auch nur das mindeste Geräusch zu hören war, schwer einschlafen konnte.

»Du hättest dafür sorgen sollen, dass ich auch an lauten Orten schlafen kann«, sagte ich.

»Aber es war ja außer mir niemand da«, sagte sie. »Was sollte ich denn machen – auf Töpfe und Pfannen schlagen?«

Als ich eins wurde, nahm sie eine Stelle als Kellnerin im Varsity Theater, einem Programmkinorestaurant in Palo Alto, an. Für mich fand sie einen guten, billigen Krippenplatz im Downtown Children's Center.

1980, als ich zwei war, verklagte der Bezirksanwalt von San Mateo County, Kalifornien meinen Vater auf Unterhaltszahlungen.

Der Staat forderte ihn auf, Kindesunterhalt zu zahlen und außerdem die bereits geleisteten Sozialhilfebeträge zurückzuerstatten. Das Verfahren wurde im Namen meiner Mutter, aber vom Bundesstaat Kalifornien eingeleitet. Mein Vater reagierte darauf, indem er die Vaterschaft leugnete, in einer eidesstattlichen Erklärung schwor, er sei unfruchtbar, und den Namen eines anderen Mannes nannte, der angeblich mein Vater sei. Nachdem das Gericht die zahnmedizinischen und medizinischen Daten dieses Mannes angefordert und keine Übereinstimmung festgestellt hatte, behaupteten die Anwälte meines Vaters: »Zwischen August 1977 und Anfang Januar 1978 hatte die Klägerin Geschlechtsverkehr mit einer bestimmten Person oder mehreren Personen, deren Namen der Angeklagte nicht kennt, die Klägerin aber sehr wohl.«

Ich musste einen DNA-Test machen. Die Tests waren neu, sie wurden mit Blut statt Schleimhautabstrich gemacht, und meine Mutter sagte, die Krankenschwester habe keine Vene finden können und immer wieder auf meinen Arm eingestochen, während ich heulte. Mein Vater war auch da, weil das Gericht angeordnet hatte, dass wir alle zur gleichen Zeit ins Krankenhaus kommen sollten. Im Wartezimmer gingen sie und mein Vater höflich miteinander um. Die Ergebnisse kamen: Die Wahrscheinlichkeit, dass wir verwandt waren, lag bei dem höchsten Wert, den man mit damaligen Instrumenten messen konnte: 94,4 %. Das Gericht verfügte, dass mein Vater Sozialhilferückzahlungen von ungefähr 6000 Dollar zu leisten hatte, Kindesunterhaltszahlungen von 385 Dollar im Monat, die er auf 500 aufstockte, und Krankenversicherungsbeiträge, bis ich achtzehn wäre.

Es ist Fall 239948, archiviert auf Mikrofiche im Kammergericht, Klägerin: Bezirk San Mateo, gegen den Angeklagten: meinen Vater. Er unterschrieb in Kleinbuchstaben, eine noch nicht so routinierte Version seiner späteren Unterschrift. Die Unterschrift meiner Mutter sieht verkrampft und wacklig aus; sie hat gleich zwei davon geleistet, einmal unterhalb und einmal auf der Linie. Ein dritter, angefangener Versuch ist durchgestrichen – wäre diese Unterschrift ebenfalls vollständig, würde sie über den anderen schweben.

Der Fall wurde am 8. Dezember 1980 geschlossen. Die Anwälte meines Vaters drängten auf Einigung, und meine Mutter begriff nicht, warum die Sache, die sich über Monate hingeschleppt hatte, auf einmal so eilig zu Ende gebracht werden sollte. Vier Tage später ging Apple an die Börse, und mein Vater war über Nacht mehr als zweihundert Millionen Dollar schwer.

Aber vorher, gleich nachdem der Fall abgeschlossen worden war, kam mein Vater mich einmal in der Oak Grove Avenue in Menlo Park, wo wir ein Einzimmerapartment bewohnten, besuchen. Ich kann mich nicht daran erinnern, aber es war seit meiner Geburt in Oregon das erste Mal, dass ich ihn sah.

»Weißt du, wer ich bin?«, fragte er. Er warf sich die Haare aus den Augen.

Ich war zwei Jahre alt; ich wusste es nicht.

»Ich bin *dein Vater.*«

»Als wäre er Darth Vader«, sagte meine Mutter später, als sie mir davon erzählte.

»Ich bin einer der wichtigsten Menschen, die du je kennenlernen wirst«, sagte er.

Auf unserer Straße hingen die rosa Schoten von Pfefferbeeren so tief von den Zweigen herab, dass ich sie berühren konnte; wenn ich sie zwischen den Fingern rieb, platzten sie auf. Die Blätter, die aussahen wie Fischgräten, schaukelten im Wind. Trauertauben machten Töne wie verstimmte Holzblasinstrumente. Rund um manche Baumstämme herum war der Bürgersteig rissig und verzogen.

»Das liegt an den Baumwurzeln«, sagte meine Mutter. »Sie sind stark genug, um den Zement hochzuschieben.«

Wenn ich mit meiner Mutter unter der Dusche stand, rannen die Tropfen an der Wand herunter. Tropfen waren wie Tiere: Sie bewegten sich ruckartig, suchten sich verschlungene Pfade, waren mal langsamer, mal schneller, hinterließen eine Spur. Die Dusche war dunkel und geschlossen, gekachelt und verhängt. Wenn meine Mutter das Wasser heiß stellte, riefen wir: *Offene Poren!*, und wenn es kalt war, riefen wir: *Geschlossene … Poren!* Sie erklärte mir, dass Poren Löcher in der Haut seien, die sich bei Hitze öffneten und bei Kälte schlossen.

Sie hielt mich in der Dusche in den Armen, und ich schmiegte mich an sie und wusste nicht genau, wo sie aufhörte und ich anfing.

Meine Mutter hatte sich zum Ziel gesetzt, eine gute Mutter *und* eine erfolgreiche Künstlerin zu sein, und jedes Mal, wenn wir umzogen, nahm sie zwei große Bücher mit, ein Fotoalbum mit Bildern von meiner Geburt und ein Buch, das sie ihr »Portfolio« nannte. Beim ersten wäre es mir lieber gewesen, wenn sie es weggeworfen hätte, weil es Nacktbilder enthielt, beim zweiten machte ich mir Sorgen, dass sie es verlieren könnte.

Das Portfolio enthielt eine Reihe ihrer Zeichnungen in Plastikhüllen. Dass es *Portfolio* hieß, verlieh ihm in meinen Augen Bedeutung. Ich mochte das Gewicht der Seiten in meiner Hand, wenn ich darin blätterte. Auf einer Bleistiftzeichnung saß eine Frau bei offenem Fenster am Schreibtisch, und ein Windstoß hob ihre Haare an, formte einen Fächer daraus und wirbelte weiße Bögen Papier um sie herum wie aufgescheuchte Falter.

»Die Haare sind so schön«, sagte ich. »Der Rock ist so schön.« Ich konnte mich nicht sattsehen; ich wünschte, ich wäre diese Frau, oder meine Mutter.

Sie hatte am Tisch gesessen, als sie diese Zeichnung machte, mit Drehbleistift, Radiergummi und ihrem Handballen, und zwischendurch Grafit- und Radiergummireste vom Papier gepustet. Ich liebte das Flüstern des Stifts auf dem Papier und hörte gern, wie ihr Atem gleichmäßig und langsam wurde, wenn sie arbeitete. Sie schien ihre Kunst mit Neugier zu betrachten, nicht mit Urhebergefühlen, so als wäre nicht sie diejenige, die die Striche machte.

Was mich so beeindruckte, war der Realismus der Zeichnung. Jedes Detail war präzise wie ein Foto. Aber zugleich war die Szene auch fantastisch. Ich fand es herrlich, wie die Frau in ihrem engen Rock und ihrer hochgeschlossenen Bluse dasaß, gesammelt und würdevoll mitten im Chaos der herumfliegenden Blätter.

»Das ist nur eine Illustration, keine Kunst«, sagte sie geringschätzig, als ich sie fragte, warum sie nicht viel mehr von solchen Zeichnungen mache. (Es war ein kommerzielles Werk, weniger imponierend als ihre Gemälde; mir war der Unterschied zwischen beidem nicht klar.) Sie hatte den Auftrag bekommen, ein Buch mit dem Titel *Taipan* zu illustrieren, und dies war eine der Zeichnungen dafür.

Wir hatten kein Auto, deshalb saß ich hinten auf ihrem Fahrrad in einem Plastiksitz, und wir fuhren auf dem Bürgersteig unter Bäumen entlang. Einmal kam uns ein Fahrradfahrer entgegen; meine Mutter wollte ausweichen, der andere auch, und sie stießen zusammen. Wir flogen hin, schürften uns Hände und Knie auf. In der Nähe war ein Stück Rasen, dort erholten wir uns von dem Schreck. Meine Mutter saß da und schluchzte, die Beine angewinkelt, die Shorts heruntergerutscht, eins ihrer Knie zerschrammt und blutig. Der Mann wollte helfen. Sie schluchzte so lange und so sehr, dass ich wusste, es kam von mehr als nur dem Sturz.

Eines Abends, kurze Zeit später, wollte ich einen Spaziergang machen. Sie war deprimiert und hatte keine Lust, aber ich bettelte und zog sie am Arm, bis sie nachgab. Ein Stück die Straße hinunter sahen wir einen blattgrünen VW Käfer Cabrio mit einem Schild daran: Zu verkaufen, direkt vom Besitzer, $ 700. Sie lief um den Wagen herum und schaute in die Fenster.

»Was meinst du, Lisa? Das könnte doch genau das sein, was wir brauchen.«

Sie schrieb sich den Namen des Besitzers und seine Telefonnummer auf. Später ging ihr Vater mit in die Kreditabteilung seiner Firma und bürgte für sie. Wenn meine Mutter erzählte, wie ich sie an jenem Abend zum Spazierengehen genötigt hatte, klang es, als hätte ich eine Heldentat vollbracht.

Auf Autofahrten sang sie, je nach Laune, entweder Joni Mitchells »Blue« oder »The Teddy Bears' Picnic« oder »Tom Dooley«. Es war auch ein Song dabei, in dem jemand Gott um ein Auto und einen Fernseher bat. Wenn sie sich glücklich und angriffslustig fühlte, sang sie »Rocky Raccoon«; da gab es eine Sequenz, bei der sie ohne richtige Wörter die Tonleiter rauf- und runterjodelte, wie ein Scat-Sänger, und ich musste lachen, obwohl ich es zugleich peinlich fand. Ich war mir sicher, dass sie es erfunden hatte – es war zu merkwürdig für einen echten Song –, und als ich Jahre später im Radio die Beatles-Version hörte, war ich fassungslos.

Dies waren die Reagan-Jahre, und Reagan hatte alleinerziehende Mütter und Mütter, die Sozialhilfe bezogen, verleumdet – er nannte sie »Stützeköniginnen«, die »staatliche Almosen« annähmen, um »Cadillac« fahren zu können –, und später sagte sie zu mir, dass Reagan ein Idiot und ein Gauner sei und Ketchup in der Schulspeisung als Gemüse eingestuft habe.

Irgendwann in dieser Zeit kam meine Tante Linda – die jüngere Schwester meiner Mutter – zu uns zu Besuch. Linda arbeitete bei Supercuts und sparte auf eine Eigentumswohnung. Wir hatten kein Geld mehr, und Linda sagt, sie sei eine Stunde gefahren, um meiner Mutter zwanzig Dollar für Lebensmittel und Windeln zu geben; meine Mutter kaufte dann Lebensmittel und Windeln davon, aber auch einen Strauß Gänseblümchen und eine kleine Packung gemustertes Origamipapier. Wenn wir mal Geld hatten, brannte es schnell und lichterloh, wie Zunder. Wir hatten entweder wenig oder nicht genug. Meine Mutter war nicht gut im Sparen oder Geldverdienen, aber sie liebte alles Schöne.

Linda erinnert sich, wie meine Mutter auf dem Futon saß, als sie hereinkam, und ins Telefon schluchzte: »Im Ernst, Steve, wir brauchen einfach Geld. Bitte überweise uns ein bisschen Geld.« Ich war drei, was mir zu klein dafür erscheint, aber Linda meint, ich hätte meiner Mutter den Hörer aus der Hand gerissen, »sie braucht einfach ein bisschen Geld, okay?« gesagt und aufgelegt.

»Wie viel Geld hat er?«, fragte ich meine Mutter ein paar Jahre später.

»Siehst du das?« Meine Mutter zeigte auf einen Papierschnipsel von der Größe eines Radiergummis. »So viel haben wir. Und siehst du das?«, sagte sie und zeigte auf eine ganze Rolle weißes Packpapier. »So viel hat er.«

Da waren wir gerade wieder vom Lake Tahoe weggezogen, wo wir mit dem grünen VW hingefahren waren, um bei dem Freund meiner Mutter zu wohnen, der einmal ein berühmter Kletterer gewesen war, bevor er wegen einer Sehnenverletzung und einer verpatzten Operation am rechten Ringfinger mit dem Klettern aufhören musste. Er hatte dann eine Firma für Outdoorkleidung gegründet, und meine Mutter steuerte Illustrationen von Gamaschen und anderen Ausrüstungsdetails bei und arbeitete außerdem als Kellnerin in einem Restaurant. Später, nachdem sie sich getrennt hatten, wurde er ein erfolgreicher Staubsaugervertreter und wiedergeborener Christ, aber damals kam er noch manchmal in Zeitschriftenartikeln übers Klettern vor. Einmal, beim Einkaufen, zeigte meine Mutter auf das Cover einer Zeitschrift, auf dem man jemanden an einer Felswand hängen sah. »Das ist er«, sagte sie. »Er war ein Weltklassekletterer.« Ein winziger Fleck am Berg – ich konnte ihn kaum erkennen. Ich bezweifelte, dass es sich um denselben Mann handelte, der mit mir im Skylandia-Park durch den Zedernwald zum Strand gegangen war.

Sie schlug eine andere Zeitschrift auf. »Und dies«, sagte sie, »ist dein Vater.« Also, hier konnte ich wenigstens das Gesicht erkennen. Mein Vater war hübsch, mit dunklem Haar, roten Lippen, einem ansprechenden Lächeln. Der Kletterer war konturlos, mein Vater klar umrissen. Obwohl der Kletterer derjenige war, der sich um mich kümmerte, bemitleidete ich ihn jetzt wegen seiner Bedeutungslosigkeit und hatte gleichzeitig ein schlechtes Gewissen deswegen, denn er war ja immerhin da.

Wir hatten fast zwei Jahre in Tahoe gewohnt, als meine Mutter den Kletterer verlassen und in die Bay Area zurückkehren wollte. Das war im Januar 1983, so um die Zeit, als die Geschichte im *Time Magazine* über meinen Vater und Computer herauskam, »The Machine of the Year« – da war ich vier. Er deutete in dem Artikel an, dass meine Mutter mit vielen Männern geschlafen und gelogen habe. Über mich sagte er: »Achtundzwanzig Prozent der männlichen Bevölkerung der USA könnten der Vater sein« – wahrscheinlich gestützt auf eine Rechenmanipulation des DNA-Testergebnisses.

Nachdem sie den Artikel gelesen hatte, bewegte meine Mutter sich in Zeitlupe, und ihre Gesichtsmuskeln waren ganz schlaff. Sie kochte Abendessen, ohne Licht in der Küche zu machen außer einer schwachen Lampe unter dem Küchenschrank. Doch nach ein paar Tagen hatte sie sich gefangen und ihren Sinn für Humor wiedergefunden und schickte meinem Vater ein Bild von mir, auf dem ich in unserem Haus auf einem Stuhl sitze und nichts als eine Groucho-Marx-Scherzartikelbrille mit großer Plastiknase und unechtem Schnurrbart anhabe.

»Ich denke, sie ist dein Kind!«, schrieb sie hinten auf das Foto. Er trug damals Schnurrbart und Brille und hatte eine große Nase.

Daraufhin schickte er ihr einen Scheck über 500 Dollar, und mit diesem Geld zogen wir in die Bay Area zurück, wo wir einen Monat lang ein Zimmer in einem Haus an der Avy Avenue in Menlo Park mieteten, bei einem Hippie, der Bienen hielt.

Am Tag nach unserer Rückkehr aus Tahoe wollte mein Vater uns sein neues Haus zeigen. Ich hatte ihn ewig nicht gesehen und würde ihn danach ewig nicht wiedersehen. Die Erinnerung an diesen Tag mit dem absonderlichen Haus und meinem seltsamen Vater schien surreal, wenn ich später daran dachte; als hätte das alles gar nicht stattgefunden.

Er holte uns mit seinem Porsche ab.

Im Haus gab es keine Möbel, nur viele riesige Zimmer. Irgendwo in einem großen, feuchtkalten Raum fanden meine Mutter und ich eine Kirchenorgel, die auf einem erhöhten Stück Boden stand, darunter der Holzrahmen mit den Fußpedalen, und zwei ganze Zimmer mit gitterartigen Wänden und Hunderten von Metallpfeifen darin, manche so groß, dass ich hineinpasste, andere kleiner als der Nagel meines kleinen Fingers, und alle Größen dazwischen. Jede einzelne Orgelpfeife steckte senkrecht in einer Holzfassung, die eigens für sie gemacht war.

Ich entdeckte einen Fahrstuhl und fuhr damit ein paarmal rauf und runter, bis Steve sagte: Okay, das reicht.

Die Fassade, die man sah, wenn man in die Einfahrt einbog, erwies sich als die Schmalseite des Hauses, und nach hinten, zum Rasen hin, war es monumental, mit weißen Torbögen, an denen sich knallpinke Bougainvilleen bis in die Einfahrt bauschten. »Das Haus taugt nichts«, sagte Steve zu meiner Mutter. »Es ist Schrott. Ich werde es abreißen. Ich habe das Ganze hier wegen der Bäume gekauft.« Ich erschrak heftig – aber sie gingen weiter, als wäre nichts gewesen. Wie konnte er sich für Bäume interessieren, wenn es so ein Haus gab? Würde er es abreißen, bevor ich noch einmal wiederkommen könnte?

Sein ›s‹ klang wie ein in Wasser gelöschtes Streichholz. Im Gehen neigte er den Oberkörper vor, als wandere er einen Berg hoch, und schien die Knie nie ganz durchzudrücken. Sein dunkles Haar fiel ihm ins Gesicht, und wenn es ihn störte, warf er es mit einer ruckartigen Kopfbewegung nach hinten. Sein Gesicht sah frisch aus gegen das dunkle, glänzende Haar. In seiner Nähe zu sein, in dem hellen Licht, um uns der Geruch nach Erde und Bäumen, die Weite des Lands, war elektrisierend und magisch. Einmal merkte ich, wie er mich von der Seite ansah, ein braunes, scharfes Auge.

Er zeigte auf drei riesige Eichen ganz am Ende des großen Rasens. »Die da«, sagte er zu meiner Mutter. »Deshalb habe ich das Grundstück gekauft.«

War das ein Witz? Ich wusste es nicht.

»Wie alt sind sie?«, fragte meine Mutter.

»Zweihundert Jahre.« Ich konnte mit meinen Armen nur einen winzigen Bruchteil der Stämme umfassen.

Wir gingen zum Haus zurück und dann einen Abhang hinunter zu einem großen Pool, mitten auf einer ungemähten Wiese voller hoher Gräser. Vom Beckenrand aus schauten wir auf die Wasseroberfläche, die Tausende tote Insekten mit einem Netz überzogen hatten: schwarze Spinnen, Weberknechte, eine Libelle mit nur einem Flügel. Vor lauter Insekten konnte man kaum das Wasser sehen. Auch ein Frosch lag da, mit dem Bauch nach oben, und so viel totes Laub, dass das Wasser dick und dunkel geworden war wie Tinte.

»Sieht aus, als wäre hier ein bisschen Poolreinigung angesagt, Steve«, sagte meine Mutter.

»Vielleicht nehme ich das Ding auch einfach raus«, sagte er, und in der Nacht träumte ich, dass die Insekten und Tiere als Drachen aus dem Becken aufstiegen und, wild mit den Flügeln schlagend, in den Himmel flogen, und danach war das Wasser klar und türkis mit Netzlinien aus weißem Licht.

Ein paar Wochen danach kaufte mein Vater uns einen silbernen Honda Civic anstelle unseres grünen VW. Wir holten ihn beim Autohändler ab.

Mehrere Monate später brauchte meine Mutter mal einen Tapetenwechsel, und wir fuhren für ein, zwei Tage nach Harbin Hot Springs. Auf dem Rückweg war es dunkel, es regnete, und auf einer Schnellstraße, die sich durch die Hügellandschaft schlängelte, ein paar Stunden von zu Hause entfernt, verfuhr sie sich. Der Scheibenwischer auf ihrer Seite war besser; der auf meiner Seite hatte sich in der Mitte verzogen und hinterließ Schlieren. In der Windschutzscheibe vor mir war eine wie ein kleines Auge geformte Kerbe, wahrscheinlich von einem Kieselstein, der dort irgendwann aufgeschlagen war.

»Es ist alles nichts. Nichts«, sagte sie. Ich wusste nicht, was sie meinte. Sie fing an zu weinen. Das Geräusch, das sie machte, war ein hohes, ununterbrochenes Wimmern, als striche ein Bogen über eine Saite.

Mit 28 und wieder einmal Single, fand sie es wesentlich schwerer, ein Kind großzuziehen, als sie gedacht hatte. Von ihrer Familie konnte sie nicht viel Hilfe erwarten, ihr Vater Jim, der ihr kleine Geldbeträge lieh und mir bald darauf mein erstes Paar fester Schuhe kaufen würde, war in keiner nennenswerten Weise für sie da. Ihre Stiefmutter Faye passte später manchmal auf mich auf, aber sie hatte nicht gern kleine Kinder in ihrem Haus, die überall Unordnung machten. Ihre ältere Schwester hatte selbst ein Baby und war alleinstehend, und die beiden jüngeren Schwestern waren mit ihrem Start ins Leben beschäftigt. Meine Mutter schämte sich dafür, unverheiratet zu sein, und fühlte sich aus der Gesellschaft ausgestoßen.

Wir kamen an denselben Hügeln vorbei, durch die wir bei Tageslicht gefahren waren, als sie so glatt und vertrauenerweckend gewirkt hatten wie Kamelhöcker. Jetzt waren es trostlose schwarze Kurven unter einem dunklen Himmel. Sie weinte noch heftiger, runde, stoßartige Schluchzer. Ich war mucksmäuschenstill. Auf der anderen Seite der Schnellstraße kam uns ein Wagen entgegen, und ich schaute rasch zu ihr, um ihr Gesicht zu sehen, als das Licht der Scheinwerfer sie streifte.

»Ich glaube, wir haben die Ausfahrt verpasst. Keine Ahnung.« Es regnete jetzt noch stärker, und sie schaltete die Scheibenwischer auf die höchste Stufe. Sobald die Halbkreise frei waren, füllte der Regen sie wieder aus.

»Ich will dieses Leben nicht«, schluchzte sie. »Ich will hier raus. Ich hab das Leben satt. Scheißeeeee!« Sie schrie, ja heulte regelrecht. Ein Nebelhorn. Ich hielt mir die Ohren zu. »Leck mich doch! Leck mich, du Arsch!«, schrie sie die Windschutzscheibe an. Als wäre sie auf die wütend.

Ich saß, von zwei Sicherheitsgurten gehalten, neben ihr und schaute nach vorne (damals mussten Kinder noch nicht hinten sitzen). Ich stellte mir vor, dass in den Autos, die uns entgegenkamen, den Autos um uns herum, Ruhe und Frieden herrschten, und wünschte, ich säße in einem von denen. Wäre sie doch nur wieder wie vorher bei Tageslicht, dachte ich. Die eine Ausgabe von ihr schien für die andere nicht zugänglich zu sein. Hinterher sagte sie, während sie geschrien habe, sei ihr durchaus bewusst gewesen, dass ich alt genug war, um mich später daran zu erinnern, aber sie habe sich trotzdem nicht beherrschen können.

»Ich habe nichts«, sagte sie. »Dieses Leben ist beschissen. Be*schiss*en.« Sie rang nach Atem. »Ich will nicht mehr leben! Dieses Scheißleben. Ich *hasse* dieses Leben!« Ihre Kehle war wie Kies, ihre Stimme heiser vom Brüllen. »Es ist die Hölle.«

Immer wenn sie brüllte, trat sie aufs Gaspedal, als wollte sie ihre Stimme durch den Motor verstärken, und das Auto machte Sätze, schlitterte vorwärts, ließ den Regen aufschäumen wie Speichel.

»Dieses Scheiß-*Time-Magazine*. Dieses beschissene Arschloch!« Arschloch war schlimmer als Arsch, es war eine Steigerung. Es traf mich wie ein Schlag aufs Brustbein. Sie stieß einen Schrei aus, schüttelte den Kopf, dass ihr die Haare ums Gesicht flogen, bleckte die Zähne, haute mit der flachen Hand aufs Armaturenbrett, und ich fuhr zusammen.

»Was?«, schrie sie mich an. »Waaaas?«

Ich erstarrte; ich wurde zum Inbild eines in ihrem Sitz erstarrten Mädchens.

Plötzlich bog sie so ruckartig von der Schnellstraße ab, dass ich dachte, jetzt führen wir in den Tod, aber es war eine Ausfahrt.

Sie fuhr an den Rand, trat scharf auf die Bremse und schluchzte mit bebendem Rücken in ihre verschränkten Arme. Ihr Kummer hüllte mich ein, ich konnte ihm nicht entkommen, nichts tun, was ihn aufgelöst hätte. Ein paar Minuten später fuhr meine Mutter wieder los, nahm eine Überführung über die Schnellstraße, fand einen anderen Weg. Sie weinte weiter, aber nicht mehr so heftig, und irgendwann bat ich das gesprungene Glasauge, die kleine Kerbe in der Windschutzschutzscheibe, für mich auf die Straße zu achten, eine Art Gebet, und schlief ein.

Auf dem Höhepunkt ihrer Hoffnungslosigkeit und Schreierei hatte ich in unserer Nähe eine stille Anwesenheit gespürt, obwohl ich wusste, dass wir in dieser Wasserhölle, in der der Wagen herumrutschte, allein waren. Ich spürte etwas, das uns wohlgesinnt war, aber nicht eingreifen konnte, vielleicht hinten im Wagen saß. Es konnte nichts machen, nichts ändern, nur zusehen und aufpassen. Später fragte ich mich, ob es ein Geist meines jetzigen Ich gewesen war, der mein jüngeres Ich und meine Mutter in jenem Wagen begleitet hatte.

Am nächsten Morgen trug der Mann, der Bienen hielt, einen knitterigen weißen Anzug inklusive Schutzhandschuhen und eine Kopfbedeckung mit eingenähtem Netz. Die Bienen wohnten in einer Lattenkiste in dem kleinen Garten hinter dem Haus. Wir standen in der Küche, einem Anbau des Bungalows, und schauten hinaus. Er rief mich und winkte mir, ich solle herauskommen.

»Du brauchst keine Angst zu haben«, sagte er.

»Sie ist ziemlich allergisch auf Bienen«, rief meine Mutter ihm zu. Einmal war ich auf eine Biene getreten, und mein Fuß war angeschwollen; ich konnte eine Woche lang nicht laufen.

»Meine Bienen sind glückliche Bienen«, sagte er. »Die stechen nicht.« Er nahm die Kopfbedeckung ab, damit wir sein Gesicht sehen konnten. »Es sind Honigbienen; sie sind freundlich«, sagte er.

»Aber Sie tragen einen Anzug«, sagte meine Mutter. »Meine Tochter hat kurze Hosen an. Sie ist ungeschützt.«

»Ich muss ja auch da reinfassen, um ihren Honig zu holen. Sonst wäre ich so angezogen wie ihr. Sie wollen dich nicht stechen«, sagte er zu mir. »Weißt du, was passiert, wenn sie es tun? Dann verlieren sie ihr Leben.« Er machte eine Pause. »Warum sollten sie ihr Leben opfern, um dir wehzutun, wo sie doch glücklich sind und du ihnen gar nichts tust?«

»Sind Sie sich sicher?«, fragte meine Mutter noch einmal. Die Sache war uns nicht geheuer, aber was wussten wir schon über Bienen.

»Ja«, sagte er und setzte seine Kopfbedeckung wieder auf. Ich hatte noch nie einen Bienenstock von Nahem gesehen.

»Na schön ...«, sagte meine Mutter, nur halb überzeugt. Ich ging zu ihm hinüber und schaute in die wimmelnde, samtige Masse hinab. Die Bienen bildeten einen schimmernden Teppich. Manche flogen höher und hüpften in der Luft wie winzige Ballons an einer Schnur. Eine landete auf meiner Wange und begann, im Kreis zu laufen. Ich wusste nicht, dass dieses Kreisen eine Art Vorbereitungstanz war. Als ich sie wegzuwischen versuchte, hing sie fest; dann stach sie zu.

Ich rannte zu meiner Mutter, die mich in die Küche zog. Durch die offenen Fenster schallte ihre Stimme hinaus.

»Was haben Sie sich dabei gedacht?«, brüllte sie, während sie einen Schrank nach dem anderen aufriss, bis sie Backpulver fand, dass sie in einer Schüssel mit Wasser mischte. »Wie können Sie es wagen.« Sie ging neben mir in die Hocke, zog mit einer Pinzette den Stachel heraus und tupfte mir dann mit den Fingerkuppen die Paste auf die Wange, die schon anzuschwellen begann.

»Was für ein Idiot«, murmelte sie. »Steht da in voller Montur. Und sagt einem kleinen Mädchen, sie sei nicht in Gefahr.«

Wenn wir ein bisschen Geld übrig hatten, fuhren wir zu einem Lebensmittelgeschäft namens Draeger's, wo sich in den Backöfen hinter der Theke reihenweise Fleisch drehte. Es roch nach süßem Schmutz und Bratendunst. Die noch rohen Hühnchen konnte man daran erkennen, dass sie hellweiß und mit orangefarbenem Pulver bestäubt waren; die fertig gebratenen waren braun und prall. Sie zog eine Nummer.

»Ein halbes Grillhähnchen, bitte«, sagte sie, wenn unsere Nummer aufgerufen wurde. Ein Mann rückte dem Vogel mit einer Art Gartenschere zu Leibe; es knirschte immer so schön, wenn er die Rippen durchschnitt. Er ließ die Hühnerhälfte in eine weiße, silbern ausgekleidete Tüte gleiten.

Wenn wir wieder im Auto saßen, stellte meine Mutter die Tüte zwischen uns auf die Handbremse und riss sie auf, und wir aßen das Hühnchen mit den Fingern, während um uns herum die Fenster beschlugen.

Hinterher knüllte sie die Tüte um die Knochen herum, wischte mir mit einer Serviette die fettigen Finger ab und untersuchte meinen Handteller, auf dem die Haut Furchen bildete wie ein aus großer Höhe gesehenes trockenes Flussbett. Keine zwei Menschen hätten dieselben Linien, hatte sie mir einmal erklärt, aber das Muster sei bei allen ähnlich.

Sie kippte meine Hand ein wenig, damit Licht auf die Rillen fiel, und erschrak. »O Gott«, sagte sie.

»Was?«, fragte ich.

»Es ist bloß … nicht so gut. Die Linien fransen aus.« Sie wirkte erschüttert, war plötzlich in sich gekehrt, still. Diese Übung durchliefen wir in verschiedenen Varianten immer wieder, häuften über die Jahre immer mehr Details an, und jedes Mal machte meine Mutter die gleichen Fehler, als wäre das alles ganz neu.

»Was bedeutet das?« Panik in meiner Brust, meinem Bauch.

»So was habe ich noch nie gesehen. Diese Lebenslinie, die geschwungene da – Löcher, Blasen.«

»Was ist denn so schlimm an Blasen?«

»Sie stehen für Traumata, Brüche«, sagte sie. »Es tut mir so leid.« Ich wusste, dass sie sich nicht für die Hand entschuldigte, sondern für mein Leben. Den Beginn meines Lebens, an den ich mich nicht erinnerte. Dafür, wie schwer alles war. Vielleicht nahm sie an, dass ich nicht wusste, wie eine Familie eigentlich aussehen sollte, aber einmal, als ich auf einem Spielplatz einen Jungen jagte, der zu große Schuhe anhatte, hörte sie mich verächtlich zu ihm sagen: »Du *hast* ja noch nicht mal einen Vater.«

»Was ist das für eine?«, fragte ich und zeigte auf die Linie, die unterhalb des kleinen Fingers ansetzte.

»Deine Herzlinie«, sagte sie. »Auch schwierig.« Mich packte so etwas Ähnliches wie Trauer, obwohl wir eben noch fröhlich gewesen waren.

»Und diese hier?« Die letzte, von der Lebenslinie abzweigend, mitten durch meine Handfläche hindurch. Schärfer als die anderen zunächst – oh, Hoffnung! –, doch dann erschlaffte sie, wurde immer dünner und teilte sich wie ein Zweig.

»Warte«, sagte sie, und ihre Miene hellte sich auf. »Ist das deine linke Hand?« Sie war, wie gesagt, Legasthenikerin und verwechselte manchmal die Seiten.

»Ja«, sagte ich.

»Okay – gut –, die linke sagt mir etwas über die Umstände, die dir *mitgegeben* wurden. Lass mich mal deine rechte sehen.«

Ich gab ihr meine andere Hand, und sie hielt sie vorsichtig fest, zeichnete die Linien nach, drehte und wendete sie, um besser sehen zu können. Die Haut glänzte vom restlichen Hühnchenfett. »Diese Hand sagt mir, was du aus deinem Leben machen wirst«, sagte sie. »Hier sieht es *viel* besser aus.«

Woher wusste sie das? Ich fragte mich, ob sie das Handlesen in Indien gelernt hatte.

In Indien benutze in der Öffentlichkeit nie jemand seine linke Hand, sagte sie; in der Begegnung mit anderen werde ausschließlich die Rechte benutzt. Statt mit Klopapier wischten die Leute sich nämlich mit der linken Hand ab. Zwar wuschen sie sie hinterher, aber ich war trotzdem entsetzt.

»Wenn ich nach Indien fahre«, sagte ich, wann immer die Sprache auf dieses Land kam, »nehme ich überall eine Klorolle mit hin.«

Sie erzählte mir von einem Festival in Allahabad, dem Kumbha Mela, auf das sie damals gegangen war. Es fand nur alle zwölf Jahre statt, diesmal am Zusammenfluss des Ganges und des Yamuna. Es waren Massen von Menschen da. In der Ferne saß ein sehr heiliger Mann auf einem Geländer, segnete Orangen und warf sie in die Menge.

»Er war so weit weg, dass es wirkte, als wäre er nur ein paar Zentimeter groß«, sagte sie.

Die anderen Orangen landeten nirgends in ihrer Nähe, doch dann warf er diese eine, und sie sah schon, dass sie genau auf sie zukam, und kurz darauf traf sie sie – *peng* – mitten auf die Brust, mitten ins Herz, und verschlug ihr den Atem.

Die Orange prallte ab, und ein paar Männer sprangen hinterher; behalten konnte sie sie also nicht. Aber ich wusste, dass es etwas Besonderes über sie aussagte, über uns, dass die aus solcher Entfernung geworfene heilige Orange ausgerechnet sie ins Herz getroffen hatte.

»Weißt du«, sagte sie, »als du geboren wurdest, kamst du herausgeschossen wie eine Rakete.« Das hatte sie mir schon oft erzählt, aber ich tat so, als hätte ich es vergessen. »Ich hatte vorher an mehreren Geburtsvorbereitungskursen teilgenommen, und überall hieß es, ich müsste pressen, und dann war es so weit, und du kamst dermaßen schnell heraus, dass ich dich gar nicht halten konnte.« Ich liebte diese Geschichte – wie ich, anders als andere Babys, meine Mutter nicht gezwungen hatte, mich auf die Welt zu pressen, wodurch ihr etwas erspart geblieben war, was wiederum etwas über mich besagte.

All das – die Hand, die Orange, die Geburt – bedeutete, dass es mir gut gehen würde als Erwachsener.

»Wenn ich erwachsen bin, bist du *alt*«, sagte ich. Ich stellte mir vor, wie ich entlang der Lebenslinie voranschritt; älter werden hieß, auf dieser Linie ein Stück weiter zu sein.

Wir gingen zu Peet's Coffee bei uns um die Ecke, wo der Mann hinter der Theke ihr immer einen Kaffee ausgab, und setzten uns draußen auf die Bank in die warme Sonne. Die zwei Reihen Platanen rund um den Platz gegenüber vom Coffee Shop waren fast bis auf die Stämme zurückgeschnitten worden; mit ihren kurzen Ästen und den dicken Kugeln am Ende sahen sie aus, als spielten sie Jacks. Die Luft roch nach jungem Holz.

»So?« Sie tat so, als laufe sie am Stock, wie eine alte Frau, krumm und zahnlos. Dann richtete sie sich wieder auf. »Ich bin nur vierundzwanzig Jahre älter als du, mein Schatz. Wenn du erwachsen bist, werde ich immer noch jung sein.«

Ich sagte »Ach so«, als stimmte ich ihr zu. Aber es spielte keine Rolle, was sie sagte oder mir erklärte. Ich betrachtete uns als Wippe: Wenn eine von uns Kraft oder Glück oder Substanz hatte, musste die andere schwächer werden. Wenn ich noch jung war, wäre sie alt. Sie würde wie alte Leute riechen, nach gebrauchtem Blumenwasser. Ich wäre neu und grün und würde nach frisch gestutzten Ästen duften.

Mitten im Schuljahr kam ich in die Vorschulklasse einer staatlichen Grundschule in Palo Alto. Davor war ich auf eine andere Schule gegangen, aber meine Mutter fand, dass zu viele Jungs in der Klasse waren, und so wechselte ich. An meinem ersten Schultag ging eine Hilfslehrerin mit mir nach draußen und machte ein Polaroidfoto von mir. Sie heftete es zu den Fotos der anderen Kinder an eine Tafel und schrieb meinen Namen darunter. Ich hatte mir albernerweise die Hand um den Kopf gelegt, weil ich dachte, das würde gut aussehen, während die anderen Kinder einfach vor einem blauen Hintergrund saßen. Das Bild war lichtgetränkt, improvisiert – ich fand, es zeigte nicht nur, dass ich später dazugekommen, sondern auch, dass ich substanzlos war, vom Licht ausgewaschen.

Die Lehrerin, Pat, groß und rund, hatte eine Singsangstimme und trug bis zu den Knöcheln reichende Jeansröcke, Sandalen mit Socken, T-Shirts, die ihr über den mächtigen Busen hingen, und eine Lesebrille an einer Schnur. In der Pause spielten wir hinter dem Klassenzimmer auf einem Holzklettergerüst, dessen verschiedene Teile mit Brettern verbunden waren. Ein Netz aus Tauwerk zwischen zwei hölzernen Plattformen wurde der »Bumsgraben« genannt. Bumsen, so wie ich es verstand, hieß, dass man schwankte und sich wieder fing, schwankte, sich fing. Es konnte einem schlecht dabei werden. Als ich noch neu auf der Schule war, fiel ich einmal in das Netz, und während ich herauskletterte, riefen die anderen alle: Bums-en! Bums-en!

In dieser Vorschule wurde großer Wert aufs Lesen gelegt, aber ich konnte nicht lesen. Für jedes durchgelesene Buch bekamen die Kinder einen kleinen Teddybären geschenkt.

Um eine der Hilfslehrerinnen dazu zu bringen, mir einen Teddybären zu schenken, lernte ich ein Buch auswendig.

»Ich bin so weit«, sagte ich. Wir setzten uns in der Leseecke mit dem Rücken am Bücherregal auf den Boden, und ich schlug das Buch auf. Ich hielt mich an das, was ich auswendig gelernt hatte, sowie an die dazugehörigen Bilder und sagte auf, was meiner Meinung nach da stand. Nach zwei Seiten verhärtete sich ihre Miene, und ihre Lippen wurden schmal.

»Du hast an der falschen Stelle umgeblättert«, sagte sie. »Und ein Wort ausgelassen.«

»Nur einen Bären«, sagte ich. »Bitte.«

»Noch nicht«, sagte sie.

Daniela hatte schon zweiundzwanzig angehäuft; ich fragte sie, ob ich einen haben dürfe.

»Du musst ein *Buch* lesen, um einen zu bekommen«, sagte Daniela.

Ich bekam zunehmend das Gefühl, dass ich etwas Ekliges und Beschämendes an mir hatte, und fürchtete zugleich, dass es zu spät sei, etwas daran zu ändern, dass da nichts mehr zu machen sei. Ich war anders als andere Mädchen in meinem Alter, und jeder, der einen guten, reinen Charakter hatte, würde es auf der Stelle merken und sich abgestoßen fühlen. Ein Hinweis war das Foto. Ein anderer, dass ich nicht lesen konnte. Und der letzte, dass ich so pingelig und mit mir selbst beschäftigt war, wie ich es von anderen Mädchen nicht kannte. Meine Sehnsüchte waren zu stark und wild. In mir war eine Unruhe wie von Würmern, als hätte ich beim Naschen von Keksteig eine Krankheit oder Larven in mich aufgenommen, wie sie durch rohe Eier und Mehl übertragen werden. Ich spürte es selbst und war mir sicher, dass auch andere es merkten, sobald sie mich sahen, und daher erschrak ich jedes Mal, wenn ich zufällig an einem Spiegel vorbeikam und feststellte, dass ich gar nicht so schmutzig und abstoßend aussah, wie ich dachte.

Wenn freies Lesen dran war, schlichen Shannon und ich uns hinten um unser Klassenzimmer herum und am Klettergerüst vorbei zu einem gepflasterten, zwischen dichtem Gebüsch und Klassenräumen verborgenen Gelände. Shannon hatte weißblondes Haar, weiße, schnurrhaarähnliche Augenbrauen und Wimpern; sie konnte auch nicht lesen. Ihre Hosenbeine waren verdreht, sodass die Nähte schief an ihren Beinen saßen. Wir warfen Steinchen an die Klassenzimmerfenster und umklammerten uns dann, als würden wir bumsen, und drehten und wanden uns zusammen auf den Steinen.

Pat hatte uns gesagt, dass wir einen neuen Mitschüler bekommen würden.

»Wir bespucken ihn mit Wasser«, sagte ich.

»O ja«, sagte sie. »Aus dem Brunnen.«

Das würde bestimmt lustig werden, dachte ich, und der Neue würde es auch lustig finden.

An dem Morgen, als er kam, warteten wir am Trinkbrunnen. Er trug kurze Hosen, hatte dunkles Haar und wirkte selbstbewusst; ich hatte ihn mir schwach und klein vorgestellt.

Wir nahmen den Mund voll Wasser und fingen den Jungen unter dem Baum am Anfang des Wegs ab. »Hi«, sagte Shannon mit in den Nacken gelegtem Kopf, um ihren Mundbecher hochzuhalten. Ich schaute zu ihr und versuchte, nicht zu lachen; ihr Hals zitterte, und Wasser rann ihr übers Kinn. Es würde so lustig werden, lustiger als alles, was ich je getan hatte, und auch noch schlau ausgedacht.

Der Junge schaute auf.

»Ah, ah, ah«, sagten wir, beinahe synchron. Nach dem letzten »Ah« spuckten wir. Bevor sich der Schreck auf dem Gesicht des Jungen abzeichnete – bevor seine Eltern, die hinter ihm gingen, herbeigeeilt kamen, sich hinknieten und ihn trösteten – und ich begriff, dass wir es tatsächlich gemacht hatten, war ich voll ungetrübter Zuversicht.

Shannon und ich wurden getrennt, und unsere Mütter wurden angerufen, damit sie uns abholten.

Auf dem Weg nach Hause redete meine Mutter ununterbrochen.

»Wie hat der Junge sich wohl gefühlt? Was glaubst du, wie er sich gefühlt hat?«

»Schlecht«, sagte ich. In der Sekunde nach dem Spucken war mir klar geworden, dass es für ihn, anders, als ich es mir ausgemalt hatte, in keiner Weise lustig war. Es war nur für uns lustig, und auch damit war es vorbei, sobald das Wasser ihn traf.

»Ich schäme mich. Der Junge tut mir leid«, sagte meine Mutter. Sie fuhr zu schnell. »Aber ich gebe auch Pat die Schuld. Was hat sie denn erwartet? Pat und ihre bescheuerten Scheißbären.«

Im Jahr darauf kam ich auf eine andere Schule, die Waldorf School of the Peninsula. Sie war neu, erst im selben Jahr gegründet worden. Die Eltern hatten sich über den Sommer zusammengetan, um für den Schulanfang die Wände der Klassenzimmer zu streichen, das Holz für unsere Pulte auszuwählen, sie abzuschmirgeln und zu lackieren. Die Gebühren betrugen ungefähr sechshundert Dollar pro Halbjahr, mit einem Nachlass für uns, und meine Mutter meinte, das könnte sie schaffen, wenn wir uns keine Möbel kauften; trotzdem gerieten wir mit der Zahlung der Schulgebühren häufig in Verzug, und dann nahm meine Mutter Kontakt zu meinem Vater auf und fragte ihn, ob er uns einen kleinen Scheck schicken könnte, was er zweimal auch tat.

Meine Mutter machte in Los Altos in einem Privathaushalt sauber, und einmal nahm sie mich mit. Ihre Freundin Sandra hatte ihr diese Putzjobs überlassen, als sie wegzog. Sandra mochte uns; einmal zeigte sie uns einen Zeitungsausschnitt über eine Mutter und eine Tochter, die im Winter mit dem Auto unterwegs gewesen waren. Das dreijährige Mädchen war dreieinhalb Kilometer allein durch den Schnee gelaufen, um Hilfe für ihre Mutter zu holen, die in eine Schneewehe gekracht war und das Bewusstsein verloren hatte. »So etwas würde Lisa auch fertigbringen«, sagte sie zu meiner Mutter.

Die Frau, der das Haus in Los Altos gehörte, zeigte mir, wie man die Blätter ihres staubigen Ficus mit Mayonnaise behandelte; ich polierte sie, bis sie sattgrün glänzten. Als meine Mutter fertig war und die Frau ihr das Geld gegeben hatte, fuhren wir direkt zur Bank, um es einzuzahlen, und von dort ein paar Straßen weiter zu University Art.

»Hallo, ich bin hier Mitglied«, sagte sie zu dem Mann hinter dem Tresen. Künstler hatten Mitgliedsausweise und bekamen Rabatt. »Ich fürchte, dass ein Scheck, den ich Ihnen vor ein paar Tagen gegeben habe, geplatzt sein könnte«, sagte sie. Sie sprach oft von platzenden Schecks, und ich wusste nicht, was sie damit meinte, begriff nur, dass es zwar toll klang, aber nicht toll war. »Ich würde Ihnen gern einen neuen ausstellen, hätte aber gern vorher ein paar Farben.«

»Natürlich«, sagte der Mann. »Kommen Sie wieder, wenn Sie alles gefunden haben, dann kümmern wir uns darum.«

Der Mann lächelte, wir lächelten zurück. Meine Mutter war ernst und charmant. Gemeinsam brachten wir Licht in Räume.

Sie ging langsam den Gang entlang, berührte jede Tube, schaute sich Farben an, die ihr gefielen, auch wenn sie sie nicht brauchte oder sich nicht leisten konnte. Türkis, Karmesinrot, Gebrannte Siena, Gummigutt, alle hingen sie in Reih und Glied, unberührt und ohne Dellen. »Jede Farbe hat einen anderen Preis«, sagte sie, »je nach ihren Bestandteilen.« Die Bestandteile waren aus der Erde gewonnene farbige Stoffe. Die Pinsel waren aus Nylon oder Tierhaaren gemacht, unterschiedlichen Haaren für unterschiedliche Zwecke, teuer. Sie steckten in Plastikhüllen und waren zu harten, scharfen Spitzen geformt, die sich beim Malen spalteten und weich wurden. Wenn meine Mutter ihre Pinsel benutzt und gereinigt hatte, leckte sie sie spitz, damit sie ihre Form behielten.

An jenem Tag kaufte sie eine Tube Gebrannte Umbra. An der Kasse schrieb sie einen Scheck über die volle Summe. Sie nahm keine Tüte, sondern hielt die Tube auf dem Weg zum Auto vorsichtig in der Kuhle ihrer Hand.

Als Nächstes gingen wir in eine Buchhandlung um die Ecke vom Peet's. Der Mann hinter dem Ladentisch, dem das Geschäft gehörte, unterhielt sich mit meiner Mutter; ich sah ihm an, dass er intelligent war. Er war alt und hatte einen Bart und buschige Augenbrauen, wie ein zerzauster Gott. Ich wollte von ihm beachtet werden.

»Mein Vater ist Steve Jobs«, sagte ich zu ihm. Ich sollte den Leuten eigentlich nicht sagen, wer mein Vater war. Meine Mutter sah mich irritiert an – wir waren die einzigen Kunden.

»Ach so?«, sagte der Mann und schob sich die Brille auf den Kopf.

»Ja«, sagte ich. Es war wie der Glanz auf den Blättern: Er schaute hin. »Und ich bin das klügste Mädchen auf der Welt.«

»Wir fahren heute zum Schwimmen zu den Ellens«, sagte meine Mutter eines Nachmittags, als sie mich von der Schule abholte.

Das waren nur teilweise gute Nachrichten: Die Ellens schwammen nackt.

»Müssen wir unbedingt *dahin* fahren?«, fragte ich.

»Ich brauche mal Erwachsene um mich«, sagte sie. Sie mochte

die Ellens auch nicht sonderlich, aber wir hatten keine anderen Freunde, die solche Treffen veranstalteten, und sie hatten uns immerhin zum Schwimmen eingeladen.

Im Radio auf dem Weg dorthin war vom Schwinden der Ozonschicht die Rede. Es hieß, sie habe Löcher und werde immer dünner. Ich stellte sie mir wie zerrissenen Tüll im höchsten Teil des Himmels vor; ohne sie würden wir in der Sonne verbrennen.

Die Ellens wohnten in einer mit dunklen Schindeln gedeckten Villa in Old Palo Alto, wo die Bäume und Grundstücke größer waren als anderswo. Die Innenräume waren hoch und hohl, sepiafarben, mit Kartons in den Ecken, schmutzigen Fenstern, Staub. Der Pool war ein türkisfarbenes Rechteck im weitläufigen Garten und zu meiner Erleichterung mit einem dunklen, das ganze Grundstück umgebenden Holzzaun vor Blicken von der Straße geschützt. Um den Pool herum saßen bleichhäutige, nackte Erwachsene auf einem Sammelsurium aus Stühlen oder am Beckenrand, wo sie, während sie sich unterhielten, gelegentlich einen Zeh oder Finger ins Wasser tauchten. Wenn die Frauen in den Pool gingen, taten sie es langsam, spreizten die Hände auf der Wasseroberfläche und erstarrten, wenn sie tiefer hineinwateten.

»Ziehst du einen Badeanzug an?«, fragte ich meine Mutter.

»Ich hatte es nicht vor.«

»Bitte zieh einen an. Bitte.«

»Jetzt sei nicht so eine Oma, Lisa. Wäre es nicht merkwürdig, wenn ich als Einzige einen Badeanzug trage?«

»Tu es für mich«, sagte ich. Ich fühlte mich sicher, wenn ihr Körper unter Dach und Fach war.

»Na schön«, sagte sie. »Ich tue es für dich, wenn du so konventionell bist.«

Hippies ließen ihre Häuser verstauben. Sie ersetzten ihre alten, braunen Möbel nicht durch neue. Sie sprachen mit lang gezogenen Vokalen, die zwischen den Konsonanten durchhingen wie nasse Laken auf der Leine. »Haallooo, duuu«, sagten sie. Sie traten für Freiheit ein, aber es war nicht die richtige Art Freiheit. Man trieb darin herum oder versank. Wenn wir uns mit ihnen einließen, davon war ich überzeugt, dann würde jede Hoffnung auf ein Entkommen, auf Licht und Auftrieb, wie andere sie offenbar hatten, für immer verschwinden, verschlungen werden, im Sumpf versickern. Meine Mutter war empfänglich für Hippies, weil sie einsam war. Also begnügte sie sich mit ihnen. Manchmal sehnte sie sich einfach nach ein bisschen Abstand zu mir, nach mehr Freiheit. Mich gruselten die Hippies. Wenn sie sagte, wir könnten uns doch mal wieder mit ihnen treffen, wurde ich zur altmodischen Spielverderberin, zu einem Derwisch des Konservativen: Hüterin und Gefängniswärterin meiner Mutter.

Doch die meisten Hippies, die wir kannten, waren harmlos, unglücklich sogar. Manchmal fragte ich meine Mutter nach einem, mit dem sie ein paar Jahre davor zwei Monate lang liiert gewesen war, bis er ihr gesagt hatte, er wolle schon weiter mit ihr zusammen sein, aber nur wenn sie mich zur Adoption freigebe. Die Parallelen zwischen Hippies waren offensichtlich, fand ich – die lang gezogenen Vokale, die erdfarbenen Kleider, die trüben Augen, die Abwesenheit normaler Jobs –, und indem ich sie auf diesen ansprach, hoffte ich, ihr ihre mangelnde Urteilskraft vor Augen zu führen.

Im Grunde ging es dabei aber gar nicht um Hippies, sondern darum, dass sie am Anfang nicht sicher gewesen war, ob sie mich behalten wollte, und ich ihre Fluchtträume auch jetzt noch spürte – Flucht vor mir, vor dem Leben mit mir. Ich wollte, dass sie Scham und Reue empfand.

»Er war schrecklich«, sagte ich, »dieser Hippiefreund von dir. Ich hasse ihn.«

»Hassen ist ein starkes Wort, Lisa. Ich glaube nicht, dass du ihn *hasst.*« Sie hielt inne. »Aber ich habe gehört, dass er nach mir mit einer Frau zusammen war, die einen Hund hatte – sie liebte ihren Hund abgöttisch –, und er hat ihr gesagt, er könne nur mit ihr zusammenbleiben, wenn sie den Hund weggebe. Nicht zu fassen, oder? Er sucht sich das eine, was den Leuten am allermeisten bedeutet, und fordert dann, dass sie es für ihn aufgeben. Er war sehr gestört, Lisa. Wir brauchen ihn nicht dafür zu hassen.«

Ich hasste ihn trotzdem.

Ada Ellen war dünn, ein Kobold mit einer angenehmen kratzigen Stimme, leuchtender, honigfarbener Haut, grünen Augen und goldenem Haar, das in kleinen Ringellöckchen von ihrem Kopf wegsprang. Sie war erst fünf, beinahe zwei Jahre jünger als ich, aber reif für ihr Alter, vielleicht weil sie zu Hause unterrichtet wurde. Sie und ich trugen Badeanzüge.

Wir sprangen in den Pool. Hinterher holten wir uns Handtücher im Haus neben der großen braunen Waschmaschine, fern von den Erwachsenen.

»Pssst«, sagte sie und zeigte mir eine Packung Juicy Fruit, das sie in ihrem Handtuch versteckt hatte. Ich fragte mich, woher sie es hatte. Zuckerhaltiger Kaugummi war uns beiden verboten.

Wir huschten an den nackten Erwachsenen vorbei und tänzelten vorsichtig über Steine und spitze Gräser zu dem einzigen Busch, mitten im Garten, hinter dem wir uns verstecken konnten. Ich lief, so schnell ich konnte, indem ich mir die bloßen Flecken Erde zwischen den scharfen, trockenen Grasbüscheln und Steinen suchte. Der Busch hatte kaum genügend Blätter, um uns als Schutz zu dienen. Wir wickelten die mit Puder bestäubten Streifen aus dem Silberpapier und kauten sie wie Bonbons, einen nach dem anderen. Die Batzen wuchsen im Mund, Kissen aus zahnfarbenem Gummi.

»Was macht ihr zwei da drüben?«, rief meine Mutter.

Ada und ich kamen hinter dem Busch hervor und standen, weiter kauend, Seite an Seite den nackten Erwachsenen gegenüber, meine Mutter im Badeanzug dazwischen. Adas dreieckige Schulterblätter staken aus ihrem Rücken.

»Ist das Kaugummi?«, sagte Anne, Adas Mutter. »Wer hat euch das gegeben?« Annes Haut hatte einen sahnegelben Ton, wie Milch, die zu lange draußen gestanden hat. Ihre Brüste, klein und oben flach, sammelten sich unten zu Säckchen. Sie trug ein Batiktuch um die Hüften.

»Kaugummi gaukelt eurem Magen vor, dass gleich Nahrung kommt«, sagte Anne. »Wenn der Magen das denkt, fängt er an, Magensäure zu produzieren, um sich auf die Nahrung *vorzubereiten*.«

Mein Magen tat weh. Das würde mich nicht abhalten.

Eine mir unbekannte Frau, die neben Anne saß, abgesehen von einem Handtuch nackt, sagte: »Die Säure zerfrisst dann eure Magenschleimhaut.«

Um Kleidung scherten Hippies sich nicht, aber was Zucker anging, hatten sie ganz schön strenge Regeln, dachte ich.

»Das stimmt«, sagte meine Mutter.

»Her damit«, sagte Anne und hielt uns ihre geöffnete Hand hin. »Spuckt es aus.«

Ada spuckte zuerst, dann ich.

»Und jetzt geht euch die Zähne putzen. Beide.« Wir verschwanden im dunklen Haus und gingen die Treppe hoch zum Badezimmer im ersten Stock. Ich benutzte Adas Zahnbürste. Während sie mir zusah, bewegte sie unbewusst ihren Mund in alle Richtungen mit, ein schwaches Spiegelbild, in dem sich die obere linke Seite mit meiner oberen rechten bewegte, als putzte sie sich gleichzeitig mit mir die Zähne.

An einem dieser Nachmittage blieb ich länger als meine Mutter, um noch mit Ada zu spielen.

»Komm mit«, sagte Ada und ging in ein leeres Zimmer gleich oben an der Treppe.

Mitten im Raum saß Anne, mit dem Gesicht zur Tür, im Schneidersitz auf dem Boden. Sie hatte sich ein Batiktuch um die Beine gewickelt, ihr Oberkörper war nackt. Ihr Mann Matthew stand, vollständig angezogen, vor den beiden Fenstern auf der anderen Seite des Raums. Ada stellte sich neben ihre Mutter und sah mich an.

»Hast du schon mal an der Brust getrunken?«, fragte Ada mich mit einer nachdrücklichen, betont heiteren Stimme, die ich noch nie bei ihr gehört hatte, so als wäre es eine Darbietung.

»Ada trinkt gern an der Brust«, sagte Matthew. »Probier es doch auch mal.«

Ich stand ihnen allen gegenüber. »Nein danke«, sagte ich.

»Es ist toll. Ich mach das andauernd«, sagte Ada wieder mit dieser zuckersüßen Stimme, und das war mit das Gruseligste an der Sache – wie meine Freundin sich verändert hatte, roboterhaft und künstlich geworden war, gegen mich gewandt, mit Annes Arm auf ihrem Rücken.

»Nein danke«, sagte ich noch einmal, »ich möchte es einfach nicht«, aber ich spürte den zunehmenden Druck, wie in der Luft vor einem Sturm.

»Zeig es ihr«, sagte Anne, und schon kniete Ada sich zu meinem Erstaunen hin, legte sich seitlich auf den Schoß ihrer Mutter und saugte an ihrer Brust.

Matthew trat ein paar Schritte vor, sodass er hinter Anne stand. »Versuch es wenigstens mal. Du wirst es mögen«, sagte er. »Nur einmal.«

Ada hörte auf und blieb neben ihrer Mutter knien. »Ich mag's gern«, sagte sie. »Es ist toll.«

Da begriff ich, dass ich dieses Zimmer nicht würde verlassen können, ohne an Annes Brust gesaugt zu haben. Vielleicht ja nicht lange. Es war eine erniedrigende Vorstellung; ich war froh, dass niemand sonst zuschaute.

»Na gut«, sagte ich und kauerte mich auf Annes Schoß zusammen, wie Ada es gemacht hatte.

Es kam überhaupt keine Milch, ihre Haut war klebrig, ein paar Grad kälter als mein Mund und schmeckte fade. Kein Salz. Ich war mir nicht sicher, wie lange es dauern sollte. Wenn ich zu schnell aufhörte, müsste ich es vielleicht noch einmal machen. Einundzwanzig, zweiundzwanzig, dreiundzwanzig, vierundzwanzig, fünf.

»Danke. Das war toll«, sagte ich und setzte mich auf.

»Die Ellens haben mich gezwungen, an Annes Brust zu trinken«, erzählte ich meiner Mutter ein paar Wochen später. Ich hatte gerade erst den Mut dazu gefasst. Wir waren in der Zwischenzeit noch einmal bei ihnen gewesen; ich wollte nicht allein mit ihnen bleiben und fürchtete, wenn ich noch länger wartete, würde genau das passieren. Wir saßen vor der Haustür im Wagen, wollten irgendwo hinfahren.

»An ihrer *Brust*?« Sie erstarrte.

»Ich musste es tun.«

»Sie haben dich gezwungen, an ihrer Brust zu trinken?«

»Sie wollten mich nicht gehen lassen.« Ich hoffte, sie würde sich nicht für mich schämen, weil ich nachgegeben hatte.

Sie brüllte *Was*, machte den Motor aus und rannte zurück ins Haus. Ich stieg aus und stand neben dem Zylinderputzerbusch in der Einfahrt. In den nächsten Tagen hörte ich sie mit verschiedenen Leuten telefonieren. Oft weinte sie. Jahre später erzählte sie mir, sie habe auch meinen Vater angerufen, und er habe den Vorfall heruntergespielt und gesagt, sie hätte die Polizei nicht einschalten sollen. Sie rief andere Leute an. Ich nahm an, ihre Reaktion und all die Telefonate bedeuteten, dass ich nicht mehr mit den Ellens allein sein müsste, und tatsächlich sahen wir sie danach nicht wieder. Ich war erleichtert, auch wenn ich mir Sorgen um Ada machte. Der neue Freund meiner Mutter, Ron, meinte, sie sollte die Polizei benachrichtigen, und das tat sie und erstattete Anzeige.

Vor Ron war meine Mutter eine Zeit lang mit einem Mann zusammen, der Kunstwerke aus Stöcken machte.

Ich mochte ihn nicht, und mir gefiel auch nicht, wie sie in seiner Nähe flatterte, funkelte, zu schweben und aus Luft zu bestehen schien statt aus beruhigender Materie. Er wirkte abwesend, sprach leise, als hätte er etwas zu verbergen, und war scheu, aber auf eine Art, die in meinen Augen etwas Heimtückisches hatte. Eines Abends nach dem Essen folgten wir ihm zu seinem Wagen, und er öffnete den Kofferraum. Drinnen, auf einer Decke, lag ein Stock, den er hier und da mit Bändern aus buntem Garn und Faden umwickelt hatte. An einer Stelle war ein Kristall befestigt, an einer anderen eine Feder.

»Tja, also, solche Sachen mache ich«, sagte er sanft.

»Das ist ja schön«, sagte meine Mutter. Ich hoffte, sie tat nur so begeistert.

»Es ist ein mächtiger Kristall«, sagte er. »Und die Adlerfeder habe ich auf einem Spaziergang gefunden.«

»Eine *Adlerfeder,* Wahnsinn«, sagte sie. Sie nahm den Stock ehrfurchtsvoll in die Hand.

»Aber du findest sie doch nicht wirklich schön, oder? Die Stöcke?«, fragte ich, wenn er nicht dabei war.

»Doch«, sagte sie.

»Es sind bloß Stöcke. Er ist kein richtiger Künstler, so wie du.« Ich wollte sie an ihre Begabung erinnern, an die ruhige Frau im windigen Chaos aus Papier.

»Ich glaube, sie sind mehr als das«, sagte sie. »Ich meine, er umwickelt sie immerhin. Das braucht viel Zeit. Manche Stöcke rufen ihn. Die Natur spricht zu ihm. Vielleicht mache ich sogar selbst mal einen.«

»Oh, Mann.«

»Wirklich. Warum nicht.«

»Es sind Stöcke, Mom. Stöcke.«

»Okay. Ein bisschen albern sind sie vielleicht«, sagte sie.

Da war sie wieder.

An ein paar Nachmittagen die Woche arbeitete meine Mutter als Kellnerin in einem Restaurant mit angeschlossener Patisserie in unserer Nachbarschaft. Sie verriet mir ein Geheimnis: Wenn der Besitzer und Chefkonditor, der die Petits Fours machte, mit dem Spritzbeutel von Gebäck zu Gebäck wanderte, kappte er die Glasurfäden mit der Zunge, indem er zwischen jedem Kuchen die Metalldüse ableckte. Als ich sie einmal dort besuchte, bestellte ich mir trotzdem eines. Ich durfte normalerweise keinen Zucker essen, und es war einfach zu köstlich, um sich um Bazillen zu scheren.

»Die Welt besteht aus mehr Raum als Materie«, sagte sie ein paar Tage später, als wir zu Hause waren. Sie las gerade ein Buch über Quantenphysik, und das machte sie mitteilsam. Die Atome seien so weit voneinander entfernt, sagte sie, dass es zwischen Raum und Materie keinen Unterschied gebe, denn Materie bestehe selbst hauptsächlich aus Raum; auch wenn etwas so aussehe wie ein Körper, ein Sofa, ein Tisch, sei es kein Körper, Sofa oder Tisch, sondern Raum – und wenn man das *wirklich* sehen könnte, wäre man in der Lage, durch Wände zu gehen.

Meine Mutter sagte, einige erleuchtete Mystiker könnten tatsächlich durch Wände gehen, als existierten sie nicht; sie verstünden etwas von Quantenphysik, wenn auch nur intuitiv, von den großen Abständen zwischen den Atomen, die größer seien als Footballfelder. Ich hatte noch nie ein Footballfeld gesehen. Diese Mystiker, fuhr sie fort, säßen nicht den gleichen Täuschungen der Grenzen zwischen Räumen auf wie wir, und da sie die trügerische Qualität fester Materie durchschauten, seien sie nicht länger gezwungen, sich an physikalische Gesetze zu halten. Es gebe Berichte über Gurus, die sich an zwei Orten gleichzeitig aufhielten, ja exakt im selben Moment mit zwei verschiedenen Gruppen von Menschen sprächen.

All dies erzählte sie mir in unserem Wohnzimmer. Ich versuchte, mir das Schlafzimmer hinter der Wand vorzustellen und so fest an die Abwesenheit von Materie zu *glauben*, dass sie sich vor meinen Augen in Luft auflöste. Am nächsten Tag – nachdem ich mir einen Finger vor die Nase gehalten und mich auf einen Punkt jenseits davon konzentriert hatte, woraufhin der Finger verschwamm und halb transparent wurde – dachte ich ein paar atemlose Stunden lang, ich könne durch meinen Finger hindurchsehen. Ich war imstande, Wunder zu wirken. Als Nächstes kämen Wände dran.

LEBENSLINIEN

Als ich in der zweiten Klasse war, fuhr meine Mutter mit mir und fünf anderen Schülern einmal übers Wochenende auf eine Farm namens Hidden Villa, um uns Kunstunterricht zu geben. Wir würden dort von der Natur abzeichnen und -malen. »Pro Gurt zwei Kinder«, sagte sie.

Ich saß vorne, gegen Mary-Ellen gequetscht, die kurzes Haar und Grübchen hatte und einen gleichmäßigen, ruhigen Atem, den ich an meinem Rücken spürte. Meine Mutter lud unsere Ausrüstung in den Kofferraum. Jeder hatte eine kleine Staffelei zum Aufklappen, eine Holzfaserplatte, auf die wir unser Papier heften oder kleben konnten, einen Tuschkasten, ein Stück Kohle, ein Radiergummi und einen weichen Lappen.

»Was sollen wir denn zeichnen?«, fragte Joe.

»Ich weiß es noch nicht«, sagte sie. »Wir suchen uns etwas, wenn wir dort sind.«

Sie war nicht wie die anderen Mütter; sie und ich waren nicht wie andere Familien. Ich hatte Angst, dass allen klar werden würde, wie sonderbar wir waren, wenn sie uns Unterricht gab.

Ein paar Tage davor war ich ins Badezimmer gekommen und hatte meine Mutter in der Hocke über der Kloschüssel erwischt, mit den Füßen auf der Brille, die Hose wie ein Vorhang vor den Knien.

»Was machst du denn da?«, fragte ich entsetzt.

»Das habe ich in Indien gelernt«, sagte sie. »Es ist eine bessere Stellung. Mach die Tür zu.«

Lorbeerbäume bedeckten mit ihren dünnen Stämmen die Hügel, zwischen denen die Farm lag, und ließen gelbe Halbmondblätter fallen; ein leuchtend grüner Streifen Tellerkraut säumte die Straße. Die Luft war gläsern und roch nach den duftenden Bäumen. Das Stück Land war ein flaches, von einer gestuften Berglandschaft umgebenes Dreieck und gehörte einer Familie, die mit Asbest reich geworden war. Meine Mutter sagte, Asbest sei ein Isolierungsstoff, der sich als eine Art Gift entpuppt habe, und daran dachte ich, als wir auf der Farm ankamen – wie sauber die Luft war, wie üppig das Land, aber auf Einkünfte aus Gift gegründet.

Wir nahmen unsere Ausrüstung und folgten meiner Mutter auf ein Feld in der Nähe des Parkplatzes, wo ein kleiner, knorriger Baum stand, ganz für sich. Ein paar Blätter hingen an den Zweigen, und rund um den Stamm wuchsen Grastriebe, wie Schnurrhaare, zwischen deren neongrünen Halmen Erdklümpchen hervorschauten. Den da, sagte sie.

Wir stellten unsere Staffeleien im Halbkreis auf. Hinter dem Baum waren ein eingezäunter Garten, eine Scheune, ein paar Schuppen; jenseits davon, am Ende des schmalen Tals, runzelten sich die Hügel wie zusammengeschobene Haut. Baum, grünes Gras, blaue Hügel, dann violette Hügel, Himmel – es würde schwer sein, die ganze Szene auf mein kleines Blatt Papier zu bannen.

»Steckt die Staffeleien tief in die Erde, damit sie fest stehen«, sagte meine Mutter. Sie ging herum, drückte unsere Staffeleien in den unebenen Boden, rückte sie zurecht und stellte dabei ihre natürliche Autorität, ihre Vertrautheit mit der physischen Welt zur Schau; wie forsch sie sprach und sich bewegte, war neu für mich, machte mir sogar ein wenig Angst. Sobald wir das Papier an unsere

Bretter geklebt hatten, stellte sie sich vor uns hin, in einer Hand einen spitzen Pinsel, die andere flach ausgestreckt wie ein Blatt Papier. »Bevor wir anfangen, möchte ich euch zeigen, wie man einen Pinsel benutzt«, sagte sie. »Man drückt nicht fest auf, so« – sie demonstrierte es uns, und die Haare des Pinsels breiteten sich wie ein Mopp auf ihrer Handfläche aus – »sondern streicht in einer Richtung über das Blatt, *mit* den Borsten anstatt dagegen.« Ich wusste seit Jahren, wie man einen Pinsel benutzte, und ärgerte mich, dass ich wie die anderen belehrt wurde.

Wir fingen an zu zeichnen. Die eckigen Conté-Stifte waren braune, längliche Blöcke, die selbst ein bisschen wie die Zweige aussahen. Wir würden die Zeichnung später bunt ausmalen. »Zeichnet nicht den Baum, den ihr zu sehen *meint*«, sagte meine Mutter. »Zeichnet den Baum. Traut euren Augen.«

Ich war mir nicht sicher, wo ich mit dem Baum anfangen, von wo aus er in den Himmel wachsen sollte – der Boden mit den Gräsern nahm fast so viel Platz ein wie die Hügel, als ich die Szenerie vor mir genau betrachtete. Ich fürchtete, mein Baum könnte am Ende an einem kleinen Fleck mitten auf der Seite stehen, umgeben von leerem weißen Raum, was meine Mutter verabscheute.

»Der erste Strich erfordert Mut«, sagte sie und warf einen Blick auf mein leeres Blatt. »Und vergesst nicht: In der Natur gibt es keine geraden Linien.«

Ich zeichnete ein paar gerade Linien.

»Ein Fleck auf dem Boden kann interessanter sein als eine Zeichnung«, sagte sie. Diesen Satz kannte ich schon von ihr, er stammte von einem ihrer Lehrer am Community College. Wenn sie und ich zusammen malten, durfte ich die schwarze Farbe im Tuschkasten nicht benutzen, Schwarz sei keine Farbe, behauptete sie, und ich sollte genauer hinschauen, dann würde ich etwas anderes sehen. Sie glaubte auch nicht an die »Guten« und die »Bösen« in Büchern oder Filmen und wurde wütend, wenn ich Figuren so nannte. Für mich hatten solche Bezeichnungen und eine solche Farbe, etwas Erleichterndes; sie waren wie Brüstungen, auf denen man sich beim Klettern ausruhen konnte.

Während wir arbeiteten, lief sie zwischen uns umher, half dem einen, etwas wegzuwischen, was nicht stimmte, einer anderen, mit der Stelle anzufangen, wo ein Zweig aus dem Stamm entsprang. »Darf ich?«, sagte meine Mutter zu Mary-Ellen wie zu einer Erwachsenen, bevor sie ihr den Stift aus der Hand nahm.

»Ich möchte, dass ihr versucht, den Geist des Baums einzufangen«, sagte sie. »Nicht nur sein Aussehen, sondern die Lebenskraft in seinem Inneren.« Ich war erstaunt, dass niemand grinste, sondern alle mit der Konzentration, die mir abging, weiterzeichneten. Anfangs hatte ich nicht mit ihr in Verbindung gebracht werden wollen; jetzt hoffte ich, als ihre Tochter etwas Besonderes zu sein, eine Eingeweihte, im Besitz von Wissen, das die anderen nicht hatten. Ich dachte, sie spreche eine Sprache, die außer mir niemand verstand, und müsse mich dafür schämen; doch die anderen Schüler hörten zu, als verstünden sie sie auch, und schämten sich nicht.

Es war schwer, den Baum nur so zu sehen, wie er aussah, fast so schwer wie mit der linken Hand zu schreiben. Immer wieder stahl die Idee des Baums sich in meine Finger und Augen, sodass ich schnell loszeichnen musste, wenn ich etwas sah, bevor es wieder zur Idee wurde.

»Macht ein Auge zu, falls das hilft«, sagte sie. Ich versuchte es; die Welt wurde flach. Und dann geschah etwas Unerwartetes: Der Ast, den ich zeichnete, ragte nicht vor. Es war kein Ast mehr, sondern eine Form aus Licht innerhalb anderer Formen aus Licht. Erregend anzusehen. Der Baum war nur noch Gestalt, hatte nichts mit Ästen zu tun. Ich zeichnete ihn schnell, so wie er aussah, nicht so, wie er war.

Da, fertig. Ich hatte ihn einen Moment lang gesehen. Das genügte.

Wir gingen zu Tusche über, fügten unseren Zeichnungen eine Farbschicht hinzu.

»Bäume brauchen Sonnenlicht, Wasser, Nährstoffe«, sagte sie. »Aber wenn sie zu viel davon bekommen, zu reichlich, dann blühen sie auch nicht. Ein wenig Kampf macht sie stärker, lässt die Obstbäume bessere Früchte produzieren.« Diesen Gedanken wiederholte sie über die Jahre noch oft, auch als ich längst begriffen hatte, dass es eine Metapher war.

»Seht die Farben, wie sie sind, nicht wie sie sein sollen«, sagte sie.

Sie hatte mir einmal gezeigt, dass eine Orange in einer Schüssel blau sein konnte, wenn sich der Himmel in ihr spiegelte, im Schatten violett und im gleißenden Licht weiß. Wenn das geschehe, sagte sie, sei es eine Überraschung; daran erkenne man, dass es wahr sei.

Es gebe keine Farbe ohne eine Farbe drum herum. Selbst die Farbe des Papiers sei nicht nichts. Alles habe Bedeutung, nicht nur an und für sich, sondern in Beziehung zu allem anderen.

Irgendwann musste sie sich ins Gesicht gefasst haben, vielleicht um sich eine Haarsträhne wegzuwischen, jedenfalls hatte sie einen braunen Fleck über dem Nasenrücken. »Mom«, sagte ich, »du hast Kohle im Gesicht.«

»Das macht nichts, Lisa«, sagte sie.

Bevor die Eltern kamen, ging sie herum, sah sich unsere Zeichnungen an und gab Kommentare ab. Sie nannte es *Die Kritik*. »Dein Bildaufbau gefällt mir«, sagte sie zu einem Schüler.

»Sehr schön, sehr feinsinnig«, zu einem anderen.

Joes Bild fand sie spektakulär. »Dieser Teil«, sagte sie, »ist grandios. Wow.«

An meinem lobte sie die rauschende Bewegung, meinte aber, es sei unfertig. Ich hätte es zu schnell beendet, hätte ungeduldig gezeichnet und gemalt, als wäre die ganze Übung ein Wettrennen gewesen.

»Steve kommt angeblich morgen und bringt das Bett.« Sie sagte seinen Namen so, als ob wir ihn gut kannten. Er hatte schon zweimal angekündigt, das Bett zu bringen, und war dann nicht erschienen. Meine Mutter hatte die kleine Nische unter der Dachluke mit einem Vorhang vom Wohnzimmer abgeteilt, und dort sollte es hin, anstelle des Futons auf dem Boden, wo ich schlief, wenn ich mich nicht zu ihr ins Bett legte. Seine Freundin, die wir gar nicht kannten, hatte meine Mutter sogar angerufen, um sich zu entschuldigen, und versprochen, dass er dieses Mal auftauchen würde.

Steve. Ich wusste so wenig über ihn. Er war wie diese Michelangelo-Skulpturen von Männern, die in Stein gefangen waren, halb fertig geschliffen, halb unbearbeitet, was einen dazu zwang, sich den noch verborgenen Teil auszumalen.

»Letztes Mal ist er nicht gekommen«, sagte ich. Wir hatten eine Stunde lang gewartet. Vielleicht wusste er ja nicht, was für ein Bett er kaufen sollte; oder er fand den Weg zu unserem Haus nicht. Oder meine Mutter hatte ihm eine falsche Uhrzeit genannt.

»Er hat versprochen, dass er diesmal kommt«, sagte sie. »Also warten wir's ab.«

Zuerst warteten wir drinnen, dann gingen wir hinaus auf den Asphaltkreis und beobachteten die Straße. Ich hatte extra mein schönes Kleid angezogen, das der Kletterer mir geschenkt hatte, und vor Aufregung Schmetterlinge im Bauch. Autos fuhren an der Einfahrt vorbei. In jedem konnte er sitzen. Wir warteten. »Ich glaube, er kommt nicht«, sagte meine Mutter schließlich, nach einer ganzen Weile. Wir gingen wieder hinein. Ich fühlte mich wie ausgeleert. Der Tag, aufgeladen mit Spannung, Neuheit und Extravaganz, geheimnisvoll, anders als andere Tage, verwandelte sich wieder in einen langweiligen, gewöhnlichen Tag. Wieder nur wir und nichts los.

»Wollen wir Rollschuh laufen?«

Moms und mein Schönstes beim Rollschuhlaufen war es, weicheren Beton zu finden. Wenn man zu Fuß ging, war die Grenze zwischen einem Bodenbelag und einem anderen nicht so zu merken, aber auf Rollschuhen spürte man einen deutlichen Unterschied. Wir sagten, der weiche Belag sei »wie Butter«. Vom groben, rumpeligen Asphalt – die härtesten Stellen vibrierten durch meine Knie und Hüften aufwärts, bis mir die Wangen zitterten und die Augäpfel juckten – auf die butterigen Stellen zu wechseln war wie Schweben.

Ein Abschnitt, den wir gefunden hatten, befand sich in der Nähe des Grundstücks an der Oak Grove, wo wir früher gewohnt hatten. Unser altes Einzimmerhäuschen war zusammen mit dem Haupthaus abgerissen und durch ein braunes, mit Schindeln verkleidetes Comerica-Bankgebäude ersetzt worden. »Irgendwo unter dieser Bank liegt deine Nabelschnur begraben«, sagte sie, als wir dort vorbeikamen. Das verstörte mich; bestimmt begruben andere Mütter keine Nabelschnüre im Garten.

Der weiche Beton befand sich vor einem pseudopalladianischen Bürogebäude mit zwei ausladenden Fußwegen, die sich über einen Felsengarten bis zur Eingangstür aus getöntem Glas schwangen. Der mit Eisengeländern gesäumte Beton der Rampen war seidig. Wir fuhren immer im Kreis, auf einer Seite hin, auf der anderen zurück und so weiter.

Sie schaute mich, während wir Rollschuh liefen, immer wieder von der Seite an; ich tat so, als merkte ich es nicht. »Weißt du, du bist genau die Tochter, die ich mir gewünscht habe«, sagte sie. »Ganz genau. Vor deiner Geburt war da so ein kleines Mädchen auf der Farm, drei oder vier Jahre alt, mit ihrer Mutter. Ein kleiner Stier, frühreif und klug. Ich dachte, so eines will ich auch.«

»Ich weiß«, sagte ich. Ich kannte die Geschichte schon. (»Ich liebe dich nicht nur«, sagte sie oft, »ich *mag* dich auch.«) »Und er hat einen Computer nach mir benannt?«

»Er hat es hinterher abgestritten.« Und dann erzählte sie mir – noch einmal –, wie sie zusammen auf einer Wiese einen Namen für mich gesucht hatten und er all ihre Vorschläge ablehnte, bis ihr Lisa einfiel. »Er liebt dich«, sagte sie. »Er *weiß* es nur nicht.« Das war schwer zu begreifen. »Wenn er dich sehen würde, dich wirklich sehen und verstehen würde, was ihm entgangen ist, weil er nicht für dich da war, würde es ihn umbringen. So.« Sie blieb stehen, packte das Geländer, griff sich ans Herz, machte ein schmerzverzerrtes, kummervolles Gesicht und krümmte sich, als würde sie gleich umkippen und sterben.

Ich überlegte, was ihm entgangen sein könnte. Mir fiel nichts ein.

Jahre später hörte ich von ein paar Leuten, dass mein Vater damals ein Foto von mir in der Brieftasche hatte. Wenn er irgendwo zum Abendessen eingeladen war, zeigte er es herum und sagte: »Das ist nicht mein Kind. Aber sie hat keinen Vater, deshalb versuche ich, für sie da zu sein.«

»Es ist sein Pech«, sagte meine Mutter, als wir auf Rollschuhen nach Hause liefen. »Sein großes, großes Pech. Eines Tages wird er das kapieren. Er wird zurückkommen, und es wird ihm das Herz zerreißen zu sehen, wie ähnlich du ihm bist und wie viel ihm entgangen ist.«

Ich spürte, dass es der richtige Augenblick war, auf ein Kätzchen zu pokern.

Der Tierschutzverein befand sich in einer Art Verwaltungsgebäude am Rand des Landschaftsschutzgebiets Bayland Nature Preserve.

»Sie haben zu viele Junge«, sagte meine Mutter auf der Fahrt dorthin, während ich meine Aufregung zu bezähmen versuchte. »Wenn sie kein Zuhause für sie finden, schläfern sie sie ein.«

In dem Großraumbüro mit hoher Balkendecke und Steinboden hallte es. Die Tiere waren dahinter untergebracht. Die Frau am Empfang trug eine armeegrüne Uniform mit passendem Gürtel und vielen steifen Taschen. Sie holte ein Klemmbrett hervor und fragte, wo wir wohnten und wie lange wir schon dort seien.

»In einem Haus in Menlo Park«, sagte meine Mutter. »Seit ein paar Monaten jetzt.«

»Und davor?«, fragte sie Frau.

»Haben wir zwei Monate bei einer Freundin gewohnt«, sagte meine Mutter tonlos. »In der Wohnung davor waren wir vier Monate.«

Der Mund der Frau wurde starr, als sie all dies auf ihrem Klemmbrett notierte. Ich wünschte, meine Mutter würde lügen oder einen der Umzüge überspringen, um uns besser aussehen zu lassen; erst als sie anfing, all unsere Umzüge vor dieser Frau offenzulegen, wurde mir klar, dass wir sie besser hätten unterschlagen sollen. Obwohl meine Mutter bereit gewesen war, hierherzufahren und ein Haustier für uns auszusuchen, kam mir der Verdacht, dass sie zwiespältige Gefühle hatte und ihre Antworten deshalb nicht abmilderte, sodass wir einen immer schlechteren Eindruck auf die Frau machten. Oder aber sie wollte um jeden Preis ehrlich sein. Oder sie empfand zunehmend Vergnügen an der trockenen Klarheit des Luftbilds, das die Fragen dieser Frau sichtbar machten, und interessierte sich mehr dafür als für die Katze. Hier war die Landschaft unseres Lebens, als Muster von hoch oben gesehen.

»Wir haben einen Garten«, sagte ich.

Die Frau wandte sich an meine Mutter. »Glauben Sie, dass Sie in der Lage sind, für ein Tier zu sorgen, wenn Sie so oft umziehen?«

»Ich denke schon«, sagte meine Mutter. »Wir sind etwas sesshafter geworden.«

Die Frau richtete sich auf. »Ich denke, es ist uns zurzeit nicht möglich, Ihnen ein Kätzchen zu geben.«

Mit einer solchen Entschiedenheit hatte ich nicht gerechnet. Wir durften uns die Tiere noch nicht einmal anschauen. Erschrocken und erschöpft verließen meine Mutter und ich das Gebäude, traten hinaus in die beißend salzige Luft der Baylands, ohne miteinander zu sprechen.

Ein paar Tage später hielten wir an einer Zoohandlung, wo sie mir zwei weiße Mäuse kaufte und den teuersten Käfig, den sie hatten, aus Glas.

Das Bett traf dann irgendwann ohne meinen Vater bei uns ein. Es war ein Hochbett aus roten Metallzylindern, die sich stromkreisähnlich miteinander verbinden ließen und eine Art Klettergerüst bildeten. Meine Mutter setzte es zusammen und faltete die Kartons platt, in denen es geliefert worden war. Daneben, mit den gleichen Metallröhren verschraubt, war ein kleiner weißer Schreibtisch aus Spanplatten mit dazu passendem Regal. Ich kletterte über eine Leiter oben auf das Bett, direkt unter die Dachluke. Es war mein erstes Bett und das erste Geschenk von meinem Vater.

Debbie, die jüngere Schwester des Kletterer-Ex-Freunds meiner Mutter, begann, Ausflüge mit mir zu machen – in den Zoo, den Park, zum Shoppen. Sie unterrichtete Englisch für Ausländer, arbeitete bei Macy's in San Francisco als Kosmetikverkäuferin und als Putzfrau bei einem Junggesellen in Atherton, einer nahe gelegenen Kleinstadt. Debbie war um die dreißig, wie meine Mutter, aber kinderlos. Sie hatte angeboten, ab und zu etwas mit mir zu unternehmen, inspiriert von einem älteren Mädchen, das sich um sie gekümmert hatte, als sie klein war und es zu Hause mit ihrem Vater schwer hatte; sie hatte ihr gezeigt, wie man sich schminkt, parfümiert und die richtigen Accessoires wählt.

Meine Mutter und ich warteten am vereinbarten Tag schon an der Straße, als sie aus dem Wagen stieg. Sie trug hellrosa Jeans, weiße, hochhackige Pantoffeln, ein rotes Oberteil mit Rüschen, etliche Bakelitarmreifen, die klimperten, wenn sie sich bewegte; dazu große, Kreolen und einen gemusterten Schal. Sie sah aus wie ein tropischer Vogel in einem Reich braunen Federviehs.

Sie fuhr einen roten Ford Fiesta mit Gangschaltung und verströmte eine heitere Zuversicht, die wie die Berufung zu etwas Höherem wirkte, ein Überzug aus Licht, der alles andere unwichtig machte. Ich lernte das gute Leben kennen. Ein Dufthauch umwehte sie, von Orangenblüten und angenehmen Chemikalien. Ihr Haar war kurz und sorgfältig frisiert; die Farbe und Form erzeugten den Eindruck, als brächen sich rund um ihren Kopf weiche Wellen, doch als ich es berührte, fühlte ich zu meinem Erstaunen eine Kruste.

»Haarspray«, sagte sie.

Ich wollte auch Haarspray benutzen, wenn ich älter war.

Auf den Fahrten zu Macy's, zum Rinconada-Schwimmbad, zum Zoo oder zu ihrem Haus, auf der El Camino, der Alameda de las Pulgas oder dem Highway 280, sprach sie häufig vom Himmelsweg, einer Straße hoch über uns, in den Wolken.

»Wenn wir ihn nur finden könnten«, sagte sie. »Ich weiß, dass es hier *irgendwo* eine Auffahrt gibt.« Wir hielten beide danach Ausschau, aber ich war mir nicht sicher, wie so eine Auffahrt aussehen würde.

»Mist«, sagte sie dann schließlich. »Ich muss sie verpasst haben. Manchmal wird sie gesperrt. Nächstes Mal.«

Im Jahr davor hatte Debbie bei einer Familie in Italien gelebt, in einem Haus an der Adria, und gedacht, sie würde vielleicht für immer dort bleiben, aber ihre Mutter war gekommen und hatte sie nach Hause geholt. Jetzt unternahm sie die ersten schwierigen Schritte, um sich ein Leben aufzubauen. Von alledem wusste ich damals nichts, spürte nur, wie unbeschwert sie wirkte, eine wunderbare Abkehr vom Erwachsenenernst, so schön und unwirklich wie der Himmelsweg.

Ich freute mich die ganze Woche auf unsere Ausflüge und suchte immer schon vorher aus, was ich anziehen würde, legte die Sachen sorgsam beiseite, damit sie auf jeden Fall am verabredeten Tag sauber wären. Ich verliebte mich in Debbie, so wie kleine Mädchen sich manchmal in Frauen verlieben, die nicht ihre Mütter sind. Ihr gegenüber konnte ich mich von meiner besten Seite zeigen. Debbie und ihre luftig leichte Stimme, die schiefen Winkel, aus denen sie ihr Leben betrachtete, die Rhythmusgeräusche ihrer Armreifen, ihre Kleidung, ein Tumult aus klaren Formen und leuchtenden Farben, von chromatischer Lebendigkeit, bildeten das Gegengewicht zu meiner Mutter, die in eine Depression abrutschte.

»*So* sollte es sein«, sagte meine Mutter, nachdem sie einen Dokumentarfilm über Wale gesehen hatte, die sofort nach der Geburt schwimmen, sich treiben lassen, gleiten können. Keine Windeln, kein Angebundensein, keine geisttötenden Aufgaben.

Seit sie und der Stock-Künstler sich getrennt hatten, schien meine Mutter zu nichts mehr Lust zu haben, und wir konnten uns auch kaum noch etwas leisten. Sie machte uns Essen – braunen Reis, Tofu, Gemüse –, auf das wir beide keinen großen Appetit hatten, und legte sich stundenlang bis in den Abend hinein bei ausgeschaltetem Licht in ihrem Zimmer das I Ging. Das Halbdunkel beängstigte mich, denn es zeugte von unserer Seltsamkeit, der Abwesenheit von Formen und Grenzen.

Einmal fühlte sie sich besser und sagte, wir würden ins Museum of Modern Art in San Francisco gehen, aber zuerst wollte sie noch beim Geldautomaten haltmachen. Im Museum würden wir durch die Ausstellungsräume gehen, im Raum mit den riesigen, albernen Claes-Oldenburg-Skulpturen würde ich mich auf die Bänke fläzen oder Kopfstand machen, während sie sich die Kunstwerke anschaute und mir ab und zu etwas über die Künstler ins Ohr flüsterte, zum Schluss gäbe es einen Snack im Museumscafé.

»Lass uns nicht am Geldautomaten halten«, sagte ich. »Bitte.« Aber sie tat es trotzdem. Es kam kein Geld aus dem Automaten, nur ein Zettel. Sie nahm ihn, ging ein paar Schritte und blieb dann mitten auf dem Bürgersteig stehen, sah ihn sich genauer an, wirkte bestürzt. Wir fuhren wieder nach Hause, sie antwortete nicht auf meine Fragen, sondern sagte nur, ich solle still sein, und verschwand für den Rest des Tages in ihrem Zimmer.

»Geh spielen«, sagte sie. »Mir geht's gut. Lass mich allein, mein Schatz.«

Zeichnen, Anziehsachen aufräumen, die Mäuse im Käfig hin- und hersetzen – jede noch so alltägliche Tätigkeit schien riskant, als säße man dabei mitten im Sturm in einem kleinen Boot. Man durfte keine Sekunde unaufmerksam sein, sonst würde es kentern, ohne dass man darauf gefasst war.

In der nächsten Woche nahm Debbie mich mit zu sich nach Hause. Sie wohnte bei ihren Eltern in der Hobart Street in Menlo Park. Ihre Mutter, eine blonde, mollige Frau, deren Haut wie Pergament wirkte, saß in der Frühstücksecke und schnitt Rechtecke aus buntem Zeitungspapier aus. Sie trug eine Schürze. Die Schere machte ihr schönes Ritschratsch.

Ich fragte sie, was sie da ausschneide.

»Coupons«, sagte sie. »Ich nehme sie mit in den Laden und muss dann weniger bezahlen.« Sie legte jedes Papierrechteck in eines der Fächer einer Plastikbox.

Debbie hatte in einer ihrer Kommodenschubladen ein Geheimfach. Eine Schublade in der Schublade. Sie beugte sich zu mir herunter, sodass ihr Kopf ganz nah an meinem war, und flüsterte:

»Meine Familie weiß nichts davon.« In dem Geheimfach war ein Schmuckkasten mit einer feinen Halskette darin, die lauter Knoten hatte.

»Vielleicht kriegst du sie ja auf mit deinen kleinen Fingern«, sagte sie. »Wenn du das schaffst, darfst du sie behalten.« Ich saß auf ihrem Bett und dröselte und zupfte daran herum, bis ich alle Knoten gelöst hatte.

»Hast du einen Mann?«, fragte ich sie, als sie die Kette in meinem Nacken schloss.

»Noch nicht«, sagte sie. »Aber irgendwann bestimmt. Ich laufe durch die Gegend, und zack, hinter der nächsten Ecke steht er!«

Als wir zurückkamen, hatte meine Mutter ihre Malsachen an.

»Guckt mal«, sagte sie und zeigte auf ein fast fertiges Bild. Debbie ging hin, um es sich von Nahem anzuschauen. »Es ist fantastisch«, sagte sie. »Ich habe noch nie ein schöneres Kunstwerk gesehen.« (Später sagte Debbie, sie wundere sich, dass wir arm seien, wo meine Mutter eine solche Gabe habe. Zumindest könnte sie ihre Sachen doch auf der Straße verkaufen. Aber die Werke meiner Mutter brachten mit Ausnahme von einigen wenigen Illustrationsaufträgen nicht viel ein.)

Wir setzten uns alle an den Tisch, ich auf Debbies Schoß. Irgendwann während ihrer Unterhaltung schaute ich auf und sagte: »Deine Zähne sind weiß. Moms sind gelb.« Meine Mutter rutschte auf ihrem Stuhl herum; sie beklagte sich oft darüber, wie ihre Zähne aussahen.

»Debbie hat keine Ahnung«, sagte meine Mutter, nachdem Debbie gegangen war. »Sie ist falsch und kritisch, dabei hat sie nicht den beschissensten Hauch einer Ahnung.« Es stimmte, dass Debbie sie kritisierte: Irgendwann während ihres Besuchs hatte sie das Geschirr in der Spüle und einen Fleck an unserer Wand bemerkt, den frühere Mieter dort hinterlassen hatten. Wahrscheinlich war da mal ein Getränk umgekippt, und mit der Zeit hatte sich die Stelle wie ein Schatten verdunkelt, und Debbie hatte es gesehen und die Nase gerümpft.

»Sie kommt hier einfach reinstolziert und nimmt dich mit«, fuhr meine Mutter fort, »und du bist die reinste Freude – und dann kritisiert sie *mich*. Dabei liegt es an all *meiner* Mühe, dass du so wunderbar bist.«

»Ich mag sie«, sagte ich.

»Sie ist nicht perfekt, weißt du. Sie ist nicht die ganze Zeit glücklich. Sie ist falsch.«

»Du solltest Coupons ausschneiden«, sagte ich.

»Niemals«, sagte sie. »So jemand bin ich nicht. Und will es auch nie sein.«

Von da an wartete meine Mutter morgens nicht mehr mit mir beim Asphaltkreis vor unserem Haus, bis Debbie kam.

An einem Wochenende nahmen die Eltern meiner Schulfreundin Daniela mich mit in ein Musical. Ich trug dicke weiße Wollstrumpfhosen. Mitten während der Aufführung musste ich pinkeln, aber hinauszugehen war unmöglich. Ich hielt so lange wie irgend möglich an, aber schließlich konnte ich nicht mehr und pinkelte mir in die Strumpfhose. (Als die Lichter angingen, stellte ich erleichtert fest, dass man es mit bloßem Auge nicht sah.)

In der Pause versuchte ich, die Strumpfhose in der Toilette hinunterzuspülen. Sie sammelte sich vor dem Loch und blieb stecken, ein Knäuel aus klitschnassem Stoff. Als ich aus der Kabine kam, hatte sich eine Schlange gebildet; die Frau, die als Nächste an der Reihe war, ging auf die Kabine zu, die ich gerade verlassen hatte. »Ich weiß nicht, ob Sie die benutzen möchten«, sagte ich zu ihr mit meiner besten Aussprache, als wären sie und ich miteinander verschworen. »Da ist ein Paar *Kinderstrumpfhosen* in der Toilette.« Die Frau sah mich seltsam an, und erst als ich draußen war, wurde mir klar, dass ich mich verraten hatte.

Nach der Show lud meine Mutter Daniela und mich zu einer Pizza bei Applewood ein, und auf dem Rückweg zum Auto schwangen wir abwechselnd ihre Stoffhandtasche in großen, wilden Kreisen an ihrem langen Riemen herum. Daniela war dran.

Ein Schablonenmesser, das meine Mutter für Kunstprojekte benutzte, musste nach unten gerutscht und aufgegangen sein und hatte sich durch den Stoff gebohrt. Der Taschenboden streifte die Oberseite meines Handgelenks und schlitzte es auf. Später blieb davon eine zweieinhalb Zentimeter lange, senkrechte Narbe übrig, die meinen Unterarm zweiteilt, ein großes »I«, nicht unattraktiv, an das ich mich gewöhnt habe. Eine Zeit lang hatte meine Mutter Schuldgefühle und konnte die Narbe kaum ansehen. Jahre später zeigte sie dann gerne darauf und rief: »Ich habe dich gezeichnet!«, als wäre ich ihr Kunstwerk.

Manchmal ließ sie einen Kommentar dazu fallen, dass ihre Mutter, Virginia, dieses oder jenes nicht getan habe: mit ihr in ein Café gehen, um Kuchen zu essen, ein gutes Wort in der Schule für sie einlegen, ihr Snacks ans Bett bringen, wenn sie Hunger hatte –, und in der Summe besagten diese kleinen Bemerkungen, wenigstens verstand ich sie so, dass ihre Mutter ihr die Elemente meiner Kindheit, die mir die liebsten waren, vorenthalten hatte.

»Als ich klein war«, sagte sie, »bemerkte meine Mutter, dass ich künstlerisches Talent hatte, ging los und kaufte meiner Schwester Linda eine Staffelei und hochwertige Malutensilien. Dann sagte sie, ich dürfe die Sachen nicht anrühren.«

Ich wollte gern noch mehr solche Geschichten hören – Geschichten über Virginias Grausamkeit –, stattdessen erzählte sie mir jedoch meistens davon, was für eine gute Köchin ihre Mutter gewesen sei oder dass sie dicke, handgeschnittene Nudeln zum Trocknen in der Küche aufgehängt habe wie Socken und auf Daunendecken bestanden habe, die damals noch nicht üblich gewesen seien. Einmal, als es draußen schneite und Virginia aus dem Fenster schaute, sah sie zwei leuchtend rote Kardinäle auf einem Ast sitzen und beschloss, sich ein paar rote Schuhe zu kaufen, was sie dann auch machte. Über Virginia waren wir mit dem verstorbenen Branch Rickey verwandt, der ihr Großonkel war und Manager der Brooklyn Dodgers, der Mann, der wesentlich dazu beitrug, dass Jackie Robinson in der Major League

Baseball spielte. Meine Mutter deutete mit alledem an, dass es wichtig war, Virginia zu verteidigen, noch bevor ich wusste, wogegen.

»In meiner ersten Erinnerung liege ich als Baby in meiner Wiege, sehe mich um und bemerke, wie karg der Raum ist«, sagte sie. »Als wäre ich von einem anderen Ort gekommen, wo es deutlich schöner aussah.« In ihren Kindheitsgeschichten war sie manchmal hilflos und manchmal mächtig. Sie musste im eiskalten Winter Ohios Röcke und dünne Mäntel zur Schule tragen; sie war motiviert und selbständig genug, um Müsliwertmarken zu sammeln, sie gegen ein Fernglas einzutauschen und in der Morgendämmerung allein wandern zu gehen und Vögel zu beobachten. Jetzt suchte sie etwas weit Besseres, als sie es je zuvor erlebt hatte – wünschte es sich für uns beide; etwas Erlesenes, das sie vor ihrem inneren Auge sah, auch wenn wir es bisher noch nicht kannten.

Meine Mutter und ich machten eine Wanderung in der Nähe des Maryknoll Seminary, einer Wohnstätte für Missionspfarrer im Ruhestand in einem Naturschutzgebiet aus hügeligem Grasland. Wir gingen einen breiten unbefestigten Weg entlang. Die Gräser und Nesseln um uns herum verströmten einen Duft nach Weihrauch und Seife, die Insekten waren laut und hörten dann alle mit einem Schlag auf, hinterließen die Luft so leer wie bei einem Druckabfall und fingen dann nach und nach wieder an. Es war Schlangenwetter – möglich, dass sie sich auf den Wegen sonnen würden.

»In Indien habe ich mal eine Babykobra gesehen«, sagte sie. »Sie versperrte mir den Weg, reckte den Kopf in die Höhe.« Meine Mutter produzierte einen Hauchlaut hinten im Rachen. »Das sind die schlimmsten. Sie können ihre Kräfte noch nicht einschätzen; sie verspritzen das ganze Gift auf einmal.« Ich stellte mir in diesen Geschichten nie meine Mutter vor. Vielmehr sah ich sie aus ihrer Perspektive, als wäre ich selbst in Indien gewesen und hätte die Babykobra gesehen.

Auf dem Hang über uns wuchs ein grüner Kaktus mit leuchtend roten Früchten. »Kaktusfeigen«, sagte meine Mutter. »Ich wollte immer schon mal eine probieren.«

Sie machte sich an den Aufstieg und trat dabei kleine Erdlawinen los.

»Mom, komm zurück«, sagte ich.

»Bin ich froh, dass du nicht *meine* Mutter bist«, sagte sie.

»Warte doch lieber damit«, sagte ich.

»Ach, komm, Lisa. Ich wollte das immer schon machen.«

»Der hat Stacheln«, sagte ich.

»Ich bin nicht von gestern, als es noch regnete«, sagte sie im Weiterklettern. Das war einer ihrer Sprüche, wenn ich mich so besserwisserisch aufführte. Regen brauchten wir allerdings dringend – es herrschte Dürre, die schlimmste seit langer Zeit. Wir durften nach dem Pinkeln nicht spülen. Der Abhang war gelb, das Gras knisterte unter ihren Füßen.

Sie schaffte es bis zu einer Stelle oberhalb des Kaktus, sodass sie nach unten greifen musste. Die Pflanze sah nicht echt aus, irgendwie skurril, gegliedert wie eine Plastikpuppe.

»Rot ist in der Natur eine gefährliche Farbe«, sagte sie, als sie sich der roten Frucht näherte. »Es ist eine Warnfarbe: ›Giftig, nicht essen.‹«

Sie bedeckte ihre Hand mit einem Zipfel ihres Hemds und zog den Bauch ein, streckte die Hand aus, packte die Feige an der Oberseite und zog. Entgegen aller Erwartung brach sie nicht ab.

Sie begann, daran zu drehen. »Sie ist faserig«, ächzte sie. »Ich kriege sie nicht ab.«

Ich wollte, dass sie aufhörte; sie benahm sich verrückt, und ich hasste sie. Ich wusste Bescheid. Ich war voller Vorahnungen. Die Gräser zischten.

Endlich hatte sie sie und stieg damit wieder herunter.

Ich sagte: »Lass sie uns mit nach Hause nehmen und kochen.«

»Ich möchte sie jetzt essen«, sagte sie. »Ich muss nur sehen, wie die Schale abbekomme.« Sie benutzte ihr Hemd, um ihre Hand zu schützen, während sie die Kaktusfeige schälte und dann versuchte, am Fleisch in der Mitte zu nagen, ohne die Schale zu berühren. »Mmmm. Schmeckt gut. Interessant. Möchtest du auch was?«

»Nein danke«, sagte ich.

Auf der Rückfahrt begann sie zu stöhnen.

»Mein Hals«, sagte sie. »Es tut weh, wenn ich schlucke.«

An einer roten Ampel machte sie sich lang, um im Rückspiegel in ihren offenen Mund zu schauen. Ich war entschlossen, sie nicht zu bemitleiden, aber ich hatte panische Angst.

»Ich hab doch gesagt, dass du sie nicht gleich essen sollst«, sagte ich.

»Ich weiß. Ich kann nicht sprechen, Lisa, es tut zu sehr weh.« Kleine, durchsichtige Stacheln von der Schale der Feige mussten sich in ihrem Rachen festgesetzt haben.

Als wir nach Hause kamen, holte sie mit brennendem Rachen ihre Wäsche aus dem Trockner und stellte fest, dass sie ihren Lieblingspullover aus Angorawolle hatte einlaufen lassen.

»Mist«, sagte sie. Die Knopfleiste war mit Perlen besetzt. »Du kannst ihn haben.«

Er passte mir perfekt, der weiche Stoff mit dem Blumenmuster in einem Meer aus Rosa reichte mir bis eben unter den Bauchnabel und an den Ärmeln genau bis zu den Handgelenken, als wäre er für mich maßgeschneidert.

In den Tagen bis zu meiner nächsten Unternehmung mit Debbie trug ich ihn bewusst nicht, diesen eingelaufenen Pullover, der mir wie etwas vorkam, das ich meiner Mutter weggenommen hatte, Teil des Glücks, das von ihr auf mich überströmte und sie ins Hintertreffen brachte.

Ein paar Tage später saß sie im Schlafzimmer und warf mit drei Pennies. Daneben lagen ein Buch, ein Stift und ein Blatt Papier. Sie befragte das I Ging. Sie saß in einer Ecke auf dem Teppichboden; es war Tag, und sie hatte die Lichter ausgeschaltet. Sie stützte einen Ellbogen aufs Knie und ihre Stirn in die Hand. Einzelne Haarsträhnen klebten an ihrer Wange oder fielen ihr übers Ohr.

»Was ist?«, fragte ich.

»Ich habe meine Jugend verloren«, sagte sie.

Erneut warf sie die Pennys auf den Teppich, schaute hin und machte dann in einem kleinen Büchlein eine lange Reihe Häkchen untereinander, dünn wie Insektenbeine.

»Aber du *hattest* sie«, sagte ich.

»Du hast es gut«, sagte sie. »Du kannst mit Debbie losziehen und Spaß haben. Ich habe niemanden.«

»Du kannst doch mitkommen«, sagte ich, obwohl ich wusste, dass es nicht das war, was sie wollte.

»Ich brauche eigene Freunde, ein eigenes Leben.« Bei dem Wort *Leben* warf sie die drei Pennys. Wir konnten nicht beide gleichzeitig glücklich sein. Ihr Eifer, wenn sie auf etwas aus war – mehr Leben, mehr Glück, die Kaktusfeige pflücken –, fühlte sich für mich gefährlich an. Ich holte mein Glück aus dem Brunnen des ihren herauf, mit einem Tau, das wir uns teilen mussten. Wenn sie es hat, darf ich nicht; wenn ich es habe, muss sie welken. Als ob die emotionale Sparsamkeit der Welt bedeutete, dass es zu keiner Zeit genug für uns beide zugleich gab.

»Du hast doch Freunde«, sagte ich.

Daraufhin schluchzte sie. »Ich habe keinen Mann, keinen Ehemann, keinen Freund, keine Beziehung. Gar nichts.«

Die Luft im Schlafzimmer war abgestanden. »Aber ich liebe dich, und *ich* bin für dich da.«

»Ich versuche es ja, aber nichts klappt bei mir«, fuhr sie fort, als hätte ich nichts gesagt. »Früher hatte ich so schöne, starke Hände.« Sie weinte jetzt so heftig, dass sie Speichel zwischen den Lippen hatte und kaum die Wörter herausbekam. »Und weißt du, was Faye mir zu Weihnachten geschenkt hat?«, sagte sie. Faye war ihre Stiefmutter; Jim und Faye waren es, die ich meine Großeltern nannte, denn Virginia hatte ich nur ein paarmal gesehen.

»Ein Bügeleisen«, sagte sie. »Und weißt du, was sie *Linda* geschenkt hat?« Linda war ihre jüngere Schwester, die hübsche, die damals die Malsachen bekommen hatte. Mittlerweile war Linda Geschäftsführerin von mehreren Supercut-Filialen und hatte als Freund einen NASA-Physiker mit Schnurrbart und einem Whirlpool.

»Einen Champagnerkübel!«, sagte sie.

Ich wusste, dass es nicht die Zweckmäßigkeit des Geschenks war, die sie so schrecklich fand – wir benutzten das Bügeleisen und das Bügelbrett jahrelang, und später hörten wir von Linda, es sei kein Champagnerkübel, sondern ein Eiskübel gewesen, und sie habe ihn sich ausdrücklich gewünscht, genauso wie meine Mutter sich das Bügeleisen gewünscht hatte –, das Schlimme war die Symbolik. Trotzdem wollte ich, dass sie es Faye sagte, damit sie das Bügeleisen zurücknehmen und ihr etwas schenken würde, das sie sich wirklich wünschte.

Sie stand auf, ging aus dem Zimmer und nahm eine Schere vom Schreibtisch. Dann trat sie an ihren Kleiderschrank, schob die Bügel mit Gerassel über die Stange, zerrte verschiedene Hemden herunter und warf sie auf einen Haufen.

»Tu das nicht.«

»Sag du mir nicht, was ich tun soll. Ich hab nichts anzuziehen. Gar nichts.« Sie schnitt in ein altes, graues Hemd und riss es auf, sodass die Webkante zu sehen war.

»Dieser Kragen. Furchtbar. Ich hasse meine Sachen.« Sie schluchzte und fing dann zu knurren an. Jetzt schnitt sie eine Kerbe in den Saum eines T-Shirts, nahm es in beide Hände und riss es entzwei, vor Wut brüllend.

Mit anderen Kleidungsstücken war sie schon ähnlich verfahren, wenn sie so in Rage geriet, hatte Kragen abgeschnitten, Hemden und Ärmel gekürzt, die Sachen hinterher nie wieder getragen. Später würde sie sie wegwerfen müssen, sodass ihre sowieso schon nicht umfangreiche Garderobe noch kleiner wurde.

Um diese Zeit herum gab mein Vater ein großes, opulentes Fest zu seinem dreißigsten Geburtstag, zu dem er auch meine Mutter einlud. Sie hatte vor hinzugehen und bat Debbie, sie zu begleiten, doch als der Tag näher rückte, kam sie ins Zaudern. Sie konnte sich kein neues Kleid leisten. Und zwischen lauter schön zurechtgemachten Leuten, die ihn hochleben ließen, in Lumpen zu erscheinen war ihr peinlich. Sie sagte in letzter Minute ab und enttäuschte damit Debbie, die ihre Hoffnungen darauf gesetzt hatte, bei dieser Gelegenheit einen Mann zum Heiraten zu finden. Ich wusste damals nichts von dem Fest, merkte nur, dass meine Mutter schwermütig wurde, sich zunehmend mit ihrer Garderobe beschäftigte und von dem Gefühl besessen schien, ihre Jugend verloren zu haben.

Ich wusste, was sie alles nicht an sich mochte: ihre Oberschenkel, ihre Stirn, ihre Zähne, die Falten über ihrer Oberlippe, und mir war auch klar, dass sie glaubte, dieser Dinge und ihrer alten Klamotten wegen nicht zu bekommen, was sie sich wünschte. In Wirklichkeit war sie schön mit ihren hohen Wangenknochen, ihrer feinen Nase. Sie sagte, sie, Linda und Kathy seien in der Schule die »Stirnschwestern« genannt worden, weil ihr Haaransatz so hoch war, aber ich mochte ihre Stirn, kahl und glatt wie ein Teil von einem Ei. Ihre Figur ähnelte einer Zeichnung von Rodin, die ich später sah, der Skizze einer Frau, die sich nach vorne wendet, aber zurückblickt und an der alles weiblich und wunderbar proportioniert ist, Rücken, Po, Brüste. Eine schmale Taille.

Später, beim Linsenwaschen für unser Abendessen, berührte sie die Linsen langsam mit den Fingerkuppen und betrachtete sie kummervoll, als würde sie gleich etwas unschätzbar Wertvolles verlieren.

Als Debbie und ich eines Spätnachmittags zurückkamen, erwartete meine Mutter uns vor der Garage. Schon an der Art, wie sie dastand, erkannte ich, dass etwas nicht stimmte – ihr Kiefer war ganz verkrampft und schief. Sie hielt die Hand über die Augen, um die Sonne auszublenden; ich konnte sehen, dass sie geweint hatte.

Sobald wir aus dem Wagen stiegen, fing sie an zu reden. »Weißt du was, ich hab's satt. Dass du meinst, du wärst was Besseres als ich.«

»Mom«, sagte ich. »Hör auf.«

»Halt du dich da raus, Schätzchen«, sagte sie.

Debbie wirkte arglos, erschrocken; sie wich in kleinen Schritten zum Wagen zurück.

»Tu nicht so, als wüsstest du nicht, wovon ich rede«, sagte meine Mutter.

»Ich, also – ich wollte wirklich nicht –«, stotterte Debbie.

»Du kommst hier einfach so in unser Leben reinmarschiert und machst mich vor meiner Tochter schlecht, und du glaubst, du wärst perfekt, dabei bist du im Grunde ganz oberflächlich, du Dummchen«, zischte meine Mutter. Ganz falsch war es nicht, was meine Mutter da sagte, und das machte ihre Wut umso beängstigender.

»Du versuchst, dich in Lisas Leben einzuschleichen, besser zu sein als ihre Mutter. Das ist widerlich. Für wen hältst du dich eigentlich? Das ist eine Form von Belästigung.« Sie brüllte jetzt. Ihre Stirn und ihre Lippen waren zerknittert wie Alufolie, sie bleckte die Zähne, und Debbie tippelte bestürzt auf zu hohen, klackernden Absätzen zu ihrer Wagentür und öffnete sie.

Ich hatte Angst, sie würde so von mir denken, als wäre ich meine Mutter. Ich hatte immer das Gefühl, dass andere uns als ein- und dieselbe Person in zwei Körpern betrachteten.

»Mom«, sagte ich.

»Sei still, Lisa«, sagte sie.

Ich konnte mich kaum bewegen oder klar denken; der Schock war wie Apathie. Ich schämte mich für meine Mutter. Wie Furcht einflößend sie war, wenn sie brüllte, knurrend und wild. Die Szene entfaltete sich wie zwei Bänder, hier Debbie, die sich verteidigte, da meine Mutter, die antwortete und hinter ihr her flatterte, um sie weiter anzubrüllen, Debbie, die zurückwich, sich schnell ans Steuer setzte, den Wagen startete und davonfuhr. Ich sah sie nie wieder.

Meine Mutter hatte ihre erste Verabredung mit Ron.

Er würde am frühen Abend zu uns kommen, um sie abzuholen, wir könnten uns kurz kennenlernen, und dann würden sie zusammen essen gehen. Die Nachbarn waren zu Hause – falls etwas sein sollte. Ich war jetzt alt genug – sieben –, um zwei Stunden allein zu Hause zu bleiben, aber die Einzelheiten mussten noch verhandelt werden.

»Und hinterher?«

Ich sollte im Bett sein, bevor sie wieder da war.

»Könnte schon sein, dass er noch mitkommt«, sagte sie.

Ich bat sie, mir zu versprechen, dass sie nicht in ihr Zimmer gehen würden, und aus irgendeinem Grund war sie einverstanden.

Seit sie sich für Ron interessierte, widmete sie mir nicht mehr so viel Aufmerksamkeit, fand ich. Auch das I Ging zog sie nicht mehr zurate. Sie war halb abwesend vor Glück, mit dem gleichen leisen Lächeln auf den Lippen, das ich auch bei ihr gesehen hatte, als sie den Hang hinaufgeklettert war, um sich die Kaktusfeige zu holen.

Am liebsten hätte ich für immer in der Zeit zwischen ihren Männern gelebt – zwischen der Einsamkeit und Verzweiflung, die auf einen folgte, und dem Hoch, das mit dem nächsten begann –, sie und ich das einzige Team, das eigentliche Paar.

Am Abend der Verabredung war Ron pünktlich bei uns. Sie stand am Waschbecken im Bad und schminkte sich, als er klopfte.

Ich rannte zur Tür, um ihm aufzumachen, und sah gleich, dass er kein Hippie war. Sein Kopf war kahl, mit kleinen Büscheln an den Seiten wie bei einem Clown, er hatte buschige Augenbrauen, eine Brille mit Goldrand und breite, dicke Lippen wie ein Fisch. Er sah sauber aus und roch nach Seife und Waschmittel.

»Hallo«, sagte ich. »Ich bin Lisa. Meine Mutter macht sich gerade noch fertig.«

»Schön, dich kennenzulernen«, sagte er und streckte mir die Hand entgegen.

Er folgte mir ins Wohnzimmer; mir fiel auf, dass er die Füße beim Gehen extrem auswärtsdrehte.

»Bin sofort da«, rief meine Mutter aus dem Bad.

Als wir am Bücherregal vorbeikamen, griff ich nach dem Album mit den Fotos von meiner Geburt – das war nicht geplant gewesen, es überraschte mich selbst, wie mein Arm vorschoss, als hätte ich keine Kontrolle über meine Gliedmaßen – und zog es heraus.

Ich hatte sie oft gebeten, dieses Album wegzuwerfen, aber sie weigerte sich hartnäckig und nahm es Umzug für Umzug mit. Der Deckel bestand aus geflochtenen braunen Grashalmen, die an den Rändern allmählich ausfransten – für mich ein Hinweis auf die

Peinlichkeit des Inhalts. Ich nahm an, dass bei anderen Kindern zu Hause keine so peinlichen Bücher herumlagen.

Er und ich setzten uns nebeneinander auf das geblümte Sofa.

»Ich möchte dir was zeigen«, sagte ich. »Bloß ein paar Fotos von meiner Mutter und mir.«

Ich hielt das Album so auf dem Schoß, dass er gut sehen konnte, und schlug es auf. Meine Mutter, jünger, liegt auf einem Bett, ihr langes Haar umspielt ihr Gesicht wie dunkles Wasser. Es waren die Fotos von meiner Geburt, schwarz-weiß mit abgerundeten Ecken. Oben herum trug sie etwas, das wie ein Männerhemd aussah, und von der Hüfte abwärts war sie nackt, im Bildvordergrund ihre angewinkelten und gespreizten Beine. Ich blätterte um: Da war ich, tauchte zwischen ihren leuchtenden weißen Beinen auf wie eine Schildkröte aus einem Teich.

Auf den folgenden Bildern sah man meinen runzligen Körper, mein wachsweißes Gesicht, asymmetrisch und zerknautscht.

Ich empfand Abscheu und Ekel und fuhr dennoch fort, die Seiten umzublättern. Warum, hätte ich damals nicht in Worte fassen können: Ich wollte, dass er sich so abgestoßen fühlte wie ich, wollte ihn verscheuchen. Ihm zeigen, wer wir waren, damit er gleich wieder ging, anstatt auf sie zu warten.

»Und hier, guck mal«, sagte ich mit meiner süßesten Stimme.

»Ja«, sagte er. Er machte keine Anstalten zu fliehen. Er blieb sitzen, schaute kurz auf jedes Foto und dann wieder weg, als wäre er abgelenkt. Als meine Mutter aus dem Bad kam und uns sah, schnappte sie mir das Album aus den Händen und schob es mit einem wütenden Blick zu mir wieder an seinen Platz im Regal.

LASSEN WIR'S KRACHEN

Zu meinen ersten Erinnerungen an meinen Vater gehört eine Geburtstagsparty in Russian Hill, die jemand für ihn gab. Da war er Anfang dreißig.

In San Francisco – das bei uns nur »die Stadt« hieß – war das Licht anders, schräg, gelb und wässriger als in Palo Alto. Das Haus, in dem die Party stattfand, war wunderschön, mit hohen Decken, weichen Wollteppichböden, die in den Wänden zu stecken schienen, und dem größten Fernsehapparat, den ich je gesehen hatte. Der Rasen hinter dem Haus wurde fast vollständig von einem Trampolin eingenommen, einem dieser großen, runden, die auf hohen Metallbeinen stehen.

Auf dem Trampolin, in Jeans und Flanellhemd, war mein Vater.

»Grüß dich! Willst du mitmachen?«, rief er mir zu.

Ich ging zum Trampolin, und irgendwer, nicht meine Mutter, hob mich hoch, sodass ich ein Bein nach oben strecken und mit gekrümmten Zehen, wie ein Beuteltier, den mit Stoff bezogenen Rand greifen konnte. Die Fläche hatte die Größe eines kleinen Pools und reflektierte das Licht wie ein Ölfleck. Ich dachte, mein Vater und ich würden so springen, wie ich es im Gymnastikunterricht gelernt hatte, aber wenn zwei Leute gleichzeitig sprangen, war der Rhythmus ungleichmäßig und holperig. Trotz meiner Bemühungen, auf getrennten, aber aufeinander abgestimmten Flugbahnen zu bleiben, stießen wir in der Luft fast zusammen. Er hatte kein gutes Koordinationsgefühl, kein klares Gespür für das Steigen und Fallen. Zudem hatte das Trampolin kein Außennetz, und wir hätten auf den Rasen fliegen können, wo Leute standen, oder über den Zaun. Das heißt, *ich*, als die Leichtere, würde fliegen. Schlimmer noch – ich könnte auf ihm landen. Meine gelben Shorts blähten sich im Aufwind, und ich fürchtete, er und alle auf dem Rasen unter uns könnten meine Unterhose sehen. Aber wenn ich die Shorts festhielte, würde ich auch noch das letzte bisschen Kontrolle über meine Bewegungsabläufe verlieren.

Ich wusste nie, wann ich ganz oben war, am höchsten Punkt des Sprungs, denn mitten darin begann schon der Fall, der Zug nach unten.

Zweimal landeten wir im selben Moment. Ich hoffte inständig, dass wir uns nicht berühren würden, das wäre zu intim gewesen. Mir war bewusst, dass ich wegkrabbelte, um ihm vor all den Fremden nicht versehentlich zu nahe zu kommen. Mitten in der Luft sah er mich an und lächelte.

Ich fiel, er sprang; er fiel, ich sprang. Unten machte jemand ein Foto. Wir hüpften weiter, bis er sagte: »Okay, kleiner Fisch, machen wir Feierabend?« Den Ausdruck hatte ich noch nie gehört: *Feierabend machen.*

Meine Mutter erzählte mir eine Geschichte über meinen Vater, die ungefähr so ging:

Mein Vater war adoptiert worden und begann irgendwann in seinen Zwanzigern, nach seinen leiblichen Eltern zu forschen. Seine Suche blieb eine ganze Weile lang erfolglos, bis er schließlich den Arzt fand, der ihn zur Welt gebracht hatte. Dies würde sein letzter Versuch sein, sagte er sich; wenn nach all der Sucherei nichts dabei herauskäme, sollte er sie wohl nicht finden.

Er traf sich mit dem Arzt und fragte ihn nach dem Namen seiner Mutter. Der Arzt sagte, er kenne ihren Namen nicht, doch selbst wenn es anders wäre, dürfte er ihn nicht preisgeben, denn das wäre ein Vertrauensbruch.

Als mein Vater die Arztpraxis verließ, beschloss er, es wirklich dabei bewenden zu lassen. Gleichzeitig aber setzte sich der Arzt an seinen Schreibtisch und schrieb auf ein Blatt Papier: »Im Falle meines Todes bitte ich darum, Steve Jobs mitzuteilen, dass ich doch weiß, wer seine Mutter ist, und dass sie Joanne heißt.« Er hatte ihre Kontaktdaten und schrieb sie dazu.

Vier Stunden später starb der Arzt an einem schweren Herzinfarkt. Mein Vater bekam den Brief, fand seine Mutter und erfuhr, dass er eine jüngere Schwester namens Mona hatte.

Das Timing gut hinzubekommen war bei so einer Geschichte leicht, kurzes Innehalten an der Stelle, wo er die Suche aufgab, Absenken der Stimme, bevor man von dem todgeweihten Arzt sprach, der die schicksalhafte Nachricht schrieb.

Um meinen achten Geburtstag herum zogen wir erneut um, und mein Vater begann, uns ein- bis zweimal im Monat zu besuchen. Inzwischen war er aus seiner Firma, Apple, rausgeflogen, eine schwere Kränkung für ihn, wie ich später hörte, doch schon damals merkte ich an seinem komischen Gang und seiner reservierten Art, dass er tieftraurig war. Er war dabei, ein neues Unternehmen namens NeXT zu gründen, das Hardware und Software für Computer herstellen sollte. Ich wusste, dass er außerdem eine Computeranimationsfirma namens Pixar besaß, die einen Kurzfilm über zwei Lampen gemacht hatte, Mutter oder Vater und Kind, doch die schien im Vergleich zu Apple oder NeXT nebensächlich zu sein.

Später sagte meine Mutter, er sei immer in den Tälern seines Erfolgs bei uns aufgetaucht. Wenn er in seinem Arbeitsleben scheiterte, also in der Öffentlichkeit etwas verlor, so das Muster, das sie erkennen konnte, dann erinnerte er sich an uns, kam vorbei, wünschte sich eine Beziehung zu mir. Als vergäße er mich in der Hektik der Arbeit, und erst wenn die Hektik vorbei war, fiele ich ihm wieder ein.

Wenn er kam, gingen wir zu dritt in unserem Viertel Rollschuhlaufen. Meine Mutter kam mit, denn ich kannte ihn ja kaum, und mit ihm allein zu sein war mir nicht geheuer. Seine Besuche entstanden aus dem Nichts gewöhnlicher Nachmittage, ein Motor grummelte in unsere Einfahrt bis zum Zylinderputzerbusch, hallte von unserem Haus und dem Holzzaun auf der anderen Seite wider und lud die Luft mit Spannung auf. Er fuhr ein schwarzes Porsche-Cabriolet. Wenn er anhielt, jammerte der Motor und erstarb dann ganz, machte die Stille noch stiller, jeden Vogelruf nadelspitz.

»Hallo, Steve!«, sagte ich.

»Hey«, sagte er.

Ich mochte seinen Gang, die Art, wie er auf den Ballen lief, nach vorne geneigt, und in jeden Schritt hineinfiel. Er hatte scharfe Konturen.

Ich freute mich auf seine Besuche, fragte mich immer, wann es wieder so weit wäre, und dachte hinterher an ihn – doch in seiner Gegenwart, in der Stunde oder so, die wir alle zusammen verbrachten, war eine seltsame Leere in mir, ähnlich wie in der Luft, nachdem er den Motor ausgeschaltet hatte. Er sprach nicht viel mit mir. Manchmal unterhielten meine Mutter und er sich miteinander, aber es gab lange Pausen, das Klackern und Schwirren von Rollschuhen auf Asphalt, Vögel, ein paar Autos und Laubbläser.

Wir liefen auf den Straßen in der Nachbarschaft. Die Bäume über uns zeichneten Muster in das Licht. In einigen Gärten baumelten Fuchsien an den Büschen, Staubgefäße unter einer Glocke aus Blütenblättern, wie Frauen in Ballkleidern mit lila Schuhen. Manche Straßen kurvten um riesige Eichen herum. Manche waren von Baumwurzeln und Erdbeben aufgeplatzt, die geschwungenen Risse mit leuchtend schwarzem Teer gefüllt.

»Guckt mal, wie sich der Himmel in den Teerlinien spiegelt«, sagte meine Mutter. Das stimmte, es waren hellblaue Flüsse.

Während der Rollschuhfahrten mit meinem Vater war ich nicht so redselig wie sonst, wenn meine Mutter und ich allein waren.

Steve hatte die gleichen Rollschuhe wie meine Mutter, beiges

Nubukleder mit zwei Reihen Metallösen und roten, kreuzweise zu schnürenden Senkeln. Ich lief voraus oder hinter ihnen. Sie sprach von dem College in San Francisco, an dem sie studieren wollte; er stolperte über Risse im Gehweg oder auf der Straße. Für mich war Rollschuhfahren leicht, wie Laufen oder Schwimmen. Bei meiner Mutter war der hintere Stopper abgewetzt und der vordere, der aussah wie ein Radiergummi, nur noch eine schräge Fläche. Wenn sie bremsen wollte, schien sie das Pflaster mit den Füßen zu flechten, Knöchel über Knöchel, und rollte auf einer langen Linie aus wie Fred Astaire. Die Stopper meines Vaters sahen neu aus.

»Weißt du, wie man die Bremsen benutzt?«, fragte ich, als wir vor uns ein Stoppschild sahen.

»Ich brauch keine«, sagte er. Er fuhr auf den Pfahl zu, knallte mit der Brust dagegen, umarmte ihn und drehte sich, trippelnd und stolpernd, ungeniert darum herum, bis er stand.

Wenn wir an anderer Leute Gärten vorbeikamen, griff er ins Gebüsch und ließ dann im Weiterfahren Blätterstückchen fallen, legte eine Spur wie Hänsel und Gretel.

Ein paarmal spürte ich seinen Blick auf mir; wenn ich hochsah, schaute er weg.

Hinterher redeten wir über ihn.

»Warum haben seine Jeans überall Löcher?«, fragte ich. Er hätte sie zunähen können. Angeblich hatte er Millionen von Dollar. Wir sagten nicht nur »Millionär«, wenn wir von ihm sprachen, sondern »Multimillionär«, weil es genauer war und uns zu Eingeweihten machte, dass wir die Einzelheiten kannten.

»In der Highschool waren seine Hosen manchmal mehr Löcher als Jeans«, sagte sie. »So ist er eben. Als er mich zum ersten Mal bei uns zu Hause abholte, fragte mein Vater ihn: ›Junger Mann, was wollen Sie denn mal werden, wenn Sie erwachsen sind?‹ Und weißt du, was er da gesagt hat?«

»Was?«

»*Ein Gammler.* Dein Großvater fand das gar nicht witzig. Er hatte gehofft, dass seine Tochter von einem aufrechten Mann ausgeführt würde, und dann kam da dieser langhaarige Hippie, der sagte, er wolle Gammler werden.«

Mein Vater habe schon immer gelispelt, sagte sie. »Das liegt an seinen Zähnen«, erklärte sie mir. Die meisten Menschen hätten einen Über- oder Unterbiss. »Aber seine Zähne trafen ganz genau aufeinander, weswegen sie über die Jahre splitterten und brachen, sodass die oberen und unteren Zähne jetzt lückenlos ineinanderpassen. Es sieht aus wie ein Zickzackmuster oder ein Reißverschluss.«

Als sie zu Highschoolzeiten miteinander gingen, sogar noch bevor sie die blauen Boxen verkauften, mit denen man überall in der Welt umsonst anrufen konnte, sagte er voraus, dass er einmal berühmt werden würde.

»Woher wusste er das?«

»Er wusste es einfach«, sagte sie. »Er behauptete auch, dass er früh sterben würde, mit Anfang vierzig.«

Da seine erste Vorhersage stimmte, war ich mir ziemlich sicher, dass sich auch die zweite bewahrheiten würde. Ich begann, ihn als eine Art Propheten zu betrachten, eine letztlich einsame, tragische Gestalt (wir allein wussten, wie einsam, wie tragisch!). Nur Licht und Dunkel, nichts dazwischen.

»Und er hat so merkwürdig flache Handteller«, sagte sie.

Jedes Detail an ihm, das anders war als bei anderen, zeugte von einer Art Göttlichkeit. Seinem gebeugten, vorwärtsfallenden Gang, seinen Reißverschlusszähnen, seinen zerlöcherten Jeans, seinen flachen Handtellern schrieb ich mystische Qualität zu, als wären diese Dinge nicht nur anders, sondern besser als bei anderen Vätern; nun, dachte ich, da er in meinem Leben war, wenn auch nur einmal im Monat, hatte ich nicht umsonst gewartet. Ich war besser dran als Kinder, die immer schon Väter gehabt hatten.

»In den Zwanzigern, wenn die meisten Menschen ausgewachsen sind, wuchs er immer noch weiter«, sagte sie. »Ich hab's selbst gesehen.«

Allerdings passten die einzelnen Teile nicht zusammen. Er war vermögend, hatte aber Löcher in den Jeans; er war erfolgreich, redete aber kaum; er hatte eine schöne, elegante Figur, war aber tollpatschig und unbeholfen; er war berühmt, wirkte aber einsam und allein; er hatte einen Computer erfunden und ihn nach mir benannt, schien mich aber nicht wahrzunehmen und erwähnte es nicht. Dennoch sah ich, dass all diese widerstreitenden Eigenschaften, auf eine gewisse Art gedreht, ein Qualitätsmerkmal sein konnten.

»Wenn er einen Kratzer hat, kauft er sich angeblich einen neuen«, hörte ich meine Mutter einmal zu Ron sagen.

»Einen neuen was?«, fragte ich.

»Einen Porsche.«

»Könnte er den Kratzer nicht einfach übermalen?«, wollte ich wissen.

»Bei Autolack geht das nicht«, sagte Ron. »Man kann nicht einfach Schwarz mit Schwarz übermalen; das mischt sich nicht. Es gibt unzählige verschiedene Schwarztöne. Man müsste das ganze Ding neu lackieren.«

Als er das nächste Mal kam, fragte ich mich, ob er dasselbe Auto fuhr wie bei seinem letzten Besuch oder ein neues hatte, das haargenau so aussah.

Eines Tages brachte er eine junge Frau mit. Sie war zierlich und hübsch, trug Jeans, hatte rotes, auf Kinnlänge geschnittenes Haar, große, dunkelblaue Augen und einen breiten Mund, der auf schöne Art ihr ganzes Gesicht einnahm, wenn sie lächelte.

»Dies ist meine Schwester«, sagte er. Sie war Schriftstellerin und hieß Mona Simpson. Ein paar Jahre nachdem ihre Eltern meinen Vater zur Adoption freigegeben hatten, bekamen sie eine Tochter, die sie behielten. Sie und mein Vater waren sich schnell nah, verwandte Seelen, gleichgesinnt, obwohl sie sich erst so kurz kannten. Sie hatte gerade ihren ersten Roman, *Überall, nur nicht hier*, veröffentlicht, ein Buch, das viele Wochen lang auf der Bestsellerliste stehen sollte und später mit Susan Sarandon und Natalie Portman in den Hauptrollen verfilmt wurde. Als ich zwölf war, las ich es, und es war großartig. Steve und Mona sahen unterschiedlich aus – groß und zierlich, dunkel und hell, Mann und Frau –, und dass sie Bruder und Schwester waren, erkannte man erst, wenn sie beide lächelten und ihre Gesichter sich auf die gleiche Art und Weise öffneten und in Falten legten. Sie hatten die gleichen Lippen und breiten Zähne.

Dass die Schwester meines Vaters ausgerechnet Mona hieß, schien mir ein erstaunlicher Zufall zu sein. Wie hoch war die Wahrscheinlichkeit, dass sie einen Namen tragen würde, der so gut zu meinem passte, dass wir zusammen so hießen wie das berühmteste Gemälde der Welt?

Sie waren jeder für sich erfolgreich geworden, ohne von der Existenz des anderen gewusst zu haben. Beide hatten einen Sinn für Ästhetik; mein Vater kaufte teure Lampen, Teppiche und Bücher, während Mona Flohmärkte nach alten Quecksilberglühbirnen, Holzfiguren, Tellern mit Magnolienmuster, Gläsern mit Silberrand durchkämmte.

Später war es Mona, die darauf bestand, dass er uns ein schöneres Haus mietete als unser kleines an der Melville Street, Mona, die darauf bestand, dass er die kleine Wohnung in dem Haus in Woodside, wo er und ich schliefen, wenn ich bei ihm war, neu streichen und mit neuem Teppichboden auslegen ließ, Mona, die darauf bestand, dass er mir ein anderes Schlafzimmer gab als das mit dem roten Wollteppich, damit ich nicht immer durch sein Zimmer gehen musste, um ins Bad zu kommen, und Mona, die mir ein Bett schenkte und sich später dafür starkmachte, dass er meiner Mutter und mir ein Haus *kaufte*. Sie unterstützte die künstlerische Arbeit meiner Mutter und zeigte so großes Interesse an den Einzelheiten meines Lebens, dass sie dadurch aufgewertet zu werden schienen. Wenn Mona uns besuchte, brachte sie ihre Begeisterung für Essen, Schmuck und Kleidung mit. Sie kannte die guten Restaurants, diejenigen, wo es den besten Kuchen gab. Und immer trug sie dasselbe Paar Ohrringe, das aussah, als tropfte ihr auf beiden Seiten Gold von den Ohrläppchen.

Mona war wie ich bei ihrer Mutter aufgewachsen, nachdem der Vater sie verlassen hatte. Den Geschichten nach zu urteilen, die sie mir später auf mein Drängen hin erzählte, schien ihre Mutter geistig gestört gewesen zu sein – einmal hatte sie zu Weihnachten Geschenke für die Kinder ihres Freundes gekauft, aber nicht für Mona, oder sie zwang sie, in einem Restaurant ein Steak zu bestellen, obwohl sie es sich nicht leisten konnten. Ich fand Monas Geschichten so aufregend, wie von einer Klippe in den Abgrund zu schauen, der Gefahr nah und doch in Sicherheit. Mona nahm Anteil an meinem Leben: Sie beachtete und kommentierte meinen Geschmack, fand mich klug, machte mir ein erstes Geschenk: *Märchen aus Tausendundeiner Nacht*.

Mona betrachtete mich manchmal, als interessiere mein Gesicht sie sehr, mitunter sogar während sie sich mit den Erwachsenen unterhielt. In einem Restaurant kritzelte ich auf dem Papierset herum, und sie nannte es großartig, nahm es mit, rahmte es und hängte es in ihrer New Yorker Wohnung auf.

Ich würde später genauso »groß« werden wie Mona, also klein und zierlich, und würde wie sie Englische Literatur studieren und schreiben.

In einem Jahr schickte sie mir jede Woche lange Briefe mit sepiabrauner Tinte auf dickem Papier. Sie schenkte mir Erwachsenendinge, Ohrhänger mit Silberspitze, eine Reihe pastellfarbener Taschenbücher mit den gesammelten Erzählungen Tschechows, einen goldenen Tiffany-Ring mit Amethystauge.

Diese Geschenke waren Fenster zu einer kultivierteren Welt, zu der ich später einmal gehören wollte. Sie hatte ihre Kindheit ja auch überlebt und war jetzt erfolgreich.

In meinem ersten Jahr auf der Highschool, veröffentlichte sie ein Buch mit dem Titel *Ein gemachter Mann*. Bevor es herauskam, schickte sie mir die gebundenen Fahnen und fragte mich, was ich von dem Buch hielte, ob es etwas gebe, das ich ändern würde. Ich fühlte mich geehrt, doch als ich zu lesen anfing, stellte ich mit Entsetzen fest, dass Figuren darin vorkamen, die meinem Vater, meiner Mutter und mir ähnelten. Die mir nachempfundene Figur hieß

Jane. Ich hatte keine Ahnung gehabt, dass sie über uns schrieb. Mona hatte Einzelheiten meines Lebens gesammelt und für ihr Buch verwendet, bis hin zu Beschreibungen ihrer Geschenke, des emaillierten chinesischen Pillendöschens zum Beispiel, mit Chrysanthemen und vielfarbigen Vögeln auf blauem Grund. Andere Teile waren erfunden, es war ja ein Roman, und die Kombination aus beidem fand ich irritierend. Ich war gekränkt gewesen, meine Sachen auf den Seiten zu entdecken; es war, als hätte sie mir die Geschenke wieder weggenommen. Und dennoch inspirierten mich Monas Bücher dazu, selber schreiben zu wollen.

»In der Literatur geht es oft um die Familie«, sagte sie. »Viele Schriftsteller verwenden Details aus dem echten Leben. Tolstoi zum Beispiel.« Wir hatten uns im Caffe Verona getroffen, um über die Sache zu reden. Als sie gehört hatte, dass mir die Lektüre der Fahnen Bauchschmerzen bereitete, war sie gleich am nächsten Tag aus Los Angeles, wo sie wohnte, nach Palo Alto geflogen, um mit mir darüber zu sprechen.

»So machen Schriftsteller das eben. Ich wollte dir nicht wehtun. Auf keinen Fall.«

Als ich ihr Buch las, hatte ich das Gefühl gehabt, dass es nun nichts mehr gab, worüber ich schreiben könnte. Ich fühlte mich ausgenommen. Jane mochte kein Sushi, weil es sich anfühlte wie eine Zunge auf ihrer Zunge. All diese Details in ihrem Buch schienen jetzt ihr zu gehören und nicht mehr mir, weil sie sie so gut beschrieben hatte.

»Warum hast du mir das nicht gleich gesagt?«, fragte sie. »Dann hätte ich es geändert oder noch gewartet oder es gar nicht herausgebracht.« Aber mit meinen achtzehn Jahren war es mir einfach nicht in den Sinn gekommen, dass ich ihr sagen könnte, was sie mit ihrer Arbeit machen sollte, ja dass das überhaupt eine Möglichkeit wäre.

Nun stand das Buch beinahe schon in den Regalen.

Außerdem hatte ich nach der Hälfte des Buches nicht weitergelesen, weil ich es so verstörend fand. Ich wusste also noch nicht mal, was am Schluss mit meiner Figur geschah.

»Du hast es gar nicht zu Ende gelesen?«, fragte sie und wurde ruhiger. »Es wird dir gefallen, was mit Jane passiert.«

»Kann sein«, sagte ich.

»Vielleicht wirst du mein Buch irgendwann in deinem Buch erwähnen«, sagte sie. Mit der Idee, dass ein Buch im anderen stecken könnte, wie russische Puppen, überraschte sie mich; womöglich gab es ja Raum für mehr als ein Buch über dieselben Menschen und dieselbe Zeit.

Am Schluss trägt Jane eine Schuluniform und eilt mit den anderen Kindern in ein Klassenzimmer. Sie gehört endlich dazu.

Ron fand, meine Privatschule sei elitär und nicht streng genug. Er schaffte es, auch meine Mutter davon zu überzeugen, und so zogen wir in den Schulbezirk von Palo Alto um, damit ich auf eine öffentliche Schule gehen konnte.

Die neue Wohnung lag in einem Hinterhaus und war kaum halb so groß wie das kleine Haus, aus dem wir ausgezogen waren, hatte aber genauso viele Zimmer; es kam mir vor wie eine Puppenstube. Der Holzboden war vor unserem Einzug frisch abgeschliffen und lackiert worden, gelb wie Heu, und glänzte, als wäre er nass. Davor hatten wir immer Teppichböden gehabt, und die Freude meiner Mutter über diesen Holzfußboden erstaunte mich. Sie baute das Röhrenbett in meinem neuen Zimmer wieder auf.

Eines Abends kurz nach unserem Einzug lieh sie sich den Film *Susan, verzweifelt gesucht* aus; wir besaßen zum ersten Mal einen Fernseher. Ich durfte nicht mitschauen. Nachdem sie mir Gute Nacht gesagt hatte, drehte ich mich langsam und vorsichtig, damit die Federn nicht quietschten, im Bett herum, sodass mein Kopf am Fußende war. So konnte ich die Tür einen Spalt öffnen und über die Rückenlehne des Sofas den Bildschirm sehen.

In dem Film gab es eine Frau, die zerrissene schwarze Kleidung und viele Ketten übereinander trug und blond-braune, wild frisierte Haare hatte. Je länger ich zuschaute, desto klarer wurde mir, dass ich wie diese Frau aussehen wollte.

Meine Mutter drehte sich blitzschnell um und ertappte mich.

»Dachte ich's mir doch«, sagte sie. »Schlaf jetzt.« Sie stand auf und machte die Tür zu.

Ein paar Tage später fand ich ein Bild in einer Zeitschrift – es könnte eine Werbung für Guess oder Jordache Jeans gewesen sein –, auf dem eine Frau mit kurzem, zerzaustem, vielleicht nassem Haar einen Sprung vollführte. Sie flog mit gestreckten Füßen über den Asphalt: ein perfekter Spagat in der Luft. Sie trug ein T-Shirt und stonewashed Jeans. Auch dieses Mädchen wollte ich sein.

Meine Mutter und ich waren in der Küche, als Ron mit einem Fotoapparat hereinkam. Der Herd stand genau gegenüber der Wohnungstür; Ron hob die Kamera ans Auge.

»Nicht bewegen«, sagte er. »Das ist ganz toll so.« Wir besaßen keinen Fotoapparat.

Zuerst machte er Schnappschüsse, doch dann wollte er, dass wir posierten. *Klick klick klick*. Ich konnte spüren, wie mein Lächeln verkrampft wurde.

In seinen Interaktionen mit mir und meiner Mutter insistierte er oft zu sehr – er »ging zu weit«, sagte meine Mutter –, so als glaubte er, wir würden ihn nur wahrnehmen, wenn er alles ständig wiederholte.

Ron meinte es gut, das spürte ich. Er hatte uns ein Paar goldene Halsketten geschenkt, ihre etwas weiter und dicker als meine, aus je zwei Reihen ineinandergreifender Glieder gemacht, die ein Fischgrätenmuster ergaben. Ärgerlich und abweisend wurden wir nur, wenn er zu viel redete und nicht zuhörte. Jetzt, in der Küche, verbündeten meine Mutter und ich uns gegen seine aufdringliche Emsigkeit. Wir sahen ihn frech an; er schaltete den Blitz ein.

»Ron, hör auf«, sagte meine Mutter. »Es reicht, okay?«

Meine Mutter lief ins Bad; ich versteckte mich hinter der Wand.

»Jetzt kommt doch wieder her«, sagte er. »Nur noch ein paar mehr Fotos.«

Wenn Ron nicht bei uns übernachtete, schlief ich bei meiner Mutter im Bett, was mir lieber war, als allein zu schlafen.

»Warum verlässt du ihn nicht?«, fragte ich sie am nächsten Tag.

»Vielleicht mache ich das«, sagte sie.

Ron brachte uns die entwickelten Fotos in einem Briefumschlag mit. Kaum war er hereingekommen, schnappte meine Mutter ihm den Umschlag aus der Hand, lief zum Sofa und ging den Stapel Bilder durch. Ich wollte sie auch sehen, genau wie Ron, aber sie kehrte uns den gebeugten Rücken zu, nahm alle, die ihr nicht gefielen, heraus und versteckte sie unter ihrem Bein.

Sie glaubte schon immer, dass auf Fotos die eigentliche Sichtweise des Fotografen oder der Fotografin zum Vorschein kam; schmeichelhafte oder interessante Bilder hießen, dass Ron ihre Schönheit, ja ihre Seele wahrnahm, hässliche Bilder dagegen, dass er sie nicht sah, nicht erkannte, nicht liebte.

»Zeig doch mal«, sagte ich und versuchte, mir die Bilder zu schnappen, aber es war zu spät: Sie zerriss sie noch unter ihrem Bein.

Sie drehte sich zu uns um und zuckte mit den Schultern, legte den Kopf schief, hob die Augenbrauen – nahm unseren Frust und Ärger zur Kenntnis, war aber hochzufrieden, wie immer, wenn sie Fotos von sich zerrissen hatte.

Es machte mich wütend, wenn sie das tat. Ich sah sie dann kritischer, nahm zum Beispiel wahr, dass sie über den großen Onkel lief, dass sich vom Tragen zu enger Schuhe senkrecht verlaufende, klingenscharfe gelbe Hornhaut an ihren kleinen Zehen gebildet hatte. Sie tat Bierhefeflocken in ihre Salate, und sie rochen nach staubigen Zimmern. Ihre Kuchen bildeten Verwerfungslinien und fielen zusammen, weil sie zu ungeduldig war, um sie abkühlen zu lassen. Früher hatte ich es immer so schön gefunden, wie ihre Nasenspitze auf und ab hüpfte, wenn sie kaute, und mich auf ihren Schoß gesetzt, um dem Geräusch näher zu sein, wie von einer Sense, die Gräser schnitt, doch jetzt erschienen mir sowohl ihre Nase als auch ihr Kauen merkwürdig und falsch. Wegen genau solcher Dinge, dachte ich, fand sie eben nur so einen Mann wie Ron, keinen wie meinen Vater. Ich fing an zu glauben, dass es ihre Schuld sei: Sie war nicht schön genug und deshalb ungeliebt, unliebenswert – und ich könnte es ihretwegen auch werden.

Meine neue Schule bestand aus einstöckigen Gebäuden im spanischen Stil mit schmutzigen Gipsputzwänden, Rundbögen und Innenhöfen. Wind und Wetter ausgesetzte, mit glänzenden Betonplatten gepflasterte Säulengänge führten von Klassenraum zu Klassenraum. An regnerischen Tagen strömte das Wasser auf die Höfe und den abgezäunten Sportplatz hinter der Schule. Meine Lehrerin, Miss Johnson, war jung, es war ihr erstes Unterrichtsjahr. Ihr Haar fiel wie ein perfekter blonder Vorhang rund um ihr Gesicht, mit nach innen frisiertem Pony. Wenn sie lächelte, bildeten sich an ihren unteren Wangen kreisrunde Polster, als hätte sie etwas Köstliches im Mund.

Ich kannte das Treuegelöbnis nicht; als die Klasse sich zum ersten Mal erhob und es aufsagte, versuchte ich, die Wörter lautlos mitzusprechen. Nur ein Mädchen blieb sitzen. Sie schien es mit Absicht zu tun und nicht bloß vergessen zu haben aufzustehen.

»Ich bin Zeugin Jehovas«, sagte sie.

Von da an blieb ich auch sitzen.

»Warum stehst du zum Treuegelöbnis nicht auf?«, fragte Miss Johnson.

»Ich bin Buddhistin«, sagte ich. Meine Mutter sagte, das sei die Religion, die sie und mein Vater früher ausgeübt hätten.

»Ach so«, sagte sie und fragte mich nicht wieder.

»Es sind nicht nur die Eltern, die beschließen, Kinder zu haben«, sagte meine Mutter. Ich war mir ziemlich sicher, dass diese Weisheit aus dem Buddhismus kam. »Manche sagen, Kinder suchen sich auch ihre Eltern aus. Bevor sie geboren werden.« Ich machte eine Bestandsaufnahme meiner Wahl: mein Vater weit entfernt, funkelnd wie eine Spiegelscherbe; meine Mutter so nah und drängend. Wenn es stimmte, dass ich mir meine Eltern ausgesucht hatte, würde ich es wieder tun, dachte ich.

In der Schule sollte ich meinen Vater nicht erwähnen.

»Du könntest gekidnappt werden«, sagte Ron.

Meine Mutter hatte auf der Highschool ein Mädchen gekannt, das mit einem fensterlosen weißen Lieferwagen entführt worden war, an Händen und Füßen gefesselt. Jenseits der Stadtgrenzen hatten sie an einer Tankstelle haltgemacht, und das Mädchen konnte die Tür öffnen und sich befreien. Ich begriff irgendwie, dass ich wegen meines Vaters gekidnappt werden könnte; aber da er kein Teil meines täglichen Lebens war, schien die Idee weit hergeholt und glamourös.

Auf Rons Rat hin gingen meine Mutter und ich zur Polizei und ließen sie meine Fingerabdrücke nehmen. Ein Mann tauchte meine Finger einen nach dem anderen in eine dicke, schwarze Flüssigkeit und drückte sie von einer Seite des Nagelbetts zur anderen auf ein Stück Papier. Er tat mir jedes Mal ein bisschen weh, wenn er meine kleinen Finger zu fassen versuchte und sie herumrollte. Dabei entstehe ein einzigartiges Linienmuster, sagte meine Mutter, Wirbel genannt, das bei niemandem so aussehe wie bei mir. Sie zeigte mir, dass ihre Wirbel vollkommene Kreise bildeten, wie die topografische Karte eines Bergs.

»Ich habe ein Geheimnis«, sagte ich zu meinen neuen Freunden in der Schule. Ich flüsterte, damit sie merkten, dass ich es nur widerstrebend preisgab. Zurückhaltung, dachte ich, war entscheidend. »Mein Vater ist Steve Jobs.«

»Wer ist das?«, fragte einer.

»Er ist berühmt«, sagte ich. »Weil er den Personal Computer erfunden hat. Er wohnt in einer Villa und fährt ein Porsche-Cabriolet. Bei jedem Kratzer kauft er sich einen neuen.«

All das war wie mit einem Film überzogen und klang selbst in meinen Ohren unwirklich. Ich hatte nicht viel Zeit mit ihm verbracht, war nur ein paarmal mit ihm Rollschuh gelaufen oder bei ihm zu Besuch gewesen. Ich hatte nicht die Kleider oder das Fahrrad, wie jemand mit so einem Vater sie gehabt hätten. Und nicht denselben Nachnamen wie er.

»Er hat sogar einen Computer nach mir benannt«, sagte ich.

»Welchen?«, fragte ein Mädchen namens Elizabeth.

»Den Lisa«, sagte ich.

»Einen Computer, der *Lisa* heißt?«, sagte sie. »Hab ich noch nie gehört.«

»Er war seiner Zeit voraus.« Das war eine Formulierung meiner Mutter, die ich benutzte, ohne genau zu wissen, was es hieß. »Den Personal Computer hat er später erfunden. Aber ihr dürft es niemandem erzählen, sonst könnte ich gekidnappt werden.«

Ich brachte es zur Sprache, wenn ich es zu brauchen meinte, wartete ab, solange ich konnte, und platzte dann damit heraus. Ich glaube nicht, dass ich mich gegenüber meinen Freunden, die Väter hatten, im Nachteil fühlte, aber mir war bewusst, dass da noch eine andere, magische Identität in meiner Reichweite war, etwas Zusätzliches, das mich zu kitzeln und zu jucken begann, wenn ich mich klein fühlte; es war, als ob sich Druck in mir aufbaute, und dann musste es schließlich heraus.

Irgendwann hörte ich, dass er im *Playboy* zum »Heißesten Mann des Jahres« gewählt worden sei. Damit gab ich nur selten an, weil ich mir nicht ganz sicher war, ob es stimmte und was es bedeutete. Ich hatte verstanden, dass es einen *Playboy* und ein *Playgirl* gab, und nun wusste ich nicht, ob er in einer für Männer gedachten Zeitschrift mit nackten Frauen vorkam oder ob er in einer für Frauen gedachten Zeitschrift mit nackten Männern selbst nackt war. Es schien also immerhin *möglich*, dass mein Vater im *Playboy* nackt war, eine Vorstellung, die mich schaudern ließ, und ich dachte, erwachsen zu werden bedeute unter anderem, mit dieser Tatsache locker umgehen zu lernen.

Eines der Mädchen in der Schule, Kirsten, lief mir neuerdings in den Pausen hinterher und sang: »Dein Papa ist Steve Jobs, dein Papa ist Steve Jobs.«

»Lass das«, sagte ich.

Sie ließ es aber nicht. Manchmal sang sie es höhnisch, manchmal monoton wie ein Roboter. Das nervte zwar, hatte aber den Vorteil, dass damit publik wurde, was ich ohnehin gern alle wissen lassen wollte. Sie nahm mir das Angeben ab, und ich wirkte unschuldig, ja sogar von ihr ausgenutzt.

»Was ist los mit dem Mädchen?«, sagte meine Mutter, als ich es ihr erzählte. »Das kommt bestimmt von ihren Eltern – *die* interessiert das. Wie hat sie es wohl herausgefunden?«

Ich hätte es ihr aus Versehen erzählt, sagte ich.

»*Du* hast es ihr gesagt?«

»Es ist mir so rausgerutscht.« Ich wappnete mich gegen ihren Zorn, aber sie war nur verwundert.

»Das ist ja noch absurder«, sagte sie. »Du hast es ihr erzählt, und jetzt läuft sie herum und erzählt es dir? Sag ihr, sie soll es lassen. Was für ein komisches Mädchen.«

Eines Nachmittags, als mein Vater zum Rollschuhlaufen zu uns kam, brachte er ein Sechserpack Aufkleber von seiner Firma NeXT mit. Es waren schöne, dicke, große Aufkleber. Die Abziehfolie war weiß, die Sticker aus festem, durchsichtigem Plastik mit einem schwarzen Würfel und leuchtenden bunten Buchstaben darauf.

»Die kannst du deinen Freunden in der Schule schenken«, sagte er. Ich war ganz aufgeregt: Wenn ich sie verteilte, würden alle wissen, dass ich ihn nicht erfunden hatte.

Das war zur gleichen Zeit, als ich bei einem Spiel, das Miss Johnson *Schätzeschätzen* nannte, zweimal hintereinander fast genau richtig riet, wie viele Körner in dem Glas waren, das sie vor uns hinstellte; tatsächlich hatte ich bloß eine Reihe von Zahlen hingeschrieben, die ich nicht in Worte hätte fassen können, weil ich den Stellenwert bei Zahlen noch nicht verstand. Als meine Mutter mich abholte, schauten sie und Miss Johnson mich neugierig an, als wäre ich ein heimliches Wunderkind. Eine Woche später wurde ein Gedicht, das ich geschrieben hatte, zur Veröffentlichung im wöchentlichen Mitteilungsblatt der Schule ausgewählt: *Die Pilger sind so mutig, die Pilger sind so schön, sie kamen auf der Mayflower her, um hier an*

Land zu gehen. Endlich fügte sich alles, ich wurde zu dem Mädchen, das ich sein wollte, berühmt wie mein Vater und ein Glückskind.

Bald danach brachte mein Vater mir einen Macintosh-Computer mit. Er nahm den Karton vom Rücksitz seines Wagens, trug ihn in mein Zimmer und stellte ihn auf den Boden. »Mal sehen«, sagte er. »Wie kriegen wir den wohl auf?« Als wüsste er es nicht. Mir kamen Zweifel, ob er ihn tatsächlich erfunden hatte.

Auf dem glänzenden Holzboden stand nur das Hochbett. Parallelogramme aus Licht schienen durchs Fenster herein, und beleuchteter Staub wirbelte wie Funken durch die Luft.

Er zog den Computer an einem Henkel aus dem Karton und stellte ihn in der Nähe einer Steckdose auf den Boden.

»Das muss man wohl einstecken.« Er hielt das Kabel lose in der Hand, als wäre es ihm fremd.

Dann setzte er sich im Schneidersitz davor; ich kniete mich neben ihn. Er suchte nach dem Schalter, fand ihn, und das Gerät erwachte zum Leben, mit einem lächelnden Bild von sich selbst in der Mitte des Monitors. Er zeigte mir, wie ich damit zeichnen und meine fertigen Bilder auf dem Desktop speichern konnte, und dann ging er.

Den anderen, den Lisa, erwähnte er nicht. Ich fürchtete, dass er doch keinen Computer nach mir benannt hatte, dass es ein Irrtum war.

»Du möchtest von den anderen Kindern gemocht werden? Erzähl ihnen, dass du bei der NASA warst und mit den Flugsimulatoren gespielt hast. Das wird sie neidisch machen«, sagte Ron. Er arbeitete als Ingenieur für das Ames Research Center der NASA, deshalb konnte er uns dort Zugang verschaffen. Als wir endlich dorthin fuhren, nachdem er monatelang davon geredet hatte, war es so glühend heiß, dass die Hitze sogar von den weißen Steinen draußen vor den getönten Glastüren zurückstrahlte. Er machte Fotos von mir neben dem NASA-Schild, drinnen am Ticketschalter, dann wieder draußen an der Tür zu den Simulatoren. Ich hatte mir kürzlich bei Supercuts, wo wir dank Linda Rabatt bekamen, die Haare schnurgerade auf Kinnlänge schneiden lassen.

Der Simulator funktionierte nicht. »Mist«, sagte er. »Ausgerechnet an dem einen Tag, an dem wir hier sind.« Drinnen sah es nicht wie in einem Flugzeug aus, sondern wie in einem Büro. Neben den Tastaturen waren gelbe und blaue Hebel in die Tische eingelassen. Die Bildschirme blieben schwarz.

»Diese Simulatoren sind so unglaublich gut, dass es genau wie Fliegen ist«, hatte er gesagt. Ich fragte mich, ob es sich auch wie Fliegen anfühlen würde, einschließlich des Winds, und wie Fallen, wenn ich den Flugsimulator abstürzen ließ.

»Schau auf den Bildschirm, und tu so, als würdest du dich richtig stark konzentrieren«, sagte er, die Kamera vor dem Auge, und machte ein Foto nach dem anderen. »Und zieh dabei den Hebel runter – ja, so. Du kannst deinen Freunden in der Schule erzählen, dass man die Monitore wegen des Blitzlichts nicht sieht.«

Danach ging er mit mir essen, in einem Restaurant mit weißen Tischdecken, wo das Wasser aus Silberkaraffen in Weingläser geschenkt wurde. Er entschuldigte sich für die Enttäuschung, dass der Simulator nicht funktioniert habe. Ich sagte ihm, das sei nicht schlimm.

Er machte weitere Fotos von mir, Ellbogen auf dem Tisch, Wasser nippend, lächelnd; dann kam das Essen.

An diesem Abend schrieb ich in mein Tagebuch, dass ich meinen Dad liebte.

Dann stellte ich klar: nicht Ron. Steve Jobs.

Unter den Namen Steve Jobs schrieb ich: »Ich liebe ihn! Ich liebe ihn! Ich liebe ihn!« Ich fühlte es da drinnen in meiner Brust, als zerrisse es mir das Herz.

Meine Mutter wurde am California College of Arts and Crafts in San Francisco angenommen, wo sie einen Bachelorabschluss machen wollte. Mein Vater bot an, mich jeden Mittwoch zu übernehmen, weil sie da abends noch ein Seminar hatte. Ich würde bei ihm in der Villa übernachten, mit ihrer leuchtend weißen Fassade und den sieben Morgen Land.

Als ich am ersten Mittwoch in der Schule saß, zitterte ich vor Aufregung und Unglauben. Die Lehrerin, Mrs Keatsman, drehte unentwegt einen eng sitzenden Goldring an ihrem Finger herum, wenn sie sich über uns ärgerte, sodass das Fleisch am unteren Fingerglied sich verzerrte. Als die Glocke zum Ende des Schultags läutete, rannte ich als Allererste hinaus und suchte den weißen Honda Civic, nach dem ich Ausschau halten sollte – Barbara, die Sekretärin meines Vaters, würde mich abholen.

Sie parkte vor der Schule am Bordstein. Als sie mich sah, beugte sie sich zur Beifahrerseite hinüber und kurbelte das Fenster herunter.

»Lisa?«

»Barbara?«

»Ja, das bin ich«, sagte sie und machte mir die Tür auf.

Sie fuhr uns zum Büro meines Vaters. Ihre Fingernägel am Schaltknüppel waren rot lackiert, und sie trug einen langen Rock und eine Bluse mit zwei zu einer Schleife gebundenen Stoffbahnen am Kragen. Ihr braunes Haar fiel ihr in einer glänzenden, geraden Linie bis fast auf die Schultern. Sie trug eine Brille. Ich war gern in ihrer Nähe; später merkte ich, dass es mir mit all den Leuten so ging, die bei meinem Vater arbeiteten. Sie waren nett und freundlich; oft fühlte ich mich in ihrer Gegenwart wohler als in der meines Vaters. Sie schienen gefühlvoll und bescheiden – auch wenn er selbst nicht immer so war, muss er diese Eigenschaft bei anderen gemocht und sie deshalb eingestellt haben. Barbara wirkte gesetzt, strahlte Ruhe und Erfahrung aus, dabei konnte sie nicht viel älter sein als meine Mutter.

In einem riesigen Raum mit ein paar niedrigen Sofas, breiten, weiß gestrichenen Betonsäulen und einer Zimmerpflanze setzte ich mich auf den Teppichboden. Rundherum, entlang der äußeren Fensterwand des Gebäudes, waren Büros. Es roch nach frischer Farbe und neuem Teppich. Barbara brachte mir Papier und Stifte.

Von meiner Warte aus konnte ich das Büro meines Vaters sehen; es war genauso groß wie alle anderen Büros, und die Tür stand offen. Er winkte mir zu und lächelte. Ich hörte ihn telefonieren. Leute gingen zu ihm ins Zimmer, sprachen eine Weile mit ihm, kamen dann bei mir vorbei, um Hallo zu sagen und zu fragen, ob ich alles hätte, was ich bräuchte, und sich meine Zeichnungen anzuschauen. Wenn er hinter seinem Schreibtisch saß, konnte ich ihn nicht sehen, weil die Jalousie des Innenfensters meistens heruntergezogen war, aber manchmal kam er heraus, winkte und lächelte mir zu, sodass ich schon dachte, wir würden jetzt gehen, und verschwand dann wieder in seinem Zimmer. In allen Büros standen weiße Tafeln. Wenn er mit jemandem sprach, redete er sehr schnell und laut. Je dunkler es draußen wurde, umso heller leuchteten sein Büro und einige andere auf derselben Gebäudeseite.

Irgendwann kam er zu mir. »Ich will dir mal was zeigen«, sagte er. »Deinen Rucksack kannst du hierlassen.« Ich folgte ihm die Treppe hinunter in ein Stockwerk mit weiteren Räumen, die alle geschlossen waren. Wir kamen an einem Whiteboard voller Namen, Fotos und Zahlen vorbei.

»In anderen Firmen wird immer ein großes Geheimnis daraus gemacht, was die Leute verdienen«, sagte er. »Wir schreiben es hierhin, damit jeder es sehen kann. Das bereitet allem dummen Gerede ein Ende.«

Ich folgte ihm in ein niedriges Kellerbüro mit einem Haufen Schreibtischen und vielen Computern, wo ein paar Männer herumstanden. Die meisten waren wohl schon nach Hause gegangen. Er stellte mich als seine Tochter vor, und dann begannen sie, sehr schnell miteinander zu reden, und ich hatte keine Ahnung, worum es ging.

»Schau mal hier«, sagte er zu mir und zeigte auf einen großen Computerbildschirm. »Und hier und hier. Es ist, als hätten sie einen blinden Zwerg am Fließband.« Er meinte die Sun-Microsystems-Logos auf mehreren großen Monitoren; jedes befand sich an einer anderen Stelle auf dem Bedienungsfeld am unteren Bildschirmrand.

Seine Stimme war so scharf, dass ich mich fragte, warum sie sie überhaupt kauften.

»Wir brauchen sie zur Herstellung von unseren«, sagte er. Computer machen also Computer, dachte ich.

Danach verabschiedeten wir uns von den Männern und gingen wieder hinauf.

Ich nahm an, dass wir jetzt zu ihm nach Hause fahren würden, aber er ließ mich bei meinem Rucksack stehen und ging wieder in sein Büro. Bald war er wieder am Telefon.

Inzwischen war es Abend geworden. Barbara war schon gegangen; vorher hatte sie sich, ihre Handtasche vor dem Bauch, noch zu mir gehockt und mir Fragen zu meinen Zeichnungen gestellt. Ich war beschwipst von all der Fanta aus dem wohlgefüllten Kühlschrank.

Der Gedanke, allein in der Dunkelheit mit meinem Vater zu seinem großen Haus zu fahren, beunruhigte mich. Ich hatte nicht damit gerechnet, dass wir um diese Uhrzeit womöglich noch weit von seinem Haus entfernt – und nicht innerhalb seiner vier Wände – sein würden.

Woodside lag zwanzig Autominuten von Palo Alto entfernt; es gab dort Wälder und Menschen, die Pferde besaßen. Sein Haus war eine Villa auf einem sieben Morgen großen Grundstück.

»Sieben Morgen«, das klang gewaltig und grandios, grandioser als alles, was ich bisher gekannt hatte.

Das Haus war im spanischen Stil gebaut, viel weißer Stuck, ein altes Metalltor an der Einfahrt, dessen Kettenschloss man per Hand öffnen musste, und ein Fahnenmast ohne Fahne. Die Zimmer waren groß, dunkel und leer, mit riesigen Fenstern auf beiden Seiten, die das Licht riffelten. Das wusste ich alls noch von damals, als ich mit ihm und meiner Mutter bei Tageslicht dort gewesen war, kurz nachdem er es gekauft hatte.

Diesmal hatte er gesagt, ich solle für alle Fälle einen Badeanzug mitbringen, aber die Erinnerung an den dunklen Pool mitten im verwilderten Feld machte mir Angst. Würde es dort von toten Insekten und anderen Tiere nicht nur so wimmeln?

Neben der Angst empfand ich noch etwas anderes, eine Art ekstatische Vorfreude: Denn an diesem Abend, in einem Moment, den ich nicht vorhersehen konnte, würde er sagen: Lassen wir's krachen!, und wir würden durch den chemischen Geruch neuer Textilien die breite Treppe hinuntergehen, in die süß duftende Abendluft hinaustreten und in seinen Wagen steigen, der sein typisches Pfeifen und Grummeln von sich geben würde, und zum ersten Mal wären wir ganz allein, nur wir beide, unterwegs zu seiner Villa auf sieben Morgen Land.

»Kann's losgehen, Champ?«

Endlich war es so weit. Wir ließen das Verdeck offen, sodass die Heizungsluft durch die vorderen Lüftungsschlitze ballerte. Als wir losfuhren, dachte ich: Hier bin ich, mit meinem Vater, am Anfang. Ich bin Lisa, und ich habe einen Vater, und wir fahren zwischen den Umrissen dunkler Berge hindurch, in einem starken, nach trockenen Gräsern duftenden Wind. Ich erzählte *mir selbst* meine Geschichte. Wie sie weitergehen würde, wusste ich nicht, aber irgendetwas würde schon daraus werden, vielleicht etwas Großes.

Zum Reden war ich zu eingeschüchtert. Es war fast pechschwarz im Wagen, abgesehen von den Lichtern am Armaturenbrett, mit den zitternden Nadeln und runden Instrumenten, die mir irgendwie schöner vorkamen als in anderen Autos; ihre Bewegungen waren präziser, und sie verströmten ein weißeres Licht. Seine Fahrweise fühlte sich schwer und leicht zugleich an: Der Wagen lag stabil und fest auf der Straße, aber die Beschleunigung war rasant und widerstandslos.

Er machte Musik an und stellte sie ganz laut: *A Hard Day's Night*. Von draußen schlängelte sich kühle Luft herein und mischte sich mit der Wärme aus den Schlitzen. An der Seite meiner Lehne war ein Hebel, mit dem ich meinen Sitz so hoch und so weit vor wie möglich stellte. Mein Po und meine Oberschenkel wurden heiß. In dem Leder waren kleine Löcher wie von Nadelstichen – da musste die Hitze herkommen.

Wir fuhren über den Highway 280 auf die Sand Hill Road, dann in die dunklen Berge, wo es nur noch den Geruch der Gräser gab und in weiter Ferne den gezackten First der Mammutbäume, der auf den leuchtenden Nachthimmel traf. Mein Vater sprach nicht mit mir und schaute mich nicht an. Ich platzte fast vor Dingen, die ich gern gesagt hätte, und wünschte mir auf einmal, ihm nah zu sein – mich so fühlen, wie andere Kinder sich vermutlich fühlten, wenn sie mit ihren Vätern zusammen waren; ich wünschte mir ein Dauerfeuer aus Fragen und Antworten und Aufmerksamkeit. Ich hatte so lange darauf gewartet, und jetzt, da es so weit war, schien es zu spät zu sein.

Er wirkte stark beschäftigt in seinem Schweigen und gab mir ein Gefühl, das ich so noch nicht kannte – es war, als ob ich mich auflöste. Ich begann zu verschwinden, nahm Details an ihm mit größter Genauigkeit wahr, hatte aber Schwierigkeiten, mich selbst zu spüren.

Ich beobachtete seine Hände am Lenkrad; er hatte schöne Finger, mit feinen schwarzen, gerade wachsenden Haaren auf dem ersten Glied nach dem Knöchel. Seine Daumennägel waren breit. Wie ich kaute er an den Nägeln und der Nagelhaut. Seine Kiefermuskeln waren ständig in Bewegung, sodass sich auf seiner Haut ein Wellenmuster bildete, wie von einem Fisch unter der Wasseroberfläche eines Teichs.

Ich schluckte Luft, hatte Angst, dass meine Stimme quieken könnte, wenn ich etwas sagte, oder dass er mir, was sehr gut möglich schien, keine Antwort geben würde. Falls er mir eine Frage stellte, hätte ich ihm so viel zu erzählen gehabt: dass ich das Treuegelöbnis in der Schule nicht mitgesprochen und dann behauptet hatte, ich sei Buddhistin, dass Mrs Keatsman ständig an ihrem Ring drehte, dass meine Mutter mich mit sechs Jahren in den steilen Bergen von Portola Valley den Wagen hatte lenken lassen, dass ich die Anzahl der Maiskörner in dem Glas richtig geschätzt hatte, dass ich übte, so zu springen wie das Mädchen in der Zeitschrift;

dass ich, als ich noch kleiner war, auf hartem Boden Kopfstand gemacht, mich mit einer einzigen geschmeidigen Bewegung schmerzlos in die Senkrechte befördert hatte, um mir die Zeit zu vertreiben, wenn meine Mutter in der Bank oder im Kunstmuseum Schlange stand. Der Moment war zu zerbrechlich für solche Geschichten. Ich wollte ihn nicht kaputt machen.

»Wie war dein Tag?«, fragte ich schließlich mit zitternden Fingern und einer Übelkeit im Magen, die mir in die Kehle kroch. (Was würden wir zu Abend essen? Was aß er?)

»Ganz gut, danke«, sagte er. Er schaute nicht zu mir. Dann verfiel er wieder in Schweigen und sah mich auch für den Rest der Fahrt nicht an.

Es reichte nicht.

Es reichte nicht!

Das Dach der knorrigen Eichenäste über der Straße leuchtete kurz auf, als wir darunter hindurchfuhren, und verschwand wieder in der Dunkelheit.

Ein einzelner Wagen kam uns vom Berg her entgegen. Mein Vater betätigte einen Hebel neben dem Lenkrad, und mit einem befriedigenden Klicken wurden die Scheinwerfer abgeblendet. Als wir an dem Wagen vorbei waren, betätigte er ihn erneut, und der Wald stand wieder in hellem Licht. Ich hatte noch nie jemanden für ein entgegenkommendes Auto die Lichter dimmen sehen und wurde von großer Zuneigung zu ihm erfasst; ich dachte, es zeuge von seiner rücksichtsvollen Art. (Als ich meiner Mutter am nächsten Tag davon erzählte, sagte sie, jeder mache das, jeder blende sein Fernlicht für den Gegenverkehr ab.)

Wir bogen in die Mountain Home Road ein und von dort in eine Straße mit weißen Säulen auf beiden Seiten, rissig und schief, in der Dunkelheit silbrig. Und dann fuhren wir darauf zu: den Fahnenmast, das Tor, die Villa, leuchtend weiß.

Im Innenhof standen zwei Kästen in Kleinwagengröße mit riesigen, aber bonsaiförmigen Bäumen, an deren schiefen und krummen Stämmen schwammig wirkende Laubwolken hingen. Unter einem hohen, gewundenen Bogengang, von Räumen und Suiten gebildet, die mit einem weiteren Teil des Hauses auf der anderen Seite verbunden waren, folgte ich ihm zur Eingangstür. Sie war aus grobem Holz, das mir Splitter in die Hand getrieben hätte, wäre ich darübergefahren, und viel größer und schwerer, als ich sie in Erinnerung hatte.

Drinnen knipste er einen Schalter an; das Klicken hallte vom gefliesten Boden der großen Diele wider. Im trüben Licht sah ich die breite, nach oben verschwindende Treppe mit dem geschwungenen Geländer und ein an der Wand lehnendes Motorrad, schwarzes Leder und funkelnder Chrom, doppelflügelig, wie eine Wespe.

»Ist das deins?«, fragte ich. Es ließ ein anderes Leben erahnen.

»Ja«, sagte er. »Aber ich fahre nicht mehr damit. Willst du später in den Whirlpool?«

Dafür war der Badeanzug also gedacht. Als ich nachfragte, führte er mich in ein Badezimmer, wie ich noch nie eines gesehen hatte; es sollte in späteren Jahren meine Vorstellung von Luxus definieren: ein gesonderter, hoch über der Toilette angebrachter Wassertank; eine Hängelampe in Form eines dreidimensionalen Sterns; rund ums Waschbecken maurische Kacheln mit starken, farbenfrohen geometrischen Mustern und bronzene, wie Flügel geformte Wasserhahngriffe. Der Raum war schummrig und hallig, die Decke so hoch, dass man sie kaum sah. Ich sah mich nach einer Klospülung um, fand eine Kette mit weißem Keramikknauf, und als ich daran zog, rauschte das Wasser mit viel Druck in die Schüssel.

Ich folgte ihm in den Ballsaal, dessen Decke mit dunklen Balken gerippt war. In der Mitte des Raums stand ein glänzender schwarzer Flügel mit offenem Deckel, davor eine Lampe und eine schwarze Ledercouch. Es waren große Möbel, aber hier in dem Saal wirkten sie klein. Im nächsten Zimmer gab es einen Kamin mit einem Rundbogen, unter dem ich stehen konnte, ohne den Kopf einzuziehen; dann kam eine Speisekammer mit leeren weißen Regalen, die bis zur Decke reichten. Durch eine Schwingtür betraten wir die riesige weiße Küche. Ich erinnerte mich vom letzten Besuch noch an die Aneinanderreihung großer Zimmer, den moderigen, schimmeligen Geruch, aber ein Motorrad und einen Flügel hatte ich damals nicht gesehen.

Mein Vater griff in den Kühlschrank und holte zwei Holzschalen mit Salaten und eine Flasche trüben, schlammigen Saft heraus. Sonst waren da nur saubere weiße Fächer. Er schenkte uns jedem ein Glas ein, voll bis zum Rand, viel mehr, als ich trinken konnte, und häufte die Salate, Karotten mit Korinthen und Petersilie mit Bulgur, nebeneinander auf eine Platte.

»Ich gebe dir von beiden etwas, okay?« Ich nickte. Niemand hatte mir je so viel Essen vorgesetzt. Erwartete er, dass ich das alles aß?

»Und dies«, sagte er und hielt eine eckige grüne Glasflasche hoch, »ist das beste Olivenöl der Welt.« Ich mochte normalerweise kein Olivenöl, ließ ihn aber einen grünen Strich über meine Salate ziehen.

Er reichte mir eine riesige Gabel. Die Salate waren kalt und schmeckten nach nichts, nur nach ihrer rohen Beschaffenheit. Wir saßen Seite an Seite auf Barhockern an der Kochinsel, dem Herd gegenüber; er las beim Essen Zeitung. Nach einer Weile fragte er mich, ob ich fertig sei, und als ich Ja sagte, nahm er meinen Teller und mein Glas – beides noch fast voll – und stellte sie in die Spüle. Er sagte nichts dazu, wie wenig ich gegessen hatte.

»Dann ziehen wir jetzt mal unsere Schwimmsachen an«, sagte er.

Durch eine andere Tür gelangten wir in einen Flur mit einer weiteren Zimmerflucht und einer weiß gestrichenen Treppe, an der stellenweise die Farbe abblätterte.

»Jetzt müssen wir sehen, wie wir da raufkommen«, sagte er. Da es oben keinen Lichtschalter gab, knipste er das Licht aus, und wir standen im Dunkeln. Die Stufen knarrten. Ich hielt mich dicht an der Wand und tastete mich nach oben. »Buh!«, machte mein Vater. Dann »Uhuuu, uuuuuh!«, wie ein Gespenst.

Oben angekommen, folgte ich ihm auf einen spindeldürren

Holzbalkon, der zum Innenhof mit den eingekasteten Bäumen hinausging. Der Balkon zitterte unter der Last unserer Schritte. »Der hält auch nicht mehr lange«, sagte er. Er öffnete eine quietschende Fliegengittertür. »Die Suite für die Verschwippten und Verschwägerten«, sagte er.

»Was sind Verschwippte und Verschwägerte?«

»Leute, die man ganz weit weg stecken möchte.« Es war eine komplette Wohnung.

Hier roch es wie überall im Haus – nach altem Teppich, Schimmel, Holz und Farbe. Ich folgte ihm ein paar Stufen hinauf und einen kleinen Flur entlang in ein großes leeres Zimmer, sein Zimmer, mit einer Matratze auf dem Boden und einem gigantischen Fernseher auf einem Metallgestell.

»Und das ist dein Bett«, sagte er und führte mich in ein Zimmer, das von seinem abging, mit rotem Wollteppich und einem fertig bezogenen Futon auf dem Boden.

Die kleine, halbwegs möblierte Wohnung innerhalb des gewaltigen, hallenden, leeren Hauses hatte etwas von einem Zelt.

Er ließ mich allein, damit ich mich umziehen konnte. Als ich herauskam, wartete er schon auf mich, barfuß, in Shorts und T-Shirt. Er gab mir ein großes schwarzes Handtuch – viel größer und flauschiger als andere Handtücher. Alles, was er besaß, war groß: die Bäume in den Kästen, die Haustür, der Kamin, der Kühlschrank, die Gabeln, der Fernseher.

In der Nähe der Treppe entdeckte ich den Fahrstuhl wieder, mit dem ich letztes Mal gefahren war. Er sah aus wie eine normale Tür, nur dass sich an der Wand daneben zwei schwarze Knöpfe befanden. Ich fragte, ob wir damit fahren könnten, und er war einverstanden.

Damit der Korb sich in Bewegung setzte, musste erst die äußere Tür verschlossen und der Riegel an der inneren Falttür vorgeschoben werden, deren rautenförmiges Gitter mitfuhr, während es irgendwo im Schacht die ganze Zeit summte. Die Wand glitt an uns vorbei, als wäre sie es, die sich bewegte, nicht der Korb. Es war wie ein kleines Gefängnis, das einen einsperrte und irgendwo anders wieder in die Freiheit entließ. Als er anhielt, streckte mein Vater die Hand aus, um den Metallriegel zu öffnen, und streifte dabei meinen Arm. Ich drückte die Tür auf und sprang schnell in den Flur.

Jenseits des Asphalts, auf dem Hang, der zum Pool hinunterführte, stachen mir die trockenen Eichenblätter, scharfe, steife Röllchen, in die Fußsohlen. Der Wind blies die Blätter riesiger Bäume um uns herum. Der Whirlpool war gleich neben dem Pool; im Mondlicht sah ich, dass er sauber war, der Pool dagegen voller Laub.

Mein Vater zog sein T-Shirt aus und glitt hinein. »Ah«, sagte er und schloss die Augen.

Ich kletterte ebenfalls hinein und sagte: »Ah.« Ich saß auf der Bank ihm gegenüber und legte den Kopf in den Nacken: Über mir war der ganze Himmel voller Sterne. Sie zerrten an meinem Herzen. Ich fühlte den kühlen Wind auf meinem Gesicht und lauschte den Grillen, dem Knarren der Bäume. Es war wie mit offenem Verdeck und aufgedrehter Heizung Auto fahren – die kalte Luft, das heiße Wasser, zwei Temperaturen gleichzeitig.

Wir saßen schweigend da, zwischen uns auf der Wasseroberfläche die Bläschen und der Dunst. Ich ging mit dem Kopf unter Wasser und überlegte, einen Kopfstand zu machen, ließ es aber wegen der Strömung aus den Düsen, der Steinbänke und der Möglichkeit, an seine Beine zu stoßen, lieber bleiben.

»Okay, Champ«, sagte er. »Gehen wir raus?«

»Ja, okay«, sagte ich. Meine Finger waren runzlige Hügellandschaften. Wir wickelten uns in die Handtücher und liefen über den piksigen Boden zurück. Ich hatte das Gefühl, mit ihm zusammen und zugleich allein zu sein. Auf dem Asphaltplatz, wo der Wagen stand, zeigte er auf die Hausecke im ersten Stock: »Wir sollten vom Schlafzimmer aus eine Rutsche bis in den Pool bauen. Was meinst du?«

»Ja, das finde ich auch. Unbedingt«, sagte ich. Ich fragte mich, ob es nur ein Scherz war. Ich hoffte, es war ernst gemeint.

Sein Haus war an manchen Stellen baufällig, an anderen in gepflegtem Zustand, eine Mischung aus Sorgfalt und Vernachlässigung, die sich mir nicht erschloss. In den Kloschüsseln waren rostfarbene Ringe, und in einer abgelegenen Ecke des Hauses tropfte es von der Decke, während die Himbeeren draußen im Garten gewissenhaft mit Spalieren abgestützt waren. Er hatte fast alle Räume unmöbliert gelassen, als wäre er nicht der Eigentümer, sondern ein Gast oder Hausbesetzer. Als ich ihn fragte, wie viele Zimmer das Haus habe, sagte er, das wisse er nicht, in die meisten habe er noch keinen Fuß gesetzt.

Später ging ich auf Erkundungstour. Zimmer, Suiten und staubige Türen mit weiteren leeren, staubigen Zimmer dahinter, weiteren gekachelten Waschbecken und Duschen. Am Ende des Grundstücks stand ein gewaltiges Gebäude, das für mich wie eine Kirche aussah. Es war ein Wasserturm, nur fehlte drinnen die Zisterne; die aus dem Holz ausgesägten Kreise in jedem Stockwerk gab es noch, die Mitte, wo der Tank hätte sein müssen, war leer. Die Ränder der Kreise waren voller Blätter, Vogeldreck und Spinnenweben und mit den Jahren silbern geworden wie die Knochen eines riesengroßen Tiers. Ich glaube, ich bin nie in allen Zimmern gewesen, obwohl er eine ganze Zeit lang dort wohnte – die Magie noch unerforschten Raums, noch nicht überwundener Grenzen. Hinter dem Pool entdeckte ich einen Tennisplatz; der Zaun darum herum war völlig mit Ranken zugewuchert. Wurzeln brachen durch den grünen Belag; an manchen Stellen war die Farbe verblichen oder abgenutzt. Das Netz war schmutzig und hing zwischen den Pfosten ganz bis auf den Boden.

»Gehört der Tennisplatz dir?«, fragte ich ihn.

»Ich weiß es nicht«, sagte er.

»Kannst du spielen?«

»Nee.«

»Ich auch nicht«, sagte ich.

Nachdem wir im Whirlpool gewesen waren, schauten wir *Der rote Ballon* und danach *Harold und Maude*. Wir lagen in seinem Bett auf der Seite, um dichter am Bildschirm zu sein. Ich mochte *Der rote Ballon* nicht, fand ihn zu kindlich für mich; aber ich hatte auch das Gefühl, ich *sollte* ihn mögen, weil er ihn vorher extra ausgesucht hatte, den »ersten Film«, und das machte mich befangen. *Harold und Maude* fand ich toll. Als ich aufs Klo wollte, hielt er den Film an. »Das ist die Kirche in Palo Alto«, sagte er, als die Kirche auftauchte, in der sie sich kennenlernen.

Er hatte beide Filme auf Laserdiscs, die wie leuchtende silberne Schallplatten aussahen. Er hielt sie mit zwei Fingern an Mitte und Rand, ohne die Oberfläche zu berühren. Wenn das Fach des Players zuging, gab es eine Reihe mechanischer Töne von sich: vier Noten.

Der Laserdisc-Einschub, das hydraulische Schlagen seiner Wagentüren, der klickende Fernlichtschalter – ihn umgaben andere Geräusche. Neben seinem Bett stand eine Lampe mit Stoffschirm und goldenem Fuß. Man brauchte sie nur zu berühren, damit sie an- und ausging. Ich probierte es ein paarmal. Genial. Warum hatten nicht alle Leute solche Lampen? Warum gaben wir uns mit Wand- und Schnurschaltern ab?

»So, Schlafenszeit«, sagte er, als der Film zu Ende war.

War es spät? Ich wusste es nicht. Wir existierten außerhalb der normalen Zeit. Auch der Morgen bei ihm sollte etwas Zeitloses an sich haben, mit noch mehr leerem Raum, weißem Licht und Schweigen, anders als bei meiner Mutter, wo wir uns hastig vor den Heizkörpern anzogen und das Toast auf dem Weg zur Schule im Auto aßen, hinter einer überwiegend beschlagenen Windschutzscheibe, weil die Heizung erst in Gang kommen musste. Hier gab es kein Gehetze, keine Atemlosigkeit.

Nachts machten die Grillen ein Spektakel, das mir erst auffiel, als ich im Bett lag. Das Geräusch rückte über das dunkle Land, den dunklen Rasen, das große dunkle Haus immer näher an mich heran und drängte an meine Ohren, doch als ich gerade glaubte, davon verschlungen zu werden, hörte es auf. Leere. Es war furchtbar, dachte ich da, in diesem riesengroßen Haus mit diesem Mann, den ich kaum kannte, allein zu sein.

»Warum trägst du keine Armbanduhr?«, fragte ich am nächsten Morgen. Ich war schon fertig für die Schule. Vornehme Männer trugen Armbanduhren.

»Ich will nicht an die Zeit gebunden sein«, sagte er.

»Was ist das?« Ich schaute aus dem Küchenfenster und deutete auf einen hohen, von einem Minarett gekrönten Bau, der aussah wie ein Fahrkartenschalter, mit einer Scheibe vorne, durch die man hineinsehen konnte.

»Das ist eine Voliere. Für Vögel.«

»Sind da Vögel drin?«

»Nein. Ein Freund von mir hat mir mal einen Pfau geschenkt, aber der ist ausgerissen.«

»Kaufst du dir irgendwann Vögel dafür?«, fragte ich.

»Nein.«

Ich merkte, dass meine Fragen ihm allmählich lästig fielen. Wie groß waren wohl sieben Morgen, überlegte ich. Wenn man mit dem Rücken zum Tennisplatz und zum Pool auf dem weitläufigen Rasen stand und an der Voliere, einer enormen Rotbuche, den Himbeeren, den Eichen und dem ehemaligen Wasserturm vorbei auf die geballten Berge schaute – vielleicht endete *da* das Grundstück, wo die Hügel anstiegen und der Wald begann. »Dort hinten«, hatte er gesagt, aber ich war mir nicht sicher gewesen, worauf er zeigte.

Er tat zwei Äpfel und eine Handvoll Mandeln in eine Papiertüte, eine Einkaufstüte, keinen Schulbrotbeutel, und rollte sie oben ein. »Dein Mittagessen«, sagte er und reichte sie mir. Die Mandeln raschelten auf dem Boden der Tüte herum.

Ich ging ihm voraus, durch die Speisekammer und das Esszimmer in den saalartigen Raum mit dem Flügel. Auf einem kleinen Tisch vor der Couch lag ein Bildband mit dem Titel *Das rote Sofa*. Es enthielt Fotos von einem verschlissenen roten Samtsofa an verschiedenen Orten rund um die Welt, auf dem alle möglichen berühmten Leute saßen. Ich blätterte eine Seite um, und da war er. Auf dem Bild sah er verträumt aus, seine Augen waren wie Pergament. Anders als die anderen Leute in dem Band formte er mit den Händen einen Giebel, indem er die Fingerkuppen aneinanderlegte, Zeigefinger an Zeigefinger, Mittelfinger an Mittelfinger und so weiter, die Handgelenke abgeknickt; es sah aus wie der Brustkorb eines kleinen Tiers. Im Lauf der nächsten paar Monate versuchte ich, die Giebelhandhaltung in mein Repertoire aufzunehmen. Auf meinem Pult in der Schule, am Tisch, wenn meine Mutter und ich uns zum Essen hingesetzt hatten, oder auf dem Schoß, wenn ich in der Pause mit Freunden draußen saß. Aber es sah bei mir nie natürlich aus; so auseinandergespreizt kamen meine Hände mir riesenhaft und lächerlich vor.

Wir gingen aus der Tür. »Schließt du nicht ab?«, fragte ich.

»Es gibt ja nichts zu holen«, sagte er.

»Du könntest dir doch ein paar mehr Möbel kaufen«, sagte ich. Ich stellte mir vor, wie fantastisch das Haus wäre, wenn er nur ein paar mehr Möbel hätte. Ich wünschte, er würde so daran hängen, dass er Lust bekäme, es einzurichten und zu behalten. In der Schule spielten wir ein Spiel, das ›Schloss, Wohnung, Hütte, Haus‹ hieß. Wir schrieben verschiedene Auto-, Ehemann- und Häuseroptionen auf und zählten dann anhand einer zufälligen Zahl unsere Zukunft ab. Ich kannte alle vier Kategorien aus eigener Erfahrung – sogar eine Hütte, wenn man die Einzimmerwohnung am Oak Grove mitrechnete. Mein Vater hatte ein Schloss. Meines Wissens gab es sonst niemanden, der das von sich sagen konnte. Jeder wünschte sich ein Schloss und auch die besten Automarken – Porsche, Ferrari, Lamborghini.

An der Kurve, die zum Highway 280 führte, sagte mein Vater: »Wenn man in die Richtung schaut, in die man fahren will, wissen die Hände von selbst, wohin sie steuern müssen. Erstaunlich.«

Er hatte keine Ahnung, dass ich schon mal gefahren war, auf dem Schoß meiner Mutter, als ich sechs war. Für ihn hatte ich vielleicht keine Vergangenheit; ich war einfach hier, jetzt, neben ihm.

Oben an der Sand Hill Road zeigte er zum Hoover-Turm, der hinter den Dächern aufragte.

»Guck mal«, sagte er. »Das ist ein Penis.«

Ich war mir nicht sicher, was er meinte.

»Der Penis von Palo Alto«, sagte er. »Siehst du, mit der roten Rundung oben?«

Der Turm leuchtete in der Morgensonne, und die Kuppel passte farblich zum Terrakotta der Universitätsdächer. Ich war mit meiner Mutter dort oben gewesen, bei den Glocken, den Tauben und dem Wind. Die Glocken waren von einem Netz umgeben, damit die Tauben nicht darin nisteten.

»Ach«, sagte ich und lachte ein bisschen, während ich zu erkennen versuchte, wo die Parallele war zwischen diesem Gebäude und den paar wenigen hautfarbenen, herabhängenden Zylindern, die ich bisher gesehen hatte.

»Es sieht aus wie ein Penis«, sagte er trotzig.

»Ich werde mit Anfang vierzig sterben«, sagte er irgendwann um diese Zeit zu mir, als er mich gerade zum ersten Mal bei einer Freundin abgeholt hatte. Er brachte es ganz dramatisch vor, so als wollte er mich zum Handeln bewegen, aber ich wusste nicht, was ich hätte tun sollen. Aus meiner Warte, der Warte einer Achtjährigen, kam mir vierzig ziemlich alt vor. Ich freute mich insgeheim, weil er sich mir anvertraut hatte und weil es ja auch bedeutete, dass wir noch mehr Zeit zusammen haben würden – vier bis neun Jahre! Er hatte sowohl seinen Ruhm als auch seinen frühen Tod vorausgesagt, das wusste ich von meiner Mutter. Glaubte er denn, wir sprächen in seiner Abwesenheit nicht über ihn? Seinem ernsten Ton nach zu urteilen dachte er, wir hätten in all den Jahren, als er fort gewesen war, nicht an ihn gedacht und nicht über ihn geredet; als ob ein Raum, sobald er ihn verließ, aufhörte zu existieren.

Jedenfalls fand ich seine Eröffnung nicht traurig, sondern ermutigend. Ein paar Jahre waren mir lieber als gar keines.

Er war ein bedeutender Mann, und bedeutende Männer, wie JFK oder Lennon, starben jung. Ich war mir da nicht so sicher, aber er schon.

Auf der Fahrt zu seinem Haus sagte er: »Früher waren das hier alles mal Obstgärten.« Jetzt war alles voller Straßen und niedriger, geduckter Gebäude, die aussahen, als wären sie schon immer hier gewesen.

»Wenn ich sterbe, beerdigt mich unter einem Apfelbaum«, sagte er.

Ich merkte mir, es mir für später zu merken.

Er wiederholte es noch oft, wenn wir allein waren, und ich nahm an, dass ich diejenige wäre, die es in die Tat umzusetzen hätte. Uneingesargt, meinte er. Damit die Wurzeln ihn trinken könnten.

Die nächsten beiden Mittwoche verliefen ähnlich: die Fahrt zu seinem Haus mit offenem Verdeck und eingeschalteter Heizung, diverse kalte Salate und Saft, ein Bad im Whirlpool, Filme auf Laserdiscs – *Der unsichtbare Dritte, Moderne Zeiten, Lichter der Großstadt.* Bevor wir einen Film sahen, fragte er mich immer, ob ich den Film schon einmal gesehen hätte. Wenn ich Nein sagte, schüttelte er ernst und stumm den Kopf, als wäre das ein großer Fehler. Immer wenn ich während eines Films aufs Klo musste, drückte er auf Pause. In der Nacht meines dritten Besuchs machte ich ins Bett; ich hatte Angst, dass das Ehepaar, das hier den Haushalt führte, es ihm erzählen würde. Sie wohnten in einem Häuschen auf dem Grundstück, bereiteten die Salate zu und wuschen die Wäsche. Ich war fast neun und hatte schon jahrelang nicht mehr ins Bett gemacht. Doch in der nächsten Woche war das Bett wieder frisch bezogen, und mein Vater sagte nichts.

Vor dem Abendessen spielten wir *Heart and Soul* auf dem Klavier, einer links, einer rechts, immer abwechselnd. Ich glaube, wir konnten beide nur dieses Stück spielen. Die Töne schallten in den großen, leeren Raum.

Als ich im Bett lag, wartete ich so viele Minuten wie möglich, während ich in der von Grillen klirrenden Dunkelheit meinen Mut zusammenraffte; dann tat ich so, als ob ich weinte, und stellte mich ans Fußende seines Futons. Vielleicht hatte ich das aus *Annie,* wo ein Mädchen sich bei einem mürrischen Mann einschmeichelt. Wie ich so in meinem Schlaf-T-Shirt dastand und auf meinen Vater hinunterschaute, war mir bewusst, dass ich die Kleine-Mädchen-Karte spielte. Um geliebt zu werden, musste man hilflos erscheinen, dachte ich. Damit er so vertraut mit mir umgehen würde, wie andere Väter es mit ihren Töchtern taten, müsste er mich erst einmal lieben. Außerdem war sein Bett bequemer als meins.

Er nahm seinen Kopfhörer ab und sah mich an. Wenn ich ins Bett gegangen war, schaute er mit einem großen Kopfhörer weiter Filme.

»Ich hab schlecht geträumt«, sagte ich. »Kann ich bei dir im Bett schlafen?«

»Na schön«, sagte er und zeigte auf die Seite, die weiter vom Fernseher entfernt war. Ich schlüpfte unter die Decke, und das Kissen versank unter dem Gewicht meines Kopfes, als wäre es aus nichts gemacht.

Meine Bitte schien ihm eher lästig zu sein, als ihn zu bezaubern. Ich hoffte, mit der Zeit würde sich das ändern. Er war nicht der Vater, den ich mir aufgrund der spärlichen, mir bekannten Tatsachen vorgestellt hatte. Ja, es gab einen Fahrstuhl, einen Flügel und eine Orgel, er war reich, berühmt und gut aussehend, aber nichts davon machte mich wirklich froh; es wurde von einer unverkennbaren Leere in seiner Gegenwart gedämpft, einer enormen Einsamkeit, die um ihn war – die Treppe hinter der Küche ohne Licht, der Wind, der vom wackligen Balkon hereinkam. Das Zusammensein mit ihm hätte eigentlich schön für mich sein müssen, aber ich konnte es nicht so genießen, wie ich gehofft hatte; es war wie ein üppiges, zu Eis erstarrtes Festmahl.

Am Morgen weckte er mich, indem er mich sehr schnell, pulsartig, an der Schulter rüttelte. »Raus aus den Federn!«

Ich zog mich an, und während er sich fertig machte, öffnete ich eine von seinem Schlafzimmer abgehende Tür und spähte in einen Raum, ein Ankleidezimmer, wie sich zeigte, mit reihenweise Anzügen an identischen Bügeln. Die Ärmel bildeten eine perfekte waagerechte Linie. Im Unterschied zu allem anderen im Haus waren diese Anzüge bewusst ausgesucht und zusammengestellt worden. Man sah, dass sie neu waren und teuer. Kein einziger Ärmel war kürzer oder länger als die anderen. Ich fuhr mit der Hand darunter entlang, lauter Stoffkreise, alle so weich und leicht, dass es sich anfühlte, als striche ich über Wasserhügel in einem Fluss.

»Ingrid Bergman ist unglaublich schön«, sagte er in der nächsten Woche, als wir *Casablanca* schauten. »Wusstest du, dass sie keinerlei Make-up trug? *So* schön war sie.«

Ich mochte ihre Lippen, flach und voll, mit einem kleinen Vorsprung, wo sie auf die Wangen trafen; ich mochte auch ihren Akzent und die Art, wie sie sich beim Gehen leicht in den Hüften wiegte. Seine Vorstellung von Schönheit bedurfte anscheinend keiner Tricks, sie war einfach nur *da*, aber rückblickend denke ich, dass Ingrid Bergman zumindest Wimperntusche benutzt haben muss.

Ich fand Frauen mit Lippenstift und Make-up, hübschen Kleidern, langen, lackierten Fingernägeln und Haarspray schön.

Es berührte mich seltsam, wenn er von der Schönheit anderer Frauen sprach, mit sehnsuchtsvoller Stimme blondes Haar oder Brüste heraufbeschwor und dabei mit hohlen Händen deren Gewicht andeutete. Wenn er darüber redete, waren es nur Details, frei vom Schlamassel des Lebens.

Später dachte ich, dass ich nur dann wirklich von ihm geliebt werden würde, wenn ich groß, blond und vollbusig wäre. Ich hatte die absurde Vorstellung, dass es, den Tatsachen zum Trotz, dazu kommen könnte.

»Weißt du, ich habe mal etwas Tolles über Ingrid Bergman gehört«, sagte er. »Aber es ist geheim, und du darfst es nicht weitererzählen.«

Wir hatten den Film zu Ende gesehen, und er legte die Laserdisc gerade wieder in ihre Hülle.

»Ich erzähle es niemandem, versprochen«, sagte ich.

»Ich habe einen Freund«, sagte er, »dessen Vater Filmproduzent war, und irgendwann, als er noch ein Junge war, hat Ingrid Bergman mal bei ihnen übernachtet. Sie hatten einen Pool, und sie lag am Beckenrand auf einem Liegestuhl.«

Mein Vater kauerte auf dem Bett, dicht beim Fernseher; wenn es um Klatsch und Tratsch und Geheimnisse ging, drückte er sich besser aus und sprach schneller.

»Also«, fuhr er fort, »wie sich herausstellte, sonnte Ingrid Bergman sich gerne nackt, und mein Freund, dessen Schlafzimmer zum Pool hinausging, beobachtete sie. Und dann hat sie, na ja, also sie hat sich ...«

Er verstummte. Ich hatte nicht die leiseste Ahnung, wovon er sprach.

»Jedenfalls«, sagte er, »als es passierte, auf dem Höhepunkt, hat sie ihn angesehen. *Ganz direkt.*«

»Oh«, sagte ich. Was hatte sie gemacht? Was hatte er beobachtet? Warum war sie nackt?

»Also, dieser Freund ist so alt wie ich«, sagte er, wie zur Erklärung. »Na ja, für ihn muss es jedenfalls unglaublich gewesen sein.« Er schüttelte den Kopf, hielt den Blick gesenkt und lächelte in sich hinein.

Über die Jahre erzählte er mir diese Geschichte noch oft, und als hätte er vergessen, dass ich sie längst kannte, sagte er vorher jedes Mal wieder, er habe mal etwas Tolles gehört, aber es sei ein großes Geheimnis.

Irgendwann in dieser Zeit kaufte ich mir von dem Taschengeld, das ich neuerdings bekam (fünf Dollar die Woche), einen marineblauen Eyeliner und nahm ihn mit zu ihm. Am Morgen, bevor wir zur Schule aufbrachen, ging ich ins Bad, während er schon auf mich wartete, lehnte mich ans Waschbecken, um möglichst nah am Spiegel zu sein, und versuchte, ihn auf ein Auge aufzutragen.

»Komm jetzt«, sagte er; er stand auf dem Balkon und hielt die Fliegenschutztür auf.

»Moment«, sagte ich. Der Liner war wächsern und malte nicht wie Stift auf Papier. Aus Sorge, dass das Blau zu dunkel werden könnte, machte ich nur einen ganz leichten Strich, fast nicht wahrnehmbar. Ich hatte meine Mutter einmal sagen hören, Make-up sei gut, wenn man es nicht sehe. Ich war ganz aufgeregt bei dem Gedanken, dass er merken würde, wie weltgewandt ich war; meine Hand zitterte. An der Tür fragte ich ihn, ob ihm etwas an meinen Augen auffalle.

Er beugte sich vor. »Nö«, sagte er.

»Gut«, sagte ich. »Man soll es nämlich nicht sehen.«

»Was?«

»Eyeliner«, sagte ich. »Ich habe welchen drauf.«

»Geh ihn dir abwaschen«, sagte er ärgerlich. »Sofort.«

»Schau mal in den Himmel«, sagte meine Mutter, als wir auf dem Weg nach Hause im Auto saßen. »Ist das nicht unglaublich?« Aus dem Augenwinkel sah ich einen Streifen knallpinker Wolken über den Telefonleitungen und leuchtend goldene Blätter an den Maulbeerfeigenbäumen am Straßenrand.

»Kann sein«, sagte ich.

Meine Mutter hatte einen ausgeprägten Sinn für Farben; es gehörte zu unseren Ritualen, dass sie mit mir in der Stadt herumfuhr und mich auf alle möglichen Farben aufmerksam machte. Sie hatte sich von Ron getrennt, und anfangs war ich erleichtert gewesen, ihn los zu sein und meine Mutter wieder ganz für mich zu haben. Er hatte mich genervt, aber jetzt, wo er weg war, vermisste ich ihn. Ron hatte Abwechslung in unseren Alltag gebracht, als jemand Drittes neben meiner Mutter und mir. Wenn er unser Haus betrat, änderte er die Atmosphäre. Mit Männern kam Leben ins Haus. Ermessen ließ sich das erst, wenn sie wieder weg waren und alles verflachte, es keine Reize oder Überraschungen mehr gab. Jetzt konnten wir es uns nicht mehr leisten, essen oder ins Museum zu gehen oder nach San Francisco zu fahren.

Und nun, im Auto, wollte sie, dass ich mir den Himmel anschaute.

»Guck doch mal hin«, sagte sie. »Was ist los mit dir?«

Ich hing in meinem Sitz, als wäre das Farbenfeuer die langweiligste Sache der Welt. Es schien mir zu viel Kraft zu erfordern, jedes Phänomen zu würdigen, auf das sie mich hinwies. Es war bloß ein Sonnenuntergang. Davon hatten wir schon viele gesehen; das Leben begann sich zu wiederholen.

Kirsten lud mich ein, bei ihr zu übernachten. Sie war das Mädchen, das mir eine Zeit lang hinterhergelaufen war und dauernd den Namen meines Vaters gerufen hatte. Inzwischen hatte sie damit aufgehört, und wir waren in derselben Clique. Unsere Eltern hatten uns erlaubt, zu Fuß zum Haus ihres Vaters zu gehen, das nördlich der University Avenue lag; wir wohnten auf der anderen Seite von Palo Alto. Allein, ohne Erwachsene, eine so weite Strecke zu laufen war ein Privileg.

Sie wohnte in einem viktorianischen Haus mit einem zementierten Weg, der bis zu den Holzstufen führte. Baumwurzeln drückten und spannten sich wie Halssehnen durch die bloße Erde des Vorgartens. Ihr Zimmer war ganz oben im Haus und hatte Dachschrägen bis zum Boden. Sie hatte einen eigenen kleinen Fernseher. Als ich mich aufs Bett setzte, wackelte es wie Götterspeise.

»Das ist ein Wasserbett«, sagte sie und streckte sich darauf aus.

Irgendetwas war exotisch an ihr und schlüpfrig, sodass ich mir bieder und gewöhnlich vorkam. Außerdem wurde ich in ihrer Gegenwart schläfrig, so wie es mir auch mit Leuten ging, die es wichtig fanden, dass mein Vater berühmt war. Wir liefen hinunter in die Küche.

Sie holte eine große Karotte aus dem Kühlschrank.

»Du weißt, was einige Frauen damit machen, oder«, sagte sie. »Sie stecken sie sich rein. Statt Sex zu haben.«

»Das ist ja eklig«, sagte ich. Die Welt enthielt widerliche, abstoßende Elemente – wie Sex. Ich wusste zwar darüber Bescheid, fand es aber verstörend, dass Menschen so etwas tun konnten und äußerlich trotzdem ganz normal weiterexistierten; es kam mir vor wie Schädlingsbefall hinter einer sauberen, weißen Wand.

»Guck mal«, sagte sie und holte ein schwarzes Stück Gaze aus ihrer Kommode. Es war ein BH aus elastischer Spitze, zwei mit schwarzen Lycrabändern verbundene Dreiecke. Er sah aus wie ein Frauen-BH – sexy für eine Erwachsene – und war doch klein, für ein Kind gemacht. Ich hatte keine Ahnung gehabt, dass es etwas derart Vollkommenes gab, in diesen Proportionen. Das Reizvolle daran war die perfekte Miniatur, so wie die Möbel, Lebensmittel und Besteckteile in einem Puppenhaus. Ich hätte gern alles gehabt, was sie hatte – die Fernbedienung, den Fernseher, das Wasserbett, den Spitzen-BH.

»He, wollen wir *Blutgericht in Texas* sehen?«

»Okay«, sagte ich. Ich war mir nicht sicher, was das war. Sie nahm eine Kassette aus einer abgegriffenen Hülle und schob sie in den Videorekorder unter dem Fernseher. Das Bild war körnig, wie ein aus zu vielfarbigem Garn gestrickter Pullover. Ich konnte nur eine männliche Gestalt ausmachen, die auf einem Weg zwischen trockenen Gräsern auf ein Haus zuging.

»Ich schaue das andauernd«, sagte sie. »Vorm Einschlafen.«

Bevor wir das Licht ausmachten, kam ihr Vater zu uns, um nach dem Rechten zu sehen.

»Dad?«, sagte Kirsten.

Er setzte sich auf den Bettrand und sah sie an.

»Ich fühl mich verunsichert«, sagte sie mit Babystimme. »Ich soll dir doch sagen, wenn es mir so geht. Und jetzt geht es mir so.«

»Ach, meine Kleine«, sagte er. Er nahm sie fest in die Arme.

Ich hatte nichts von ihrer Verunsicherung gemerkt. Ich war beeindruckt, dass sie dieses Wort überhaupt kannte, und beneidete sie darum, dass sie so etwas zu ihrem Vater sagen konnte. Es war ein Erwachsenenwort. Ich wäre nie auf die Idee gekommen, es zu benutzen.

»Das tut mir leid, Liebes«, sagte er. Dann stand er auf und sah uns beide an. »Na dann, gute Nacht, ihr zwei. Schlaft gut.« Die Treppe knarrte, als er hinunterging.

Am Morgen, kurz bevor meine Mutter mich abholte – Kirsten war schon in die Küche gegangen –, suchte ich aus dem Dickicht zerknitterter Baumwolle in ihrer obersten Kommodenschublade den BH heraus und stopfte ihn in meinen Rucksack.

Als ich das fünfte Mal mit zu meinem Vater fuhr, wurde ich ungeduldig. Lange Zeit hoffte ich, ich bräuchte nur eine bestimmte Rolle zu spielen, dann würde er schon den entsprechenden Part übernehmen. Ich die geliebte Tochter, er der zärtliche Vater. Wenn ich mich so verhalten würde wie andere Töchter, würde er mitziehen; wir würden gemeinsam so tun, als ob, und es damit wahr machen. Aber hätte ich ihn so gesehen, wie er wirklich war, oder mir eingestanden, was ich sah, wäre mir klar gewesen, dass er das nicht tun, ja dass ein solches Verstellungsspiel ihn abstoßen würde.

Jetzt saßen wir zusammen in seinem Wagen und fuhren durch die Dunkelheit nach Woodside. Er trug eine Lederjacke mit schwarzen Stoffbündchen an den Ärmeln, die zu seiner Haarfarbe passte und ihm etwas Verwegenes gab. Er war nach wie vor schweigsam. Aber ich traute mich jetzt mehr.

»Kann ich ihn haben, wenn du ihn nicht mehr brauchst?«, fragte ich, als wir bei den schiefen, bröckelnden weißen Säulen links abbogen. Die Frage ging mir schon länger durch den Kopf, aber den Mut, sie zu stellen, brachte ich jetzt erst auf.

»Kannst du was haben?«, fragte er.

»Diesen Wagen. Deinen Porsche.« Ich fragte mich, wo er die anderen hatte. Ich stellte sie mir in einer funkelnden schwarzen Reihe hinten auf seinem Grundstück vor.

»Auf gar keinen Fall«, sagte er. Seine Stimme klang ärgerlich, beißend, und mir war sofort klar, dass ich einen Fehler gemacht hatte. Womöglich war die Sache mit dem Kratzer ein Märchen, und er kaufte gar nicht hemmungslos immer neue Porsches; vielleicht war er gar nicht so verschwenderisch. Mit Geld, Essen und Wörtern ging er wenig großzügig um; die Porsches waren mir wie die glorreiche Ausnahme erschienen.

Ich wünschte, ich hätte es zurücknehmen können. Wir hielten vor dem Haus, und er schaltete den Motor aus. Blaue Hortensien bauschten sich auf beiden Seiten des Tors bis in den Innenhof hinein, mit Blüten größer als mein Kopf.

(Viele Jahre später fragte er mich: »Welche Hortensien gefallen dir am besten?«

»Die blauen. Die knallblauen.«

»Das fand ich auch, als ich jung war«, sagte er. »Aber im Grunde sind die weißen, die kegelförmigen, viel schöner.«)

Als ich Anstalten machte auszusteigen, wandte er sich mir zu.

»Du bekommst gar nichts«, sagte er. »Verstehst du? Nichts. Du bekommst nichts.« Meinte er den Wagen oder etwas anderes, Größeres? Seine Stimme tat weh, schnitt mir tief in die Brust.

Das Licht im Wagen war kühl; eine weiße Lampe an der Decke hatte sich eingeschaltet, als der Motor ausging. Um uns herum war Dunkelheit. Ich hatte einen schrecklichen Fehler gemacht, und mein Vater hatte sich zurückgezogen.

Zu jener Zeit war der Gedanke, dass er einen Computer nach mir benannt hatte, auch wenn er es nicht zugab, mit meinem Selbstwertgefühl verwoben. Ich machte mir damit Mut, wenn ich mir in seiner Nähe wie ein Nichts vorkam. Computer interessierten mich nicht – sie bestanden aus festen Metallteilen und Chips mit glitzernden Linien in Plastikhüllen. Wenn man vor ihnen saß, zogen sie einen in ihren Bann, sonst waren sie langweilig anzusehen, unschön – aber der Gedanke, auf diese Weise mit ihm verbunden zu sein, gefiel mir. Es bedeutete, dass ich auserwählt war und einen Platz hatte, selbst wenn mein Vater unnahbar und abwesend schien. Es bedeutete, dass ich fest an die Erde und ihre Maschinen gekoppelt war. Er war berühmt, er fuhr Porsche; wenn er den Lisa nach mir benannt hatte, war ich Teil von alledem.

Heute ist mir klar, dass wir gegenläufig dachten: Für ihn war ich ein Makel in seiner spektakulären Karriere, passte nicht in die Geschichte von Größe und Tugend, die er sich wohl für sich wünschte. Meine Existenz ruinierte seine Bilanz. Für mich war es genau andersherum: Je näher ich ihm wäre, umso weniger müsste ich mich schämen – er war Teil der Welt und würde mich ins Licht katapultieren.

Vielleicht war es alles ein großes Missverständnis, ein Versäumnis: Er hatte bloß zu erwähnen vergessen, dass der Computer nach mir benannt worden war. Ich konnte kaum an mich halten vor Verlangen, es richtigzustellen; es war, wie auf die Person zu warten, für die eine Überraschungsparty stattfindet – darauf, die Lichter einzuschalten und herauszubrüllen, was man so lange zurückgehalten hat. Wenn er es erst einmal zugegeben hätte – ja, ich habe einen Computer nach dir benannt –, würde alles gut werden. Er würde die Löcher in seinen Jeans flicken, Möbel kaufen, mir sagen, er habe die ganze Zeit an mich gedacht und nur nicht zu mir kommen können. Doch wenn ich mich zu sehr anstrengte, die Sache geradezurücken, das spürte ich auch, würde womöglich ein empfindliches Gleichgewicht gestört werden, und er wäre wieder weg. Und so wartete ich in diesem Schwebezustand ab, damit er blieb.

Ich folgte ihm vom Wagen zum Haus. Wir gingen nicht in den Whirlpool; wir aßen Salate, während er die Zeitung las; wir schauten *Flashdance*; ich fragte ihn nicht, ob ich bei ihm im Bett schlafen könne. Irgendwann in der Nacht wachte ich auf, weil ich mal musste, und die Dunkelheit drückte mir derart auf die Augen, dass ich absolut nichts sah. Es war still; die Grillen hatten aufgehört zu zirpen. In dieser pechschwarzen Finsternis würde ich die Toilette bestimmt nicht finden. Ich hätte noch nicht mal sagen können, in welche Richtung ich schaute oder wo oben und unten war. Ich wartete mit offenen Augen ab, doch nichts zeichnete sich ab; es war, als wehrte sich die Dunkelheit gegen meine Anstrengungen, sie zu durchdringen.

Ich müsste durch sein Zimmer gehen, dann ein paar Schritte durch einen Flur, der in ein leeres Zimmer führte, von dem das Bad abging.

Ich kroch aus dem Bett und fand den Türrahmen, kaum sichtbar, halb da, doch jetzt nahmen die Dinge allmählich Konturen an, und ich sah, dass in seinem Bett auf der anderen Seite des Raumes jemand mit weißblondem Haar lag.

Es war ein Mann, der gekommen war, um meinen Vater zu töten – ihn schon getötet hatte und nun in seinem Bett schlief! Ich wusste schon, wie dieser neue Mann mit dem hell glänzenden Haar war: verlogen und schmeichlerisch. Er würde sagen, er sei mein neuer Vater, obwohl er kein bisschen wie mein Vater war. Ich konnte sein Gesicht nicht sehen, aber ich hatte schreckliche Angst; das blonde Haar leuchtete im Dunkeln. Ich hörte meinen Atem. Wo war mein Vater? Nachdem ich ins Bad geschlichen war, schlich ich durch das Zimmer zurück, und der blonde Mann war immer noch da, im Bett. Er bewegte sich im Schlaf, tauchte unter die Decke, als spränge er ins Wasser. Ich kroch wieder in mein Bett und lag, wie mir schien, stundenlang wach, starr vor Schreck, unsicher, was ich tun sollte, voller Angst vor dem Morgen, an dem klar sein würde, dass mein Leben für immer verändert und mein Vater verschwunden war. Ich hatte zu große Angst, um wieder aufzustehen und den blonden Mann zu stellen. Ich beschloss, bis zum Morgen zu warten, und irgendwann schlief ich ein.

Am Morgen war kein blonder Mann zu sehen, und mein Vater lebte. Ich dachte, ich müsse mir wohl alles eingebildet haben, und fragte ihn nicht danach. Meine Panik war mir genauso peinlich wie mein Wunsch, ihn zu beschützen.

Am darauffolgenden Mittwochabend kam meine Mutter zu uns, weil ihr Unterricht ausgefallen war. Wir wussten nicht, dass sie kommen würde. Nachdem sie vergebens geklopft und gerufen hatte, war sie durch die unverschlossene Haustür eingetreten und durchs dunkle Haus in die helle, kalte Küche gegangen, wo wir saßen und aßen. Sie setzte sich zu uns, während er mich auf die gewohnte Art neckte.

»Wäre der hier nicht was für dich?«, sagte er und zeigte auf das Bild eines alten Mannes in der Zeitung. Ich sah hin und musste niesen; ein paar Salatstückchen flogen auf das Bild. »Das werden die Jungs lieben. Dein neues Bett wird in null Komma nichts warm sein«, sagte er. Er meinte das Bett, das Mona mir kaufen wollte. »Hast du dir schon überlegt, welchen Jungen du einladen willst?« Seine Scherze waren furchtbar plump. So gewandt er sonst war – wie man mit Kindern reden sollte, wusste er nicht. Ich wollte ihm nah sein, aber seine Witzeleien irritierten mich. Ich hatte keine Ahnung, was ich darauf antworten sollte. Das war es vielleicht, was meine Mutter in meinem Gesicht sah.

Später sagte sie, seine Scherze an dem Abend, seine onkelhafte Art und mein offensichtliches Unbehagen in der Küche hätten sie überrascht. Ich hätte verloren gewirkt, nicht so selbstsicher wie sonst. Sie sorgte dafür, dass ich von da an mittwochsabends bei einer Freundin übernachten konnte, und sagte, er würde stattdessen kommen und mit mir Rollschuh laufen. Ich fand, das klang gut.

BEIFANG

In unserem nächsten Haus sollten wir die längste Zeit meiner Kindheit wohnen, sieben Jahre lang. Es war ein Bungalow im Craftsman-Stil an der Rinconada Avenue in Palo Alto – das einzige Haus auf dem Grundstück, mit drei Schlafzimmern, zwei Bädern und einer separaten Garage, die meine Mutter später in ein Atelier umwandelte. Ein richtiges Haus, hellgelb gestrichen mit königsblauen Zierleisten und einer blauen Tür. Die Vorderseite war symmetrisch, mit einem gepflasterten Weg, der den Rasen zweiteilte, und Beeten unter den beiden Fenstern, in denen meine Mutter später Springkraut in vielen Farben pflanzte. Auf einer Seite der Einfahrt wuchs ein Erdbeerbaum mit schuppiger, knorriger Rinde und Früchten, die in den Herbstregengüssen reiften, dann auf den Rasen fielen, aufplatzten und ein schleimiges, orangefarbenes Zeug absonderten, das wir uns unentwegt von den Schuhen wischen mussten; aber das wussten wir beim Einzug noch nicht. Die Seitentür ging auf eine von Blauregen umrankte Laube hinaus. Wenn er blühte, roch er nach Seife und Bonbons und zog Bienen an.

Bevor wir einzogen, half uns ein Mann, der für meinen Vater bei NeXT als Hausmeister und Gebäudetechniker arbeitete, bei der Renovierung. Er war ein freundlicher langer Lulatsch, der sich zu mir herunterbeugte, wenn er mit mir sprach – etwa als er mir sagte, ich dürfe mir die Form des Waschbeckens im Bad aussuchen und das Linoleum für den Flur. Er hatte eine hohe Lache und einen großen, spitzen Adamsapfel, der alarmierend an seinem Hals auf und ab hüpfte. Unter seiner Anleitung wurden die Wände und Decken im Haus neu gestrichen, die Holzböden abgeschliffen und hell lackiert, Bäder und Küche mit Linoleum ausgelegt, an den Fenstern Metalljalousien angebracht. Das Waschbecken, das ich aussuchte, hatte einen majestätisch weiten, glockenförmigen Rand.

Meine Mutter kaufte die Gesamtausgabe einer Enzyklopädie mit dem Bild einer goldenen Distel auf jedem Buchrücken, und sobald irgendeine Frage aufkam, eilte sie ans Regal, zog einen Band heraus, teilte den golden bemalten Buchschnitt und las die relevante Stelle laut vor.

Sie hatte einen begehbaren Kleiderschrank. Er war nicht groß, vielleicht nicht einmal groß genug, um als solcher bezeichnet zu werden, aber da man immerhin hineingehen und sich darin umdrehen konnte, nannten wir ihn eben so. Es gab dort Stangen für Bügel und Drahtregale für Kleidung. Sie hatte auch ein eigenes Bad mit Dachfenster.

Eines Tages, als sie gerade im Bad stand, zeigte sie mir ihr neues Portemonnaie.

»Es ist von Neiman Marcus«, sagte sie. Ich betrachtete es unter dem Dachfenster: Lederstreifen in verschiedenen Graubrauntönen waren senkrecht aneinandergenäht, innen dunkler als am Rand, in der Mitte knitterig, als hätte man das Leder mit einem Faden gekräuselt. Ich hatte noch nie so weiches, wachsartiges Leder angefasst.

»Das ist Aalhaut«, sagte sie. »Ist das nicht grässlich? Aale!«

»Es fühlt sich wie Seide an«, sagte ich. »Oder Butter.«

»Ich weiß. Und schau mal hier.« Sie zeigte mir den Metallverschluss, ungefähr so groß wie ein Dime und magnetisch: Er fand sein Gegenstück und klickte zu.

Soweit ich wusste, hatte sie noch nie ein Portemonnaie besessen. All diese luxuriösen Dinge – Portemonnaie, Dachfenster, begehbarer Kleiderschrank, eine neue Mikrowelle, in der sich das Essen drehte, wenn es gekocht wurde, ein schnurloses Telefon – sprachen dafür, dass sich eine große Veränderung anbahnte, dass wir neues, vornehmeres Terrain betreten hatten. Wie sich herausstellte, hatte mein Vater meinen Unterhalt erhöht, sodass meine Mutter einen größeren Teil der Miete und Lebenshaltungskosten damit bestreiten konnte. Kurz darauf willigte er außerdem ein, ihr die wöchentliche Therapiesitzung zu bezahlen. Ein neues Sofa konnte sie sich nicht leisten, aber sie ließ das alte mit einem gedeckteren Blumenstoff beziehen.

Mein Vater kam kurz nach der Renovierung ein paarmal vorbei. Er und meine Mutter wirkten gelöst miteinander, sie scherzten und bewunderten gemeinsam das Haus; beiden gefielen die Wandfarbe und die neuen, industriellen Leuchtkörper, zwei weiße Metallstangen über einem gezahnten Milchglasschirm, eine Installation, die eigentlich für draußen gedacht war, aber auch drinnen gut aussah. Wenn ich meine Eltern so zusammen sah, spürte ich etwas in mir zueinanderfinden wie die beiden Teile des Magnetverschlusses. In jenem ersten Jahr dort, als alles an dem Haus für uns noch neu und perfekt war, hielt sie beim Hereinkommen einige Male inne und atmete hörbar ein, eine Hand auf dem Herzen, überwältigt von der Schönheit eines goldenen Parallelogramms aus Licht an der Wand über den Heizungsschlitzen.

Während der Jahre in dem Haus erzählte meine Mutter mir von meinem Vater und ihrer Familie, was ihr gerade so einfiel, oder ich stellte ihr Fragen. Demnach war mein Vater in der Highschool so schüchtern und verklemmt gewesen, dass ihm niemand zuhörte, wenn er redete oder einen Witz erzählte. Er baute ihr einen Drachen und machte ihr ein Paar Sandalen. Als sie in jenem Sommer am Ende der Stevens Canyon Road wohnten, in dem Haus mit den Ziegen, schliefen sie unter Patchworkdecken, die die Großmutter meiner Mutter aus Ohio gemacht hatte, und aßen, wenn sie sich mal was gönnen wollten, billige Miniwürstchen aus dem Glas.

Irgendwann in jenem Sommer, sagte meine Mutter, hätten sie

nur noch drei Dollar übrig gehabt. Sie seien an den Strand gefahren, und mein Vater habe das Geld ins Meer geworfen.

»Ich hatte eine Heidenangst«, sagte sie. »Aber dann verkaufte er noch ein paar blaue Boxen, und wir hatten wieder Geld.«

Die Geschichte meiner Eltern ist nicht vollständig, wenn man nicht vom Verfall der Familie meiner Mutter erzählt, davon, dass ihre Mutter psychisch krank wurde, als meine Mutter zwölf war. Meine Großeltern, Jim und Virginia, waren mit den Kindern gen Westen gezogen, als Jims Arbeitgeber, das Verteidigungsministerium, ihn aus Dayton, Ohio, wo meine Mutter geboren wurde und ihre beiden Großmütter lebten, nach Omaha, Nebraska versetzte, später nach Colorado Springs und schließlich nach Kalifornien. Hier wurde bei Virginia paranoide Schizophrenie diagnostiziert, und die Eltern meiner Mutter ließen sich scheiden.

Meine Mutter sprach von Ohio, als wäre es eine Art verlorenes Paradies: Dort hatten ihre Großmütter Patchworkdecken genäht und ihr alles erlaubt, sie sogar mit der Haut an ihren Handrücken spielen lassen. Eine hatte eine Farm mit Hühnerstall, wo meine Mutter am Morgen immer Eier aufgesammelt hatte. Es war die Zeit, bevor ihre Mutter verrückt wurde. Jedes Mal, wenn sie mich irgendwo auf etwas Schönes aufmerksam machte, etwas, das altbewährt und prächtig aussah – goldenes Dämmerlicht auf Backsteingebäuden mit Säulen, hohe Bäume –, nannte sie es Ohio.

In Kalifornien saß Virginia oft betrunken im abgedunkelten Wohnzimmer und rauchte, sodass nur die Spitze ihrer Zigarette zu sehen war, während sie darauf wartete, dass ihre Töchter aus der Schule kamen. Meine Mutter war da kaum älter, als ich es jetzt war, aber Virginia ließ ihre Gehässigkeit und Verachtung an ihr aus – vielleicht weil sie sich in ihr, mit ihrer Empfindsamkeit, künstlerischen Begabung und Intelligenz, am meisten wiedererkannte. Meine Mutter war zwölf, als Virginia ihr vorwarf, sie spiele nur deshalb Blockflöte, weil das Instrument sie an einen Penis erinnere, und den Nachbarn erzählte, meine Mutter habe Sex mit Hunden.

Dann lernte sie auf der Highschool meinen Vater kennen. Es waren vor allem seine freundlichen Augen, die sie bestachen, im

Vergleich zu den Augen ihrer Mutter, die da schon nur noch hasserfüllte, dunkle Funken waren.

»Als ich das dritte Mal bei Steve zu Hause war, nahm seine Mutter mich beiseite. Sie sagte, in seinen ersten sechs Lebensmonaten habe sie Angst gehabt, ihn zu verlieren, weil seine leibliche Mutter ihn zurückhaben wollte, und sich nicht gestattet, sich an ihn zu binden. Damals hatte ich keine Ahnung, warum sie mir das erzählte«, sagte meine Mutter. »Ich war doch bloß eine Schülerin. Und so lange kannte ich ihn noch gar nicht.«

Sie erzählte mir davon, als habe es etwas zu bedeuten, aber ich war mir nicht sicher, was.

Sie verliebten sich ineinander. Mein Vater legte lange Briefe an Virginia vor ihrer Haustür ab, in denen er ihr Vorwürfe machte und sie anflehte, doch bitte nicht mehr so grausam zu meiner Mutter zu sein. Mein Vater war damals der Retter meiner Mutter, er erkannte ihre Begabung, ihre Schönheit und Sensibilität und beschützte sie, als ihre Mutter brutal und geisteskrank war. »Du bist der kreativste Mensch, der mir je begegnet ist«, sagte er zu ihr.

Meine Eltern nahmen zusammen LSD. Für ihn war es das erste Mal. Für sie nicht. Es dauere eine Weile, bis die Droge wirke, erklärte sie mir, also warte man einfach ab, und irgendwann merke man dann, dass die Welt nicht mehr normal sei, und der Trip habe begonnen. Bei der Vorstellung, dass meine Mutter Drogen nahm, wurde mir ganz anders, aber sie sagte: »Keine Sorge, Lisa, das war nur eine Phase. Eine andere Zeit.« Sie sagte, er habe schreckliche Angst gehabt, sich unter Drogen zum Affen zu machen, und sie musste ihm versprechen, ihn sofort zurückzuholen, falls er irgendwann komisch würde. Das war ungefähr zu der Zeit, als mein Vater meiner Mutter sagte, er werde berühmt und reich werden und sich in der Welt verlieren.

»Was meinst du mit ›sich verlieren‹?«, fragte ich sie. Ich stellte ihn mir verwirrt inmitten einer Menschenmenge vor.

»Ich meine, seinen moralischen Kompass verlieren«, sagte sie. »Seinen Charakter, seine Seele für Macht, Geld, irdischen Gewinn hergeben. Sich verbiegen. Die Verbindung zu seiner Seele verlieren.«

Neben ihnen wohnten damals ein paar Zwanzigjährige aus einer reichen Familie, die eine Menge Drogen nahmen. Sie saßen herum und warteten darauf, dass ihre Eltern starben, damit sie an ihr Erbe kämen. Wie man sein Leben so vergeuden konnte, hatte auf meine beiden Eltern großen Eindruck gemacht. Jahre später erzählte sie mir diese Geschichte noch einmal, als Erklärung dafür, warum mein Vater mir nicht mit Geld aushalf – er habe diese faulen, verlorenen Kinder gesehen und wolle nicht, dass ich so würde wie sie.

»Wann haben deine Eltern sich scheiden lassen?«, fragten mich andere Kinder.

»Sie waren nie verheiratet«, sagte ich dann. Ich sagte es gern: Meist überraschte und entwaffnete es die anderen. Es hob mich heraus. Statt eines Vater, der am Anfang da gewesen und dann fortgegangen war, hatte ich die umgekehrte Erfahrung gemacht: Eltern, die sich jetzt häufiger sahen als zur Zeit meiner Geburt.

Neuerdings kam mein Vater, wenn er am Wochenende nicht unterwegs war, zu uns und ging mit mir allein Rollschuhlaufen; meine Mutter winkte uns hinterher und ging wieder ins Haus, um zu malen. Er nannte mich gern »kleiner Fisch«. »He, kleiner Fisch, lassen wir's krachen. Wir haben nicht ewig Zeit.«

Ich dachte dabei immer an den Beifang, die kleinen Fische, die Angler wieder ins Meer zurückwarfen, und glaubte, er bezeichnete mich als unbrauchbaren Kümmerling. Später lernte ich, dass der Beifang oft nur zurückgeworfen wird, weil die Fische zu jung sind und noch wachsen sollen.

»Los, dicker Fisch«, sagte ich, sobald ich meine Rollschuhe anhatte. Er machte sich manchmal Sorgen, er könnte zu dünn werden. »Die finden alle, ich muss zunehmen«, sagte er. »Wer sind ›die alle‹?«, fragte ich. »Die Leute in meiner Firma.« Er stand auf Rollschuhen mitten im Zimmer. »Was meint ihr?« Oder er fürchtete, er bekäme einen Bauch, und wollte wissen, was wir dazu sagten.

Wir liefen immer zur Stanford-Universität. An diesem Tag war das Pflaster noch regennass.

Die Palmen, denen der Palm Drive seinen Namen verdankte, wuchsen in der Erde zwischen Bürgersteig und Straße, und ihre Wurzeln wanden sich unter den alten Betonplatten hindurch, die voller Risse und mehrfach mit unebenen Zementschichten ausgebessert worden waren, was die Wurzeln aber nicht davon abgehalten hatte, weitere Buckel zu bilden. Wir federten die Stöße mit den Knien ab. Hier und da waren Palmwedel von den Bäumen gefallen und lagen im Weg, sodass wir auf unseren Rollschuhen über die bloße Erde darum herumstapfen mussten. Die fehlenden Wedel hinterließen ein Muster an den Stämmen wie gestapelte Fische.

»Ich wäre gern ein indianischer Ureinwohner gewesen«, sagte er, den Blick auf die Berge jenseits der Universität gerichtet, die von Weitem glatt und makellos wirkten. Die neongrünen Halme schossen zwei, drei Tage nach dem ersten heftigen Regen aus dem Boden und hielten sich den ganzen Winter.

»Sie sind barfuß gelaufen, weißt du«, sagte er. »Da in den Bergen. Bevor es das alles hier überhaupt gab.« Ich wusste aus der Schule, dass es noch Spuren von ihnen gab, auf den Felsplatten, wo sie Eicheln zermahlen hatten. »Wenn die Berge grün sind, finde ich sie auch schön«, sagte er, »aber am besten gefallen sie mir gelb und trocken.«

»Ich mag grüne Berge lieber«, sagte ich. Ich verstand nicht, wie irgendwer sie schön finden konnte, wenn sie tot waren.

Wir erreichten das Oval mit dem Rasen in der Mitte und das alte Stanforder Hauptgebäude mit seinen überdachten, schattigen Wegen, deren Böden aus Rhomben in wechselnden Erdtönen bestanden, wie ein verwaschenes Harlekinskostüm.

»Willst du auf meine Schultern?«

Er bückte sich, packte mich unter den Achseln – ich war neun und klein für mein Alter – und hob mich hoch. Er kippelte und schwankte unter seiner Last. Wir liefen einmal um den Platz herum, unter den Rundbögen hindurch, an den goldenen Zahlen auf den Glastüren vorbei. Er hielt mich an den Schienbeinen fest, ließ aber, als er das Gleichgewicht zu verlieren drohte, los. Er stolperte, stolperte noch mal, versuchte, sich aufrecht zu halten – und ich schwankte in erschreckender Höhe hin und her. Und dann stürzte er. Im Fallen bangte ich um mich selbst, um mein Gesicht und meine Knie, alles, womit ich auf den Steinfußboden knallen konnte. Mit der Zeit würde ich zwar lernen, dass mein Vater jedes Mal hinfiel, aber ich ließ mich trotzdem von ihm tragen, denn es schien ihm wichtig zu sein. Das spürte ich wie eine Veränderung des Luftdrucks: Es gehörte zu seiner Vorstellung davon, was es hieß, Vater und Tochter zu sein. Wenn ich mich weigerte, würde er sich zurückziehen.

Wir standen auf – er hatte einen blauen Fleck am Hintern und eine Schramme an der Hand, ich ein aufgeschürftes Knie –, klopften uns den Dreck ab und liefen zum Trinkbrunnen an einer Seite des Hauptgebäudes. Er war in eine Wand mit gemusterten Kacheln eingelassen. Von dort aus sah ich die grünen Blätter in einem kleinen Innenhof, wie bemaltes Glas. Ich fand es schön, vom Schatten aus ins Helle zu schauen, wo das Sonnenlicht mich nicht von allen Seiten umspülte und blendete, sondern ganz für sich leuchtete.

Dann ging's weiter aufs Unigelände. Der Asphalt war rau, voller kleiner Steinchen; wenn ich darüberrollte, kitzelte es mich im Hals und an den Oberschenkeln, und in meinen Knochen spielte eine Melodie. Es ging ein Stück bergauf, am Brunnen und der Uhr vorbei bis zu den Metalltischen vor dem Tresidder Café, wo wir uns kurz hinsetzten und Apfelsaft tranken. Ich streckte die Beine mit dem Gewicht der Rollschuhe daran aus und steckte die Finger durch das kühle Metallgitterwerk des Stuhls. Über uns, auf einem erhöhten Teil des Hofs, stand eine Eiche, an deren Stamm sich silberne Grate hinaufschlängelten und tiefe, in der Mitte schwarze Furchen.

Auf dem Rückweg über den Campus, bergab auf rauem Beton, flog ich vor meinem Vater her, eine Stimmgabel für den Boden. »Ah AH!«, sang ich mit vibrierender Kehle.

»Du bist in Ordnung, kleiner Fisch«, sagte er. »Aber lass es dir nicht zu Kopf steigen.«

»Mach ich nicht«, sagte ich. *Sich etwas zu Kopf steigen lassen.* Den Ausdruck hatte ich noch nie gehört.

Er wies mich auf das Buntglas und die goldenen Fliesen hin, darauf, dass die Maurer für alles, von den Säulen bis zu den großen Steinblöcken, aus denen die Außenmauern bestanden, Sandstein aus der Gegend verwendet hatten. Die dicken Sandkörner darin verliehen ihm Tiefe, ließen ihn facettiert und rau wirken; manche Abschnitte hatten Schnitzereien, was aussah, als wäre der Stein bestickt.

»Glaubst du, dass die Steinmetze hierfür extra aus anderen Ländern gekommen sind?«, fragte er und berührte eines der wie Kissen gewölbten, großen Rechtecke.

Da sah ich das Gebäude mit seinen Augen, als einen Haufen Steine, den Menschenhände gemeißelt und aufeinandergesetzt hatten. Ich begann zu verstehen, dass in meinem Vater zwei Seiten miteinander im Wettstreit lagen: die eine achtsam und so empfindlich wie der Nerv eines Zahns, die andere unsensibel, stumpf und emotionslos. Wenn er die Details und Sorgfalt der Handwerker wahrnahm, die dieses Gebäude errichtet hatten, und sich vorstellte, wie sie jeden einzelnen Quader zurechtgehämmert und -gerückt hatten, musste er auch fähig sein, andere Menschen wahrzunehmen. Mich wahrzunehmen.

»Weißt du, ich bin nie aufs College gegangen«, sagte er. »Vielleicht solltest du das auch nicht tun. Besser, man geht einfach raus in die Welt.«

Wenn ich nicht aufs College ginge, wäre ich wie er. In dem Moment fühlte ich mich, als wären wir der Mittelpunkt der Welt. Das brachte er mit sich, dieses Mittelpunktgefühl.

»Da bringen sie dir in deinen produktivsten Jahren bei, wie andere denken«, sagte er. »Das tötet jede Kreativität ab. Macht die Leute zu Torfköpfen.«

Das leuchtete mir ein. Allerdings fragte ich mich, warum er trotzdem immer in Stanford Rollschuh laufen wollte, warum er es so zu mögen schien, wenn er doch vom Studieren nichts hielt.

»Er hat bloß einen Komplex«, sagte meine Mutter, als ich ihr erzählte, dass er das College für Zeitverschwendung hielt.

Wenn wir über die Straße gingen, nahm er meine Hand.

»Weißt du, warum wir uns an den Händen fassen?«, fragte er.

»Weil es vorgeschrieben ist?« Ich hoffte, er würde erwidern, weil ich dein Vater bin. Außer an Kreuzungen fassten wir uns nie an den Händen, und ich freute mich immer darauf.

»Nein«, sagte er. »Damit ich dich von der Straße schleudern kann, wenn ein Wagen auf dich zurast.«

An der University Avenue zeigte er auf einen Penner, der mit einem Pappschild in einer Nische hockte. »Das bin ich in zwei Jahren«, sagte er.

Ein paar Minuten später, als wir uns von der Hauptstraße entfernten und die Wohnstraßen in der Nähe unseres Hauses entlangliefen, furzte er in die Stille hinein, ein lautes, hohes Geräusch wie von einem Ballon, aus dem die Luft entweicht. Er lief weiter, als wäre nichts gewesen. Als er es noch einmal tat, schaute ich weg. Nach dem dritten Mal murmelte er: »'tschuldigung.«

»Macht nichts«, sagte ich und schämte mich für ihn.

Als mein Vater und ich in unser Viertel zurückkehrten, waren Kinder draußen in den Gärten und auf den Bürgersteigen. Uns gegenüber wohnte eine große, kurzhaarige Frau namens Jan, deren Mann bei NeXT arbeitete. Ein Stück die lange Einfahrt neben Jans Haus hinunter stand ein dunkles Holzhaus, in dem Barbara mit ihrem Mann und einem kleinen Jungen wohnte, eine Frau, mit der mein Vater etwas gehabt hatte, als meine Mutter mit mir schwanger gewesen war. Es schien ein merkwürdiger Zufall, dass wir uns hier in unmittelbarer Nähe von zwei Menschen wiederfanden, die mit meinem Vater verbunden waren; meine Mutter meinte, es sei geradezu unheimlich, wie er solche Zufälle anziehe.

Wir blieben auf dem Bürgersteig gegenüber von unserem Haus stehen, und sofort scharten sich ein paar Männer aus der Nachbarschaft um meinen Vater, jeder mit einem Baby auf dem Arm – drei Väter, drei Babys. Sie fragten ihn nach seiner Meinung, wollten wissen, was er über dieses und jenes dachte. Die Mütter spielten Fangen mit den etwas größeren Kindern, damit die Väter sich unterhalten konnten. Ich stand stolz daneben, weil es mein Vater war, mit dem sie reden wollten. Sie sprachen über Leute, von denen ich noch nie gehört hatte, und Firmen, die ich nicht kannte.

Bald begannen die Babys zu quengeln, sich zu winden, kleine Jaul- und Quäklaute von sich zu geben.

Mein Vater redete weiter – Hardware, Software –, das, worüber er mit allen Männern sprach, denen wir damals in Palo Alto begegneten. Die drei Babys fingen an zu schreien. Mein Vater fuhr ungerührt fort zu dozieren, und die Männer versuchten, ihm zuzuhören, und schaukelten die Babys auf dem Arm, die immer heftiger schrien. Er sprach lauter, schneller, damit seine Worte durch den Lärm drangen. Seine Stimme war hoch, tönend und nasal, mit scharfen Spitzen am Ende jedes Satzes, die mir in den Ohren wehtaten und ins Brustbein schnitten, und ich fragte mich, ob es so auch für die brüllenden Babys war. Die Väter mussten das Gespräch abbrechen und die Babys wegbringen.

Drinnen zogen wir uns vor der Heizung die Rollschuhe aus, und meine Mutter gesellte sich zu uns. Meine Eltern mochten sich, das merkte man. Ich bückte mich, um den Schlag meiner Jeans zusammenzunehmen, seitlich umzulegen und dann aufzukrempeln. Dadurch sahen meine Beine dünner aus. Mit gekrempelten Hosenbeinen stimmten meine Proportionen: Am liebsten trug ich weite, schlabberige T-Shirts, unter denen meine Beine wie Stöcker herausstaken.

»Was machst du da?«, fragte er.

»Meine Jeans aufkrempeln«, sagte ich.

»Findest du das cool?«, fragte er.

»Ja.«

»Aha «, sagte er. Dann, in spöttischem Ton: »Oh, Biff! Oh, Blaine! Ich hoffe, dir gefallen meine *Jeans.*«

»Steve«, sagte meine Mutter. Sie lächelte, aber ich merkte, dass sie es nicht gut fand.

»Vielleicht heiratet sie ja Thaaad«, sagte er.

Dirk, Blaine, Trent, Trev – das waren seine Namen für meine

fiktiven zukünftigen Freunde und Ehemänner. Ich war neun und der Gedanke ans Heiraten für mich völlig uninteressant. Ich lachte, damit klar war, dass ich es als Witz verstand, aber ich fragte mich, ob er solche hässlichen, abgekürzten Namen aussuchte und auf meinen Heiratsaussichten herumritt, weil er fand, dass ich hässlich oder ein hoffnungsloser Fall sei.

»Oder du heiratest Christian«, sagte er.

Christian wohnte auf der anderen Straßenseite und war ungefähr so alt wie ich. Er hatte blondes Haar, eine Brille mit Goldrand und einen leichten Südstaatenakzent, weil er aus Georgia kam. Er trug karierte Shorts und T-Shirts, war dünn und machte seine Hausaufgaben in winziger Kritzelschrift mit einem Drehbleistift. Seine Mutter zog ihn allein groß, wie meine mich. Ich mochte ihn gern, aber mehr auch nicht. Ungefähr einmal im Monat besuchte ein anderer Junge, Kai, mit dunklem Haar, blütenheller Haut und roten Lippen seinen Vater, der gleich neben uns wohnte. Er streckte plötzlich den Kopf zu dem Fenster heraus, das meinem Schlafzimmerfenster direkt gegenüberlag, eine Überraschung. Er war schüchtern und wollte nicht mit mir spielen, aber seine Anwesenheit fand ich so aufregend, dass ich mir dachte, wenn ich mir schon einen Mann zum Heiraten aussuchen müsste, dann vielleicht ihn, aber das behielt ich für mich.

»Zeig mir mal deine Zähne«, sagte ich, um das Thema zu wechseln. »Ich will mal sehen, ob sie wirklich wie ein Reißverschluss sind.«

»Kommt nicht infrage«, sagte er, als glaubte er, ich wollte mich über ihn lustig machen, dabei empfand ich nur Bewunderung und Neugier.

»Bitte«, sagte ich.

Er beugte sich zu mir herunter und machte den Mund auf. Kein Überbiss, kein Unterbiss, keine Zwischenräume: eine Bergkette mit Himmel.

»Unglaublich«, sagte meine Mutter, »wie sie sich so genau ineinanderfügen.« Er machte den Mund zu.

»Lass mal deine sehen, Lis«, sagte er. Ich zeigte sie ihm.

»Interessant. Und deine?«

Er schaute meiner Mutter in den Mund. Ihre unteren Zähne waren in Ordnung, wenn auch zusammengedrängt wie zu viele Gäste in einem kleinen Zimmer.

»Die sehen nicht so toll aus. Da musst du vielleicht mal was machen lassen«, sagte er, dabei war er eben noch so nett gewesen. Sie zuckte zusammen und machte den Mund zu. Als hätte der Magnet plötzlich die Richtung umgekehrt, stießen sie einander jetzt ab; man konnte nie vorher wissen, wann das geschehen würde.

»Vielleicht wird sie mal wie Brooke Shields aussehen«, sagte er über mich.

»Wer ist Brooke Shields?«, fragte ich.

»Ein Model«, sagte meine Mutter.

»Mit ganz tollen Augenbrauen«, sagte mein Vater.

Danach brach er auf, und während er auf Socken, mit den Rollschuhen über der Schulter, über den Rasen ging und, hörte ich ihn mit verhallender Stimme so etwas wie *Vie-hiel-leicht wi-hirst du* sagen. Wenn er wegfuhr, war es, als träte man aus hellem Sonnenschein in einen dunklen Raum. Alles wurde trüb und gleichförmig, vom Nachbild des Lichts ausgewaschen. Ich spielte Flöte, meine Mutter bestellte neue, mit tropischen Fischen gemusterte Bettwäsche für mich, in ein paar Monaten würde meine Cousine Sarah uns besuchen – bevor er kam, waren all diese Dinge aufregend gewesen, aber noch Tage nach seinen Besuchen schienen sie mir nicht mehr so wichtig. Es dauerte, bis das alles wieder da war.

Ich sah jetzt, in meinen Augenbrauen, Anlass zur Hoffnung.

Etwa um diese Zeit herum, sagte meine Mutter später, habe mein Vater sich in mich verliebt. »Er war ganz begeistert von dir«, sagte sie, aber ich kann mich daran nicht erinnern. Ich weiß nur, dass er häufiger kam und dass er mich manchmal packte und hochzuheben versuchte, auch wenn ich es gar nicht wollte. Und dass er eine Meinung zu meinen Anziehsachen hatte und mich ständig damit neckte, wen ich heiraten würde. »Ich wünschte, du wärest *meine* Mutter gewesen«, sagte mein Vater eines Nachmittags seltsamerweise zu meiner Mutter, als sie Mittagessen machte und ich spielte. Und ein andermal: »Du weißt, dass sie mehr als zur Hälfte von mir ist, mehr als zur Hälfte meine Anlagen hat.« Diese Aussage traf meine Mutter unvorbereitet. Sie wusste nicht, was sie darauf antworten sollte. Vielleicht sagte er es, weil er sich mir allmählich näher fühlte und sich einen größeren Anteil wünschte.

Ich erinnere mich an eine Überfülle an gestochen scharfem Sonnenlicht, in dem Schattenklecksen schaukelten; als hätte es damals mehr Sonnenlicht gegeben als heute.

Beim Rollschuhlaufen schauten wir uns Häuser an. Er mochte dunkle, mit Schindeln verkleidete Holzhäuser, an deren dunkelbraunen oder gräulichen Fassaden sich Reben emporrankten. Altes Holz, das schon silbern wurde. Sprossenfenster, kleine Scheiben. Gärten mit Pflanzen, die wie auf einen Haufen geweht wirkten. Wenn man in die Fenster dieser Häuser hineinschaute, konnte man ahnen, dass es drinnen dunkel war. Ich mochte weiß gestrichene, symmetrische Häuser lieber, mit Säulen und einfachen Rasenflächen, Häuser, die so fest und stabil auf ihrem Stück Land standen wie Bankgebäude.

»Die schönste Rose duftet nicht für sich«, sagte er emphatisch, blieb dann stehen, steckte die Nase tief in eine Rose und seufzte. Ich brachte es nicht übers Herz, ihm zu sagen, dass das nur so eine Redensart war. Aber bald machte ich trotzdem mit, und wir liefen im Zickzack die Straßen entlang, um nach den schönsten Büschen Ausschau zu halten. In den Gärten gab es Rosen in Hülle und Fülle. Wenn ich hinter Zäunen besonders schöne bemerkte, die er übersehen hatte, tippelten wir auf den Spitzen unserer Rollschuhe unbefugt über Rasenflächen, um dorthin zu gelangen.

Seit Ron von der Bildfläche verschwunden war und meine Mutter und ich wieder für uns lebten, dachte ich, uns sei jetzt beiden klar geworden, dass wir uns genug waren. Wir brauchten keine Männer im Haus. Es ging uns doch gut, mit dem neuen Haus, den Besuchen meines Vaters. Umso überraschter und wütender war ich, als sie mir von einem neuen Mann namens Ilan erzählte. Ilan sollte letztlich derjenige sein, der am längsten blieb – sieben Jahre lang – und mein Leben besser machte, aber zuerst ignorierte ich ihn sechs Monate lang und schnitt ihm Grimassen, damit er uns in Ruhe ließ.

Er hatte schwarzes Haar, das in festen Ringellöckchen an seinem Kopf anlag, ein langes Gesicht mit einer großen Nase und intelligente braune Augen. Er hatte in Chemie promoviert und eine kleine Firma für wissenschaftliches Spielzeug gegründet, die er auch leitete.

Seine Geschichten waren interessant – er war als Junge viel herumgekommen, weil sein Vater ein weltberühmter ungarischer Operntenor war, und hatte in der Schule clevere Streiche gespielt –, aber wenn ich ihm zuhörte, dachte ich trotzdem voller Herablassung, wie wenig glamourös er war, wie streberhaft, verglichen mit meinem Vater. Er fuhr einen alten, weißen VW Käfer, und wenn er an einem Stoppschild hielt, tat er manchmal so, als hätte er ein Autotelefon und bekäme einen wichtigen Anruf, um sich über die Silicon-Valley-Typen lustig zu machen, die neuerdings ziegelsteingroße Autotelefone kauften.

Er hatte zwei Kinder, einen Sohn, der jünger war als ich, und eine Tochter ungefähr in meinem Alter, Allegra, mit der ich eines Nachmittags, als ich noch dachte, er und meine Mutter seien bloß Freunde, zu Madonnas *Lucky Star* tanzte.

Er hatte eine offene Ehe geführt, sich aber gegen die Regeln in meine Mutter verliebt und sich daraufhin von seiner Frau getrennt. Das gefiel mir nicht. Ich stichelte meine Mutter, aber wenn sie verliebt war, ließ sie sich von mir nicht groß irritieren.

»Er ist verheiratet«, rief ich ihr in Erinnerung.

»Ach, Schätzchen«, sagte sie, als wäre ich ein Dummkopf.

In Gegenwart der beiden war ich genauso schlecht gelaunt wie zu Beginn der beiden letzten Beziehungen meiner Mutter. »Alles in Ordnung, Schätzchen?«, fragte sie. Wenn sie verliebt war, schien sie hoch über mir zu stehen und auf mich herabzublicken, wie entrückt. Und hatte ständig dieses leichte Lächeln auf den Lippen.

Bei ihren anderen Männern hatte ich noch geglaubt, meine Mutter und ich bildeten ein Team gegen sie. Bei Ilan spürte ich, dass sie sich, vor die Wahl gestellt, womöglich für ihn und nicht für mich entscheiden würde – und ich würde sie zwingen, sich zu entscheiden. Ich richtete mich auf einen langen Feldzug ein.

An einem Wochenendmorgen, als sie schon ein paar Monate zusammen waren, wollten sie frühstücken gehen, zu Fuß.

Ich beschwerte mich, kam aber mit. Wir rannten schnell über die stark befahrene Alma Street und krabbelten auf der anderen Straßenseite durch ein Loch im Zaun und dichtes Gebüsch, dann einen Wall aus weißen Steinen hinauf, hinter dem die Bahngleise lagen. Von dort ging es in nördlicher Richtung zwanzig Minuten lang an den Steinen und Gleisen entlang, wo wir auf den Schienen balancierten oder zwischen die Holzschwellen traten.

Wir hielten nach Zügen Ausschau.

»Pass auf«, sagte Ilan, als in der Ferne ein Zug auftauchte. Er legte einen Penny auf eine Schiene, und wir rannten ein Stück zur Seite und ließen den Zug vorbeidonnern. Danach gingen wir wieder hin. Der Penny war heiß und zu einer glänzenden Kupferscheibe gepresst worden, einem unebenen Oval. Ich hätte ihn gern behalten.

»Na und?«, murmelte ich, als er ihn mir zeigte, und schaute weg.

Ich musste eine Menge Energie aufwenden, um Ilan und meine Mutter ständig so mit Verachtung zu strafen, wie ich es seit Monaten tat. Ich war lethargisch, grinste süffisant und gab mich betont ungerührt, wenn einer von ihnen einen Witz machte. Beim Abendessen mit anderen fiel mir auf, dass Ilan immer einen indirekten Weg fand, das Gespräch auf seinen Vater zu bringen, bis irgendjemand zu neugierig wurde und fragte: Wer war dein Vater denn eigentlich? Meine Gemeinheit und mein Unwillen in seiner Gegenwart drückten mir selbst stark aufs Gemüt. Die ganze Zeit so zu sein war anstrengend, außerdem hatte es bisher nicht dazu geführt, dass sie sich trennten; sie waren bloß mir gegenüber auf der Hut. Ich wusste, dass meine Mutter es als Zustimmung werten würde, wenn ich auch nur für einen Moment über den Schatten meines Missmuts springen würde. Und ebendas widerstrebte mir. Es war, als hätte sie vergessen, was wir bei jeder ihrer Trennungen durchgemacht hatten, und ich hasste ihren verklärten Blick und ihre Dummheit.

Das Restaurant, MacArthur Park, befand sich in einer umgebauten Scheune und bot ein aufwendiges Brunchbüfett an, mit Schüsseln voller Erdbeeren und Schlagsahne, Waffeln, Eierspeisen unter vernickelten Kuppeldeckeln und frisch gepresstem Saft. Normalerweise gingen wir in einfachere Läden.

Als ich an diesem Morgen über die Obst- und Sahneberge hinweg zu meiner Mutter und Ilan schaute, die an einem runden Tisch saßen und mich anlächelten, änderte sich etwas. Ich schaute sie an und war zu erschöpft und zufrieden, um länger wütend zu bleiben. Und sie sahen wie Eltern aus. Ich kapitulierte. Ich fühlte mich sicher hier, unter dem Deckengewölbe, beim Geklirr des versilberten Vorlegebestecks. Wie grässlich ich mich auch benommen hatte, sie würden mich trotzdem annehmen, und ich brauchte es nur zuzulassen – es war nicht zu spät dafür, eine Familie zu haben.

Viele Jahre danach, als ich schon erwachsen war, erzählte Ilan mir, er habe mehrere Spaziergänge mit meinem Vater unternommen, wenn sie sich bei uns in der Rinconada Street begegnet seien, und ihn dann zu motivieren versucht, mehr Zeit mit mir zu verbringen, indem er ihm Elternschaft und gemeinsam verbrachte Zeit als seinen persönlichen Vorteil beschrieb – tu es für *dich*, Steve, betrachte es doch einmal so. Er fand meinen Vater opportunistisch, weil er immer das machte, was ihm in einem gegebenen Moment gerade am interessantesten und reizvollsten erschien, weswegen er mich links liegen ließ, sobald jemand anderes auftauchte. Um ihn zu ermutigen, lobte Ilan meinen Vater schon für kleine väterliche Gesten, etwa wenn er mich zum Rollschuhlaufen abholte. Ilan war ebenfalls Unternehmer und stark eingespannt, aber meine Mutter sagte, er habe die Fähigkeit, leicht und schnell vom Arbeitsmodus in den Familienmodus umzuschalten, und wenn er mit uns oder nur mit mir zusammen war oder abends mit uns aß, wie er es meistens tat, bevor er noch einmal ins Büro ging, war er vollkommen präsent und hörte nicht nur mit halbem Ohr zu wie viele andere Geschäftsmänner.

Ilan blieb abendelang zu Hause, um mir bei meinen Mathe- und Physikhausaufgaben zu helfen, saß geduldig neben mir auf dem Sofa, obwohl er vorgehabt hatte, noch einmal ins Büro zu gehen, weil seine Firma gerade zu kämpfen hatte, und brachte mir auf diese Weise nahe, wie es war, gut vorbereitet zum Unterricht zu erscheinen, den Stoff verstanden und die Hausaufgaben richtig gemacht zu haben. Von da an wollte ich immer gut vorbereitet sein, mochte die innere Ruhe, die damit einherging, die Aufmerksamkeit, die ich dann bekam, und so war es vor allem Ilan zu verdanken, dass ich allmählich gut in der Schule wurde.

In jenem Sommer fuhren Ilans Tochter Allegra und ich zum Haus meines Vaters in Woodside, um schwimmen zu gehen, und erkundeten danach das Haus. Sie fand ein Zimmer in der Nähe der Haustür, das ich bis jetzt übersehen hatte, mit leeren Regalen vom Boden bis zur Decke, ein paar vereinzelten Büchern und Zeitschriften. Mitten im Raum stand ein grobes Modell des Anwesens auf dem krümeligen grünen Material, das für Blumenarrangements verwendet wird.

»Meinst du, dass er je in diesem Zimmer war?«, fragte sie.

»Wahrscheinlich nicht«, sagte ich. Wir kramten in den Sachen, die dort herumlagen, als hätten die Leute, die vorher in dem Haus gewohnt hatten, sie dagelassen.

Ganz oben auf einem Regal fand ich mehrere *Playboy*-Hefte.

»Guck mal.«

Wir setzten uns auf den Boden und blätterten darin. Vielleicht stimmte das Gerücht ja gar nicht, dass mein Vater mal im *Playboy* abgebildet gewesen war – doch da, auf der nächsten Seite, war sein Gesicht. Ein briefmarkengroßes Schwarz-Weiß-Foto von ihm über etwas Text. Ganz unschuldig in weißem Hemd und Fliege. Vollständig bekleidet.

»Ich wusste es!«, sagte ich. Ich war so erleichtert, dass er weder nackt war noch anzüglich grinste, und wollte unbedingt, dass Allegra Notiz von ihm nahm.

Ich schätzte mich glücklich, so einen Vater zu haben. Wir blätterten um. Dort räkelte sich eine nackte Frau über beide Seiten, brünett mit sehr viel Haar, Schlafzimmerblick, rotem Lippenstift.

Bei einem der Rollschuhausflüge in jenem Jahr blieben mein Vater und ich in der Nähe der Innenstadt vor einem flachen Gebäude stehen, das zwischen Bäumen lag. Wir hatten beide je ein leicht aufgeschürftes Knie von einem unserer Stürze.

»Ich kenne hier ein paar Leute«, sagte er. »Es ist eine Designfirma.« Wir behielten die Rollschuhe an; drinnen war alles mit Teppichboden ausgelegt, sodass wir fast normal gehen konnten.

Wir gingen einen Flur entlang und betraten ein Zimmer mit einem großen, von fluoreszierenden Lichtern erleuchteten Tisch, auf dem viele weiße Blätter Papier ausgebreitet waren, ein Chaos.

»Weißt du, was eine Serife ist?«, fragte er.

»Nein«, sagte ich. Ich wünschte, er würde mir den Zusammenhang erklären. Ich wollte ihn beeindrucken – vielleicht wollte auch er mich beeindrucken, indem er mir etwas beibrachte? Er zeigte auf eine Seite mit schwarzen Buchstaben.

»Schau mal«, sagte er.

»Ein S?«

»Nein«, sagte er. Er zeigte auf ein T, dessen Querstrich sich an der rechten Seite leicht nach unten bog. »Siehst du die Linien um den Buchstaben herum?«, fragte er. »Am Ende der langen ist eine kleine Linie – das ist eine Serife. Manche meinen, dass man damit besser lesen kann.«

Er sprach mit großem Nachdruck. Ich schloss daraus, dass Serifen sehr wichtig waren.

»Schau hier«, sagte er und zeigte auf weitere Buchstaben. »Hier und hier und hier.«

Die Serifen wurden sichtbar, getrennt von den Buchstaben.

Hütchen und Schwänzchen, kleine Schwünge, wie man sie am Ende eines Wortes mit seinem Stift machte, wenn man ihn nicht gleich vom Papier nahm. Serifen waren immer schon da gewesen, aber jetzt hatte ich einen Namen für sie. Füße sind wie die Serifen der Beine, dachte ich später. Zehen wie die Serifen der Füße.

Von allen Kleinigkeiten der Welt wollte er mir ausgerechnet diese zeigen.

Er wies mich auf andere Schriftarten hin. Die Serifen waren von Schriftart zu Schriftart verschieden, mal länger, mal kürzer, mal dicker, mal dünner. Sie erinnerten mich an eingekerbte Äste im Frühling, Ranken, die daraus hervorwachsen und später selber zu Buchstaben werden könnten.

»Bauer Bodoni«, sagte er, »und Times New Roman und Garamond.«

Er zeigte auf eine Schriftart mit stumpfen Enden und fragte mich, wie die wohl hießen.

»Nicht … Serifen?«

»Es gibt ein aus dem Lateinischen abgeleitetes Wort für ›ohne‹«, sagte er. Er wartete. Hätte ich Latein können sollen?

»*Sans*«, sagte er.

»Dann heißen sie also *Sans*?«, fragte ich.

»Sans Serif. Wie diese hier«, sagte er und zeigte auf ein einfaches S. Buchstaben ohne Serifen sahen jetzt nackt aus.

Meine Mutter mochte am liebsten schlichte, feine Buchstaben. Ihr gefielen die dünnen Schriften, ihm die dicken. In meinem Erwachsenenleben sollte ich in einem Wissenschaftslabor, einer Bank, einem Studentenaustauschbüro, einem Restaurant, einem Kosmetikunternehmen und einer Designfirma arbeiten. Jede Branche hat ihre eigenen Codes und Zeichen, eine eigene Sprache, um Schönheit und Bedeutung zu beschreiben. Ich konnte nicht überall voll dazugehören; ich würde mich entscheiden müssen.

»Hast du schon mal jemanden geküsst?«, fragte er mich, als wir auf unseren Rollschuhen nach Hause liefen. Er meinte mit Zunge.

»Nein. Iiih. Wann war denn dein erster Kuss?«

»Als ich ungefähr so alt war wie du jetzt«, sagte er.

»Und wen hast du da geküsst?«

»Sie hieß Deirdre Loupaletti.« Wie Looping, Spaghetti, Konfetti. Es war einfach perfekt. »Sie hatte braune Haare bis hier«, sagte er und hielt die Hand an seinen Hintern. »Wir haben uns im Keller ihres Elternhauses geküsst. Na ja, eigentlich hat sie mich geküsst.«

Ich wünschte mir seine Geschichte anstatt meiner und auch sein Selbstvertrauen. Eine Geschichte mit einem solchen Namen darin. Schon war ich im Hintertreffen – wenn er in meinem Alter jemanden geküsst hatte, hätte ich es auch schon getan haben müssen.

Meine Cousine Sarah kam zu Besuch. Sie war die Tochter von Kathy, der älteren Schwester meiner Mutter, und die Einzige in meiner Familie, die ungefähr so alt war wie ich. Kurz nach meiner Geburt hatten wir ein paar Monate lang bei ihr und ihren Eltern in Idyllwild, Kalifornien gewohnt.

Jetzt war Sarah groß und hielt sich schlecht; sie sprach schneidend und für Innenräume manchmal zu laut und schrill. Ich kannte kein anderes Kind, das sarkastisch sein konnte wie sie, so als wäre sie das Leben bereits leid. Aber sie hatte noch etwas anderes, vielleicht Witz oder Ironie, das man trotz ihres zu forschen Redens, ihrer ruckartigen Bewegungen und ihrer mangelnden Sensibilität spürte, einen erwachsenen Blick auf die Dinge, der zeigte, dass sie, die doch noch ein Kind war, alles mit Abstand betrachtete.

Ich freute mich seit Monaten auf ihren Besuch. Sie kannte meinen Vater noch nicht, und am Abend würden wir alle zusammen im Bravo Fono im Stanford-Einkaufszentrum essen gehen. Als wir früher miteinander gespielt hatten, waren unsere Väter beide nicht da gewesen. Nun war meiner aufgetaucht, und ich wollte, dass sie sah, wie das war.

Das Lokal hatte er ausgesucht. Er kam zu spät. Er kam immer zu spät. Als er erschien, sah ich, dass er keine gute Laune hatte – vielleicht war bei der Arbeit etwas schiefgelaufen. Alles an ihm wirkte verquer; er wollte nicht hier sein. Seine Stimmung war wie schwarzer Ruß in der Luft.

Meine Mutter bestellte einen grünen Salat, ich die Linguine mit Shrimps. Wenn er dabei war, wählten wir unser Essen mit Bedacht, denn er missbilligte Fleisch. Seine Ernährungsregeln hatten nichts mit Tierschutz zu tun, es war eine Sache der Ästhetik und körperlichen Reinheit. Später, wenn er Menschen mit der für ihn typischen Geringschätzung beobachtete, konnte ich sehen, was sie in seinen Augen dumm aussehen ließ: ihre völlige Ahnungslosigkeit, die Ignoranz, mit der sie in ihrem toten Essen stocherten.

Es gab in ihm einen schmalen Grat zwischen Höflichkeit und Brutalität; was seinen Ärger auslöste und was nicht, lag ganz dicht beieinander. Ich wusste, dass die Shrimps ihm zwar nicht gefielen, aber noch durchgehen würden. Nur hatten wir vergessen, Sarah zu warnen. »Für mich bitte den Hamburger«, sagte sie zu laut. Ich hätte ihr gern den Mund zugehalten, um sie und mich selbst zu schützen. Der Trick, lernte ich später, bestand darin, ihm weniger Angriffsfläche zu bieten, damit er sein Messer jemand anderem in den Leib stieß. Einen traf es immer.

Das Essen kam. Ich hoffte, es fiele Sarah nicht auf, wie spannungsgeladen die Atmosphäre war oder dass mein Vater bisher noch kein Wort zu ihr gesagt hatte und angewidert auf ihren Teller schaute. Sie redete zu laut für das halb leere, hallende Restaurant mit seiner Fensterwand, den gläsernen Ziegeln und Steinfliesen. Ich wusste nicht, wie ich ihr signalisieren sollte, leiser zu sprechen.

Nachdem wir alle ein paar Bissen gegessen hatten, veränderte – straffte – sich etwas im Gesicht meines Vaters.

»Was ist los mit dir?«, fragte er Sarah.

»Was?«, sagte sie. Sie kaute auf einem Stück Fleisch.

»Nein«, sagte er, »im Ernst.«

Zuerst schien es, als wollte er eine Antwort von ihr haben. Was *war* denn auch mit ihr los? Warum reagierte sie nicht auf Hinweise ihrer Umgebung? Warum hatte sie so eine ätzende Stimme in der höchsten Tonlage, mit der sie wie ein weinendes Baby ständig nach Aufmerksamkeit zu rufen schien?

Jetzt wurde auch seine Stimme scharf und stechend.

»Du kannst ja nicht mal richtig reden«, sagte er. »Du kannst ja nicht mal richtig essen. Du isst Dreck.«

Sie sah ihn an; ich merkte, dass sie mit den Tränen kämpfte.

»Ist dir eigentlich klar, wie schrecklich deine Stimme ist?«, fuhr er fort. »Hör doch bitte auf, mit dieser schrecklichen Stimme zu reden.«

Ich war fassungslos, traute meinen Ohren nicht.

»Steve, hör sofort auf«, sagte meine Mutter.

Ich sah ihn mit Sarahs Augen oder glaubte es zumindest: Wenn es so war, einen Vater zu haben, dann konnte sie darauf verzichten.

»Ich wünschte, ich wäre nicht mit dir hier«, sagte er. »Ich möchte keinen Moment meines Lebens mehr mit dir verbringen. Nimm dich zusammen. Reiß dich am Riemen.«

Er sprach so laut, dass die Leute an den anderen Tischen es hören konnten. Sarah ließ die Schultern hängen, blickte auf den Tisch und fing an zu weinen.

»Steve«, sagte meine Mutter. »Hör auf!«

»Du solltest dir dringend darüber klar werden, was mit dir los ist, und etwas dagegen unternehmen«, sagte er.

Er stand auf und ging zur Toilette.

Wir beugten uns vor, um Sarah vor den Blicken der anderen zu schützen. Ich fragte mich, was die Leute an den Nachbartischen mitbekommen hatten, was jetzt in ihnen vorging. Sarah heulte Rotz und Wasser, wischte sich mit dem Ärmel über die Nase und sagte, es gehe schon wieder. Ich war kleiner als sie, zierlicher. Aber sie war auch klein.

»Er ist echt gemein«, sagte ich draußen auf dem Weg zum Wagen. »Es hat nichts mit dir zu tun.« Das sagte meine Mutter immer zu mir, wenn er mir wehgetan hatte.

»Ich weiß«, sagte sie. Ich war mir nicht sicher, ob sie es wirklich wusste oder nur so sagte, damit ich aufhörte, sie zu trösten. Aber sie sah mich an und sagte es noch einmal: »Ich weiß.«

Das Haar der Freundin meines Vaters, Tina, war lang und hellblond, ein Farbton wie der heißeste Teil der Flamme: Es war das Haar, wie mir später klar wurde, das ich in jener Nacht, als ich dachte, ein blonder Mann hätte meinen Vater gekidnappt und umgebracht, bei ihm im Bett gesehen hatte.

Ich weiß nicht mehr, wo und wann ich Tina kennenlernte, vielleicht war es bei meinem Vater in der Küche, als meine Mutter und ich einmal zum Essen nach Woodside kamen. Die Leute, die bei meinem Vater die Betten bezogen und den Salat zubereiteten, hatten frische Vollkornweizennudeln gemacht; die Maschine war noch an der Seite der Arbeitsplatte befestigt, und die Spaghettifäden lagen mehlbestäubt und lang auf einem Brett.

Mein Vater und ein paar andere waren mit einer kleinen Spielzeugfigur beschäftigt, die sie über die Kücheninsel rollten. Es war ein silbern angemalter Plastikroboter mit rotem Helm und einem Rädchen zwischen den verschmolzenen Beinen; wenn er rollte, schossen Funken aus einem dunklen, runden Loch im Brustkorb, wo das Herz hätte sein können. Ich wollte es auch mal ausprobieren.

Tina bemerkte das und rief ihnen zu: »Könnt ihr es nicht mal Lisa geben?« Ihr schwerer Pony war zu den Seiten stufig geschnitten. Sie hatte eine gleichmäßige, leise Stimme und ein freundliches Gesicht.

Mein Vater machte weiter und zog den Finger durch die Funken. Doch dann gab er die Figur mir und sagte feierlich: »Ein Geschenk. Bitte sehr.«

Tina und mein Vater hatten sich ein paar Jahre davor kennengelernt, als sie bei Apple in der Wohltätigkeitsabteilung arbeitete und mein Vater noch in Monte Sereno wohnte, wo wir uns das Sofa aus seinem Haus geholt hatten. Sie war Softwareingenieurin, warmherzig, in sich gekehrt. Ihre Schönheit fiel mir gar nicht weiter auf, noch jahrelang nicht, denn sie schien sich selbst nicht dafür zu interessieren, pflegte sie nicht, rückte sie nicht mit Allüren, Make-up und schicker Kleidung in den Vordergrund. Sie war einfach nur Tina.

Tina war von netten Menschen umgeben, Verwandten und Freunden, Künstlern und Wissenschaftlern, die sich, genau wie sie, für mich und meine Mutter interessierten, sodass ich in den Jahren, als sie und mein Vater zusammen waren, das Gefühl hatte, meine Mutter, mein Vater und ich hätten eine Extraschutzschicht bekommen.

Jahre später erzählte sie mir, mein Vater habe am Anfang ihrer Beziehung sehr überzeugend behauptet, ich sei eigentlich nicht sein Kind. Dann habe sie mich gesehen, und es sei ganz offensichtlich gewesen, dass ich es doch war; darauf angesprochen, habe er nicht darüber reden wollen.

Mein Vater lud mich ein, mit ihm und Tina Urlaub auf Hawaii zu machen. Ich ging in die vierte Klasse und war noch nicht ganz zehn. Meine Mutter und ich fuhren nicht in den Urlaub, deshalb fragte ich mich, was mich erwartete. Als wir landeten, war der Himmel leuchtend weiß. Die Flughafengebäude waren nach allen Seiten offen, mit breiten, braunen Dächern, und Feuchtigkeit ließ die Grenze zwischen meiner Haut und der Luft verschwimmen. Ein Mann im Polohemd gab jedem von uns eine lange Kette aus vielen süß duftenden Blüten, knallrosa und in der Mitte gelb, und wir folgten ihm zu einem weißen Kleinbus. Auf der Fahrt sah ich weit und breit nichts als verkohltes schwarzes Land und fürchtete schon, dass mein Vater uns in eine Mondlandschaft entführte, die nur er schön fand, doch dann bogen wir links ab, zum Meer und zu einem großen grünen Rund.

Das Gras des Hotels war so kurz geschoren wie Fries und hier und da von Palmen beschattet, deren Stämme lang und dünn waren wie Schnüre. Beim Frühstück zwitscherten Spatzen von der Größe meiner Faust oben in den Dachsparren, und sobald jemand ging, sausten sie zwischen die Servietten, Marmeladen und angebissenen Toastscheiben auf dem Tisch herab und hüpften, pickten und zankten dort herum, bis ein Kellner kam und sie alle gleichzeitig wieder aufflogen, um auf die nächste Chance zu warten. Am Pool sah ich einen Pfau zitternd und krächzend sein Rad schlagen.

Er stand eine Weile still und stolzierte dann mit langsamen, gemessenen Schritten davon, sodass der ganze Federnhalbkreis seines aufgefächerten Schwanzes schwankte.

Ich lief barfuß über die Sandwege, und die Wärme stieg mir durch die Waden bis in die Knie. Nach ein paar Tagen wurden die dunklen Haare auf meinen Armen blond bis an die Wurzeln. Die Sandkörner und die gelben Fische, die mit den flachen Wellen ans Ufer gespült wurden, waren hell und klar, vom Wasser vergrößert. Vor dieser Reise hatte ich noch nie von Virgin Piña Coladas gehört; jetzt trank ich pro Tag mindestens drei.

Ich freundete mich mit einem gleichaltrigen Mädchen an, das auch in Kalifornien lebte, Lauren, und gemeinsam liefen wir zwischen Rasenflächen, Mahlzeiten, Pools und Stränden hin und her; die Fische mit schwarzen Lippen, der eine schwarze Schwan; die Vögel und Geckos. Im Souvenirladen gab es zweieinhalb Zentimeter breite Armspangen, die aus einem einzigen Stück Koa-Holz gemacht und auf Hochglanz poliert waren.

»Komm, wir suchen eine für deine Mutter und eine für Tina aus«, sagte mein Vater. Sie klackerten an dem Ständer gegeneinander. Ich hätte auch gern eines gehabt, aber meine Hände und Handgelenke waren zu schmal.

Er kaufte mir einen Bikini aus roter Baumwolle mit Blumenmuster. Ich hatte noch nie einen Bikini getragen. Meine neue Freundin Lauren hatte genauso einen, aus dem gleichen Laden, nur in Blau.

Tina trug Jeans, T-Shirts und chinesische Ballerinas. Sie hatte breite Handgelenke und große Brüste und ging immer in die Hocke, wenn sie mit mir sprach, damit wir ungefähr gleich groß waren. Sie hatte ein volles Lachen, das ihr ganzes Gesicht hübsch machte. Ihre Nase war gerade und klein wie die meiner Mutter, mit einer leicht zur Seite ausscherenden Spitze. Ihren Pony schnitt sie sich selbst.

Tina hatte etwas Fröhlich-Trauriges, einen trockenen, selbstironischen Humor. Sie hatte Freude an mir, mochte mich richtig gern, das merkte ich. Auf mich wirkte sie so, als wäre sie eine Frau, aber gleichzeitig noch ein Mädchen oder als erinnerte sie sich noch so genau daran, wie es war, in meinem Alter zu sein, dass es keinen großen Abstand zwischen uns gab. Als wir wieder in Palo Alto waren und zu dritt im Porsche meines Vater irgendwohin fuhren, quetschte sie sich mit ihrem langen Körper hinten in den Wagen, damit ich vorne neben ihm sitzen konnte. Sie und mein Vater waren ein seltsames Paar, das spürte ich schon damals; oft wurde er selbstherrlich und vergaß den Teil von sich, der gut zu ihr passte.

»Sie könnte einen Sack tragen, einen braunen Sack«, hörte ich meinen Vater sagen. Als messe man Schönheit daran, wie groß das Hindernis war, das sie zu überwinden hatte. Genauso sprach er auch über Ingrid Bergman. Ich suchte bei Tina danach, denn sie schien mir gar nicht besonders schön. Ihre Wimpern waren blond wie ihr Haar. Sie gab sich keine Mühe, und in der Mühe lag für mich damals der Schlüssel zur Schönheit. Doch ein paarmal, wenn sie ihre Ponyfransen aus der Stirn warf, leuchteten ihre Augen türkisblau wie der Swimmingpool, und ihr Gesicht ging auf wie die Sonne, wunderschön, bis sie den Blick senkte, ihren Pony richtete und für mich wieder ganz normal aussah.

Unterwegs zum Abendessen auf dem weißen Sandpfad, der sich durch den Wald schlängelte, gingen wir links und rechts von ihm, und er legte einen Arm um jede von uns. Eine Hand um meine Rippen, unterhalb meiner Achsel. *»Dies sind die Frauen meines Lebens.«* Er sagte es langsam und gemessen, mit näselnder Stimme, als kündigte er die nächste Nummer einer Show an, und schaute dabei hoch und stur geradeaus, richtete die Aussage an den Wald.

Ich war eine seiner Frauen! Das erfüllte mich mit so immenser Freude, dass ich wegschauen musste, auf den Pfad, auf meine nackten Füße, damit er nicht sah, wie ich lächelte.

Dann wandte er sich Tina zu, um sie zu küssen. Dabei ging der Arm, den er um mich gelegt hatte, hoch, und er kratzte mich bei jedem Schritt mit den Fingern unter der Achsel. Aber ich wollte in seiner Umarmung bleiben, wollte weiter eine seiner Frauen sein.

»Ist sie nicht wunderschön?«, sagte er beim Essen, als Tina zur Toilette gegangen war. Wann immer er und ich einen Moment allein waren, sprach er von ihrer Schönheit, seufzend, als wäre sie weit weg oder ihre Schönheit unerreichbar.

Als sie wiederkam, beugte er sich vor, küsste sie, murmelte und flüsterte ihr etwas ins Ohr. Sie zögerte; sein Stuhl balancierte auf einem Bein, als er sie am Hinterkopf fasste. Während sie sich küssten, presste er die flache Hand auf ihren Busen, sodass der Stoff ihres T-Shirts knitterte. »Mmm«, machte er.

Ich war gleichzeitig abgestoßen und fasziniert. Meine Rolle, dachte ich, bestand wohl darin, zuzusehen und wahrzunehmen, wie sehr er sie liebte, aber es war auch ein komisches Gefühl für mich, dabei zu sein, wenn sie das machten. Es war übertrieben wie eine Darbietung, wirkte weder natürlich noch real.

Warum wehrte sie sich nicht? Vielleicht weil sie sehr jung war und sehr verliebt.

»Warum habt ihr eigentlich vor mir geknutscht?«, fragte ich Tina irgendwann viel später.

»Meistens hat er das gemacht, wenn er sich unbehaglich fühlte«, sagte sie. »Und er fühlte sich oft unbehaglich in deiner Gegenwart, weil er nicht wusste, wie er sich dir gegenüber verhalten sollte. Der Zauber, der bei Erwachsenen wirkte, funktionierte bei dir nicht, weil du ein Kind warst. Du hast ihn durchschaut. Also hat er sich auf mich gestürzt, um sein Unbehagen zu überspielen.« Die Idee, dass es just meine Anwesenheit war, aufgrund deren er mich nicht wahrzunehmen schien, überstieg beinahe mein Begriffsvermögen, denn in solchen Momenten fühlte ich mich wie ein Nichts, ein Fleck, keines Blickes würdig. Es sei so extrem gewesen, sagte Tina, dass sie nach unserer Rückkehr aus Hawaii beschlossen habe, ihn nicht mehr zu besuchen, wenn ich bei ihm war, damit er lernen würde, allein mit mir zurechtzukommen.

Mona und meine Mutter hatten ebenfalls miterlebt, wie mein Vater mit Tina knutschte, manchmal minutenlang, und dabei stöhnte – er tat das also nicht nur vor mir, sondern auch vor Erwachsenen. Aber ich war ein Kind, da war sein Verhalten besonders unangebracht. Jedenfalls waren meine Mutter und Mona wegen seiner Witze und seiner Schmuserei in der Öffentlichkeit besorgt, und auch deshalb sprach sich Mona nicht lange nach unserer Rückkehr aus Hawaii mit Nachdruck dafür aus, dass ich als das Kind einer alleinerziehenden Mutter ohne beständige väterliche Präsenz regelmäßig zu einem männlichen Psychiater gehen sollte, um eine enge Beziehung zu einem vernünftigen und verlässlichen Mann aufzubauen.

Meine Mutter war auch dafür, und mein Vater erklärte sich bereit, die Kosten zu übernehmen. Und so fuhr ich eines Tages mit meiner Mutter zu Dr. Lake, einem Therapeuten, den Monas Therapeut in New York empfohlen hatte und den ich von da an – ich war neun – viele Jahre lang einmal in der Woche aufsuchen sollte. Ab da sind meine Erinnerungen klarer, vielleicht nur, weil ich älter war, vielleicht aber auch, weil ich in unseren wöchentlichen Sitzungen versuchte, mein Leben in Worte zu fassen.

Als er mit Küssen fertig war, setzte mein Vater sich wieder richtig hin, seufzte und aß.

»Weißt du«, sagte er, »Tina war mal im Fernsehen. In einem Werbespot. Als sie ein Mädchen war. Jünger als du.«

Ich war beeindruckt. Später spielte mein Vater mir den Spot vor: Ein blondes Mädchen steht neben einem Jungen, der auf dem Tresen eines Strandkiosks die Faust öffnet, um mit den paar Münzen und einer Murmel darin eine Schachtel Cracker Jacks zu bezahlen.

Nach dem Nachtisch nahm er Tinas Hand und betrachtete ihre Handfläche.

»Ich weiß nicht, was die Linien zu bedeuten haben«, sagte er.

»Ich auch nicht«, sagte Tina. »Wenn wir doch unsere Zukunft vorhersagen könnten.«

»Ich weiß, wie das geht«, sagte ich zu meinem Vater. »Gib mir mal deine rechte Hand.«

»Wie wär's mit der linken«, sagte er, weil sie näher bei mir war.

»Nein. Links kann man das Schicksal ablesen, das dir *gegeben* wurde. Rechts sieht man, was du daraus *machen* wirst.«

»Okay«, sagte er und streckte mir vor seinem Körper die rechte Hand entgegen.

Seine Handteller waren flach, ohne Knöchelpolster um die Fingergelenke, wie die Reißverschlusszähne eines seiner Merkmale, über die meine Mutter und ich uns manchmal unterhielten. Seine Handflächen leuchteten hellgelb, die Linien tieforange; all der Karottensalat und Karottensaft von der Farbe nassen Lehmbodens in den Bergen hatten ihn von innen her verfärbt.

»Also, das da ist deine Lebenslinie«, sagte ich. »Und das die Kopflinie. Die hier steht für deine Ehe, die für dein Herz. Siehst du?«

»Ja, aber was bedeutet das«, sagte er.

Die Lebenslinie reichte von der Wurzel seines Zeigefingers bis zum Handgelenk. »Ein ziemlich langes Leben«, sagte ich. »Aber deine Kopflinie ist nicht lang. Schau mal. Sie bricht ab und teilt sich.«

Ich wusste, dass ich ihm damit prophezeite, was ihm am wenigsten gefiel: ein langes, intellektuell mittelmäßiges Leben. Es musste ihn in seiner Arroganz kränken – ihn, der großmütig und entrückt zugleich erscheinen wollte und seine eigene tragische Größe so stark empfand, dass ihm kaum Energie dafür blieb, andere wahrzunehmen. Ihm war sicher nicht klar, dass ich das schon über ihn wusste, denn wie oft erzählte er mir etwas Bestimmtes von sich und seinen Sehnsüchten zum x-ten Mal. Er fand es zwar traurig, jung zu sterben, aber auch glanzvoll, und dass ich das verstanden hatte, konnte er nicht ahnen.

»Na gut«, sagte er und zog seine Hand zurück.

Meine Freundin und ich flochten Tina, während sie am Pool saß und stillhielt, einen französischen Zopf. Lauren zeigte mir, wie man Haarpartien abteilte, und wir flochten sie bis zum Nacken hinunter.

Als wir fertig waren, zog mein Vater mich auf seinen Schoß. Er saß auf einem Liegestuhl, Tina neben uns auf einem anderen. Zu Lauren sagte er, er wäre gern ein bisschen mit uns allein, und sie ging ihre Familie suchen. Ich wollte lieber spielen, aber er hielt mich fest.

»Schau mal, deine Augenbrauen treffen sich genauso in der Mitte wie meine«, sagte er. »Und wir haben die gleiche Nase.«

Er strich mit dem Zeigefinger über meinen Nasenrücken.

»Nein, haben wir nicht«, sagte ich. »Meine ist kleiner. Und sie zeigt nicht so nach unten wie deine.«

»Wart's ab«, sagte er, »das kommt schon.« Als könnte er in die Zukunft schauen. Mein Vater schnappte sich meinen Fußknöchel, hielt ihn in der Hand und untersuchte den Fuß.

»Sieht aus, als würde dein zweiter Zeh länger als der große Onkel«, sagte er. »Das ist ein Zeichen von Intelligenz. Wenn du Glück hast, wächst deiner noch.«

»Ha«, sagte ich, als wäre es mir egal.

»O Mann«, sagte Tina, die jetzt ihren Fuß betrachtete. Ich wusste, dass sie Spaß machte.

»Wusstest du, dass ich schmale Füße habe?«, sagte er. »Wie du anscheinend auch. Und schau dir deine Finger an – ganz ähnlich wie meine. Unsere Nägel sind gleich geformt.«

Wir streckten unsere Hände aus. Was die Nägel betraf, wusste ich nicht so recht; meine waren so viel kleiner als seine, dass man sie nicht gut vergleichen konnte. Mein Herz klopfte schnell und leicht wie ein kleines Vogelherz in meinem Brustkorb: Das war es, was ich wollte, dass er seine ganze Aufmerksamkeit auf mich richtete.

»Du bist mein Kind, weißt du«, sagte er, die Arme um mich gelegt, auch wenn er mich nicht mehr anschaute.

»Ich weiß«, sagte ich. Ich war mir nicht sicher, warum er das sagte. Er schwieg, hielt mich aber immer noch fest. Ich hoffte, es wäre bald vorbei, dieses schwere, bedrückende Gefühl, so gehalten zu werden.

»Lasst uns einfach hier sitzen«, sagte er. »Lasst uns alle mal einen Moment still sein und hier sitzen.«

Sein Arm lag wie ein Anschnallgurt um meinen Bauch. »Lis, hieran wirst du dich später mal erinnern«, sagte er voller Gefühl.

Ich hielt still, atmete kaum und hoffte, es wäre irgendwann genug und er würde mich gehen lassen. Das Büfett fürs Mittagessen wurde gerade aufgebaut, Bottiche voll frischer Salate und Fisch, Avocados, Grapefruits, Krebsscheren auf Eis. Ein Extratisch nur für Kuchen.

Endlich sagte er: »Lasst uns was essen« und gab mich frei. Ich holte tief Luft und machte einen Satz. Sie trödelten hinterher, kamen langsam zu mir und dem Büfett.

Am Abend gingen wir auf dem weißen Sandpfad vom Essen zurück in unsere strohgedeckten Hütten. Die Petroleumlampen am Rand des Pfads flackerten und schufen Muster aus Licht, und hier und da brannte mir das saure Kerosin in der Nase. Geckos zwitscherten wie Metallvögel, sausten um die im Boden steckenden Schwarzlichtpfähle herum und schossen davon, wenn ich sie zu berühren versuchte. Der Wald war voll ädriger, wächserner Blätter, die sich um andere Blätter hüllten und diese wieder um andere. Der Duft war abends intensiver, süß und kühl, als ob die Blumen ausatmeten. Es roch nach Blüten, Fäulnis und Salz.

»Steve lädt uns zum Frühstück im Late for the Train ein«, sagte meine Mutter. Das war gegen Ende meines vierten Schuljahrs.

»Nur wir drei?« Seit es Tina und Ilan gab, kam es nur noch selten vor, dass wir zu dritt essen gingen.

»Ja.«

Das Restaurant lag im Menlo-Park-Bahnhof dicht an den Gleisen. Alle halbe Stunde fuhr ein Zug durch, und man konnte kaum noch verstehen, was irgendwer sagte, selbst am eigenen Tisch, doch der scheppernde, ohrenbetäubende Lärm gehörte dazu. Die Besitzer waren ein Ehepaar. An den Fenstern hingen Spitzengardinen, und es roch nach den buttrigen Vollkornweizenbrötchen, die sie, in gemusterte Servietten gehüllt, in Körben auf den Tisch stellten.

Nachdem wir unsere Kelche mit frisch gepresstem Orangensaft bekommen hatten, hob mein Vater sein Glas.

»Ein Toast«, sagte er. »Du kommst auf eine neue Schule. Du bist angenommen worden.«

Meine Mutter lächelte – sie war eingeweiht, wie mir jetzt klar wurde. Ich brach in Tränen aus. Ich sollte mich schon wieder von meinen Freunden trennen?

Die Nueva war eine Privatschule in einer alten Crocker-Villa in Hillsborough, an der ich ein paar Monate zuvor drei Tage verbracht hatte. Die Schule war für junge Musiker gegründet worden, und wer private Musikstunden hatte, durfte den Unterricht dafür verlassen. Sie war als Begabtenschule gedacht. Ich hatte in der Klasse einer Frau Bryna gesessen, die Gitarre spielte und jeden Schultag damit beendete, dass alle zusammen ein Lied über einen gewissen Charlie sangen, der nicht aus der U-Bahn aussteigen konnte und nie nach Hause kam.

Die Schule war aus grauem Stein gebaut, mit Balustraden und riesengroßen Bäumen ringsherum. Während meines dreitägigen Bewerbungsaufenthalts ging ich jeden Tag zum dreißigminütigen Morgensingen in den sogenannten Ballsaal, einen Raum mit hohen Bogenfenstern, durch die man auf Rasenflächen und einen Wald blickte. Ich kannte die Lieder alle nicht, darunter eines mit vielen Strophen, das *Russian Picnic* hieß. Alle Schüler aus allen Klassenstufen saßen auf dem Boden und sangen, und ich hörte zu.

Später erfuhr ich, dass Ilan gegen die Privatschule gewesen war. Genau wie Ron hielt er Privatschulen für elitär und hatte meiner Mutter davon abgeraten, mich dorthin zu schicken. Meine Mutter hatte sich jedoch entschieden, seinen Rat nicht zu befolgen. Ein paar Monate zuvor hatte mein Vater meine Mutter ärgerlich gefragt: »Was ist mit ihr los?« Er hatte bemerkt, dass ich meine Hausaufgaben im Fach »Zeitgeschehen« nicht hinbekam. »Siehst du?«, sagte sie. »Ich hab's dir doch gesagt.« Sie sagte, dass meine Augen trüber geworden seien. Hatte er es vorher abgelehnt, die Privatschulgebühren für mich zu bezahlen, weil er nicht wollte, dass ich schon wieder die Schule wechselte, musste sie ihm nun versprechen, dass ich an der Nueva bleiben würde, wenn er die Gebühren bezahlte.

Ein, zwei Monate vorher hatte meine Mutter mich aus der Sprachtherapie genommen.

»Warum sollte sie Sprachtherapie bekommen?«, hatte sie gefragt, als die Förderstunden uns am Anfang der vierten Klasse empfohlen worden waren.

»Wegen ihres Lispelns. Damit es andere nicht stört«, antwortete die Frau.

Meiner Mutter gefiel die Antwort nicht – sie mochte mein Lispeln sogar gerne –, aber sie dachte, der Einzelunterricht könnte mir Freude machen.

Als sie mich eines Tages abholen kam, sah sie sich die Lehrbücher an, mit deren Hilfe man die ›s‹- und ›th‹-Laute lernen sollte. Sie fand sie fehlerhaft und uninspiriert.

»Lisa hat sich an der Nueva beworben«, sagte sie zu der Lehrerin, die ich mochte. »Wären Sie bereit, ihr eine Empfehlung zu schreiben?«

»Sie ist nicht intelligent genug«, sagte die Lehrerin.

Wenn in der Schule die Hausaufgaben kontrolliert wurden, indem die Lehrer unsere Namen aufriefen und fragten, ob wir sie schon in den Korb gelegt hätten, lernte ich, dass ich einfach Ja sagen konnte, auch wenn es nicht stimmte, und bisher hatte ich deswegen noch keinen Ärger bekommen.

Wir hatten uns Mitte des Jahres an der Nueva beworben, und ich dachte, ich sei nicht genommen worden, weil sie keinen Platz mehr frei hatten. Später erfuhr ich, dass es nicht nur daran, sondern auch an meinem IQ gelegen hatte, der inzwischen viel niedriger war als damals beim Eignungstest für den Kindergarten. Meine Mutter sagte, der Direktor der Schule habe ihnen eine Moralpredigt gehalten und sie gefragt, auf welche Schulen sie mich geschickt und warum sie mich so oft umgeschult hätten. Mona schrieb mir eine Empfehlung. Mein Vater fragte, ganz gegen seine Art, ob er Geld spenden könnte, damit ich einen Platz bekäme. Das wusste ich damals aber nicht. Doch der Direktor sagte Nein. Allerdings sei es bei ihnen üblich, jeden Bewerber drei Tage lang kommen und am Unterricht teilnehmen zu lassen.

Nachdem ich in ihrer Klasse gesessen hätte, habe Bryna, eine der angesehensten Lehrerinnen der Schule, mir eine fünfseitige Empfehlung geschrieben, sagte meine Mutter, ein anderes Mädchen ging ab, und ich wurde aufgenommen. Womit ich sie so beeindruckt hatte, weiß ich nicht, und ich habe den Brief nie gesehen. Sie wollten, dass ich bald wechselte, noch am Ende der vierten Klasse.

Für die lange Fahrt zur Nueva kaufte mein Vater uns ein neues Auto: einen Audi Quattro. Meine Mutter und ich fuhren zum Händler und wählten das kastanienbraune Modell mit hellgrauem Leder innen. Unter der Handbremse gab es eine abgesteppte Lederblende, die beutelte wie Elefantenhaut; auf dem Armaturenbrett vor dem Fahrersitz war ein glänzendes Holzpaneel.

»Jetzt kann ich beim Fahren auf Holz klopfen«, sagte meine Mutter und tat es auch gleich, um Pech abzuwenden. Sie machte das, wenn sie eine ungerade Zahl Raben sah oder eine schwarze Katze uns über den Weg lief. Sie war abergläubisch, und manchmal verlor sie den Mut, wenn sie die falsche Anzahl Vögel sah – bis sie noch einen Vogel entdeckte und die Zahl wieder stimmte.

Morgens fuhren wir die 280 entlang, am Stausee vorbei. Wir brauchten ungefähr vierzig Minuten bis zur Schule. In den runzligen Bergen rund um die Schnellstraße gab es Vögel – Truthahngeier, manchmal auch Adler und Habichte.

»Schätz mal, wie schnell wir fahren«, sagte sie und hielt die Hand über den Tacho.

»Achtzig?« In dem alten Honda hätten wir brüllen müssen, um uns zu unterhalten; in dem Audi schien es, als bewegten wir uns kaum vorwärts. Nichts vibrierte oder schnarrte.

Sie nahm die Hand weg. »Hundertdreißig«, sagte sie, »mein Gott« und bremste ab.

Meine Mutter hatte von einer neuen Art Zahnspange gehört, die aus knochenfarbigem Polymer bestand, damit sie nicht so auffiel. Sie bat meinen Vater, sie ihr zu bezahlen, und er willigte ein. Aber der Kaffee, den sie jeden Tag trank, verfärbte die durchsichtigen

Bänder rund um die Klammern, sodass ihre Zähne schon nach wenigen Schlucken gelb aussahen.

»Dann höre ich eben mit Kaffeetrinken auf«, sagte sie. Am nächsten Tag roch ihr Atem nach Espresso, die Bänder waren verfärbt, und am Abend, als sie das Essen zubereitete, war sie deprimiert.

»Aufhören ist schwerer, als man denkt«, sagte sie, als ich nachfragte. Beim Lächeln blieben ihre Lippen an der Klammer hängen und schoben sich darüber zusammen. In irgendeinem Laden habe eine Frau zu ihr gesagt: »Erstaunlich, dass Sie in Ihrem Alter noch bereit sind, eine Zahnspange zu tragen.« Als sie dann nach Hause kam, lief sie ruckartig und ärgerlich herum und stieß dabei Unterlagen vom Schreibtisch.

Bald lernte sie, die Bänder selbst zu wechseln. Sie bestellte mehrere Tüten Ersatzbänder und machte es jeden Tag. Mit angezogenem Knie hockte sie auf der Klobrille und schnitt die alten mit einem silbernen Federmesser heraus, in das sie eine neue, scharfe Klinge eingesetzt hatte. Es klang wie *flick flick flick*, wenn sie aufgingen und durchs Badezimmer flogen. Dann zog sie die neuen Bänder mit beiden Zeigefingern auseinander und ließ sie über den Klammern einschnappen.

Eines Tages kam Mona vorbei, und sie und meine Mutter unterhielten sich in der Küche. Meine Mutter meinte, das Haus sei für ein Atelier zu klein. »Mal einfach«, sagte Mona. »Wer braucht ein Schlafzimmer. Mach ein Atelier daraus und schlaf da.« Mona kam gerade von einem Aufenthalt in einer Künstlerkolonie namens Djerassi zurück.

Daraufhin hängte meine Mutter Schwarz-Weiß-Kopien von Radierungen und Lithografien aus den 1920er und '30er Jahren auf, Picasso, Kirchner, Cézanne, Chagall und Kandinsky, bis ihre Schlafzimmerwand mit einander überlappenden Blättern tapeziert war, die sich – oben fest und unten lose, wie Dachziegel oder Schuppen – mit jedem Luftzug hoben und senkten. Kurz darauf wandelte sie auch die Garage in ein Atelier um, indem sie die Wände mit Rigipsplatten verkleidete.

In ihrem letzten Collegesemester stellte meine Mutter nicht nur Lithografien her, sondern fing an zu schablonieren. Sie schnitt die Muster mit der Hand aus Pergamentpapier aus, wollte sie später für die Massenproduktion aber per Laser schneiden lassen und im Set zusammen mit anderen Malutensilien verkaufen.

»Das wird was«, sagte sie. »Ganz bestimmt.« Sie hatte bei irgendwem rings ums Wohnzimmer eine Schablonenblumengirlande gesehen, die sie kitschig fand. »Wenn man mit so was Geld verdienen kann, wird mir das mit der Herstellung von etwas viel Schönerem ja wohl allemal gelingen.«

Ausgehend von Audubons Zeichnungen, machte sie Vögel für Kinderzimmer, indem sie mehrere anatomisch korrekte Schablonen anfertigte, die man in Schichten übereinanderlegte.

In dieser Zeit hatten wir uns mit einer Familie angefreundet, die in das Haus uns gegenüber eingezogen war. Die Mutter hieß Lisa, ihr Mann war Podologe, und ich spielte mit ihrer Tochter.

Als ich zehn wurde, wollte Lisa unbedingt, dass wir in unserem Wohnzimmer eine Hula-Hoop-Zeremonie veranstalteten. Meine Mutter war da, meine Freundin, ihr kleiner Bruder und ich. Wir setzten uns alle im Kreis um den Teppich vor dem Sofa. Lisa wollte, dass ich mich außerhalb des Reifens auszog, dann in den Reifen stieg und das neue Kleid anzog, das meine Mutter mir zum Geburtstag geschenkt hatte.

Mir gefiel das nicht. Ich wollte mich nicht vor den anderen ausziehen.

»Sieh es als symbolische Handlung«, sagte Lisa. »Ein neues Alter – zweistellig! Du kommst immer mehr zur Reife und wirst eine neue, schöne Lisa. Und der Hula-Hoop-Reifen ist wie die Null in der Zehn.«

Es war ein Hippieritual.

Ich zog mich aus und stieg nur in Unterhose in den Reifen. Meine Mutter ließ die Jalousie des Fensters zur Straße herunter. Alle sahen mich an, auch der kleine Bruder, den wir Nudel nannten oder, wenn er nichts anhatte, die nackte Nudel. In dem Reifen zog ich mir das neue Samtkleid von meiner Mutter an, drehte mich um und ging in die Hocke, damit sie mir den Reißverschluss hinten zumachen konnte.

Währenddessen begann Lisa, in der dritten Person über mich zu sprechen: »Lisa wechselt von der Kindheit in ein neues Stadium der Reife hinüber. Sie tritt in den Kreislauf ihres Lebens ein und wird ganz und gar sie selbst. Lauter wunderbare Veränderungen geschehen in Lisas Leben, wenn sie das Alter von neun Jahren hinter sich lässt und zehn wird.« Ich musste zugeben, dass es ein schönes Gefühl war, so im Mittelpunkt zu stehen, an einer Zeremonie teilzuhaben, die sich nur um mich drehte. Als sie das alles so sagte, glaubte ich ihr: Mein Leben war besonders, und etwas Neues bahnte sich an.

Am Abend meines zehnten Geburtstags gingen wir in einem Restaurant namens Greens in San Francisco essen, Mona, Tina, ihr Bruder und ihr Cousin Finn, meine Mutter, mein Vater und ich, alle zusammen an einem großen Tisch. Als wir später in die Nacht hinaustraten, ging ich zwischen meinen Eltern und hielt sie an den Händen. Es war der Himmel auf Erden. Meine Arme waren wie der Bindestrich, der später meinem Namen hinzugefügt wurde und die beiden Seiten verband.

»Wir machen bald zusammen blau«, sagte mein Vater, als er das nächste Mal zu uns kam.

»Was heißt das? Blaumachen?«, fragte ich meine Mutter, als er wieder weg war.

»Er schwänzt die Arbeit, du schwänzt die Schule, und ihr verbringt einen Tag zusammen.«

An einem Dienstagmorgen fuhren wir in die Stadt, wo wir zunächst bei einem Schneider oberhalb des Union Square haltmachten. Auf mehreren Tischen lagen Stoffballen kreuz und quer übereinander. »Nur eine Sekunde, Kiddo«, sagte er.

»Versace hat einfach die besten Stoffe«, sagte er zu dem Schneider, als er mit dem Daumen über einen Schottenstoff aus Grautönen strich. »Besser als Armani.« Es klang bedauernd, als hätte die Qualität der Ware etwas Trauriges an sich. Versace hieß zweimal Lispeln. Wenn mein Vater ein Stoffmuster befühlt hatte, gab er es immer an mich weiter, und ich befühlte es nach ihm.

Dann fuhren wir zur Golden Gate Bridge, parkten und stiegen aus, um über die Brücke zu gehen, wie er es geplant hatte. In der Stadt, bei der Begutachtung der Stoffe, war er gewandt und selbstbewusst gewesen, aber jetzt, wo außer uns niemand da war und er seinen Rucksack auf dem Rücken hatte, wirkte er unsicherer und jünger.

»Manchmal springen hier Leute runter«, sagte er und blickte nach Marin County hinüber. »Daher die Netze.«

»Wirklich?« Ich hatte gedacht, sie wären für die Arbeiter da, die die Brücke reparierten und neu strichen. Die Bucht unter uns war von einem wächsernen, undurchsichtigen Grün, wie ein Diorama, und wirkte von so hoch oben starr und fest wie Harz, die weißen Ränder reglos und unveränderlich.

»Wenn man von hier runterspringt, trifft einen das Wasser wie eine Backsteinmauer.« Er knallte einen Handteller auf den anderen.

Der Spaziergang über die Brücke war lang und windig, und wir redeten beide nicht viel. Außerdem hatten wir vergessen, Wasser mitzunehmen. Als wir auf dem letzten schmalen Stück Weg über den Hügel, wo Autos und Busse dicht an uns vorbeifuhren, in Sausalito ankamen, waren wir ausgelaugt und durstig. Wir nahmen ein Taxi zurück zum Wagen.

Ich dachte, wir würden noch oft zusammen blaumachen, aber wir taten es nie wieder.

Ein paar Wochen später musste meine Mutter ihr Abschlussprojekt einreichen, und am Abend vorher hatte sie noch immer nichts Vorzeigbares zustande gebracht und war verzweifelt. Irgendwann spät in der Nacht, als ich schon schlief, rief sie einen Nachbarn zu Hilfe, der ebenfalls Künstler war. Er sagte, er habe eine gute Idee, kam mit einem Mülleimer herüber, schüttelte ihn und kippte ihn auf dem Boden aus. Zerknülltes Papier, ein Nest brauner Haare von einer Bürste, Schachteln, Plastiktüten. Das war sie, seine gute Idee – mehr hatte er nicht zu bieten. Doch dann begann sie, seinen Müll in eine Abfalltüte, eine dieser dünnen aus halbtransparentem schwarzen Plastik, zu stopfen, und schob dazu eine mit Pappe verstärkte Kette aus kleinen weißen Weihnachtslichtern als eine Art Rückgrat hinein. Die Lämpchen leuchteten von tief innen durch das schwärzlich grüne Plastik wie ein Fischbauch in einem trüben Teich. Zuletzt arrangierte sie das Objekt als Haufen auf dem Boden, oben schmaler und unten breit.

»Es ist ein Müllbuddha!«, erklärte sie mir am Morgen. Da hockte er, erleuchtet und runzlig, vor einer Wand auf dem Wohnzimmerboden. Er war sechzig Zentimeter hoch, gedrungen, plump. Seine Plastikhaut flatterte leicht im Luftzug. Er schien zu atmen. Der Gedanke, dass sie ihn mit ins College nehmen und anderen zeigen würde, war mir unangenehm, als würde er uns bloßstellen. Was würden sie denken? Vielleicht war dies das Bild, das sie von sich selbst hatte oder von uns: heiliger Abfall.

Anordnung und Form änderten sich jedes Mal, wenn sie ihn nahm und woanders hinsetzte, aber er war und blieb Müll und doch nicht ganz Müll.

Am darauffolgenden Nachmittag kam mein Vater vorbei. »Schau mal!«, rief meine Mutter und zeigte auf die Wand, wo sie den Müllbuddha hatte wiederauferstehen lassen. »Wie findest du ihn?« Im College habe sie das Oberlicht ausgeschaltet, erzählte sie uns, und das Objekt habe lebendig gewirkt.

Er schaute kurz hin, sagte aber nichts. Schon an seinem Gang und seiner Haltung konnte man erkennen, dass er litt. Ich hatte ihn zum Haus kommen sehen, vornübergebeugt, zu dünn. Er sah angeschlagen aus.

»Tina und ich haben uns getrennt«, sagte er. »Es ist aus«, und dann sackte er auf dem geblümten Sessel vor dem Fenster zusammen. Oder er setzte sich an den Tisch, sagte nichts und lehnte sich mitsamt Stuhl so weit nach hinten, bis er fast in der Waagerechten war und ich mich auf nichts anderes konzentrieren konnte. Im Lauf der nächsten sechs Monate trennten und versöhnten sie sich mindestens zehnmal. Während der Trennungen konnte er vor Kummer kaum gehen oder sprechen; er fiel ihm schwer, zwischen den Schritten die Füße anzuheben, und er wurde gelblich blass im Gesicht, weil er nur noch Karotten aß. Wenn sie wieder zusammen waren, ging er mit federnden Schritten, frohlockte und vergaß, wie er vorher gewesen war. Bei jeder neuerlichen Trennung sollten wir ihm glauben, dass es dieses Mal endgültig sei.

Er schien uns zu brauchen, und das war schmeichelhaft. Zwar war er in seiner Traurigkeit entrückt und sprach kaum, aber immerhin waren wir diejenigen, zu denen er kam, wenn er schwere Zeiten durchmachte – wenn Tina weg war. Manchmal kam er zu uns und hielt ein Nickerchen auf unserem Sofa. Dieses Gefühl, gebraucht zu werden, vermisste ich, wenn er und Tina ein, zwei Wochen später wieder zusammen waren.

Er wollte nicht unser Beschützer sein, machte aber stümperhafte Versuche. Je mehr er sich annäherte und wieder zurückzog, umso mehr wünschte ich mir, dass er ein weites, feines Netz unter uns ausbreiten würde.

Ich erinnere mich nicht daran, Tina in dieser Zeit oft gesehen zu haben. Es wurde schwerer, mich auf das Wiedersehen mit ihm zu freuen, weil ich ja immer schon ahnte, dass der nächste Absturz bald folgen würde. Einmal hörte ich meine Mutter und Ilan darüber reden, dass es auch bei NeXT nicht besonders gut lief, und ich fürchtete, wenn NeXT scheiterte und er und Tina sich wirklich trennten, würde er vor Kummer zusammenbrechen. Ich hatte Angst um ihn.

»Ich habe ein Lied für Tina geschrieben«, sagte er eines Abends, als meine Mutter eine Verabredung mit Ilan hatte und ich bei ihm in Woodside übernachtete. »Willst du es hören?«

Ich setzte mich aufs Sofa. Er machte kein Licht, aber durch die Fenster fiel etwas Mondschein herein. Ich wusste nicht, dass er noch etwas anderes außer *Heart and Soul* spielen konnte.

Er setzte sich in dem halbdunklen, riesigen Ballsaal ans Klavier. Von dem Song erinnere ich wenig, aber seine Stimme und seine Töne waren laut und klar und schallten durch den Raum. Ich war völlig überrascht, dass er so gut spielen und singen konnte. Hinterher wollte er wissen, wie ich den Song fand, und es gelang mir nicht, ihn davon zu überzeugen, dass er wunderschön war, traurig-schön – er fragte immer wieder nach. Irgendwann schenkte er Tina eine Aufnahme davon, doch später holte er sie sich wieder zurück.

Als er und ich eine Woche danach zusammen im Auto saßen, sagte er: »Ich weiß nicht, was mein Problem ist. Jeder andere Mann würde sie sich auf der Stelle schnappen.«

Nicht nur er, auch die anderen Erwachsene behandelten mich manchmal so, als wäre ich schon erwachsen – fragten mich um Rat, erzählten mir von ihren Gefühlen und Sehnsüchten, vertrauten mir Beziehungsdinge an, obwohl sie hätten wissen müssen, dass ich nichts davon verstand. Ihr *Liebesleben*, nannten sie es. Sie alle, meine Mutter, mein Vater, Mona, Tina, waren damals nicht verheiratet, und oft war ich als Einzige gerade in der Nähe; es ergab sich von selbst, dass sie gelegentlich mit mir sprachen. Ich hörte ihnen zu und dachte bei mir, dass ich an ihrer Stelle es besser machen, die Fehler, das ganze Drama vermeiden würde. Ich passte genau auf, verteilte Ratschläge und nahm an, das würde mir zum Vorteil gereichen, wenn ich selbst erst älter wäre.

»Vielleicht solltest du herausfinden, ob *du* sie magst«, sagte ich zu ihm.

Ein paar Wochen später waren Steve und Tina wieder zusammen, und eines Samstagnachmittags gingen wir zu dritt, Tina und ich links und rechts von ihm, die University Avenue hinunter zum Good Earth. In der Tür schlug uns ein Luftstoß entgegen, der nach der hauseigenen Teemischung roch – Zimt, Nelken, Orange, Ingwer. Tische, Stühle, Bänke und Uniformen waren in matten Brauntönen gehalten, die signalisieren sollten, dass es hier gesunde Naturkost gab. Entlang der Bar standen mit Vinyl bezogene Hocker.

»Lis, hieran wirst du dich später erinnern«, sagte mein Vater laut und feierlich, als wäre ich der designierte Schriftführer. Bei

NeXT lief es gut, Tina war hier, ich war hier. Die Sonne schien so hell, dass sie alles löschte, worauf sie traf. Er sagte diesen Satz oft, wenn er und Tina wieder zusammen waren, und verwechselte dabei sein Hochgefühl mit meinem. Ich war mir nicht sicher, ob ich mich hieran erinnern würde.

Neuerdings empfand ich entweder Mitleid mit ihm oder stand in seinem Bann. Mal war er klein und schwach, dann imposant und undurchdringlich, groß und überdimensional. Beide Eindrücke wechselten in mir ab, ohne einander zu berühren.

Ein Obdachloser kam uns auf dem Bürgersteig entgegen. Lange Strähnen braun-grauer Haare hingen ihm links und rechts ins Gesicht, aber oben auf dem Kopf war er kahl. Ein rotes T-Shirt umspannte seinen dicken, runden Bauch. Sein Mund schnappte andauernd auf und wieder zu, wie bei einem Fisch. Er hatte nur noch wenige Zähne.

»Das bin ich in zwei Jahren«, flüsterte mein Vater uns zu.

So etwas sagte er oft, wenn wir alte Männer mit schmutzigen Haaren und schmutzigen, wettergegerbten Gesichtern am Straßenrand sitzen sahen. Manche schienen Windeln zu tragen. Binnen zwei Jahren so wie diese Männer auszusehen hätte er beim besten Willen nicht geschafft. Vielleicht sollte sein Vergleich auch besagen: Guckt mal, wie weit entfernt ich von *dem da* bin. Oder: *niemals.*

Vielleicht sagte er es aber auch, um sich daran zu erinnern, dass er nicht anders, nicht besser war als alle anderen.

»Ja, klar«, sagte ich, um ihn zum Lachen zu bringen.

Meine Mutter und ich fuhren für ein paar Tage in ein Zenbuddhistisches Zentrum namens Tassajara mit natürlichen heißen Quellen, wo sie eine sogenannte Gastschülerin sein und tagsüber arbeiten würde, im Tausch gegen eine kleine Hütte, die weniger luxuriös war als die der anderen Gäste. Um zu unserer Hütte zu gelangen, musste man viele kleine Stufen aus in den Hang gesetzten Holzbalken hinaufsteigen. Als es einmal regnete, wurden Erde und Holz auf dem Weg nach oben ganz rutschig, und da man sich nirgends festhalten konnte, krabbelten wir auf allen vieren schimpfend und lachend hinauf.

Am Tag wischte sie Böden und schälte Gemüse in der Küche, während ich herumstromerte, mich mit anderen Kindern anfreundete, schwamm und mir Mixgetränke aus Kaffee, Eis und Milch zusammenrührte, die es am Nachmittag umsonst an der Bar gab. Rund um den Beckenrand landeten durstige Bienen und tranken die nassen Flecken, die sich bildeten, wenn Leute aus dem Schwimmbad stiegen, und ich passte gut auf, um bloß auf keine zu treten.

»Bist du allergisch?«, fragte eine Frau.

»Die Stelle schwillt dann an, und ich kann nicht laufen.«

»Und wo ist deine Mutter?«

»Die arbeitet.« Ich brannte vor Verlangen, diese Frau wissen zu lassen, dass ich nicht bloß irgendein Mädchen war, das in einer weit abgelegenen, minderwertigen Hütte wohnte, sondern jemand von Belang.

»Und dein Vater?«

»Der ist nicht hier. Er – er – leitet ein Unternehmen«, sagte ich.

»Welches Unternehmen denn?«, fragte sie.

»Es heißt NeXT.«

Jetzt musterte sie mich genauer, und ich wusste, sie hatte verstanden, dass ich nicht nur irgendein Mädchen am Pool war, das Bienen auswich, sondern eine Art verkleidete Prinzessin. »Ich weiß, wer dein Vater ist«, sagte sie. »Aber ich habe gehört, dass sein Unternehmen bankrottgegangen ist.«

»Wann haben Sie das gehört?«

»Ich hab's vor ein paar Tagen in der Zeitung gelesen«, sagte die Frau. »NeXT ist pleite.«

Wir hatten ihn allein gelassen; er war gescheitert. Er würde zugrunde gehen.

Er hatte von einer Präsentation erzählt, die in einem Monat oder so anstand, und gesagt, bisher funktioniere die »Demo« nicht. »Wenn sie nicht funktioniert, fällt die ganze Präsentation durch«, hatte er gesagt.

»Ich hab's eilig«, sagte ich. Wir mussten sofort nach Hause zurück. Davon musste ich meine Mutter überzeugen, und zwar ohne ihr zu beichten, dass ich jemandem gesagt hatte, wer mein Vater war. Wenn sie wüsste, dass ich seinen Namen herumposaunte, würde sie sich Sorgen machen, dass ich mich in Gefahr brachte, während sie arbeitete.

Ich rannte auf dem von Bäumen verhüllten Weg zu dem Gebäude mit den Küchen, in dem meine Mutter arbeitete.

»Wir müssen abreisen«, sagte ich, als ich sie gefunden hatte. »Ich möchte nach Hause. Ich mache mir Sorgen um Steve.«

»Warum denn, Schätzchen?«

»Ich habe gehört, dass NeXT bankrottgegangen ist.«

»Wo hast du das gehört?«

»Eine Frau hat gesagt, dass es in der Zeitung steht.«

»Was für eine Frau?«

»Eine von hier.« Ich stellte ihn mir vor, ganz zusammengesackt, wie er uns brauchte, während wir uns hier unbekümmert vergnügten, wo er uns nicht erreichen konnte. Er hatte niemanden außer uns – niemanden außer mir –, und ich hatte ihn im Stich gelassen. Reue sog mir die Luft aus dem Magen. Ich hoffte, meine Mutter würde mich nicht genauer nach dem Gespräch fragen.

»Lass uns ihn erst mal anrufen«, sagte sie.

An einem der Gebäude hing ein Münztelefon. Sie kramte einen Quarter aus der Hosentasche und suchte seine Nummer bei NeXT heraus. Während ich wählte, fürchtete ich, die Leitung wäre tot, und mir klopfte das Herz bis zum Hals.

Er nahm ab.

»Hi«, sagte ich. »Ist alles in Ordnung bei dir?«

»Jap«, sagte er.

»Auch bei der Arbeit?«

»Ja«, sagte er. »Warum?«

»Nur so«, sagte ich.

Dann musste er auflegen, und als wir tschüss gesagt hatten, tat die Kehle mir immer noch weh; es fühlte sich an wie verzweifelte Liebe.

Ein paar Monate später nahmen wir an seiner NeXT-Präsentation in der Davies Symphony Hall teil. Er hatte sie monatelang vorbereitet, und ich wusste, dass er nervös war, besonders wegen der Demo, bei der er in Echtzeit vorführen würde, wie der Computer funktionierte.

Ich trug ein dunkelblaues Cordkleid mit roter Schleife, das meine Mutter und Mona schön fanden, obwohl ich lieber etwas Cooleres angezogen hätte. An jenem Morgen in San Francisco peitschte mir der kalte Wind ins Gesicht, und rosa Licht brach sich auf den Glasflächen der Gebäude.

Wir wurden die gewundene Zufahrt hinuntergewunken, in die andere Autos nicht einbiegen durften. Frauen in schwarzen Strumpfhosen gaben uns laminierte Namensschilder mit Clips und führten uns zu unseren Plätzen ganz vorne in dem riesigen Theater. An den Seiten der Bühne hingen große Banner mit dem NeXT-Logo, die sich leicht wellten und das Licht reflektierten. In der Bühnenmitte ein Schreibtisch, ein Computer, eine Flasche Wasser, ein Stuhl. Wenn ich mir vorstellte, wie er sich fühlen würde, falls er vor all diesen Leuten versagte, brannte es in meinem Magen wie von Säure. Die Leute nahmen jetzt in den Reihen hinter mir Platz, erwartungsvoll, alle Geräusche schienen hier leiser und isolierter als die Geräusche draußen in der Welt, weil die Akustik in dem Saal durch Tausende dicker Samtsessel gedämpft war.

Barbara kam mit einem Klemmbrett zu uns. »Möchtest du hinter die Bühne gehen und deinem Dad Hallo sagen?« Meine Mutter nickte. Mir war, als würde ich gleich ein großes Geheimnis sehen. Einige Leute im Theater würden wahrscheinlich bemerken, dass ich allein zur Bühne ging. Ich spürte Blicke in meinem Rücken und ging sehr aufrecht und mit vorsichtigen Schritten.

Barbara hielt mir einen dicken Samtvorhang auf, hinter dem sich ein dunkler Raum mit mehreren Samtabteilungen verbarg. In einem davon stand mein Vater, umgeben von anderen Leuten. Er trug einen Anzug und sah eleganter aus als sonst. Besonders angespannt wirkte er nicht. Er sah mich und lächelte.

»Viel Glück, Steve«, sagte ich.

»Danke, Champ«, sagte er und verschwand in der samtenen Dunkelheit. Ich hatte schreckliche Angst, dass die Demo schiefgehen würde, und wollte ihn wissen lassen, dass es mir nichts ausmachte, wenn er versagte. Aaron Coplands *Fanfare for the Common Man* erklang in dem großen Saal. Die ungleichmäßigen Hörner machten mich ganz nervös. Vorne erwarteten mich meine Mutter, Tina, Mona, Paul, der Vater meines Vaters, und Patty, die Schwester meines Vaters. Es war das einzige Mal, dass ich Tina Make-up oder ein Kleid tragen sah. Sie schien sich unwohl zu fühlen, zu groß, raschelnd, auffallend. Ich setzte mich neben meine Mutter.

Unser Teil des Saals wurde dunkel, seiner hell. Er kam heraus und wirkte dort oben heimischer und natürlicher als gerade eben noch, als falle ihm auf der Bühne alles leichter als im Leben. Er setzte sich an den Schreibtisch, sein kleiner Monitor wurde auf einen riesengroßen Bildschirm über ihm projiziert, und ich wusste, dies war der Moment, in dem er scheitern, in dem der Computer hängen bleiben und ihn demütigen könnte.

Er verkündete, dass in jedem Computer ein komplettes Wörterbuch und das Gesamtwerk Shakespeares stecke. Er suchte ein Zitat aus *Wie es euch gefällt* heraus, irgendetwas mit Büchern und Bächen. Ich hatte ihn noch nie über Wörterbücher oder Shakespeare reden hören. Danach erzeugte er in einem Fenster auf dem Bildschirm eine dreidimensionale Form, kegel- oder röhrenähnlich, mit einem hüpfenden Molekül darin. Darunter setzte er einen virtuellen Schalter, der das Gehäuse komprimierte, woraufhin das Molekül schneller hüpfte. Mit einem weiteren Schalter fügte er Hitze hinzu. Das Molekül hüpfte noch schneller. Alle Formen bewegten sich fließend, nichts hakte und stotterte, wie die Bilder auf meinem Computer es taten, wenn ich sie von einer Seite des Monitors zur anderen zog. Das Bild setzte sich aus wesentlich feineren Pixeln zusammen, als ich es auf einem Computer je gesehen hatte; selbst in der Bewegung wurden sie nicht körniger. Ohne Vorwarnung erzeugte er noch einen Schalter, klickte darauf, und Geräusche erklangen; der Rhythmus des tanzenden Moleküls umgab uns von allen Seiten und hallte wie durch Zauberhand von den Wänden wider.

»Und schauen Sie, was wir hier machen können«, sagte er und bewegte das Fenster mit der Röhre und dem hüpfenden Molekül darin auf dem Desktop herum, scheinbar ganz lässig, während seine Stimme von donnerndem Applaus übertönt wurde. Die Leute hinter mir erhoben sich. Ich klatschte erleichtert mit. Es hatte funktioniert. Bald standen wir alle.

Er lächelte, als ob er zugleich hoffte und nicht hoffte, dass der Applaus enden würde – und stand dort vor uns auf der Bühne, einer für alle.

Als ich Anfang der fünften Klasse in die neue Schule kam, nahm ich mir vor, zu den schicken, beliebten Mädchen zu gehören. In meiner alten Schule hatte ich ein paar besonders beliebte Mädchen beobachtet; in der neuen wollte ich selbst eins sein. Im Sommer davor hatte ich im Glasperlengeschäft ein Paar große Plastikkreolen entdeckt, die man an Metallhaken anbringen konnte; so machte ich mir billige Ohrringe, die ich sexy fand und die später Anlass erbitterter Kämpfe zwischen mir und meiner Mutter wurden, weil sie ihr zu provokativ waren.

Morgens vor der Schule versammelten meine neuen Freundinnen und ich uns auf der Mädchentoilette, lehnten uns über die kittfarbenen Waschbecken zum Spiegel vor, teilten uns Wimperntusche, Haarspray und Lipgloss. Mit Haarspray und Wasser formte ich meinen Pony zu einer glänzenden Welle.

Ich zog mir einen Minirock an, der eigentlich als Schlauchschal gedacht war, eine Zweckentfremdung, die ich durch einen glücklichen Zufall in der Ankleidekabine eines Ladens namens Unit entdeckt hatte, und dazu die Ohrhänger, die ich nicht tragen durfte. Sie schaukelten in wechselndem Rhythmus hin und her und reflektierten dank ihrer glatten Plastikoberfläche das Licht, sodass mein rundes Gesicht eine länglichere, weiblichere Form bekam. Ich schmuggelte sie zusammen mit allem anderen, das ich nicht tragen durfte, in meinem Rucksack zur Schule.

Der Teil von mir, der mich immer wieder Kleidungsstücke

anziehen ließ, die meine Mutter mir nicht erlaubte und den Erwachsenen nicht gefielen, war mit dem Geruch von Lippenstift und Haarspray und dem Gefühl baumelnder Ohrringe verbunden. Es war Sex – nicht der Akt, aber das erregende Bewusstsein von etwas Neuem, das ich wie eine Kraft um mich herum spürte. Ein Schalter war umgelegt worden, unerwartet und stark.

Erwachsene schienen der Meinung zu sein, dass die schulische Leistung das Wichtigste war, aber das lag vermutlich bloß daran, dachte ich, dass sie nicht wussten, wie viel mehr es einem gab, schick und beliebt zu sein, vielleicht weil sie zu alt oder zu hässlich waren, um es selbst zu erleben; sie waren sicher bloß neidisch. So dachte ich auch über meine Mutter, weshalb mir ihre Regeln hinsichtlich Kleidung und Ohrringen wie der aus Bitterkeit geborene Wunsch vorkamen, mir zu verweigern, was sie selbst nicht haben konnte.

Ich kleidete mich absichtlich provokativ, aber wenn ich mit Erwachsenen zusammen war, die ich bewunderte und die Kritik an mir übten, hatte ich das Gefühl, dass sie mir in die Seele schauten und etwas Laszives, Schamloses in mir entdeckten, das nicht zu kurieren war. Etwas Böses, das meine Freundinnen nie haben würden. Einmal übernachtete ich bei meiner Tante Linda in ihrer Eigentumswohnung in Fremont.

»Hast du einen Freund?«, fragte sie mich.

»Hätte ich gern«, sagte ich. Sie spielte mir ihren Lieblingssong vor: *Get outta my dreams, get into my car*.

»Was ist dein Lieblingssong?«, fragte sie.

»Ich weiß nicht, ob ich dir das sagen kann«, antwortete ich. »Er ist von George Michael.«

»Welcher ist es denn?«

»I want your sex«, sagte ich. Sie verzog das Gesicht und schaute weg.

An der Nueva hatten wir manchmal Unterricht in der Bibliothek. Das war ein offener Raum am Ende von zwei parallelen Fluren, mit einer Reihe niedriger Regale voller Bücher auf beiden Seiten. In der

Mitte standen drei Sofas um einen Stuhl herum, und dort saßen wir, während die Bibliothekarin Debbie uns etwas über die Zusammensetzung von Zahnpasta vorlas, die, wie sich herausstellte, hauptsächlich aus Kreide bestand und die Kreide selbst wiederum aus den Knochen von Meeresgeschöpfen, die vor Tausenden von Jahren gelebt hatten, gestorben, auf den Grund der Ozeane gesunken und dort komprimiert und zermahlen worden waren. Debbie war groß, hübsch und brünett, hatte einen Kurzhaarschnitt und eine dicke Goldrandbrille. Sie trug lange Cordröcke. Ihre Haut war eine wächserne Schicht Weiß auf Rot, und wenn sie böse wurde, drang das Rot an die Oberfläche.

Als sie mit dem Vorlesen fertig war, sollten wir still für uns selber lesen.

Ich interessierte mich nicht für Bücher; ich wollte mich lieber mit Catie, Kate und Elena unterhalten, braveren Mädchen, die nur redeten, wenn ich in ihrer Nähe war. Ich war eine gleichgültige Schülerin und verleitete meine Freundinnen dazu, mit mir herumzualbern. Deshalb war ich diejenige, die Debbie tadelte.

Ich legte mir zur Tarnung ein aufgeschlagenes Buch auf den Schoß und unterhielt mich im Flüsterton mit Catie und Kate. Wir saßen am weitesten von Debbie entfernt, mit ausgestreckten Beinen ans Regal gelehnt, Ellbogen an Ellbogen, flüsterten nur beim Einatmen und ließen die Konsonanten möglichst leise klicken.

Es schien ausgeschlossen, dass Debbie uns aus der Entfernung hören konnte, doch da baute sie sich schon, leuchtend rot, vor uns auf.

»Lisa«, sagte sie und zeigte auf ein anderes Stück Teppich, zu weit weg von den anderen, um sich zu unterhalten. »Setz dich da hin.«

Isoliert von meinen Freundinnen, nahm ich ein beliebiges Buch aus dem Regal, schaute hinein und sah Bilder von nackten Frauen, bis zu den behaarten Stellen und den kleinen Erhebungen auf den Brustwarzen detailgenau gezeichnet.

Ich ging in eine andere Ecke und hielt das Buch so, dass Debbie, wenn sie aufschaute, nur den Schnitt sehen würde. Dort setzte ich mich auf den Boden, schlug es erneut auf und beugte mich darüber.

Mein Herz raste: In der Mitte des Buches waren, quer über beide Seiten verteilt, fünf Zeichnungen ein und derselben Frau in verschiedenen Stadien der körperlichen Reife.

Auf den Bildern schwollen ihre Brüste nach und nach an, und die Brustwarzen wurden größer. Die Körperbehaarung wurde eindeutiger, das wellige, zunächst lange Kopfhaar kurz. Vom vierten Bild an trug sie eine Brille. Einer ihrer Füße war auf allen Bildern im gleichen Winkel nach rechts ausgestellt. Sie lächelte so unbefangen wie jemand, der nicht weiß, dass er nackt ist, einer Anziehpuppe gleich, für die Kleider ausgeschnitten und angepasst werden sollen.

Ich fühlte mich an Schaubilder der Evolution des Menschen erinnert, vom Schimpansen bis zum *Homo sapiens* in seiner endgültigen Gestalt, der auf dem Weg zur Zivilisation dem rechten Seitenrand zustrebt. Anfangs behaart, ist er am Ende fast kahl; die Entwicklung dieser Frau verlief genau umgekehrt. Sie hatte erst am Ende Haare, nachdem sie zunächst so glatt wie Knete gewesen war, monochrom, abgesehen von den Brustwarzen und den Haaren auf dem Kopf, wie ich. Und während der fertig entwickelte Mann nach Möglichkeiten außerhalb der Buchseite Ausschau zu halten schien, stand die Frau mit ihren breiten, kantigen Hüften mit beiden Beinen fest auf dem Boden und lächelte, als wollte sie dort bleiben, wo sie war.

Ich wusste, dass erwachsene Frauen Schamhaare, Brüste und Hüften hatten. Aber ich kannte die Stadien dazwischen nicht, und mehr als die erste oder letzte Etappe war es dieses *Werden*, das mich gleichermaßen abstieß wie faszinierte. Ich wollte Witze darüber reißen und gleichzeitig auch immer weiter hinschauen.

»Elena, guck mal!«, flüsterte ich, als sie vorbeiging.

»Oh, wow«, sagte sie und setzte sich neben mich.

»Pssst«, machte ich und schaute über das Regal hinweg zu Debbie, die mit einer anderen Lehrerin sprach.

»So sehe ich aus«, sagte Elena und zeigte auf das Schamhaar der zweiten Abbildung. Kleine Härchen, durch die man die Haut sehen konnte.

Ich war erstaunt, wie ernst sie blieb. Ich dachte, wir würden uns gemeinsam darüber lustig machen, selbst unendlich weit von diesen Stadien entfernt – deshalb traf ihr Ton mich unvorbereitet. Eben noch ein Insider, weil ich das Buch gefunden hatte, war ich jetzt außen vor, weil sich bei mir noch kein Busen und keine Schamhaare zeigten.

»Ich auch«, log ich. Beim Anschauen dieses Buches empfand ich die gleiche Erregung, die gleiche Angst und zunehmende Wärme im Bauchraum wie bei der Betrachtung der nackten Frau im *Playboy*-Magazin.

»Aber oben sehe ich eher so aus.« Sie zeigte auf das dritte Bild, wo die Brüste noch klein waren, aber vielleicht schon kleine Schatten werfen konnten. Ich hatte angenommen, dass sich in jeder Phase alles synchron entwickelte; gab es auch Mischformen und Kombinationen?

»Ich eher wie auf dem ersten«, sagte ich.

Sie blätterte zu einer Seite mit Nahaufnahmen verschiedener Schamhaarformen vor. »Das Schamhaar«, stand dort, »ist von Frau zu Frau unterschiedlich geformt.« Da gab es den Halbkreis, die waagerechte Linie, sodass ein Dreieck entstand, oder ein V in der Mitte, wie ein umgekehrter spitzer Haaransatz. Ich hatte keine Ahnung gehabt, dass so etwas möglich war. Ich hoffte inständig, meines würde wie ein Herz geformt sein.

Ich bemerkte Debbie erst, als sie so dicht vor mir stand, dass ihr Rock mir das Licht nahm. Dieses Buch war der Beweis, dass sie mich richtig eingeschätzt hatte.

Sie beugte sich mit ernster Miene vor. Gleich, dachte ich, würde sie ihr vernichtendes Urteil über meinen Charakter sprechen oder mich wieder von den anderen isolieren. Stattdessen hielt sie uns ein weiteres Buch über Sex und die körperliche Entwicklung hin, voller Bilder von nackten Menschen. Nachdem wir auch dieses fast durchgeblättert hatten, kam sie lächelnd zu uns und gab uns ein drittes. Ihr Lächeln war freundlich, aber ihre Augen blitzten, als wäre das Ganze womöglich ein Trick. Sie versorgte uns immer weiter mit Nachschub; es gab mindestens sechs solcher Bücher in der

Bibliothek, die ich alle noch nie gesehen hatte. Im Lauf der nächsten paar Tage studierten wir sie genau, mit ihrem Segen, als wäre es ganz normal und richtig und so notwendig wie Geschichte oder Mathe.

An der Nueva bekam man keine Noten, die Lehrer schrieben stattdessen lange Beurteilungen für die Elterngespräche. Seit ich dort war, konzentrierte ich mich ganz aufs Soziale, und meine Beurteilungen fielen schlecht aus.

Ich fürchtete diese Gespräche, die Solidarität zwischen meiner Mutter und der Lehrerin, zwei Frauen, die meinen Ideallook und meinen mangelnden Fleiß missbilligten. Meine Mutter zog sich für diese Gespräche extra schön an und war beflissen und förmlich, als gingen wir zu Hause auch so förmlich und ehrerbietig miteinander um, während sie in Wahrheit mit mir zunehmend unzufrieden war.

Meine Lehrerin Lee sagte zu meiner Mutter, ich solle mir ein Hobby suchen. »Wenn sie außerhalb der Schule eine Leidenschaft entwickelt, wird sie auch *in* der Schule besser werden.«

Lee sah mich an. »Was immer dich interessiert. Irgendetwas, wozu du richtig große Lust hättest. Und was nichts mit der Schule zu tun hat.«

Das sollte eine Strafe sein? Es klang wie ein Geschenk! Einen Monat davor hatten meine Mutter und ich uns im Tanzstudio Zohar an der California Avenue, hinter dem Buchladen Printers Inc., eine Aufführung angeschaut, bei der Frauen in Gymnastikanzügen zu Musik in farbigem Licht durch ein weißes Zelt hüpften. Arme ausgestreckt, Finger gespreizt, flatterten sie hin und her wie in Pfützen planschende Vögel.

»Ich würde gerne tanzen«, sagte ich. »Jazz.«

»Schön« sagte Lee. »Dann haben wir ja einen Plan.«

Von da an ging ich zweimal die Woche tanzen, aber meine Mutter stritt sich weiter mit mir über meine Kleidung und meinen mangelnden Fleiß. Egal, was mir für meinen Stil wesentlich erschien, sie verbot mir, es zu tragen, und so kam es dazu, dass ich ständig log und heimlichtat, voller Angst, dass sie eines Tages unangemeldet in der Schule auftauchen oder ein Lehrer sie anrufen und es ihr berichten würde.

Und dann passierte es. Normalerweise fuhr ich mit dem Bus nach Hause und wischte mir unterwegs die Schminke ab und zog mich um, doch eines Tages holte meine Mutter mich überraschend ab und sah mich mit Make-up, Ohrhängern und einem kurzen Rock über zerrissenen Strümpfen. Wir gingen schweigend zum Auto.

»Es sind doch bloß Ohrringe«, sagte ich im Auto. »Warum regst du dich so auf?« Diese Ohrringe waren der Dreh- und Angelpunkt meiner Wirkung. Sie spielten auf Sex an.

»Sie sind unpassend«, sagte sie. »Nimm sie ab.«

»Aber die andere Mädchen tragen sie doch auch«, sagte ich. In der Tat waren sie nichts Besonderes, aber zugleich waren sie es eben doch, und meine Mutter hatte in gewisser Hinsicht recht, auch wenn ich nicht genau verstand, warum.

»Was andere Mädchen tragen, ist mir völlig egal.« Sie streckte die Hand nach mir aus, als wollte sie mir die Ringe aus den Ohrläppchen reißen. Ich wich aus.

»Du hast einen Monat Hausarrest«, sagte sie. Ich hatte schon einmal zwei Monate Hausarrest gehabt, weil ich einen Minirock und schwarze Nylonstrümpfe in die Schule geschmuggelt hatte. »Und das Telefon ist auch gesperrt, mein Fräulein«, sagte sie mit zusammengebissenen Zähnen. »Du lügst, und du hintergehst mich.«

Es stimmte. Ich nahm hinter ihrem Rücken Kleidung mit in die Schule. Ich ging heimlich unter die Dusche, wenn sie weg war, und rasierte mir die Beine, weil sich das Licht dann so schön darin spiegelte, und wenn sie mich fragte, ob ich ihren Rasierer benutzt hätte, log ich sie an.

»Und kein Taschengeld für diesen Monat.«

Ich bekam eigentlich fünf Dollar Taschengeld pro Woche, aber wegen meiner Kleidung und meiner schlechten Beurteilungen und weil ich in puncto Hausaufgaben häufig log, gab sie mir schon seit drei Monaten keins mehr. Wenn ich überhaupt mal Geld hatte, dann dank Kate Willenborgs Vater, der mitunter jeder von uns zwanzig Dollar in die Hand drückte und uns am Einkaufszentrum absetzte. Ich war der Ansicht, Geld sollte ausgegeben, so schnell wie möglich in Gegenstände verwandelt werden, bevor es wieder verschwand.

Als wir zu Hause waren, schrie sie so laut, dass ich fürchtete, die Nachbarn könnten uns hören. Eine seltsame Kraft strömte durch ihre Adern und Gliedmaßen, die Voltzahl zu hoch für das Gerät. Sie fuchtelte mit dem Zeigefinger direkt vor meinem Gesicht herum, und ihre Wangen wurden pink.

»Du vergeudest dein Leben«, sagte sie. »Wenn du jetzt nicht lernst, wirst du nie wissen, was du gerne tust, und dann kannst du später nicht mit intelligenten Leuten zusammenarbeiten.«

»Aber ich bin doch erst in der fünften Klasse«, sagte ich.

»Du verstehst es nicht«, sagte sie und fing an zu weinen. »Was du jetzt lernst, brauchst du für die Jobs, die du später haben wirst. Davon hängt ab, wer die Menschen sein werden, mit denen du dein Leben verbringst, wie interessant sie sind. Deine Kollegen.«

»Die sind mir ganz egal«, sagte ich. Ich stellte mir Leute in einem sauerstoffarmen Raum vor, die meinten, sie hätten Spaß, aber keinen hatten. Ich glaubte, meine Mutter lüge mich an, weil sie wollte, dass ich genauso wurde wie sie. Das war Unsinn – sie hatte ja gar keine Kollegen –, aber da sie so darauf beharrte, dass ich meine Denkweise aufgab und ihre übernahm, schien die Sache für mich nur damit enden zu können, dass ich eine Zweitausgabe von ihr wurde. Wenn ich mein jetziges Vergnügen gegen Arbeit und langfristige Erfüllung tauschte, würde ich mit einer Situation belohnt werden, die genauso langweilig und fade wäre wie das Lernen selbst. Erst Jahre später wurde mir klar, dass sie sich selbst gemeint hatte, das, was ihr entgangen war, weil sie so jung ein Kind bekommen hatte, nicht weiter hatte studieren können und nun allein arbeitete, obwohl sie vielleicht gern Teil eines Teams gewesen wäre. Ich begriff, dass sie so hart dafür gekämpft hatte, mich zum Lernen zu bewegen, damit ich später ein gutes Leben haben könnte; besser wusste sie mir nicht zu beschreiben, was sie selbst an eminent Wichtigem eingebüßt zu haben glaubte.

»Eines Tages wird es dir *nicht* mehr egal sein, du dummes Huhn«, sagte sie und trat fest gegen meine Zimmertür, sodass ein Loch in der weißen Farbe entstand, das für mich wie ein vor Erstaunen aufgerissener Mund aussah.

Ein paar Tage später sah ich meine Mutter wieder an ihrem Waschbecken stehen, aber diesmal zerrte sie mit einer Nadelzange an den Zahnklammern herum.

»Was machst du da?«

»Der Kieferorthopäde meint, ich solle sie noch ein Jahr tragen«, sagte sie. »Ohne mich.« Ich hörte es knacken.

»Mom, geh zu dem Arzt. Lass ihn das machen.«

»Ich kann nicht mehr warten. Ich kann so nicht weiterleben.« Mir war schon aufgefallen, dass sie sich in letzter Zeit öfter als sonst über die Spange beklagte: Sie tue weh, Essen bleibe darin hängen, sie sei es leid, die Bänder zu wechseln. Sie wolle sie ein für alle Mal los sein. Die Anpassung sei schneller gegangen als gedacht, weil sie die Bänder so häufig gewechselt habe; ihre Zähne seien jetzt gerade genug.

»Bitte tu das nicht«, sagte ich. Ich stand neben ihr in dem kleinen Bad. Die Drähte ragten aus ihrem Mund; es sah aus, als hätte sie silberne Schnurrhaare.

»Ich höre nicht auf«, sagte sie. »Geh raus. Mach was anderes.«

An manchen Abenden rief mich Toby an, ein ziemlich beliebter Junge aus der sechsten Klasse mit weißblondem Haar, einem langen Hals und Ohren, die wie zarte Meeresmuscheln von seinem Kopf abstanden. Er hatte eine tiefe, raue Stimme, in der die höheren Töne noch mitschwangen. In der Schule flirtete ich mit ihm, warf ihm Blicke zu, schaute schnell wieder weg und kicherte mit meinen Freundinnen.

»Willst du mit mir gehen?«, fragte er mich eines Tages.

»Klar«, sagte ich. *Klar* war die Antwort, zu der ich mich entschieden hatte, falls er fragen sollte – sie war positiv, aber auch reserviert.

Wir planten unseren ersten Zungenkuss. Kate und Craig würden uns in der Mittagspause zum Stumps begleiten. Das Stumps war eine ebene Lichtung ganz unten auf dem Schulgelände, benannt nach den Stapeln zersägter Holzstämme in der Kurve eines an einem trockenen Bachbett entlangführenden Waldwegs. Die Pause war nur vierzig Minuten lang – Hin- und Rückweg eingerechnet, blieb uns nicht viel Zeit.

Wir folgten einem Pfad unterhalb der Mittelstufengebäude, auf dem man über eine kleine Brücke in den Schatten der Bäume gelangte, und ich fühlte mich an *Die Brücke nach Terabithia* erinnert, ein Buch, das mich die große Tragweite des Lebens und der Liebe hatte spüren lassen. Die warme, trockene Luft war von kühlen Luftbändern durchzogen. Blätter raschelten unter meinen Füßen; die Bäume über uns hüllten die Wege in Schatten, mit Lichtklecksen darin, als hätte jemand weiße Farbe über den ganzen Wald geschnipst.

»*So kiss a little longer, longer with Big Red*«, sang Kate.

Hinter der Brücke wurde der Pfad steil und weniger klar begrenzt, und ich fiel fast auf den Hintern, konnte mich gerade noch an Zweigen festhalten und musste aufpassen, dass meine Ohrringe nicht irgendwo hängen blieben.

Als wir angekommen waren, sagte Toby: »So, jetzt solltet ihr aber weggehen.«

»Genau«, sagte ich. »Danke fürs Bringen!«

In der Schule hatte ich gelogen und behauptet, ich hätte schon mal geküsst, weil ich mich schämte, später damit dran zu sein als mein Vater, und dachte, es würde mich attraktiver machen, wenn sich herumsprach, dass ich schon Erfahrung hatte. Mir war schwindelig. Ich stellte mich auf einen flachen Baumstumpf, damit unsere Gesichter auf gleicher Höhe waren.

»Also – dann«, sagte er.

Er roch nach Seife und Waschmittel. Mir lief ein Schauer über den Rücken, und Hitze stieg in mir hoch. Ich war mir nicht sicher, wie lange ich weitermachen, wie wild mit meiner Zunge herumfuhrwerken sollte. Es war warm und gut und elektrisierend, die Temperatur in seinem Mund ein, zwei Grad niedriger, der Geschmack weniger salzig. Bewegte ich meine Zunge richtig? Wie viel musste ich mit mir machen lassen, wie viel selber machen?

Mein Herz flatterte; seine Zunge schien zu forschen, eifrig, vorne zugespitzt, suchte sie sich ihre Wege in meiner Mundhöhle. Vom Speichelfluss wurde mein Kinn nass, und mittendrin überlegte ich, wie ich es hinterher wieder trocken kriegen sollte. Er fuhr mit der Zunge an der Rückseite meiner oberen Vorderzähne entlang, einem hohlen Ring in meinem Kiefer.

Mein Nacken wurde steif, also ging ich das Risiko ein, mich zu lösen, kippte den Kopf zur anderen Seite und warf die Haare hinterher. Als wir uns wieder annäherten, stießen unsere Zähne aneinander. Wir lachten verlegen und machten weiter. Später brachte ich mir bei, meine Zunge beidseitig zu verdrehen, damit die weiche Unterseite zum Vorschein kam.

Es war unklar, wann wir aufhören sollten, aber wir mussten ja wieder zum Unterricht, und immerhin hatten wir das Küssen jetzt links und rechts herum ausprobiert.

»Wir sollten wohl besser zurückgehen«, sagte ich. Etwas wacklig auf den Beinen, sprang ich vom Baumstumpf. Seine Lippen waren an den Rändern rot. Er wischte sich mit den Handrücken den Mund ab.

Als er wegschaute, machte ich es genauso.

Im folgenden Sommer, nach weiteren Küssen im Kino, im Baylands-Park, am Strand und auf der Rückbank des Kombis seiner Mutter, und einigen Briefen, die wir uns geschrieben hatten, rief Toby an, um mit mir Schluss zu machen. Ich sprach mit ihm an dem inzwischen mit Farbe bespritzten schnurlosen Telefon, das meine Mutter gekauft hatte, als wir in die Rinconada Avenue gezogen waren, das Telefon, das wie die Mikrowelle ein Zeichen unseres Aufstiegs in der Welt war.

»Ich finde, wir sollten Schluss machen«, sagte er.

Ich hatte jähe Gewissensbisse, die ich nicht richtig zuordnen konnte. »Es tut mir leid, wenn ich was falsch gemacht habe«, sagte ich mit erstickter Stimme.

»Was? Ist schon okay«, sagte er.

Ich legte auf und kramte in dem roten Ledertäschchen meiner Mutter, wo sie ihren Schmuck aufbewahrte und auch meine Babyzähne, wie ich einmal festgestellt hatte. Auf dem Fliesenregal gleich daneben lagen eine Kette und zwei Armreifen, um die ich sie beneidete, die ich aber nicht tragen durfte. Jetzt tat ich es. Es war Sonntagmorgen, und meine Mutter hatte Verschiedenes zu erledigen und würde ein paar Stunden weg sein. Ich hielt meinen Arm so, dass die Reifen mir nicht vom Handgelenk rutschten, wühlte in ihrer Kleidern und fischte aus ihrem Haufen Schmutzwäsche eine pfirsichfarbene Seidenbluse mit Knopfleiste, kurzen Ärmeln und Kragen heraus. Die durfte ich auch nicht tragen. Ich zog sie mir über den Kopf, damit ich die Knöpfe nicht aufzumachen brauchte. Schon fühlte ich mich anders – stärker.

Ich schnappte mir das Telefon und setzte mich auf ihre Bettkante. Ich würde ihn anrufen, um ihn zu beruhigen, ihm mein Selbstvertrauen zu vermitteln, meinen neuen, unabhängigen Geist.

»Hallo?«

»Hi, ich bin's noch mal. Ich wollte dir nur sagen, dass du dir keine Sorgen zu machen brauchst. Mir geht's gut.« Noch während ich sprach, merkte ich, was für eine bescheuerte Idee das war: Er machte sich gar keine Sorgen. »Ich wollte nur, dass du das weißt. Weil ich vorhin so schnell aufgelegt habe und so weiter.«

»Danke.« Dann war Stille in der Leitung.

Ich legte zitternd auf. Wenigstens war es schnell gegangen. Ich nahm mir die Haarbürste meiner Mutter und ging, in ihrer Bluse und meiner Schlafanzughose, mit klappernden Armreifen in mein Zimmer.

Unterwegs bürstete ich mir die Haare und warf sie ein paarmal vor und zurück, damit sie sich aufplusterten und fedrig wurden. Ich zog eine Jeans von dem Wäschehaufen in meinem Zimmer an, nahm mein Tagebuch aus dem Regal und ließ die scheppernde Jalousie vor dem Fenster zur Straße herunter.

Ich öffnete die Schranktür, sodass der an der Innenseite angebrachte Spiegel in den Raum zeigte – verbot es mir aber hineinzuschauen. Dann hockte ich mich davor auf den Boden und fing an zu schreiben. Aus dem Augenwinkel konnte ich meine eigene unscharfe Silhouette sehen. Ich schrieb mit nach rechts geneigter Erwachsenenhandschrift, als hätte diese erste, schmerzhafte Trennungserfahrung mich bereits älter und reifer werden lassen. Ich saß leicht vorgebeugt auf den Knien, sodass meine Haare an einer Seite nach vorne fielen, wie für eine Kamera oder einen Beobachter – all das war wichtig, weil es dokumentierte, wer ich war.

Ich hielt den Arm so, dass die Reifen klimperten. Dann blickte ich an mir herunter und sah, wie gut der Pfirsichton der Bluse zu den cremefarbenen Armreifen und diese wiederum zum Holz passten. Ich hatte Erwachsene sagen hören, sie hätten manche Teile der Kindheit vergessen und andere im Gedächtnis behalten, und fragte mich, welche Momente bei mir wohl Erinnerungen schaffen und welche verblassen würden; sie selbst verrieten einem nicht, zu welchem Typ sie gehörten.

Ich schrieb, ich hätte mich von Toby getrennt – na ja, er sich von mir – und sei traurig deswegen. Es gehe mir aber trotzdem sehr gut. Ich beschrieb detailliert, was ich anhatte, falls mein älteres Ich das irgendwann interessant finden und sich mein jüngeres Ich in diesem Moment vor Augen führen wollte. Ich ließ es so klingen, als gehörten die Bluse und die Armreifen mir, nicht meiner Mutter.

Irgendwann warf ich mein Haar zurück und blickte auf. Im Spiegel floss und wallte es mir nicht ums Gesicht, sondern fisselte, dünn und lächerlich. Die Dinge, die ich beschrieben hatte, sahen nicht so aus, wie ich sie mir einbildete: Die Bluse saß nicht richtig, weil sie auf dem Wäschehaufen Falten bekommen hatte; die kurzen Ärmel reichten mir bis unter die Ellbogen; der Stoff hing, weil ich keinen Busen hatte, unausgefüllt an mir herunter. Die Farbe war stumpf, fast wie Haut. Die Armreifen hatten nichts Glamouröses, sondern waren einfach nur groß und albern.

138

AUSREISSER

Mit hämmerndem Herzen schreckte ich mitten in der Nacht hoch. Angst saß mir wie ein Gewicht auf der Brust, in meinem Mund war der Geschmack von Blech. Ein fernes Dröhnen hatte die Luft verdrängt, in der Erde unter meinem Futon zitterte etwas Schweres. Dies war das Ende, eine Atombombe auf dem Weg zur NASA.

Ich wusste, was zu tun war. Ich hatte mich auf diesen Moment vorbereitet, die kurze Spanne, die blieb, nachdem ich begriffen hatte, dass die Bombe einschlagen würde: Ich würde durch das dunkle Haus laufen und meine Mutter wecken, ihr sagen, dass die Bombe auf dem Weg war und uns nur noch ein paar Minuten blieben. Wir würden uns in den Armen halten und weinen, bevor wir uns in der schrecklichen Strahlung und dem Licht auflösen würden.

Ich war schon auf den Beinen, als mir klar wurde, dass das Geräusch nur von einem Güterzug herrührte. Die schweren Züge fuhren nachts, und sie waren länger als Personenzüge. Aufgewacht war ich davon noch nie.

Vor diesem Erlebnis, im Alter von elf, begann ich, an Migräne zu leiden. Wenn ich auf meine Hand hinabschaute und ein Teil davon unsichtbar war, oder in den Spiegel blickte und anstelle einer Hälfte meines Gesichts eine graue Wolke mit schimmernder Naht sah, wusste ich, dass wieder eine kam. Binnen zwanzig Minuten glitt dann die erste silbrige, elektrische Säge durch meine Stirn und ein Auge bis ins Zentrum meines Gehirns.

Die Migränen und die Angst vor einer drohenden Nuklearkatastrophe griffen ineinander. Auf NPR erklärte eine Frau, wenn die Bomben erst einmal gezündet seien, könne man sie nicht mehr stoppen. Unsere Raketen seien auf Russland gerichtet; ihre Raketen auf uns. Die Russen würden die NASA ins Visier nehmen, dachte ich, weil sie strategisch wichtig war. Die NASA saß nur ein paar Kilometer von uns entfernt.

In jenem Herbst war ich mir zunehmend sicher, dass es Weihnachten einen Bombenangriff geben würde. Außerdem glaubte ich, es sei an mir, ihn zu verhindern, und ich müsse die Erwachsenen dazu bringen, mir zu glauben, obwohl ich erst elf war. Eines Tages, als sich gerade wieder eine Migräne ankündigte, rief meine Mutter Ron an, der bei der NASA arbeitete. Ich hatte ihn einige Jahre lang nicht gesehen. Ich lag bei heruntergelassenen Jalousien im Bett und fürchtete den Beginn des Schmerzes. Meine Nervenenden dehnten sich in alle Richtungen aus, um sämtliche Sorgen auf dem Planeten zu berühren – jedes tatsächliche oder potenzielle Leid.

»Wie geht's dir, Kleine?«, sagte Ron, als er zu mir ins Zimmer kam.

»Ich mache mir Sorgen wegen eines Bombeneinschlags«, sagte ich. »Die würden doch die NASA treffen wollen, oder?«

»Vielleicht«, sagte er. »Aber wenn – und ich sage damit nicht, dass es passieren wird, denn das wird es nicht –, dann würdest du nichts spüren. Nicht das Geringste. Es würde einfach Puff machen – und aus.«

»Aber in Hiroshima –«

»Die Bomben sind heute tausendmal stärker«, sagte er.

»Heißt das, sie sind schneller?«, fragte ich. »Oder haben sie eine größere Reichweite?«

»Beides«, sagte er.

»Aber was ist kurz vor dem Einschlag? In diesen Minuten, wenn wir schon wissen, dass eine Bombe gezündet wurde, sie aber noch nicht explodiert ist?«

»Du wärst verdampft, bevor du irgendwas merken würdest. Du wärst sofort tot.« Er schnippte mit den Fingern. »So schnell.«

»Danke, dass du hergekommen bist«, sagte ich matt. Ich glaubte ihm kein Wort. Es würde mindestens eine Sekunde geben, in der ich wüsste, dass die Bombe gezündet war, eine Sekunde, in der die Welt noch existierte und ich in ihr. Wenn ich wachsam blieb, konnte ich diesen Moment abpassen.

Ein paar Tage später kam mein Vater vorbei. Er biss Dreiecke von einer überdimensionalen Toblerone ab. Für gewöhnlich aß er keine Schokolade. Ein Geschenk, sagte er, von einer Frau, die er gerade kennengelernt habe.

»Das ist meine«, sagte er, als ich ihn fragte, ob ich ein Stück abhaben könne. »Weißt du, sie ist sehr klug«, sagte er. »Und hübsch.« »Sie sieht wie dieses Model aus, Claudia Schiffer.« Wer war Claudia Schiffer?

Die letzte Trennung von Tina lag erst ein, zwei Monate zurück. Ich nahm an, der Reiz würde schnell verfliegen, und brachte deshalb wenig Interesse auf. Ich konnte mir ja nicht alles merken. Über die Klugheit einer Frau hatte ihn allerdings noch nie reden hören. Es war mir neu, dass man sich beides wünschen konnte: hübsch und klug zu sein. Nun fühlte ich mich an der Nase herumgeführt, weil ich mich die ganze Zeit ums Hübschsein bemüht hatte, obwohl das nicht reichte.

»Weißt du, am Schluss vergisst man immer, wie leicht und schön es am Anfang ist«, sagte er.

Als die Bombe Weihnachten nicht einschlug, war ich überzeugt, dass sie uns zum Jahreswechsel treffen würde, gleich nach Mitternacht. Ich hatte nach wie vor Migräneanfälle. Mein Vater und Mona hatten am Silvesterabend einen langen Tisch im ersten Stock vom Chez Panisse in Berkeley reserviert, und meine Mutter und ich waren auch eingeladen. Wenigstens würden sie und ich gemeinsam verdampfen.

Mein Vater lud seine neue Freundin Laurene ein, die noch jemanden mitbrachte und nicht mit ihm zusammen kam. Er sollte Mona, meine Mutter und mich nach der Party nach Hause fahren. Mir fiel weder Laurene noch ihre Freundin auf, und ich erinnere mich nicht, dass er sie mir vorgestellt hätte, aber es waren viele Leute da, die ich nicht kannte, und es spielte ohnehin keine Rolle. Wir würden ja alle bald sterben.

Auch Mona hatte ein paar Freunde dabei, darunter eine zierliche Frau mit kurzem Haar.

»Hallo, Süße«, sagte sie und beugte sich vor, um mir in die Augen zu schauen. »Wie heißt du?«

»Lisa. Ich bin Monas Nichte.«

»Aha«, sagte sie. »Stimmt. Ich freu mich ja so, dich kennenzulernen. Wie alt bist du?«

»Elf.«

»Und in welche Klasse gehst du?«

»In die sechste.«

»Na, das ist doch großartig«, sagte sie. »Und amüsierst du dich hier?«

Jedes Geräusch erschreckte mich. Ich suchte nach meiner Mutter, weil ich nach Hause wollte. Aber sie liebte Partys; wir gingen nicht oft auf welche, und wenn sie endlich bereit war, mit mir aufzubrechen, musste sie sich immer erst von jedem verabschieden, mit dem sie gesprochen hatte, was zu einer weiteren Runde Gespräche führte, sodass wir fürs Gehen manchmal länger brauchten, als wir vorher dort gewesen waren.

Als ich mich durch das Gedränge herumstehender Erwachsenen schlängelte, sprach die zierliche Frau mich erneut an und stellte mir noch einmal genau dieselben Fragen. Ich war noch nie einem betrunkenen Erwachsenen begegnet und verstand nicht, wieso sie mich so schnell wieder vergessen hatte – wenn es nicht der Beweis dafür war, dass das Gewebe der Welt schon im Verfall begriffen war und die Bombe jeden Moment einschlagen würde.

Um Mitternacht ertönte kakophonischer Krach – Autohupen, Papierpfeifen, die sich wie Eidechsenzungen entrollten –, und mein Herz flog in meiner Brusthöhle umher. Doch als der Lärm sich wieder legte, war die dunkle Welt immer noch da und unversehrt. Ich zitterte am ganzen Leib, dankbar für unser Überleben und stolz, als hätte meine Sorge die Welt zusammengehalten.

Auf der Rückfahrt schrie mein Vater uns an. Er beschwerte sich, dass wir seiner neuen Freundin überhaupt keine Beachtung geschenkt hätten. Es goss in Strömen. Er schaltete den Scheibenwischer auf die höchste Stufe – so ein Wagen, wie er ihn fuhr, hatte nur einen Wischer, der wie ein dickes Schilfrohr im Sturm hin und her peitschte.

»Ich habe sie gar nicht gesehen«, sagte ich kleinlaut. Er wusste, dass ich Angst vor einer Atombombe hatte und das Ende der Welt erwartete. Grundsätzlich wusste er auch, dass ich unter Migräne litt, gehörte aber nicht zu denen, die tiefer eingeweiht waren oder mich trösteten. Er war nicht involviert, und nun, da die Welt nicht explodiert war, kam ich mir bei aller Erleichterung dumm vor.

»Wir haben uns mit allen anderen unterhalten, Steve«, sagte Mona. »Wir hatten selbst Freunde dabei, weißt du.«

»Herrgott noch mal«, sagte er. »Ihr seid so furchtbar egoistisch. Überlegt euch mal, wie peinlich das für mich ist. Ich habe ihr erzählt, was für eine großartige Familie ich hätte. Warum sollte sie jetzt noch mit mir zusammen sein wollen?«

Wir sahen nicht nach einer Familie aus, und ich betrachtete uns auch nicht als eine, außer in den seltenen Fällen, wenn ich meine Eltern beide gleichzeitig um mich hatte; dass er sich dazu bekennen würde, überraschte mich. Ich freute mich, ihn das sagen zu hören, selbst im Zorn. Er schien zu glauben, dass er allein nicht besonders anziehend sei, als bemerkte er gar nicht, welchen Reiz er auf andere ausübte, wie die Menschen sich um ihn scharten.

Als ob eine Frau ihn verlassen würde, weil *wir* sie auf einer Party nicht beachtet hatten!

Ich schlief, wie ursprünglich geplant, bei ihm. Er weckte mich mehrmals in der Nacht auf, hockte im Dunkeln neben meinem

Bett und rüttelte mich an der Schulter. Inzwischen hatte ich ein anderes Zimmer und ein Bett mit geflochtenem Gestell, das Mona mir gekauft hatte, nachdem er diesen Trakt des Hauses hatte streichen und mit Teppichboden auslegen lassen. »Sie geht nicht ans Telefon«, sagte er. »Vielleicht ist sie wütend. Vielleicht ist es aus.« Er war den Tränen nahe. Zuerst hatte er distanziert und schlecht gelaunt gewirkt, als gebe er mir die Schuld daran, wolle aber zugleich von mir beruhigt werden, doch dann setzte er sich auf die Bettkante und verbarg das Gesicht in den Händen.

»Wahrscheinlich übernachtet sie bei Freunden«, sagte ich. »Es ist bestimmt alles in Ordnung. Du kannst morgen mit ihr sprechen.«

»Ich mache mir solche Sorgen, dass sie weg ist. Und nie mehr zurückkommt.« Es war erst ein paar Stunden her, dass er sie gesehen hatte; inzwischen dämmerte der Morgen, ein schwaches Licht am Himmel.

»Morgen ruft sie sicher an. Schlaf jetzt lieber.«

»Ich versuch's«, sagte er und ging wieder in sein Zimmer.

Zu meinem zwölften Geburtstag schenkte Mona mir eine CD von Patsy Cline mit einem wehmütigen Song über eine Trauerweide und einsame nächtliche Spaziergänge. Kurz darauf kam sie uns besuchen, und nachdem sie sich eine Zeit lang mit meiner Mutter unterhalten hatte, begleitete ich sie nach draußen. Wir standen zusammen auf dem Rasen. Es war Abend, gelbes Licht und Stille, ohne Rasenmäher, Laubbläser und Propellerflugzeuge. Wo das Gras auf die Luft traf, hüpften Mücken auf und ab, wie die Tröpfchen an der Oberfläche von Sprudelwasser.

Mona war klein, eins achtundfünfzig, aber sie stand da, als gehöre sie hierher, als brauchte sie sich nur irgendwo aufzubauen, und schon wäre es ihr Terrain. Ihr kleiner Bauch wölbte sich vor wie der eines Mädchens. Für mich war sie Frau und Mädchen in einem. Ich hatte das Gefühl, dass sie mich verstand, und vertraute auf ihre Hilfe in der Zukunft. Wie ich wusste, war auch ihr Vater irgendwann fortgegangen, und sie und ihre Mutter hatten Geldsorgen gehabt wie wir. Anders als meine Eltern hatte sie ein abgeschlossenes Hochschulstudium. Wenn sie ging, schwangen ihre Hüften hin und her wie das Pendel einer Uhr. Sie unterrichtete an einem College namens Bard und verwendete Wörter, die ich nachschlagen musste, wie ›amortisieren‹ und ›süffisant‹. Sie wiederholte solche guten Wörter nicht, sondern benutzte jedes Mal neue, die sie kurz und bündig in ihre Sätze einfügte, als erwartete sie, dass ich deren Bedeutung kannte.

Jetzt standen wir zusammen vor dem Haus, wo Grashalmspitzen das schräge Licht auffingen und durchscheinend wurden wie von hinten beleuchtete Strohhalme.

»Wenn Steve deine Collegegebühren nicht bezahlt, übernehme ich sie«, sagte Mona unvermittelt. Bis zur Collegezeit war es zwar noch lange hin, aber ich machte mir schon Sorgen deswegen, die ich bisher niemandem hatte anvertrauen mögen, und fragte mich, woher sie davon wusste. Wenn Steve vom College sprach, dann oft verächtlich; er hatte es nicht gebraucht, warum sollte ich es brauchen? Außerdem beschloss er manchmal in letzter Minute, irgendetwas nicht zu bezahlen, verließ Restaurants, ohne die Rechnung zu begleichen, oder weigerte sich, Dinge zu kaufen, die für andere ganz selbstverständlich waren, wie Möbel. Jeder, der in Steves Leben eine Rolle spielte, hatte schon mit seinen Geldlaunen Bekanntschaft gemacht, seinen Angeboten, irgendetwas Kleines oder Großes für einen zu bezahlen, die er dann plötzlich wieder zurückzog.

Einmal gingen Mona, mein Vater und ich in einen Secondhandladen in Palo Alto. Mona und ich fanden Hüte und Jacken, die uns gefielen, und er sah uns dabei zu, wie wir sie anprobierten. »Sie sehen nicht so gut aus, wie ihr denkt. In Secondhandläden glaubt man immer schnell, die Sachen sähen gut aus, auch wenn es nicht stimmt«, sagte er zu laut und ging auf die Straße, dabei hatte es eben noch den Anschein gehabt, als würde er jeder von uns zumindest einen Hut spendieren.

»Danke«, sagte ich zu Mona.

Sie ging zu ihrem unter der Magnolie geparkten Wagen und winkte mir zum Abschied zu. Ich rannte hinein, um es meiner Mutter zu erzählen. »Wirklich?«, sagte sie, als dächte sie darüber nach, was das bedeutete, oder glaubte es nicht.

Am Ende der sechsten Klasse bat mich meine Klassenlehrerin Joan zu sich ans Pult. Ich ging zu ihr und wappnete mich für Kritik. Ich war in der letzten Zeit oft dafür gerügt worden, wie ich mich kleidete.

»Hier«, sagte Joan, eine meiner schriftlichen Arbeiten in der Hand, einen Aufsatz über Harriet Tubman. »Das ist dir ziemlich gut gelungen.« Joans Brillengläser vergrößerten ihre Augen, die ohnehin schon groß und wässrig waren. Sie sprach mit ernster Stimme, und ihre Lippen blieben dabei oft aneinander kleben.

Ich freute mich. Es war das erste Mal, dass ich wegen einer guten schulischen Leistung herausgehoben wurde. Das Schreiben am Abend vorher war ganz leicht gegangen, wie geschmiert, und hatte mir sogar richtig Spaß gemacht. Die Wörter waren mir zugeflogen, und ich hatte sie nur noch aufschreiben müssen.

Vielleicht könnte ich also auch klug werden. Und es war gar nicht langweilig gewesen, den Aufsatz zu schreiben. Joans Lob verschaffte mir größere Befriedigung als meine löchrigen Jeans, die ich, beschriftet mit den Namen aller Jungs, die ich schon geküsst hatte (und deren Namen zufälligerweise alle mit T begannen: Toby, Tom, Trip, Taylor), abwechselnd mit den Miniröcken trug.

Im Sommer vor dem Beginn der siebten Klasse nahmen Ilan und meine Mutter mich mit zu einer Aufführung von *Ein Wintermärchen* an der UC Berkeley, in der die Schauspieler moderne Anzüge trugen. Ich mochte Hermione, die den König zum Narren hielt, indem sie ihn glauben machte, dass sie eine Statue sei. Der König lief um sie herum, sprach von ihr, wünschte, er wäre besser zu ihr gewesen. Sie rührte sich erst, als sie genug gehört hatte.

Zum ersten Mal hätte ich gern die Art Kleidung getragen, gegen die meine Mutter keine Einwände gehabt hätte: einfache, bodenständige Sachen, die am Morgen leicht auszusuchen waren, wie eine Uniform. Ich beschloss, dass ich mich in der Mittelstufe von dem Mädchen, das ich jetzt war, in ein völlig anderes, lernwilliges, kluges Mädchen verwandeln würde. Ich brauchte eine Garderobe, die mich ernsthaft und lernwillig aussehen ließ und mich nicht mit Wahlmöglichkeiten ablenkte. Jeans und Button-down-Hemden.

Die Mittelstufe war in einem anderen Gebäudekomplex untergebracht als die Unterstufe, beim Sportplatz auf einem Hügel weit oberhalb der Villa. Die Hauptlehrer waren Steve Smuin und Lee Shult, die mich schon in der fünften Klasse unterrichtet hatte, und galten als sehr streng.

In der siebten Klasse hatten wir unter anderem Erdkunde und sollten uns jedes Land, jeden Ozean, jedes Meer und jede Landmarke auf der Welt einprägen. Die Aufgabe lautete, eine Landkarte zu erstellen, die alle geografischen Elemente enthielt. Wir schritten von Kontinent zu Kontinent voran und waren gerade bei Europa angelangt. Ich arbeitete zehn Stunden an dieser Karte, obwohl sie nicht benotet werden würde und nur ein Mittel sein sollte, um sich für einen späteren Test einzuprägen, wo die Länder lagen. Ich nahm mir die Zeit, weil ich wusste, dass ich gelobt und meine Karte an die Wand gehängt werden würde, wenn ich sie richtig gut machte. Es war mir egal, wie lange es dauerte – die Erwartung des Lobs hielt mich bei der Stange.

Ich malte gerade mit einem Meerschaumgrün, das »Empire« hieß, die Ionischen Inseln aus. Meine Mutter trug ihre knitterigen Tennisschuhe, mit Farbe bekleckste, schlabberige Baumwollhosen, ein linksherum gedrehtes Sweatshirt. Sie legte den Kopf schief und sah mir eine Weile zu. »Du brauchst Licht«, sagte sie dann und holte eine Lampe aus ihrem Garagenatelier, stöpselte sie ein und bog sie über meinen Arbeitsplatz.

Ich stellte die Karte noch am selben Abend fertig, gab sie am nächsten Tag ab, und Lee hängte sie vorne im Klassenraum auf – als einzige.

Abends schrieb ich, zusätzlich zu den Hausaufgaben, meine Notizen in ein großes Spiralheft ab; wenn meine Handschrift mir nicht sauber genug war, riss ich die Seite heraus und schrieb alles noch einmal. Ich hörte auf, Kringel als i-Punkte zu malen, und gab meiner Schrift eine stilvolle Neigung nach rechts, sodass meine Wörter zum Seitenrand zu drängen schienen.

Morgens schrieben wir einen Test über den Stoff vom Vortag und mussten unsere Punktzahl dann vor der ganzen Klasse Steve mitteilen, der am Computer saß und sie eintrug, ohne aufzuschauen, es sei denn, jemand hatte so schlecht abgeschnitten, dass es ihm einen sarkastischen Blick wert war. Die ganze Klasse wurde dann still. Es war, als wäre eine niedrige Punktzahl nicht nur schulisch, sondern auch moralisch verwerflich; als zeigte sich daran, dass man nicht willens war, an dem großartigen Experiment der Nueva teilzunehmen. Fast jeden Tag weinte jemand.

Ich hatte Angst vor Steve, und das motivierte mich, hart zu arbeiten. Am meisten ärgerten ihn unsere dürftige Ausdrucksweise und Egoismus in all seinen Formen. Seine Lippen waren dünn, sein Mund klein und durch den kurzen Bart nicht gänzlich sichtbar. Ein Hauch der Verachtung auf diesen dünnen, bärtigen Lippen genügte, um mir allen Mut zu nehmen, manchmal für einen ganzen Tag. Wenn ich irgendwo außerhalb des Schulgeländes einen Wagen wie Steves blauen Honda sah, schlug mir das Herz bis zum Hals, und ich wurde befangen und vorsichtig; ich hielt mich kerzengerade und sprach deutlicher, nur für den Fall, dass er mich beobachtete. Das ging noch jahrelang so, selbst nachdem ich die Schule verlassen hatte.

Ich strengte mich nicht nur der Bewertung wegen so an oder weil ich klug werden oder unbedingt die einmonatige, mit Spannung erwartete Achtklässlerreise nach Japan mitmachen wollte, sondern auch, um nicht von ihm verachtet zu werden; sich bei ihm gut angeschrieben zu fühlen war immer nur möglich, nie sicher. Eines Morgens wurden wir die »Komponenten der Kultur« abgefragt, und am Abend vorher hatten eine Freundin und ich sie mittels einer selbst erfundenen Eselsbrücke auswendig gelernt.

Zum ersten Mal bekam ich in einem Test zehn von zehn Punkten – so gut hatte ich noch nie abgeschnitten –, und Steve knurrte nicht ungläubig, sondern nickte anerkennend mit dem Kopf.

Zum ersten Elterngespräch, ein paar Wochen später, trafen meine Eltern getrennt ein. Als ich meinen Vater in den Klassenraum kommen sah – federnden Schrittes, lebhaft und jung –, spürte ich ein angenehmes Kribbeln im Bauch. Diese Gespräche fanden zweimal im Jahr statt. Damals fiel mir noch nicht auf, was für eine ähnliche Wirkung die beiden Steves auf mich hatten.

Wir setzten uns: Steve, Lee, meine Mutter, mein Vater, ich. Lee ergriff das Wort; ihre Dreiecksaugen blitzten und funkelten. »Sie hat sich sehr gut gemacht. Sie fordert viel von sich.« Sie äußerten sich zu der Landkarte. Sie erwähnten, dass mir das Buch *The Forest People* gefallen habe und dass ich gut vorbereitet zu Tests und zum morgendlichen Tai-Chi erscheine. Ich schwieg und ließ sie über mich reden. Sie sprachen darüber, wie dramatisch ich mich verändert hätte, nach den Miniröcken und dem Make-up des vergangenen Jahres. Lees Augen schossen zwischen mir, meiner Mutter und meinem Vater hin und her. Vor allem zwischen mir und meinem Vater, der die Besprechung mit seiner Gegenwart zu vitalisieren schien; beide Lehrer drehten in seiner Nähe richtig auf. Ich hatte das ungute Gefühl, dass sie zu viel zu ihm schauten und meine Mutter links liegen ließen. Als stünden er und ich im Scheinwerferlicht und sie im Schatten.

»Wenn wir die Schülerin erwartet hatten, die wir aus der sechsten Klasse kannten, als Jungs und Mode für sie das Wichtigste waren, haben wir uns geirrt.«

»Das ist toll«, sagte mein Vater. »Grundsätzlich finde ich, die Mittelstufe ist so schrecklich, dass es besser wäre, wenn Kinder stattdessen um die Welt segeln würden. Man sollte sie einfach alle in ein Boot setzen. Aber diese Schule ist eine Ausnahme.«

»Ja«, sagte Steve. »Wir sind mit Lisas Fortschritten hier sehr zufrieden.« Ich versuchte, ein Lächeln zu verbergen. »Solange sie die Leistung hält«, fügte er hinzu, bevor er ging.

»Wir sind beeindruckt von Lisas Einsatz«, fuhr Lee fort.

Wenn ich weiter auf diesem Niveau arbeitete, dürfe ich mit nach Japan fahren.

»Ich kriege sie kaum dazu, das Geschirr zu spülen«, sagte meine Mutter und sank auf ihrem Stuhl zusammen. »Dass sie gut in der Schule ist, heißt doch nicht, dass sie ihre Pflichten zu Hause vernachlässigen darf.«

»Da stimme ich Ihnen zu«, sagte Lee. »Bei uns zu Hause helfen die Mädchen beim Geschirrspülen; manchmal kochen sie auch. Oder machen die Wäsche und übernehmen leichte Putzarbeiten.«

Lee sah mich an. »Lisa, wenn deine Mutter einen Plan aufstellt, würdest du dir Mühe geben, dich daran zu halten?«

»Okay«, sagte ich. Ich konnte sehen, dass meine Mutter erleichtert war. Aber ich hätte Lee gern erklärt, dass es in unseren Auseinandersetzungen im Grunde nicht um solche Pflichten ging, sondern darum, dass meine Mutter das Gefühl hatte, nicht genügend moralische und emotionale Unterstützung zu bekommen. Obwohl mein Vater anwesend war, wandte sie sich mit ihren Sorgen an Lee.

Meine Mutter hatte meinen Vater schon um Hilfe gebeten – nicht um finanzielle Unterstützung, sondern um Zeit und Energie. Sie habe ihn angefleht, sagte sie. Sie hatte ihn noch nie zuvor um etwas Ähnliches gebeten, hatte ihn kommen und gehen, sich um mich kümmern oder nicht kümmern lassen, wie es ihm beliebte. Jetzt war ich älter geworden, und die Schule, mit dem Auto eine Dreiviertelstunde von uns entfernt, begann um sieben, sodass sie um fünf Uhr aufstehen musste. Sie bekam nicht genügend Schlaf. Es gab auch noch andere Probleme: Der Buchhalter meines Vaters rief eines Tages an, um ihr mitzuteilen, dass mein Vater beschlossen habe, ihre Therapie nicht mehr zu bezahlen (nachdem er es ein Jahr lang getan hatte); sie und Ilan stritten sich oft; die Anerkennung, die ich jetzt bekam, war im Wesentlichen ihrer Mühe und Arbeit zu verdanken, und doch fühlte sie sich von der Schule als der minderwertige Elternteil behandelt.

Mein Vater hatte es abgelehnt, ihr zu helfen; wenn sie mehr Unterstützung brauche, sagte er, müsse ich ganz bei ihm leben. Später behauptete er, es sei die Schule gewesen, die ihnen geraten habe, dass ich wegen der Auseinandersetzungen zwischen meiner Mutter und mir und ihrer zunehmend heftigen Temperamentsausbrüche besser zu ihm ziehen solle. Sie wiederum glaubte, es wäre gar nicht erst so weit gekommen, wenn er ihr mehr geholfen hätte.

Ich hoffte, meine Eltern würden nach dem Gespräch noch ein bisschen bleiben. Während ich im Klassenraum stand und meine Schulsachen einpackte, gingen sie schon hinaus auf den überdachten Gang, meine Mutter in langem Rock, Stiefeln und Bluse, mein Vater in einem gestärkten weißen Hemd und Anzughose. Es war einer dieser Tage, an denen der Nebel vom Meer in der Luft hing; das Haar meiner Mutter kringelte sich, das meines Vaters war frisch geschnitten und schimmerte wie schwarzer Lack. Durch die Glastüren sah ich sie beieinanderstehen und reden. Worüber, war mir egal, ich wollte nur, dass sie sich weiter unterhielten, weil es mir so ein friedliches Gefühl gab. Ich eilte nach draußen, um bei ihnen zu sein, doch sie sagten beide, sie müssten arbeiten, und gingen getrennter Wege, weil sie an unterschiedlichen Stellen auf dem Schulgelände geparkt hatten.

Als meine Mutter und ich nach dem Einkaufen nach Hause kamen, dämmerte es schon fast; die untergehende Sonne malte einen breiten goldenen Strich auf die Straße. Wir stiegen aus dem Wagen, und unsere Nachbarin Margaret, eine ältere Frau, die sich manchmal nach der Schule um mich kümmerte, kam zu uns.

Irgendwann in dieser Zeit hatte mein Vater angeboten, uns das Haus, in dem wir wohnten, zu kaufen, doch der Vermieter wollte nicht verkaufen. Ich machte mir Sorgen, dass meine Mutter ohne ein eigenes Haus dastehen würde, wenn ich aufs College kam, und fand, wir sollten den Vermieter zu überreden versuchen oder nach einem anderen, gleichwertigen Haus Ausschau halten, bevor mein Vater es sich anders überlegte. Meiner Mutter schien das nicht so dringend, aber immerhin musste sie Margaret gesagt haben, dass wir ein Haus suchten.

»Das Backsteinhaus Ecke Waverley und Santa Rita ist zu verkaufen«, sagte Margaret. »Das wie ein Märchenhaus aussieht.« Es war nur vier Blocks entfernt.

»Das kenne ich«, sagte meine Mutter. »Gegenüber von Nancys Quiche-Haus?« Eine Frau namens Nancy Mueller hatte mit dem Verkauf von Tiefkühlquiches mit Blätterteig, die auch wir manchmal aßen, so viel Geld gemacht, dass sie sich davon ein riesiges Haus im italienischen Stil kaufen konnte.

»Genau das. Es ist noch nicht auf dem Markt. Ich dachte, ich erzähle es euch, falls ihr es euch anschauen wollt.« Sie blinzelte uns zu.

Meine Mutter meinte, wir sollten gleich hinfahren, bevor es dunkel würde. Unsere Straße rauf, jenseits des Hügel wieder runter, einmal abbiegen und wieder rauf bis zur nächsten Ecke: ein originelles Backsteinhaus mit einem Dach aus einander überlappenden Schieferziegeln. Die Fenster hatten Bleiglasscheiben; ganz oben auf dem Dach schraubte sich eine kleine Turmspitze in die Höhe wie ein Schweineschwanz. Ein Teil des Grundstücks war von einer hohen Mauer begrenzt, aus dem gleichen Backstein wie das Haus, die im Bogen um einen Innenhof herumführte. In den am weitesten vom Haus entfernten Mauerteil war eine kleine Holztür eingelassen, mit Rundbogen und Eisenschloss wie im Märchenbuch.

Wir spähten durch das Tor. »Wow«, sagte meine Mutter. Ihr Gesicht fing an zu leuchten, und ihre Augen strahlten, als erlaubte sie sich zu glauben, dass es schon unseres wäre; genauso sah sie aus, wenn sie einen Schwips von ein paar kleinen Schlucken Wein hatte.

»Er wird es uns nicht kaufen«, sagte ich, um ihre Begeisterung zu dämpfen. »Es ist zu schön.«

»Wer weiß, vielleicht ja doch«, sagte sie. »Dann hätte er endlich mal etwas richtig Gutes, richtig Großzügiges getan. Ich hoffe, er macht es einfach.«

Das Gefühl, als er uns den Audi gekauft hatte, war schön gewesen – eine Verbesserung, die uns einfach so beschert wurde, wie durch ein Wunder.

»Wird er nicht«, sagte ich. Trotzdem hoffte ich. Wie wäre es, wenn ich mir vorstellte, es gehörte schon uns? In diesem Haus würde meine Mutter glücklich sein. »Außerdem, wovon sollen wir uns Möbel kaufen?«

»Da würde uns schon was einfallen«, sagte sie.

Wenn ich so bei anderen Leuten ins Fenster schaute, musste ich an die Geschichte vom Mädchen mit den Schwefelhölzern denken, das draußen im Schnee stand, Streichhölzer anzündete, im Schein der Flammen fantasierte und am Morgen, nachdem das letzte Streichholz ausgegangen war, tot aufgefunden wurde. Seit ich diese Geschichte als Kind gehört hatte, trug ich sie in meinem Herzen.

Ein paar Abende später kam mein Vater vorbei. Meine Mutter war in der Küche und kochte Kürbissuppe. Sie hatte ihm am Telefon von dem Haus erzählt und ihm gesagt, dass sie großes Interesse daran hätte. Er hatte versprochen, es sich zusammen mit einem Makler anzusehen.

»Wisst ihr, was ich neulich zu Laurene gesagt habe?«, sagte mein Vater.

»Was denn?«, fragte meine Mutter.

»Dass ich nur im Paket zu haben bin.« Er meinte, dass wir – meine Mutter und ich – dazugehörten.

»Sie ist richtig klug«, sagte er zu mir. »Habe ich dir schon erzählt, dass sie wie Claudia Schiffer aussieht?« Er wiederholte sich. Das war frustrierend, nicht so sehr, weil es langweilig ist, Geschichten und Sätze zweimal zu hören, sondern mehr noch, weil er es beim ersten Mal mit solcher Inbrunst und Begeisterung gesagt hatte, dass ich dachte, es sei speziell für mich bestimmt gewesen. Manchmal verriet er mir ein Geheimnis und ließ mich schwören, dass ich es nicht weitererzählen würde, und dann stellte sich heraus, dass er es mit allen anderen genauso gehalten hatte.

Er tauchte einen Metalllöffel in die Suppe und schlürfte. »Mmm«, sagte er und schloss die Augen. Dann, mit vollem Mund: »Ist da Butter drin?«

»Ein bisschen«, sagte meine Mutter gedankenverloren.

Daraufhin spuckte er die Suppe mit einem Würgegeräusch in seine Hand und wusch sich an der Spüle den Mund aus.

Mein Vater kaufte das Haus an der Waverley Street für sich selbst. Bevor er einzog, ließ er ein paar Dinge renovieren. Als er mit mir herumging und mir zeigte, was er verändern würde – die Bodendielen, das hohe Dreieck aus gelbem Glas, das Blauregenspalier im Hof, das zu viel Licht wegnahm –, schämte ich mich, dass meine Mutter und ich es uns für uns gewünscht hatten. Es hatte drei Millionen Dollar gekostet, nachdem er den Preis heruntergehandelt hatte. Die Eigentümerin, eine Witwe, brachte sein langsames Tempo so zur Verzweiflung, dass sie es ihm schließlich für weniger verkaufte, als sie eigentlich hatte haben wollen. Das Haus in Woodside, das er zugunsten der Bäume und des Lands irgendwann abreißen wollte, würde er behalten. Meine Mutter fand sein Gefeilsche mit der Eigentümerin falsch und war gekränkt, dass er sich ausgerechnet das Haus kaufte, das sie so gern gehabt hätte. Es sei traurig, aber nicht überraschend und irgendwie auch ein Kompliment: Sie habe guten Geschmack und finde die besten Dinge vor ihm.

Laurene zog mit ihm in das Haus an der Waverley Street ein. Ein paar Wochen später ging ich an einem Wochenende zu Fuß zu ihnen. Laurene war im ersten Stock, wo sie sich gerade Sportsachen anzog. Sie trug einen neuen Ring. »Wir haben uns verlobt«, sagte sie und streckte mir die Hand hin. Der Ring war ein rosa Diamant im Smaragdschliff. »Ich habe schon zweimal vorher einen Heiratsantrag bekommen«, sagte sie. Mein Vater war einkaufen, aber als er zurückkam, lief ich ihm entgegen. »Ich habe den Ring gesehen«, sagte ich, als er durchs Tor kam. »Herzlichen Glückwunsch.«

»Sie könnte sich ein ganzes Haus davon kaufen«, sagte er, »aber verrate es ihr nicht«, als hätte er Angst, sie würde ihn verlassen, wenn sie wüsste, wie viel der Ring wert war. Er rauschte an mir vorbei ins Haus, um den Saft in den Kühlschrank zu stellen.

Von da an ging ich manchmal am Nachmittag hinüber, wenn Steve und Laurene nicht da waren. Sie ließen alle Türen unverschlossen. Ich betrat es durch die Haustür, die in eine kleine Diele führte, von da aus ging es weiter in die Küche. Kontinentförmige Sonnenflecken leuchteten an der Wand. Es war ruhig hier. Eine Trauertaube rief, hoch, tief, hoch, tief; jeder zweite Ton schien das Licht schwingen zu lassen.

Auf der Arbeitsplatte stand eine Schachtel Medjoul-Datteln. Daneben eine Holzkiste mit Bing-Kirschen von einem nahen Bauernhof, die angeblich auch Königen, Schahs und Scheichs geschickt wurden, mit unter die Früchte gesteckten Stielen, von einer Lage Wachspapier geschützt und vollkommen gleichmäßig nebeneinander aufgereiht, glänzend und schwarz wie Käfer.

Auch eine Schale voll reifer, roter Mangos stand da. Meine Mutter und ich kauften immer höchstens eine Mango, weil sie so teuer waren. Hier gab es sie in unbegrenzter Menge.

Ich streifte durchs Haus. Die Vorbesitzerin hatte in der Speisekammer Farbdosen, Tüten mit Pinseln, leere Nagelkästen, Ölflaschen und Gebrauchsanweisungen auf liniertem Papier in feiner Schreibschrift hinterlassen.

Das Haus kam mir lebendig vor. Ich betrat den Flur, der auf den Innenhof hinausging. Im Grunde war es *mein* Haus, sagte ich mir. Es gehörte meinem Vater, und ich war seine Tochter. Ich war mir ziemlich sicher, dass ich hier sein durfte, aber beim Herumschnüffeln wollte ich trotzdem nicht erwischt werden.

Im Haus an der Rinconada ratterte und schepperte es oft wegen der vielen kleinen Erdstöße und schweren Züge, die unsere Fensterscheiben zum Singen brachten. Hier war es still. Das Haus lag ein paar Straßen weiter von den Zügen entfernt, außer Sichtweite der Alma Street und der Gleise. Die Wände waren dick und kompakt, die Türrahmen oben abgerundet, die Flure breit, wie in den Missionsgebäuden aus der spanischen Zeit.

Unter einem langen Lampion, der sich im Luftzug um sich selbst drehte, stieg ich, die Hand am dünnen Eisengeländer, die Steintreppe zum ersten Stock hinauf und ging wie an der Schnur gezogen zu Laurenes Schrank und Kommode. Der Druck in mir wuchs beständig. Ich sehnte mich danach, sie zu verstehen – herauszufinden, ob ich nicht mehr so werden könnte wie sie.

Ein paar Wochen davor hatte ich sie gefragt: »Wenn du dich entscheiden müsstest, würdest du dir Kleidung oder Unterwäsche kaufen?« Ich hatte die Idee aus einem Gedicht von Shel Silverstein – jemanden zu fragen, ob seine Vorlieben dem inneren oder äußeren Leben galten, der Seele oder der Haut.

»Weiß ich nicht so genau«, sagte sie. »Meinst du, ob ich lieber schöne Kleider oder schöne Unterwäsche haben würde?«

»Ja«, sagte ich und glaubte da schon nicht mehr, dass ihre Antwort irgendetwas über ihren Charakter aussagen würde.

»Schöne Kleider«, sagte sie.

Sie zeigte mir, dass sie immer noch Spagat machen, ja in den Spagat springen konnte. Ich achtete auf alles bei ihr, bemerkte unter anderem, dass sie eine Reihe von Wörtern verwendete, die ich noch nie jemanden hatte verwenden hören – Gratifikation, einheimsen, Vorsehung, brandschatzen, interim, marodieren; wie Juwelen schmuggelte sie sie in ihre Sätze hinein. Die Art und Weise, wie sie *marodieren* sagte, mit lang gedehnten Vokalen, beschwor für mich Volljährigkeit und Eigenständigkeit herauf. Ihre Augen waren eisblau, matt und schmal. Aus irgendeinem Grund tat es mir manchmal weh, ihr in die Augen zu schauen. Sie sagte, sie sei ohne Brille oder Kontaktlinsen regelrecht blind, die Welt bestehe dann nur noch aus Umrissen.

Ihre Freundin Kat wohnte ganz in der Nähe und kam manchmal vorbei, wenn ich dort war. Sie waren beide Ende zwanzig. Ab und zu sprachen sie über »Loser«, und Laurene machte dann mit Daumen und Zeigefinger ein L und bewegte es hin und her. Wenn sie dieses Wort sagte, mit ihrer deutlichen Aussprache, war mir klar, dass ich unter keinen Umständen ein Loser sein wollte. Laurene kam aus New Jersey, und ich stellte mir vor, dass die Menschen in New Jersey normaler sein mussten als hier. Es gab dort keine Birkenstocksandalen und keine Gurus und keine Gespräche über Wiedergeburt. Sie hatte mir erzählt, kürzlich sei ihr bei Whole

Foods in Palo Alto ein Mann gefolgt und habe gesagt, er sei eine wiedergeborene Hummel.

Jetzt, in der gedämpften Stille des ersten Stocks, wollte ich ihr Geheimnis lüften.

Ich ging in ihr Ankleidezimmer, mit Ganzkörperspiegel, Kommode und Kleiderstange. Sie hatten einen Tischler kommen und diese begehbaren Schränke aus hellem Holz einbauen lassen. Auf der Kommode standen zwei Lippenstifte, einer malvenfarben, der andere ein helles, schimmerndes Rosa, beide durch häufigen Gebrauch zu Halbmonden verformt, oben schon gefährlich dünn. Ich probierte den malvenfarbenen aus. Er fühlte sich feucht an und roch nach Wachs und Parfüm.

Ich öffnete ihre Unterwäscheschublade. Verschiedene Baumwollteile – weiß, hautfarben, schwarz –, alle einfach so zusammengeworfen, genau wie bei mir. In der hintersten rechten Ecke entdeckte ich eine elfenbeinfarbene Schlaufe. Als ich daran zupfte, entfaltete sich ein Netz aus Gummiband und Spitze. Straps. Ich wusste, was das war, vielleicht aus dem *Playboy*, aber ich hatte noch nie welche in der Hand gehabt.

In der Schublade darunter war ein Paar kohlschwarzer Shorts, die ich von einem Foto von ihr kannte, auf dem sie mit leuchtend blondem, wallendem Haar auf dem Stanford Quad steht, ein Fuß vor dem anderen, die Spitzen auswärtsgedreht, selbstbewusst. Mein Vater hatte es auf seinem Schreibtisch stehen. Meine Mutter mochte unbemerkt aufgenommene Fotos lieber; mir gefielen sie so wie in Zeitschriften, geradeaus und direkt. Ich wollte wie Laurene sein, wenn nicht jetzt schon, dann eben später.

Ich zog meine Hose aus und ihre Shorts an. Sie schlabberte mir um die Beine, und ich musste sie mit einer Hand festhalten, damit sie nicht herunterrutschte. Dazu probierte ich eine ihrer Blusen an, eine cremefarbene mit schwarzen Nähten an Halsausschnitt und Ärmeln. Ich steckte sie in die schlabberigen Shorts und betrachtete mich im Spiegel, von der Seite, von hinten, in der Hoffnung, mit dem Licht und dem Blickwinkel würde sich auch die Form ändern. Ich stellte mich so hin wie sie, ein Fuß vor dem anderen, die Fersen in einer Linie, und versteckte meine Hände mit den abgekauten Fingernägeln hinter dem Rücken.

Ich schürzte die Lippen. Ich sah kein bisschen wie die Frau auf dem Foto aus.

Ich zog alles wieder aus und stellte die Lippenstifte so hin wie vorher. Dann steckte ich den Straps ein und ging die Treppe hinunter, den Gang mit der Fensterwand entlang, an der Speisekammer vorbei, durch die Küche und zur Tür hinaus.

In jenem Frühjahr lud mein Vater mich ein, mit ihm und Laurene nach New York City zu fahren.

»Sie ist eine fantastische Tänzerin«, sagte er auf dem Flug. Laurene und ich saßen links und rechts von ihm in den Ledersitzen der Businessclass. Er sah sie an und strich ihr mit der Hand über das Haar, wie man es bei einem schlafenden Kind tun würde.

»Ich bin eine *passable* Tänzerin«, sagte sie, aber ich war mir sicher, dass sie besser tanzte als ich, denn er hatte mich einmal in einer Aufführung gesehen und erzählte ihr jetzt nicht, dass ich auch tanzte.

Vor dieser Reise hatte Laurene mich einmal in ihrem weißen VW-Käfer-Cabrio zum Mittagessen abgeholt, direkt von der Stanford-Uni kommend, wo sie im letzten Semester Betriebswirtschaft studierte. Auf der Fahrt wirkte sie gehetzt, sprach nicht mit mir und sah mich nicht an, sondern blickte stur geradeaus, so als wüsste sie nicht, wie sie mit einem Kind umgehen sollte. Sie wechselte die Gänge anders als meine Mutter, umfasste den Schaltknüppel nicht mit der ganzen Hand, sondern drückte ihn mit dem Handteller nach vorne. Sie war hübsch, aber auf eine andere Art als Tina, die kein Make-up benutzte und sich nicht darum zu scheren schien, wie sie aussah.

Wir gingen durch das Stanford Shopping Center. Sie trug schwarze Wildlederschuhe mit Metalluhren obendrauf und eilte, die Fußspitzen auswärtsgedreht, voran. »Lass uns ins Opera-Café gehen«, sagte sie. »Da gibt es einen tollen Caesar-Salat mit Hühnchen und wenig Fett.« Diese Gespräche über Fett fand ich neu und aufregend; Frauen, die darauf achteten, wie viel Fett sie zu sich nahmen – eine weitere, raffiniertere Welt, zu der ich gern gehören wollte. Dabei fand ich mich weder dünn noch dick. Ich ging nicht oft essen und freute mich darauf, eine der unfassbar hoch aufgetürmten Torten zu probieren, so groß, dass sie unecht aussahen, wie eine Skulptur von Claes Oldenburg. Ich hoffte, wir würden nicht nur Salat essen.

Aber wir mussten uns beeilen; für einen Nachtisch blieb keine Zeit. Laurenes blonder Pony fiel ihr von einer Schmachtlocke am Haaransatz aus in die Stirn. Wenn sie etwas berührte, dann beherzt und präzise, als wüsste sie immer schon vorher genau, was sie damit vorhatte. Es gefiel mir, wie sie die Speisekarte hielt, das Lenkrad, den Lippenstift.

New York City roch zuerst nach Hefe. Warme Brezeln, Abgase, Dampf.

Laurene fuhr mit uns zur Wall Street, um uns die Börse zu zeigen, wo sie gleich nach dem College gearbeitet hatte.

»Hier wurden zum Spaß manchmal die Hörer vertauscht«, sagte sie, als wir vor lauter im Kreis angeordneten, weißen Telefonen standen, von denen je ein weißes Spiralkabel herunterhing. »Irgendein Scherzkeks legte den Hörer eines Telefons auf die Gabel eines anderen und umgekehrt. Wer eilig einen Handel abschließen wollte, merkte oft erst nach dem Wählen, dass der Hörer nicht zur Tastatur passte.«

Laurenes Freundin Shell, eine große, brünette Frau mit rotem Lippenstift und New Yorker Akzent, die sehr laut redete, kam uns in der Suite im Carlyle-Hotel besuchen. Sie ging zum Klavier und schlug ein paar Töne an. Die Erwachsenen redeten über Leute, die ich nicht kannte, nannten sie »totale Versager«.

Am Nachmittag sagte mein Vater: »Ich möchte euch beiden etwas zeigen.« Wir fuhren mit dem Taxi zu einem Hochhaus und dann mit dem Lastenaufzug, dessen Wände aus Planen bestanden, bis ganz nach oben. Meine Ohren knackten. Als die Türen aufgingen, betraten wir einen staubigen, windigen, von wässrigem Licht erfüllten Raum.

Es war eine Wohnung im obersten Stock des Hochhauses, das San Remo hieß. Sie wurde gerade renoviert, und ich brauchte ein paar Minuten, bis ich begriff, dass es *seine* Wohnung war. Die Decken waren mindestens doppelt so hoch wie gewöhnliche Decken. Der Boden war mit Pappen bedeckt; mein Vater hob eine an, um uns den glänzenden, tiefschwarzen Marmor darunter zu zeigen, mit dem auch die Wände verkleidet waren. Er erzählte uns, dass I. M. Pei die Wohnung 1982 entworfen habe, und als einer der Steinbrüche vollständig abgebaut gewesen sei, hätten sie einen anderen suchen müssen, um den alten Marmor durch neuen zu ersetzen. Sonst hätten die Schwarztöne nicht zueinandergepasst. Die Bauarbeiten dauerten schon sechs Jahre an und waren immer noch nicht abgeschlossen.

»Das ist ja fantastisch«, sagte Laurene.

Abgesehen von den Fensterreihen an zwei Seiten, bestanden alle Flächen aus schwarzem Marmor. Ich zeichnete mit dem Finger eine schwarz glänzende Linie in den Staub. Wir standen im Hauptwohnraum mit seinen dreifach hohen Decken und Fenstern, einem klaffenden Kamin, schwarzen Wänden und Böden. Die Treppe sah nass aus, schien vom oberen Stockwerk herunterzufließen wie verschütteter Sirup und wurde Stufe um Stufe breiter. Sie basiere auf dem Entwurf einer Treppe von Michelangelo, sagte mein Vater.

Ich konnte mir nicht vorstellen, dass sich hier irgendjemand wohlfühlen würde. Die Wohnung war nüchtern und kühl, wie die Apartments reicher Leute im Film. Und sie widersprach völlig den Gegenkulturidealen, von denen er immer redete, ein opulentes Vorzeigeobjekt, dazu gemacht, Eindruck zu schinden. Klar, er besaß den Porsche und die feinen Anzüge, aber ich hatte bisher geglaubt, am besten finde er die einfachen Dinge. Nun diese Wohnung zu sehen war ein Schock. Vielleicht galten seine Ideale nur für mich, als Vorwand, um mir gegenüber nicht großzügig sein zu müssen. Vielleicht war er zwiegespalten, konnte nicht anders, als andere beeindrucken zu wollen, so wie Reiche es eben tun, während ich wegen seiner löchrigen Jeans, seiner eigenartigen Ernährung, seines Pochens auf einen einfachen Lebensstil und seines verfallenden Hauses geglaubt hatte, so etwas sei ihm egal. »Es sollte die ultimative Junggesellenbude werden«, sagte er wehmütig. »Nun ja.«

Wir gingen auf den Balkon, mit einem Geländer aus steinernen, kerzenähnlichen Balustraden, das sich um die Hausecke herumbog. Von so hoch oben roch New York City nach nichts. Der Wind klang wie ein flatterndes Laken. Unter uns lag der Central Park und wirkte wie aus dem Beton herausgemeißelt.

»Ein toller Blick, oder?« sagte er.

»Ja«, sagte ich.

»Es ist unglaublich, Steve«, sagte Laurene mit einer Leichtigkeit in der Stimme, die ich auch gern empfunden hätte. Er zog sie an sich, und ich schaute weg. Ich war blockiert, unfähig zu sprechen, und hatte das Gefühl, ich hätte Gewichte an den Füßen.

Kurz nach meiner Rückkehr kauften meine Mutter und ich uns im Einkaufszentrum ein Sofa, einen Sessel und einen Schemel.

In einem Spielzeuggeschäft hingen aus weißen Federn gemachte Flügel im Schaufenster. »Als ich klein war, hat meine Mutter mir erzählt, alle Kinder würden mit Flügeln geboren, aber die Ärzte schnitten sie ihnen ab. Die Schulterblätter seien alles, was davon übrig bleibe. Ist das nicht merkwürdig?«

Wir gingen zu Ralph Lauren, an Woolworth's mit seinen Lipglossstiften mit Wassermelonengeschmack und Schachteln künstlicher Fingernägel vorbei, dann am Restaurant Bravo Fono, wo wir manchmal mit meinem Vater essen gingen. Der Laden war zur Hälfte draußen. In Pflanzenkübeln aus Beton, die mir bis zur Hüfte reichten, wuchs Springkraut mit geschwollenen grünen Samenhülsen, die aufplatzten, wenn ich sie berührte, winzige gelbe Samen zum Vorschein brachten und sich dann waagerecht kringelten.

»He, wie findest du dieses Sofa?«, fragte sie. Es war ein Zweisitzer. Als ich mich daraufsetzte, federte das Polster nicht zurück, sondern sank unter meinem Gewicht langsam ein.

»Gut«, sagte ich. »Ist es teuer?«

Sie schaute auf das Etikett und holte tief Luft.

Ich wusste, dass sie unser Sofa, das wir damals aus Steves Haus geholt hatten, scheußlich fand; sie hätte es sich nie selbst ausgesucht. Ich glaube, es gab ihr das Gefühl, ihr Leben bestünde aus dem Ausschuss anderer Leute.

Mit ihrer neuen Kreditkarte kaufte sie das Sofa und den dazugehörigen Sessel inklusive Schemel. Es war die größte Anschaffung, die wir je gemacht hatten. Um die Kosten zu reduzieren, nahm sie alles so, wie es dort stand, in natürlichem Baumwollleinen – sandfarben –, anstatt es neu beziehen zu lassen. Danach waren wir beide ganz aufgedreht, als wäre das Einkaufszentrum jetzt ein anderer Ort für uns, hätte sich uns geöffnet.

Wir mussten wohl plötzlich mehr Geld haben, dachte ich. Warum sonst kaufte sie solche großen Sachen? Sie wünschte sich schon lange ein neues Sofa. Woher hatte sie jetzt das Geld dafür? Ich wusste es nicht. Sie sagte immer Nein. Diesmal hieß es Ja. Wenn ich sie fragte, warum, würde die Blase womöglich platzen. Sie wirkte glücklich und selbstsicher; so hätten wir uns in dem Einkaufszentrum schon immer fühlen sollen, dachte ich, und vielleicht würde es ja in Zukunft so sein.

Bei Banana Republic probierten wir beide die gleiche Jeansjacke an, in verschiedenen Größen. Sie war kastenförmig, was ich toll fand, mit einem Kragen aus steinfarbigem Cord. Ich versuchte, meine Begeisterung zurückzuhalten; es war klüger, nicht zu drängen. Aber sie kaufte beide. Beide! Verglichen mit einem Sofa, waren zwei Jeansjacken nichts. Wir verließen das Geschäft mit den beladenen Papiertüten.

»Guck mal«, sagte ich und zeigte auf einen Pullover und einen Rock in dem Schaufenster, an dem wir gerade vorbeikamen. Der kleine, minimalistische Laden verkaufte teure Kleidung aus der Schweiz. Der lange Rock war aus dunkelgrauem Kaschmir, der Pullover aus kastanienbraunem Angora mit Stoffteddybären darauf. »Solche Sachen solltest du tragen,« sagte ich, auch wenn ich fand, dass es die Teddys nicht gebraucht hätte.

»Und wozu würde ich das anziehen?«, fragte sie.

»Zu allem Möglichen«, sagte ich. »Elterngesprächen. Abend- oder Mittagessen im Restaurant.« Ich malte mir ein anderes Leben für sie aus.

»Sie gefallen mir aber eigentlich gar nicht«, sagte sie.

»Probier sie doch einfach mal an. So kannst du das nicht beurteilen.« Das hatte ich mal jemanden in einem Geschäft sagen hören. Als sie aus der Umkleidekabine kam, immer noch unentschlossen, sahen die Sachen genau richtig an ihr aus. Ich redete ihr zu, die Verkäuferin redete ihr zu, und sie kaufte beides.

Wir waren schon fast zu Hause, an der letzten Kreuzung von unserem Viertel und meine Mutter begann, das Lenkrad einzuschlagen, drehte es aber über neunzig Grad hinaus, bis es nicht mehr weiterging, und verpasste die Abbiegung wie aus Versehen. »Huch«, sagte sie.

Sie fuhr einmal im Kreis, bis wir wieder am Ausgangspunkt waren. Doch als sie hätte abbiegen müssen, versäumte sie es erneut.

»Noch mal huch!«, sagte sie lachend.

Sie fuhr uns immer im Kreis herum, als wären wir in einem Strudel gefangen: Gehweg, Rasen, Baum, Haus; Gehweg, Rasen, Baum, Haus.

»Jetzt!«, brüllte ich jedes Mal, wenn wir uns unserer Straße näherten.

»Es geht … einfach … nicht!«, sagte sie. Die Häuser mit den halbhohen Büschen davor sahen aus wie Gesichter mit Bärten, die uns bei unserem Gekreisel beobachteten. Sie machte weiter und weiter, bis uns beiden schwindelig war, und dann – endlich – bog sie ab und fuhr uns nach Hause.

Am Abend machten wir uns Hühnerpasteten in der Mikrowelle warm, schalteten den Fernseher ein und schauten, auf dem Boden im Wohnzimmer sitzend, *Masterpiece Theatre.* Später, als ich im Bett lag, wollte sie mir noch aus Andy Warhols Tagebüchern vorlesen, dabei war ich längst zu groß fürs Vorlesen, aber ich ließ es zu.

»Du bist ein Einfaltspinsel«, sagte ich ein paar Tage später zu ihr, als wir tankten und sie gesagt hatte, sie möge den Geruch von Benzin. So hatte ich sie noch nie genannt. Vielleicht hatte ich das Wort vom Schildkrötensupperich in *Alice im Wunderland* aufgeschnappt, woraus sie mir auch gerne vorlas. Ich wollte bezwecken, dass sie es sich verbat, dass sie wütend auf mich wurde: Wie könne ich es wagen, sie einen Einfaltspinsel zu nennen – sie sei keiner. Aber sie lachte nur.

Zwei Monate später kamen die neuen, mit naturfarbenem Leinen bezogenen Möbel – Sofa, Sessel und Schemel – einschließlich größerer und kleinerer Daunenkissen. Das alte Sofa gab sie weg. Den Rock und den Pullover trug sie ein paarmal, für mich, und muss beides dann ebenfalls weggeben haben. Ich nannte sie einen Einfaltspinsel, wenn sie Fehler beging – den Weg nicht fand, behauptete, italienisches Eis sei nicht anders oder besser als amerikanisches. Es brachte sie zum Lachen. Ich war jetzt häufiger bei meinem Vater und Laurene, saugte ihre Ideen, ihre Weltgewandtheit auf. Ich war in New York gewesen, wusste um die Wichtigkeit fettarmer Ernährung, beobachtete genau, wie vorsichtig und sparsam Laurene ihrem Salatdressing Öl beimischte. Ich hatte gelernt, dass *gelato* etwas anderes und Besseres als Eiscreme war.

Eines Tages, als meine Mutter und ich im Auto unterwegs waren, bemerkte ich einen Farbfleck auf ihrer Jeans, den sie anscheinend übersehen hatte, und sagte es erneut: »Du bist ein Einfaltspinsel.« Dieses Mal brach sie zu unser beider Überraschung in Tränen aus. Sie fuhr an den Straßenrand und beugte sich übers Lenkrad, und ich sagte es nie wieder.

Die Hochzeit meines Vaters fand im Ahwahnee-Hotel in Yosemite statt.

Kobun, ein buddhistischer Mönch, den meine Eltern gut kannten, vollzog die Trauung. Während der Zeremonie standen Steve und Laurene vor drei großen Bleiglasfenstern, durch die man die Berge, den Wald und den fallenden Schnee sah.

Laurene trug ein elfenbeinfarbenes Seidenkleid, mein Vater Jackett und Fliege zu Jeans, als wäre er eins dieser Puzzles, bei denen jeder Teil des Körpers in einem anderen Stil gekleidet ist.

Am Morgen war Laurene in schwarzen Leggings mit Blumenmuster und einer schwarzrandigen Brille unten in der Lobby erschienen. In meiner Vorstellung von Hochzeiten ließ die Braut sich bis kurz vor der Trauung nicht blicken und widmete sich ihrer Schönheit; dass sie es so lässig nahm und sich zu uns gesellte, gefiel mir.

Kobun hatte ein paar Leute gebeten, kurze Reden zu halten, und ich gehörte auch dazu.

Es waren nur vierzig Gäste eingeladen. Nach der Trauung würden wir in den Fleecejacken, die sie uns allen geschenkt hatten, einen Spaziergang durch den verschneiten Wald machen. Das Festessen, einschließlich eines Konzerts mit klassischer Gitarrenmusik, sollte in einem Raum mit rechteckigen, U-förmig angeordneten Tischen und einer Deko aus Weizenbuketts stattfinden.

Meine Mutter war nicht eingeladen, aber mein Vater rief sie am Tag nach der Feier an; das erzählte sie mir erst Jahre später. Ich war überrascht, als ich es hörte, denn mir war nicht klar gewesen, dass sie damals Kontakt hatten. Bei ihnen wechselten sich Distanz und Nähe ab, ohne dass ich ein Muster darin erkennen konnte.

Mein Vater hielt eine Rede, in der er sagte, nicht die Liebe führe Menschen zusammen und lasse sie beieinanderbleiben, sondern das Wertesystem – man brauche gemeinsame Werte. Er wirkte angespannt, während er zu den versammelten Gästen und zu Laurene sprach, als wäre es ein Vortrag oder eine Ermahnung. Nach ihm ergriffen einige andere das Wort, und dann rief Kobun meinen Namen auf, und ich ging auf meinen Vater und Laurene zu, die vor dem Fenster standen. Hinter ihnen fiel dicker Schnee, sodass es aussah, als befänden wir uns alle in einer Schneekugel. Ich hielt den Zettel in der Hand, auf dem ich mir ein paar Gedanken dazu notiert hatte, wie selten es war, die eigenen Eltern heiraten zu sehen (die Idee einer Freundin), und als ich sie noch im Gehen abzulesen begann, fing ich an zu weinen. Mein Vater winkte mich zu sich, und ich umarmte sie beide, bis Laurene flüsterte: »Ist ja gut, Lis, komm schon.«

Ich hatte mich auf die Hochzeit gefreut: Ich würde mitessen und die Torte probieren dürfen (sie hatte die Form des Half Dome und schmeckte nach Banane), und vielleicht würde getanzt werden (es wurde nicht getanzt). Auf solche Einzelheiten, die Äußerlichkeiten der Feier, war ich vorbereitet, nicht aber darauf, was für ein Gefühl es sein würde, all dem, was ich mir wünschte, so nah zu kommen wie einem unter Strom stehenden Draht. Ich hatte gehofft, im Zentrum zu stehen, das Mädchen mit den Schwefelhölzern zu sein, das kraft seiner Fantasie seine Wünsche wahr werden ließ. Diese Hochzeit wurde *für mich* gefeiert. Ich wäre die Tochter eines Ehepaars, auch wenn Laurene nicht meine Mutter war.

Doch als die Feier vorbei war, fühlte ich mich leer. Ich war nicht der Mittelpunkt gewesen. Als Fotos gemacht wurden, hatte man mich für die meisten nicht dazugeholt. Mein Vater schien von Laurene und allen anderen absorbiert. Während des Essens stand ich hinter Laurene am Tisch und flocht ihr das Haar.

Später ging ich in die Lobby hinunter und schaute mich im Souvenirladen um. Ich fand ein kleines Fotoalbum mit einem Einband aus Stoff, der wie eine Tapete aus verpixelten Bäumen aussah.

»Möchtest du es bar bezahlen oder aufs Zimmer buchen?« Dass man das in Hotels tun konnte, Sachen aufs Zimmer buchen, hatte ich schon mitbekommen. Die Frau schien mich ernst zu nehmen und meinen Plan nicht zu durchschauen.

»Aufs Zimmer«, sagte ich. Mir schwirrte vor Aufregung der Kopf, und meine Hände wurden feuchtkalt bei der Aussicht, ein Fotoalbum zu besitzen. Es war natürlich möglich, dass mein Vater es auf der Rechnung entdecken würde. Aber ich hoffte, dass er dafür zu beschäftigt wäre oder dass er einfach zu viel Geld hatte, um auf Geld achten.

Ich teilte mir ein Zimmer mit Patty, der Schwester meines Vaters, mit der er zusammen aufgewachsen war. Sie war wie er adoptiert. Mein Vater stand Patty nicht sehr nah – sein Verhältnis zu

Mona, die er erst als Erwachsene kennengelernt hatte, war enger. Ich war unglücklich darüber, das Zimmer mit ihr teilen zu müssen, weil es für mich so aussah, als würden sie und ich in ein- und dieselbe Schublade gesteckt.

Die Gäste reisten am Sonntag nach der Hochzeit ab, nur Mona und ihr Freund Richie nicht, die mit meinem Vater und Laurene noch eine Woche bleiben und deren Flitterwochen mit ihnen verbringen würden. Richie und Mona sollten im Jahr darauf am Bard College heiraten und die Flitterwochen ihrerseits mit Steve und Laurene verbringen, doch damals sah ich nicht ein, warum ich, wenn Mona blieb, nicht auch bleiben könnte. Kobun und seine Freundin Stephanie waren ebenfalls noch da, wollten aber am Nachmittag abfahren.

»Wenn du bleibst, will ich auch noch bleiben«, sagte ich zu meinem Vater.

»Vielleicht«, sagte er. »Lass mich darüber nachdenken.« Er schien hin- und hergerissen zu sein, was selten der Fall war, wenn er mir etwas abschlug.

Doch ein paar Stunden später sagte er, ich müsse am Nachmittag mit Kobun und Stephanie nach Hause fahren.

Bevor wir aufbrachen, bat er an der Rezeption um die Rechnung für das Zimmer, das ich mit Patty geteilt hatte. Ich stand neben ihm. Ich wollte nirgendwo anders sein als an seiner Seite.

Er prüfte die Rechnung und runzelte die Stirn.

»Warst du das?«, fragte er und zeigte auf die Buchung.

»Nein, Patty«, log ich. Ich hatte Angst vor ihm, war tieftraurig, weil ich abreisen musste, und fürchtete mich davor, was er sagen würde, wenn er herausfand, dass ich es gewesen war. »Ich habe ihr gesagt, sie soll es nicht kaufen, aber sie hat es trotzdem gemacht.«

Kurz nach der Hochzeit brach ein Streit zwischen meinen Eltern offen aus, der seit einem guten Jahr schwelte. Dass sie sich stritten, hatte ich davor kaum mitbekommen, nur dass die Beziehung zwischen unserem und ihrem Haus abgekühlt waren. Ich erklärte es mir damit, dass meine Mutter Schwierigkeiten mit ihrem Leben hatte.

Ein paar Jahre davor hatte mein Vater einen Mann für die Gartenarbeiten in Woodside eingestellt. Derselbe Mann half ihnen nun ab und zu auch in der Waverley Street im Garten, und meine Mutter hatte Wind davon bekommen. Sie hatte von Bekannten gehört, dieser Mann sei von seinen Kindern beschuldigt worden, sie sexuell belästigt zu haben; dass er nun in meiner Nähe auftauchte, wurde zum Auslöser für die besagte Auseinandersetzung zwischen meinen Eltern. In den Jahren, in denen sie sich wieder nähergekommen waren, hatten sie nie geklärt oder auch nur darüber gesprochen, warum mein Vater uns früher so vernachlässigt, warum er mich nicht beschützt hatte, als ich klein war. Und nun beschützte er mich wieder nicht; es muss sie an andere Situationen erinnert haben, in denen sie sich im Stich gelassen gefühlt hatte, und das entfachte ihren Zorn. Wenn sie diskutierten, verlor sie die Fassung und konnte kaum noch sprechen. Sie hatte ihn mehrmals gebeten, den Mann zu entlassen, doch er hatte sich stets geweigert.

Zum letzten Streit kam es eines Abends, als ich allein zum Abendessen in die Waverley Street gegangen war. Meine Mutter klopfte an die Tür, weiß vor Wut. Für mich kam das aus völlig heiterem Himmel. Ich beobachtete sie beide, wie sie da draußen auf dem Bürgersteig der Santa Rita Street standen und sich stritten. Ich begriff, dass es um den Mann ging, aber warum sie wegen einer solchen Kleinigkeit dermaßen aufgebracht, ja völlig außer sich war, verstand ich nicht. Ich weiß noch, dass ich wünschte, sie würde weggehen und aufhören, sich so zu demütigen.

»Wie kannst du es wagen. Wie kannst du es wagen«, sagte sie immer wieder weinend. »Versprich mir, dass du ihn rausschmeißt.«

»Nein«, sagte er. Erhobenen Hauptes, ungerührt, stand er da. Er sah gut aus, in einem neuen schwarzen T-Shirt und Jeans, die noch keine Löcher hatten. Sie trug Shorts und Tennisschuhe.

Neben ihm sah sie ungepflegt und derangiert aus. Sie schluchzte, sodass kaum zu verstehen war, was sie sagte. Im Rückblick schäme ich mich dafür, dass ich fand, sie sollte sich gesittet benehmen – den Schein von Freundschaft und Normalität wahren, der sich zwischen ihnen gebildet hatte. Mein Vater durfte auf keinen Fall glauben, ich wäre wie sie. Wenn er das dächte, würde er mich vielleicht nicht mehr haben wollen. Sie führte sich zu theatralisch auf, ja regelrecht verrückt. Ich wünschte, sie wäre weniger emotional, weniger expressiv. Es war mir peinlich, wie sie mit den Füßen trat und das Gesicht verzerrte.

Irgendwann stieg sie in ihr Auto, knallte die Tür zu und fuhr weg. Er zuckte mit den Schultern und ging wieder ins Haus. Ich folgte ihm und tat wie er und Laurene für den Rest des Essens so, als wäre nichts gewesen.

Von da an kam mein Vater nicht mehr in der Rinconada Avenue vorbei, und meine Mutter wurde nicht mehr zum Essen in die Waverley Street eingeladen. Der Gärtner arbeitete weiter für meinen Vater, und meine Eltern verkehrten nicht mehr miteinander.

Die Nachricht, dass Laurene schwanger war, traf mich wie ein Schlag. Ich hatte geglaubt, sie würden mit dem Kinderkriegen noch warten, wenigstens ein paar Jahre. Auch wenn ich es nicht hätte in Worte fassen können – ich dachte, sie wollten *mich*. Ein Haus, eine Frau, ein Mann und eine Tochter: Jetzt, da die Hochzeit stattgefunden hatte, könnten wir es endlich genießen.

Sie luden mich zum Abendessen zu sich ein. Es gab das Gleiche wie an anderen Tagen: veganes Essen. An diesem Abend Gemüsesushi mit braunem Reis. Als mein Vater zur Tür hereingekommen war, hatte er sie auf den Mund geküsst, als wäre er Mr Leidenschaft; sie musste den Rücken komisch durchbiegen und sich an der Kochinsel festhalten. Bestimmt tat ihr der Hals dabei weh. Das sagte ich hinterher auch, aber er lachte nur. Er küsse gut, das hätten ihm viele Frauen bestätigt.

»Es sah eher wie Saugen und nicht wie Küssen aus«, sagte ich.

Hinter seinem Rücken zog Laurene die Brauen hoch und nickte mir zustimmend zu.

Jetzt, im Arbeitszimmer, wirkten sie ernst. Ich fragte mich, ob ich in Schwierigkeiten steckte.

Ich saß auf einem Sessel, Laurene auf einem Schemel, mein Vater auf dem Boden.

»Wir bekommen ein Baby«, sagte er. Ich schaute fragend zu Laurene. Sie nickte.

Eine Schreibtischlampe, eine schwache Deckenleuchte und das Königsblau in den Fenstern – bei Dämmerung war es schummrig in dem Zimmer.

»Das ist ja toll«, sagte ich. Ich spürte, wie die Muskeln in meinem Gesicht weich wurden und zuckten, sodass ich mir nicht mehr sicher war, wie die Ruhestellung eines Gesichts sein sollte und wie man sie wiederfand.

»Wir freuen uns sehr«, sagte er und legte den Arm um sie.

Ich ging nach Hause. Die Lichter waren an, zwei gelbe Augen. Das Haus war jetzt klein und weit entfernt. Es war nichts, meine Mutter war nichts. Sie gehörte nicht zu der Familie mit dem neuen Baby, und sie konnte nichts dagegen tun.

»Sie bekommen ein Baby«, sagte ich am nächsten Tag im Auto, wo wir beide nach vorne blickten, sodass sie mein Gesicht nicht sehen konnte. Am Abend vorher hatte ich es für mich behalten und im Bett geweint, nachdem sie mir Gute Nacht gesagt hatte. Jetzt, neben ihr, fühlte ich mich zu sehr wie sie, wie der abgelegte Teil der Familie.

»Schön für sie«, sagte sie.

»Aber ich dachte nicht, dass sie – sie haben nie davon gesprochen, dass sie ein Baby haben wollten«, sagte ich.

»Deshalb heiraten die Leute«, sagte sie. »Um Babys zu bekommen.«

Dieses Baby hätte meinen Vater von Anfang an und die richtige Mutter dazu. Es würde glücklich geboren weren. Das Baby konnte nichts dafür; das machte es irgendwie noch schlimmer. Ich wünschte, ich wäre dieses Baby und Laurene meine Mutter. Ihr

Bauch war schon bald rund und fest wie eine Trommel. Der Bauchnabel stak heraus wie ein Puppenohr.

Ich ging zu ihnen, ins Arbeitszimmer meines Vaters, und sah, dass er den Namen – Reed Paul Jobs, drei Namen, drei Silben – in allen möglichen Schriftarten, Schrifttypen- und Schriftgrößen aufgeschrieben hatte, sein ganzer Bildschirm war voll davon. Garamond, Caslon, Bauer Bodoni. Er wollte sichergehen, dass der Name für den lebenslangen Gebrauch taugte.

Mein Bruder wurde mit langen Fingern, winzigen weißen Nägeln und eingerollten Farnhänden geboren, die meinen Finger festhielten. Wie ich ihn liebte! Es geschah unwillkürlich – ich war machtlos dagegen. Sein Geruch, seine Proportionen, die vollkommenen kleinen Fersen, die lose Haut an den Knien. Ich besuchte ihn nach der Schule und am Wochenende, wechselte ihm die Windeln, fragte mich, was für ein Mensch er werden würde. Er hatte flaumige Haare auf dem Rücken, und sein Bauch wölbte sich unter den Rippen wie bei einem Grillhähnchen. Rund um eine suppige Stelle auf seinem Schädel, die sich eindrücken ließ wie die Mitte einer Torte, wuchsen dunkle, glatte Haare. Seine Lippen waren rosa und aus einer anderen Art Haut, wie ein sauberer Wurm, der sich zusammenziehen konnte. Mit seinen kleinen Windeln wirkte er noch kleiner, spindeldürre Beinchen und winzige Füße, die aus einer großen weißen Hülle sprossen. Seine grauen Augen hatten einen alten, verträumten Blick, als käme er von einem Ort mit mehr Weisheit.

Manchmal riefen abends Gläubiger an. »Wie heißen Sie?«, fragte meine Mutter mit finsterem Blick. »Ich möchte, dass Sie mir Ihren Namen nennen. Sie dürfen um diese Uhrzeit nicht anrufen. Ich werde Sie anzeigen.«

»Wer war das?«, fragte ich, wenn sie aufgelegt hatte. Damals glaubte ich, es seien Leute, die uns etwas verkaufen wollten. Später erfuhr ich, dass sie sich mit dem Kauf der Möbel bei Ralph Lauren, Sofa, Sessel und Schemel, verschuldet hatte, was zu dem Stress mit den Gläubigern am Telefon führte und später, als ich auf der Highschool war, zu einer Insolvenz, weil sie ihre Kreditkartenschulden nicht begleichen konnte.

Ich hörte, wie sie sich über die Nelken beschwerte, die Ilan ihr manchmal mitbrachte – ob er ihr nicht bessere Blumen spendieren könne. Später erzählte sie mir, sie sei eines Abends, als er gesagt habe, dass er noch arbeiten müsse, allein nach Stanford in eine Oper gegangen und habe ihn dort mit einer anderen Frau gesehen. Im Lauf der nächsten paar Jahre ging es auf und ab mit ihnen, sie stritten sich, trennten sich, versöhnten sich, und kurz bevor ich auf die Highschool wechselte, kam es zum endgültigen Bruch. Wenn sie sich nicht gut verstanden, stritten auch meine Mutter und ich uns öfter.

»Du weißt doch, wie Ilans kleine Finger aussehen, oder? So einwärtsgedreht?«, fragte sie mich eines Tages im Auto. Das zweite Glied seiner kleinen Finger zeigte im Dreißig-Grad-Winkel nach innen. »Das ist ein Zeichen dafür, dass jemand nicht treu ist.«

Über die niederen Arbeiten, die sie mir auftrug, fühlte ich mich erhaben. Es demütigte und langweilte mich, den Müll herauszubringen oder das Geschirr zu spülen, also erledigte ich diese Dinge wenig gründlich, lethargisch und schlampig und eilte so bald wie möglich in mein Zimmer, um Hausaufgaben zu machen und zu lernen, faul in allem, was kein schulisches Lob versprach. Eines Abends, als ich den Müllbeutel zur Tonne neben dem Haus gezerrt hatte und in die Küche zurückkam, war sie noch da und sah mich erwartungsvoll an.

»Schau dir die Arbeitsfläche an«, sagte sie.

Ich suchte nach dem Schwamm, aber sie hatte ihn sich schon geschnappt und ausgewrungen und wischte jetzt wütend Krümel in ihre Hand.

»Alles, worum ich dich bitte«, sagte sie, »ist, dass du das Geschirr spülst und die Arbeitsfläche wischst. Geschirr, Arbeitsfläche. Kapiert?«

»Entschuldige«, sagte ich. »Ich mache es beim nächsten Mal.«

»Nein, du machst es *dieses* Mal«, sagte sie.

»Aber jetzt ist es doch schon erledigt«, sagte ich.

»Du musst dein Benehmen ändern.«

»Mach ich«, sagte ich. »Versprochen. Entschuldige.«

»*Entschuldige*«, äffte sie mich mit hoher Babystimme nach. »Kleine Prinzessin«, fauchte sie.

Am Anfang dieser sich steigernden Auseinandersetzungen versuchte ich immer, vernünftig mit ihr zu reden, falls sie sich noch beruhigen ließe. Später, wenn klar war, dass sie nicht aufhören, sondern der Streit immer weiter und weiter gehen würde, stand ich nur ganz still da und sagte gar nichts mehr.

Ein paarmal hatte zu Beginn eines Streits das Telefon geklingelt und ihn unterbrochen; sie nahm den Anruf in ihrem Zimmer entgegen, und ich hörte ihre gedämpfte Stimme. Ihr Freund Michael, oder Terry, war dran. Wenn sie mir danach Gute Nacht sagen kam, war sie nicht mehr böse. Mich traf keine Schuld, dachte ich dann; dass sie unglücklich war, hatte nichts mit mir zu tun – sie war schlicht einsam. Das sagte ich mir, wenn sie anfing zu schreien, und es war eine meiner Ausreden dafür, das Geschirr nicht ordentlich zu spülen, ihr kaum bei der Hausarbeit zu helfen und sie geringschätzig zu behandeln.

»Glaubst du, ich bin dein *Dienstmädchen*?«, stieß sie zwischen den Zähnen hervor.

»Mom, ruf einen Freund an«, sagte ich. »Bitte.«

Wenn meine Mutter so herumbrüllte, ging es abgesehen von mir oft um den Buchhalter meines Vaters, Jeff Howson, der uns die monatlichen Unterhaltsschecks schickte – Rettungsleinen, wie ich sehr wohl wusste –, und in jenen Tagen zunehmend auch um Kobun. (Meinen Vater erwähnte sie im Verhältnis zu diesen beiden Männern vergleichsweise selten.)

»Kobun hatte mir versprochen, sich um uns zu kümmern, und jetzt lässt er mich *verrotten*.« Ihre Stimme war fast weg. »Dieser Betrüger«, sagte sie mit verzerrtem Gesicht.

Ich verstand nicht, was sie meinte. Soweit ich wusste, hatte Kobun nicht viel mit uns zu tun. Er war bloß ein schweigsamer buddhistischer Mönch, den meine Eltern gekannt hatten und der die Trauung durchgeführt hatte.

Erst später erfuhr ich, dass sie sich, da ihre Mutter psychisch krank und mein Vater unansprechbar war, ratsuchend an Kobun gewandt hatte, als ihre Schwangerschaft feststand.

»Trag das Kind aus«, hatte Kobun ihr gesagt. »Wenn du Hilfe brauchst, helfe *ich* dir.« Doch seitdem war keinerlei Unterstützung von ihm gekommen. Niemand hatte so viel versprochen wie Kobun oder war meiner Mutter damals so vertrauenswürdig erschienen wie er. Auch mein junger Vater hatte Kobun vertraut. Wie meine Mutter später von anderen aus der Gemeinschaft hörte, hatte Kobun ihm gesagt, für den Fall, dass ich ein Junge würde, wäre ich Teil eines spirituellen Patrimoniums, und er solle die Vaterschaft beanspruchen und mich unterstützen. Sollte sich dagegen herausstellen, dass ich ein Mädchen sei, habe er keine Verpflichtung, für meine Mutter und mich zu sorgen.

Am nächsten Abend hatten wir die gleiche Auseinandersetzung wieder.

»Ach, ich Arme, ich Arme«, sagte sie mit der mich nachäffenden Babystimme. Und dann brüllte sie wieder: »Du hast keine Ahnung, was ich alles für dich getan habe!«

»Ich verspreche dir, es von jetzt an besser zu machen«, sagte ich. »Ich werde das Geschirr abspülen, ohne zu maulen. Und die Arbeitsflächen richtig abwischen.« Sie wollte, dass ich den Lappen beim Wischen fest aufdrückte und die Krümel mit der anderen Hand auffing.

»Es geht nicht um die Arbeitsflächen, du dummes Gör! Es geht um dieses beschissene Leben!« Sie fing an zu schluchzen und sog dabei ganze Luftschwalle ein, wie Windböen.

Ich stand ganz still und aufrecht daneben und verzog keine Miene. Unterhalb meines Kopfes spürte ich nichts. Ich war wie ein bis auf die Fassade abgerissenes Haus, das ich in Barron Park gesehen hatte: Außer direkt von vorne hatte es von keiner Warte aus etwas zu bieten. Keine Zimmer, keine Wand, keine Substanz.

»Entschuldigung«, sagte ich erneut. »Es tut mir sehr leid. Wirklich.«

»Entschuldigung sagen heißt gar nichts!«, schrie sie. »Du musst es beweisen. Du musst dein Verhalten *auf der Stelle* ändern.«

Sie haute mit der flachen Hand gegen eine Schranktür und auf die Arbeitsfläche – klatsch, klatsch. Wieder holte sie lange und tief Luft, durch eine verengte Kehle, als hätte sie Asthma und könne kaum atmen.

»Weißt du, was ich bin?«, schrie sie. »Das schwarze Schaf. Ich bin diejenige, die alles für dich getan hat. Aber das schert ja niemanden einen feuchten *Dreck.*« Sie zog das Wort »Dreck« mit ihrer rauen Stimme ewig und in voller Lautstärke in die Länge, sodass ich sicher war, die Nachbarn, die ganze ruhige Straße, konnten es hörten.

»Ich bin ein *Nichts*«, brüllte sie und fing wieder an zu weinen. »Zuerst für meine Familie, jetzt für dich und Steve. Das bin ich. Ein Nichts.«

Sie machte Licht in der Küche, eine Geste, die in Anbetracht der Situation bemerkenswert normal war. Wenn wir uns nicht stritten, schalteten wir abends auch in anderen Zimmern Lampen ein, dann leuchtete das Haus auf der dunklen Straße neben den anderen leuchtenden Häusern.

»Nein, bist du nicht«, sagte ich ausdruckslos. Meine Füße taten weh.

»Du kannst mich mal, Universum. Du kannst mich mal, Welt.« Sie streckte die Mittelfinger beider Hände Richtung Zimmerdecke.

Sie ging zur Fliegenschutztür, lehnte sich mit dem Rücken an und rutschte daran herunter, bis sie mit dem Kopf in den Armen auf dem Boden hockte, wie sie es oft tat, wenn der Streit sich dem Ende näherte.

»Ich will nicht mehr«, wimmerte sie.

Sie sagte das so, als könnte es einfach passieren, dass man nicht mehr wollte, so wie ich beim Gehen manchmal mit dem Knöchel umknickte und hinfiel.

Ohne sie würde ich aufhören zu existieren, wäre da nichts als Leere.

Ich hockte mich neben sie und legte ihr eine Hand auf den Arm. »Wie meinst du das, du willst nicht mehr?«, fragte ich.

»Dieses Leben«, schluchzte sie. »Ich kann nicht mehr. Du hast keine Ahnung, was ich durchgemacht habe. Wie es war, dich allein großzuziehen, ohne jede Hilfe. Ich gebe mir solche Mühe, aber ich habe nicht genügend Unterstützung. Es ist zu schwer.«

Die Auflösung war jedes Mal wie das Ende einer langen, anstrengenden Reise, desorientierend, schwerkraftlos. Die Geräusche kehrten wieder. Die Gerüche. Wenn es so weit war, spürte ich die Umrisse meines Körpers nicht mehr.

Sie blieb auf dem Boden vor dem Fliegenschutz sitzen. Der Streit war vorbei. Sie war nicht mehr böse, nur traurig, und jetzt, nachdem der Sturm sich gelegt und sie schwach und geschlagen zurückgelassen hatte, war mir unvorstellbar, wie ich mir je etwas anderes als gute, schöne Dinge für sie hatte wünschen können.

Da meine Mutter wankte, malte ich mir aus, bei meinem Vater zu wohnen. Durch die sauberen weißen Zimmer zu schlendern – die immer noch kaum möbliert waren – und von den unbegrenzt vielen Früchten zu kosten. Laurene war gerade dabei, zusammen mit einem zierlichen Studienkollegen ein Unternehmen namens Terra-Vera für vegane Wraps aus Vollkornweizen-Lavasch zu gründen. Wenn sie zum Essen nach Hause kam mit ihrer blonden Mähne, der Ledermappe mit Unterlagen und ich sie fragte, wie ihr Tag gewesen sei, wirkte sie quietschfidel. Ihre Jeans war an den Säumen ungleichmäßig abgeschnitten, zwei verschieden hohe ausgefranste Linien oberhalb der Fußgelenke, die wie Glockenklöppel darunter hervorschauten.

Ungefähr um diese Zeit begann ich, die Füße beim Gehen auswärtszudrehen. Von selbst zeigten sie geradeaus. Ich fühlte mich anders, selbstbestimmter, vielversprechender, absichtsvoller, wenn ich so ging.

Die Auseinandersetzungen mit meiner Mutter gingen monatelang weiter und wurden immer häufiger, sodass wir uns bald praktisch jeden Abend über Stunden stritten. Wenn Frieden zwischen uns herrschte, achtete ich die ganze Zeit auf Anzeichen dafür, dass ihre Stimmung kippen könnte.

Von besonders schlimmen Abenden erzählte ich meinen Lehrern Lee und Steve. Das machte meiner Mutter zu schaffen, die es schrecklich fand, wenn andere kritisch über sie sprachen, und mich in ihren Tiraden daraufhin zu verhöhnen begann, weil ich angeblich »immer sofort« zu Lee rannte und mich beklagte.

Sie schlug gegen die Wand, tat sich die Hand weh, brüllte so, dass Adern in ihrem Gesicht hervortraten und ihr Hals nur noch aus Sehnen zu bestehen schien. Türenknallen, kohlschwarze Halbmonde unter den Augen. Ein paarmal packte sie mich fest am Oberarm und schüttelte mich.

»Ich hätte dich nie bekommen sollen«, sagte sie eines Samstagnachmittags gegen Ende eines Streits. »Es war ein Fehler, ein Kind zu bekommen.« Sie weinte, ohne mich anzusehen, stand dann auf, ging in ihr Zimmer und schloss die Tür.

Ich wusste, dass andere Eltern solche Sachen nicht zu ihren Kindern sagten. Wenn ich ihr Leben ruiniere, dachte ich, warum folgt sie mir dann oft von Zimmer zu Zimmer, als wären wir aneinandergekettet?

Auf Zehenspitzen schlich ich, so schnell ich konnte, zur Haustür, ging hinaus, die Stufen hinunter, über den Rasen und auf die Rinconada Richtung Emerson.

Es war ein ruhiger Nachmittag, niemand draußen, die Häuser wie ausdruckslose Gesichter, keine Autos in den Einfahrten. Ich bog rasch um die Ecke, war mir, in meinem Rock und den flachen Schuhen, jedes meiner Schritte bewusst und blickte häufig über die Schulter, um zu prüfen, ob meine Mutter hinter mir herkam. Wahrscheinlich war sie noch in ihrem Zimmer und hatte gar nicht bemerkt, dass ich nicht mehr da war.

Ich lief gen Osten, gen Süden, gen Osten, zur Embarcadero, zum Highway 101. Sobald ich die Straßenecke hinter mir gelassen hatte, wo ich geradeaus hätte gehen oder abbiegen können, sodass sie mich nicht mehr so leicht finden würde, begann ich aufzuatmen.

Ich empfand ein Glücks- und Freiheitsgefühl, wie ich es nicht erwartet hatte, ein erregendes Prickeln in den Knien. Ich war entkommen – mehr noch: erleichtert.

Ich wurde allmählich wieder ich selbst, spürte die Konturen meines Körpers, wo er auf die reglose Luft traf.

Ich betrachtete meine Handflächen. Es stimmte: Die linke war wie ein holziges Gestrüpp ohne klar erkennbaren Weg. Die Linien der rechten Hand waren auch nicht deutlich definiert, die Lebenslinie dagegen sah besser aus. Ich wusste, dass die Bläschen nichts Gutes verhießen, aber woran sollte ich erkennen, wann eine kam, an welchem Punkt auf der Lebenslinie ich mich befand? Ich behielt ihre Sichtweise meiner Zukunft bei, obwohl ich mich schon von ihr löste.

Irgendwann musste ich mal. In der Nähe war ein kittfarbenes, spanisch anmutendes Haus mit einem mannshohen runden Fenster zur Straße und dicht beieinandergepflanzten Rosenbüschen auf dem Rasen. Ich schaute nach links und nach rechts – niemand zu sehen – und pinkelte schnell auf die Erde unter den Rosenbüschen.

Ich lief durch die Gegend, bis es dämmerte. Mir kam es vor, als wäre ich seit Stunden unterwegs; jetzt blieb nichts mehr zu tun, als nach Hause zu gehen.

Schon aus der Ferne sah ich Leute auf unserem Rasen stehen und hörte ein Geräusch wie von Insekten: Walkie-Talkies, Gebrabbel, Rauschen. Licht in unseren Fenstern, Licht auf der Veranda, ein Polizeiwagen.

Als ich noch einen halben Block entfernt war, sah mich eine Frau in Uniform und kam mir entgegen. Meine Mutter stand breitbeinig und mit verschränkten Armen auf dem Rasen.

»Da bist du wieder«, sagte sie.

»Ja«, sagte ich.

Sie machte ein paar vorsichtige Schritte auf mich zu.

Die Polizistin sagte etwas zu meiner Mutter. Ein Stück weiter weg stand ein Polizist und sprach, von uns abgewandt, in ein Walkie-Talkie.

»Danke«, sagte meine Mutter und nickte der Polizistin zu, die das Nicken erwiderte und zum Wagen ging.

»Das hättest du nicht tun sollen«, sagte sie, als sie weg waren. »Du kannst nicht einfach weglaufen.«

»Du hättest mich nicht so anschreien sollen.« Ich stand breitbeinig da, wie sie. Eine neue Kraft in mir, von der ich nichts geahnt hatte.

»Es tut mir leid«, sagte sie.

An dem Abend kam sie, bevor ich ins Bett ging, zu mir ins Zimmer. Sie hatte sich das Gesicht gewaschen, und als sie sich über mich beugte und »Entschuldige« sagte, nahm ich den Seifenduft wahr. »Hast du Hunger?«

»Ein bisschen«, sagte ich.

Sie ging in die Küche, um Äpfel und Käse zu schneiden, kam mit dem Teller wieder, und dann saßen wir, an Kissen gelehnt und mit den Füßen unter der Decke, zusammen in meinem Bett und aßen. »Du wirst es bestimmt allen erzählen«, sagte sie. »Du wirst mich wie ein Ungeheuer aussehen lassen. Bestimmt erzählst du es Lee.«

»Nein, mach ich nicht«, sagte ich mit Nachdruck.

Am nächsten Morgen ging ich zu Lee. Sie stand hinter einer Trennwand im großen Klassenzimmer.

»Gucken Sie mal«, sagte ich und zeigte ihr einen Bluterguss an meinem Oberarm, der wie ein Schmutzfleck aussah. »Außerdem hat sie gesagt, ich wäre besser nicht geboren worden.«

»Das hätte sie nicht sagen sollen«, sagte Lee. »Sie meint es bestimmt nicht so.«

»Wir streiten uns stundenlang«, sagte ich. »Und danach ist es schon spät, und ich kann mich nicht mehr auf die Schulaufgaben konzentrieren. Ich bin weggelaufen. Aber nach einer Weile bin wieder zurückgegangen.«

Neuerdings trank meine Mutter manchmal Wein zum Abendessen.

»Und sie hat angefangen zu *trinken*«, sagte ich.

»Wirklich? Wie viel?«

»Ein Glas Wein ab und zu«, sagte ich finster.

Lees Miene änderte sich; ich begriff, dass dieses Detail nicht so schlagkräftig war wie der Rest.

»Das ist nicht viel«, sagte Lee. »Aber wir müssen mal überlegen, wo du in der Prüfungszeit wohnen könntest – die Japanreise rückt näher.« In der Woche darauf wohnte ich bei Kate in Burlingame. Meine Mutter fuhr mich am Montag mit einer Übernachtungstasche zur Schule; sie könne auch mal eine Pause gebrauchen, sagte sie. Kates Mutter holte uns von der Schule ab. Sie war groß und stämmig; ihre Brille hing an einer langen Perlenschnur, die bei jedem ihrer Schritte angenehm klickerte. »Im Kleinen liegt das Gute«, sagte sie, als wir bei ihnen in der weiß gekachelten Küche standen und sie zu mir herunterschaute.

»Danke«, sagte ich; schlagartig wurde mir bewusst, wie klein ich im Vergleich zu ihnen war.

Wir flogen nach Kyoto und übernachteten in einem umzäunten Tempel, die Mädchen in einem Raum, die Jungen in einem anderen, die Lehrer in einem dritten. Wir schliefen auf Futons, die wir auf Tatamimatten legten, morgens zusammenklappten und hinter Shoji-Raumteilern verstauten und abends wieder herausholten.

Morgens frühstückten wir auf Knien an einem niedrigen Tisch im Innenhof, umgeben von Bäumen. Am dritten Tag entdeckten wir mikroskopisch kleine Silberfischchen im Morgenreis.

In dem Tagebuch, in dem wir unsere Erlebnisse festhielten, sollten wir auch unsere Ausgaben notieren. Ich schrieb sie hin, wie es gerade kam, ohne System, darunter dreihundert Yen, die ich am ersten Tag bezahlt hatte, um mir an einem Tempel auf dem Mount Hiei etwas zu wünschen, sodass ich gegen Ende der Reise, als es nützlich gewesen wäre, alles schnell zusammenzuzählen, Schwierigkeiten hatte, die auf den Seiten verstreuten Zahlen wiederzufinden.

Bei den Tempeln kamen japanische Mädchen zu uns und fragten uns kichernd, ob sie sich mit uns fotografieren dürften. Wenn sie lachten, hielten sie sich die Hand vor den Mund. Sie machten sich gegenseitig Hasenohren, bevor die Fotos geknipst wurden. Ich schrieb gegen Geld Wünsche auf Zettel und schob sie durch einen Spalt in einem Granitstein, wo sie später von betenden Mönchen verbrannt werden würden.

Wir reisten nach Ikeda, wo wir eine Woche lang blieben. An einem der Abende dort gingen wir in ein Badehaus. Anstandshalber nahmen wir Handtücher mit, aber ich stellte fest, dass ich mich nicht schämte. Hier nackt zu sein war überhaupt kein Problem.

Der Raum war groß, mit drei verschiedenen Bädern, einer Sauna im hinteren Teil, warmem Sandelholzduft, heißem Dampfgeruch. Ein heißer Pool, ein kalter Pool, eine dunkle Sauna, in der der Saunaofen sang. Junge Frauen, dünne alte Frauen mit schlaffer Haut, unter der sich die Knochen abzeichneten. Im heißen Pool Frauen mit Handtüchern um die Brust, die sich mit geschlossenen Augen zurücklehnten.

Als wir das Bad ein paar Stunden später durch das metallene Drehkreuz verließen, haftete die Hitze noch an mir und isolierte mich gegen die Nachtluft. Wir dampften alle.

Gegen Ende der Reise kamen wir nach Hiroshima.

Im dunklen Museumsflur standen beleuchtete Schaukästen, in denen Fingernägel, Schachteln mit Haaren, verbrannte Kimonoteile, Schwarz-Weiß-Fotos von verlassenen, weinenden Kindern ausgestellt waren. Manche Kinder waren augenblicklich verdampft; anderen, die überlebten, fielen in den Wochen darauf büschelweise die Haare aus, auch die Fingernägel, ja sogar die Finger. Die Bombe hatte eine tornadoähnliche Wirkung. Der Wind verteilte die Strahlung ungleichmäßig.

Für die Schule hatte ich ein Buch über eine Mutter und eine Tochter gelesen, die zum Zeitpunkt des Einschlags auf einer Brücke waren. Die Tochter wurde zu einem Rußfleck auf dem Boden, während die Mutter nackt zurückblieb, mit dem Muster der dunklen Blumen ihres Kimonos auf der verkohlten Haut. Das Bild verfolgte mich.

Am Nachmittag schauten einige von uns sich das Epizentrum der Bombe an, ein abgezäuntes Areal mit einem einzigen alten Gebäude darauf. Dort standen von Pflanzenkübeln umgebene Steinbänke unter Ahornbäumen mit marmorierten Stämmen, deren Blätter wie halb geöffnete Hände auf den Asphalt rund um die Bänke fielen.

In einem kleinen Laden in der Nähe kaufte ich mir eine Schale Unagi auf Reis und setzte mich auf eine der Bänke. Das Gelände, auf dem das Gebäude stand, war mit niedrigen Sträuchern und Gras bewachsen. Es war weitläufiger als andere Grundstücke, die ich bisher in Japan gesehen hatte, mit Ausnahme derer, die zu den Tempeln gehörten, und erinnerte mich an die verwaisten Baustellen außerhalb Palo Altos, am Rand des El Camino Real, wo das Unkraut spross.

Das alte Gebäude in der Mitte bestand nur noch aus Stahlelementen, wie ein Gerüst oder eine Schneiderbüste. Am Morgen des Bombeneinschlags war es auf sein Skelett unter der Farbe und dem Putz reduziert worden, einem trockenen Blatt gleich, von dem nur noch das Gerippe aus braunen Adern übrig ist. Es blieb stehen, weil es ein physikalisches Gesetz ist, dass das Epizentrum einer atomaren Explosion nicht zerstört wird.

Wir verließen Hiroshima und fuhren in eine Stadt auf dem Land, wo wir in einem niedrigen, flachen Gebäude mit einem Versammlungsraum in der Mitte wohnten. Wir hatten schon viele Tempel in den grünen, nach Torf und Regen riechenden Bergen besucht. Und wir waren mit dem Hochgeschwindigkeitszug gefahren, so ruhig und gleichmäßig, dass man kaum das Gefühl hatte, sich von der Stelle zu bewegen.

Ich hatte viel über meine Mutter und unsere Auseinandersetzungen nachgedacht. Es war erleichternd, weit von ihr weg zu sein. Ich wusste, dass sich der Streit nach meiner Rückkehr fortsetzen würde.

Am zweiten Tag auf dem Land, gegen Ende unserer Reise, kam ein Mann in den Versammlungsraum. Ich brauchte einen Moment, um zu begreifen, wer es war: mein Vater, barfuß, der sich die Haare aus der Stirn warf.

»*Steve?*«, sagte ich.

»Hallo, Lis«, sagte er lächelnd. Die ganze Klasse schaute. »Ich hatte hier in der Nähe geschäftlich zu tun. Da dachte ich, ich komme dich mal besuchen.«

»Aber woher wusstest du, dass ich hier bin?« Wir waren weit von Tokio und Kyoto entfernt, wo seine Geschäftsreisen ihn normalerweise hinführten.

»Ich habe da so meine Methoden«, sagte er.

Ich schaute zu Lee, die mir zublinzelte.

Wie jung und gut er aussah. Mein Herz tat genauso einen Sprung, wie wenn ich sein Gesicht auf der Titelseite von Zeitschriften entdeckte.

Am Nachmittag brauchte ich am allgemeinen Programm nicht teilzunehmen. Mein Vater und ich blieben allein in einem Raum mit einer Trennwand aus Reispapier, einem Fenster und Kissen auf dem Tatamiboden. Ich strich mit den Händen über den glänzenden, im Fischgrätenmuster gewebten Schilf und die Stoffränder. Zuerst war ich gehemmt, so ganz allein mit ihm, wie mit Jungs, wenn klar war, dass wir uns mochten, und uns trotzdem nichts zu sagen wussten.

»Ich freu mich so, dass du gekommen bist«, sagte ich.

»Ich mich auch, Lis. Ich wollte ein bisschen Zeit mit dir verbringen.«

Irgendwann setzte ich mich auf seinen Schoß. Dafür war ich eigentlich zu alt – ich war gerade vierzehn geworden –, aber ich war klein für mein Alter und saß auch bei meiner Mutter manchmal noch auf dem Schoß. Dabei bohrte ich ihr oft aus Versehen meinen Sitzbeinknochen in den Schenkel, was ich bei ihm unbedingt verhindern wollte, weil er mir nicht vertraut genug war, also saß ich möglichst behutsam, mit gekrümmtem Rückgrat, da.

Ich zitterte ein wenig. War das Angst? Aufregung? Ich wusste es nicht. Er schüchterte mich ein, und zugleich liebte ich ihn mit geradezu elektrischer Energie. Ich hoffte, er merkte nicht, wie rot und heiß meine Wangen waren: einen Vater zu haben, wie ich es mir so lange gewünscht hatte. Mit einem Vater, dachte ich, fühlte man sich nicht wie ein ganz gewöhnlicher Mensch, sondern auserwählt. Unsere gemeinsame Zeit floss nicht gleichmäßig dahin, sie stotterte vielmehr wie ein Daumenkino.

Wie nah soll man einem Vater sein? Ich wollte, dass wir eins wären, unzertrennlich. In seiner Gegenwart wusste ich nicht, wie ich meine Hände halten, meine Gliedmaßen anordnen sollte. Andere Töchter hatten das sicher längst heraus.

In den kühlen, stillen Grenzen der Tempel war mir, als wäre ich mehr als nur ich selbst, Teil eines größeren, wohlwollenden Systems oder Plans. Ich fragte mich, was ich tun würde, wenn die Reise vorbei war und das Leben mit meiner Mutter wieder anfing. Würde mein Vater sagen, ich könnte bei ihm leben?

»Glaubst du an Gott?«, fragte ich jetzt, um herauszufinden, ob er in den Tempelanlagen das gleiche Gefühl hatte wie ich. Ich traute mich nicht, ihn zu fragen, ob ich bei ihm leben könnte, hatte zu große Angst, dass er Nein sagen würde. Stattdessen würde ich ihn mit großem, für ein junges Mädchen untypischem Wissensdurst beeindrucken und unterhalten.

»Ja, aber nicht auf die herkömmliche Weise«, sagte er. »Ich glaube, dass es da etwas gibt. Eine Anwesenheit. Ein Bewusstsein. Es ist wie ein Rad.« Er machte Anstalten aufzustehen, und ich rutschte von seinem Schoß herunter. Er kniete sich hin und zeichnete mit dem Finger einen Kreis auf den Tatamiboden und darin einen kleineren. Mit klopfendem Herzen kniete ich mich neben ihn. Das war Nähe! Ich wollte mehr davon! Davon, dass er so engagiert mit mir redete, dass er mir sagte, was er dachte, und annahm, dass ich es begreifen würde, weil ich seine Tochter war. »Das Rad hat an verschiedenen Stellen Knotenpunkte, außen ist etwas Größeres, das Äußere und das Innere sind verbunden.« Er zeichnete zwei Speichen zwischen dem kleineren und dem größeren Kreis. »Ich weiß nicht, ob das verständlich ist.«

Er schien selbst verwirrt. »Na ja, es ist eigentlich ganz einfach.«

Am Abend schrieb ich in mein Tagebuch: »Wenn ich ihm etwas erzähle, wird es lebendig. Wenn ich es ihm nicht erzähle, existiert es nicht.«

»Ich hab tausend Schmetterlinge im Bauch«, schrieb ich.

Später kam er noch mit, als einige von uns in den verschlafenen Ort radelten, Häuser und Läden aus dunklem Holz, rundherum Reisfelder, die Berghänge terrassiert. Wir gingen in ein Soba-Lokal und setzten uns in eine Nische. Ich bestellte Kitsune Udon, Brühe, an deren Oberfläche neben einem gebratenem Tofustreifen ein paar Fettkügelchen schwammen, darunter gerade noch sichtbare dicke Nudeln, wie weiße Steine auf dem Grund eines trüben Teichs. Er bestellte kalte Soba mit Sauce zum Eintunken.

»Kann ich mir ein paar Yen von dir leihen, Lis?«, fragte er. Er hatte nur Dollar dabei.

»Klar«, sagte ich. Ich gab ihm etwas von dem Geld, das meine Mutter mir mitgegeben hatte, ein Betrag, der für alle Eltern galt, nachdem die Lehrer ausgerechnet hatten, wie viel wir, wenn wir uns selbst überlassen waren, für Essen und Snacks, Tempelwünsche und Verkehrsmittel ungefähr brauchen würden.

»Ich geb's dir wieder, bevor ich abfahre«, sagte er.

Nach dem Mittagessen gingen wir zu einer Bank; gleich im Anschluss wollte er den Zug zurück nach Tokio nehmen. Japanische Räume waren klein, aber sie rochen nach freier Natur, das Essen glitzerte in getrennten lackierten Fächern, in den zur Straße offenen Spielhallen klimperten Pachinko-Automaten – alles war anders, auffallend fremd. Doch diese Bank sah aus wie jede beliebige Bank in Kalifornien, mit Teppichböden, girlandenähnlichen roten Abtrennungsseilen zwischen Messingständern, einer Schlange am Schalter. »Hier«, sagte er, nachdem er mit einem Beamten hinter Glas gesprochen und dieser ihm einen Packen Scheine hingezählt hatte. Er gab mir einen Schein, den ich noch nie gesehen hatte – 10 000 Yen –, fast halb so viel, wie ich für die ganze Reise dabeigehabt hatte. Andere Scheine waren knitterig, seine druckfrisch. »Ich hab keinen kleineren. Tut mir leid.«

»Wow. Danke.« Wir verabschiedeten uns. Der Schein in meiner Tasche sprühte Funken.

Von dem neuen Geld kaufte ich Mitbringsel für meinen Vater und Laurene, darunter vier Porzellanschälchen in verschiedenen Pastelltönen, dünnwandig und klein, in einem Holzkasten mit vier Unterteilungen. Weihrauch in einer rechteckigen Papierschachtel, die nach Wald und Harz roch. »Zedernholz«, sagte die Frau an der Kasse. Sie nahm die Scheine, die ich noch übrig hatte, verneigte sich, kam mit vielen kleineren Scheinen zurück. Für meine Mutter kaufte ich ein Baumwoll-Yucata, Größe S, in Indigoblau mit einem Muster aus geöffneten weißen Fächern und einem Gürtel aus dem gleichen Stoff. Er war in Zellophan verpackt und kostete weniger als die Geschenke, die ich für meinen Vater und Laurene gefunden hatte.

»Hast du ihnen etwas Besseres mitgebracht als mir?«, fragte meine Mutter. Wir waren in ihrem Schlafzimmer, und ich hatte ihr Geschenk, noch in der Plastikhülle, aus dem Koffer geholt.

»Nein, ich habe euch verschiedene Sachen mitgebracht, nichts Besseres oder Schlechteres.«

»Aber für sie hast du mehr ausgegeben«, sagte sie. Woher wusste sie das? Ich hätte ihr die besten Mitbringsel kaufen sollen, weil sie weniger Geld hatte und sich selber nichts leisten konnte.

»Mir gefällt der Yukata. Er steht dir«, sagte ich. Sie hatte ihn über ihre anderen Sachen angezogen, während ich auf ihrem Bett saß und zusah.

»Ich mag Sachen nicht, die man so zubinden muss«, sagte sie. »Er ist zu groß. Und überhaupt, ich bin deine Mutter, und du solltest mir mehr Achtung entgegenbringen.«

»Er ist Größe S«, sagte ich. »Und ich bringe dir doch –«

»Aber was hast du für *sie* gekauft?«, fragte sie.

Wie sollte ich ihr erklären, dass ich ihnen teurere Geschenke gemacht hatte, weil ich fürchtete, ihnen gleichgültig zu sein, und unbedingt von ihnen gemocht, ja geliebt werden wollte? Bei ihnen war das Gefühl, dass ich geliebt wurde und dazugehörte, instabil und oberflächlich, mein Platz in ihrer Familie nicht wesentlich, nicht gesichert. Sie stellten mir keine Fragen, schienen nicht so an mir interessiert, wie meine Mutter es war, und deshalb wollte ich sie unbedingt beeindrucken.

Meine Mutter liebte mich schon. Selbst wenn sie mich anschrie, wusste ich das. Bei ihnen war ich mir da nicht so sicher.

Reed war inzwischen sechs Monate alt. Als ich nach meiner Rückkehr aus Japan hinüberging, um ihn zu sehen, bat mich mein Vater, Reeds Windel zu wechseln. »Das gehört dazu, wenn man Teil dieser Familie ist, Lis«, sagte er. »Du hast es schon lange nicht mehr gemacht.«

Ich setzte mir meinen Bruder auf die Hüfte, ging an den Terrassentüren im Flur entlang und stieg, eine Hand am Geländer, die geschwungene Steintreppe hinauf. In den oberen Zimmern hatte mein Vater fußbreite Bretter Douglasienholz verlegen lassen, ein Holz von seidiger, weicher Beschaffenheit; aus dem gleichen Holz hatte ein Tischler im Zimmer meines Bruders ein Regal gebaut, das mit einem hohen Wickeltisch verbunden war.

Ich legte meinen Bruder darauf, riss die Klebestreifen an den Seiten der Windel auf, machte ihn sauber und wandte mich wie gewohnt ab, um eine neue Windel zu holen.

In den drei Wochen meiner Japanreise hatte er gelernt, sich auf den Bauch zu drehen. Das hatte mir niemand gesagt. Ich hörte den Knall, als sein Kopf auf den Holzboden traf, schaute hin und sah ihn mit dem Gesicht nach oben daliegen. Es war still, und ich dachte schon, er würde vielleicht gar nicht weinen, sie würden nichts bemerken, und alles wäre wie immer. Eine Sekunde später begann er zu schreien. Ich hob ihn schnell vom Boden auf und hörte schon das Geräusch ihrer nackten Füße, als sie aus der Küche angerannt kamen.

Auf dem Weg ins Krankenhaus stillte Laurene ihn. Ich saß neben ihr auf der Rückbank, hoffte auf irgendeine Chance, mich nützlich zu machen. Ich wollte die Zeit zu dem Moment zurückdrehen, kurz bevor es passiert war.

Mein Vater fuhr. Er schwieg. Schließlich sagte er gehässig leise: »Lis, du solltest lernen, dir über die Auswirkung deines Handelns auf andere Menschen klar zu werden.« Es ließ sich nicht mehr ändern. Ich hatte gut auf Reed aufpassen wollen; nun würde dieser Fehler in die Geschichte eingehen, als hätte ich weder vorher noch nachher je etwas Gutes getan.

Aber der Wickeltisch hatte keinen Rand, keine Einfassung. Das Kissen war flach – Schaumpolster mit einer Vertiefung in der Mitte gab es damals noch nicht. Und die Windeln waren außer Reichweite untergebracht.

»Es tut mir leid«, sagte ich. »Es tut mir so leid.«

»Ich möchte, dass du dir überlegst, ob du zu uns ziehen willst«, sagte mein Vater ein paar Monate später. Wir saßen in seinem Mercedes und fuhren von Country Sun, wo wir Odwalla-Apfelsaft gekauft hatten, wieder zurück. Meine Mutter und ich hatten schon darüber gesprochen, dass wir mal Abstand voneinander bräuchten, denn in ruhigeren Momenten war uns beiden klar, dass wir nicht immer so weiter streiten konnten. Sie müsse sich erholen, hatte sie gesagt.

Sein Ton war barsch, als hätte ich etwas falsch gemacht. Nach dem Sturz meines Bruders hatte ich befürchtet, sie würden mich nicht mehr bei sich haben wollen, doch seitdem hatten sie mich noch oft seine Windeln wechseln lassen, und da die Mittelstufe dem Ende zuging und es allmählich Sommer wurde, durfte ich an manchen Abenden sogar auf ihn aufpassen.

Auf diesen Moment hatte ich die ganze Zeit gehofft. Nun war er da. Mein Vater hatte mich gefragt, ob ich bei ihm leben wolle. Doch er schien kein bisschen froh und aufgeregt.

»Ja«, sagte ich. »Ich würde gerne mal eine Zeitlang bei euch leben. Wenn du das möchtest.« Ich stellte mir vor, wie wir uns alte Fotos zusammen anschauen würden, wenn ich erst bei ihm wohnte, um zu verstehen, was wir verpasst hatten, so eifrig und konzentriert, als büffelten wir für eine Prüfung. Und dann wäre da der Reiz des Neuen, das große Haus, eine Familie, die intakt schien.

Ich war seine Tochter, die ihm eine Zeit lang abhandengekommen, nun aber zurückgekehrt war wie Perdita in *Ein Wintermärchen*; ich hatte vornehme Eigenschaften (fantasierte ich) und war aus irgendeinem Blickwinkel vielleicht schön und liebenswert. All dies würde er sehen und anerkennen. Es würde herrlich werden. Ich sah Kleider vor mir und Schalen voller Obst.

Später hörte ich, dass die Schule ihn angerufen hatte, als im letzten Jahr der Mittelstufe die Auseinandersetzungen mit meiner Mutter immer schlimmer wurden; wenn er mich nicht zu sich nähme, hatten sie ihm gesagt, würden sie das Jugendamt einschalten. Ich bin mir nicht sicher, ob das so stimmte oder übertrieben war, aber in jedem Fall ändert es – nach all der Zeit – das Bild von ihm als meinem Retter.

»*Mal eine Zeitlang* kommt nicht infrage«, sagte er. »Wenn du zu uns ziehst, musst du dich entscheiden. Sie oder wir. Ich möchte, dass du dieser Familie eine echte Chance gibst. Wenn du dich entscheidest, bei uns zu leben, musst du mir versprechen, deine Mutter sechs Monate lang nicht zu sehen. Du musst einen richtig ernsthaften Versuch machen.« Wenn ich immer hin- und herpendelte, würde es nicht funktionieren, meinte er, nicht *greifen*. Er hatte entschieden, dass ein sauberer Schnitt das Richtige wäre; meine Mutter war anderer Ansicht, aber das waren seine Bedingungen. Es war jetzt fast Sommer, was bedeutete, dass ich sie erst im Dezember wiedersehen würde. »Andernfalls«, sagte er, »ist die Sache geplatzt.«

»Ich möchte bei dir leben«, sagte ich mit einer Bestimmtheit, die ich nicht empfand.

»Du hast gerade eine sehr wichtige Entscheidung getroffen«, sagte er feierlich. »Dies ist ein denkwürdiger Moment, ein *Erwachsenen*moment.«

Ich würde meine Mutter verlassen – ich hatte es laut ausgesprochen. Ich war euphorisch und zerknirscht und benommen. Vielleicht lag hier der Ursprung des schlechten Gewissens, das mich später, als ich bei ihnen eingezogen war, manchmal so stark packte, dass ich mich kaum auf den Beinen halten konnte: Nachdem ich ihr ihre Jugend und Kraft geraubt und sie, die ohne Unterstützung und finanzielle Mittel dastand, in chronische Angstzustände getrieben hatte, verstieß ich sie ausgerechnet in dem Moment, da ich in der Schule endlich richtig gut geworden und bei den Lehrern beliebt war, und entschied mich für ihn, der uns verlassen hatte. Ich wählte den schönen Ort, dabei hatte gerade sie mir Bücher mit alten Geschichten vorgelesen, die davor warnten, an den trügerischen Schein zu glauben.

Wir bogen von der Waverley in die Santa Rita und von dort in die Einfahrt zum Haus ein. Der schicke Wagen, der junge, gut aussehende Vater, das schönste Haus in Palo Alto. Ganz bewusst, so als betrachtete ich es gleichzeitig von außen, nahm ich wahr, dass ich Teil dieses Bilds war. Nichts, was man hier sah, deutete auf beschämende Makel oder Unvollkommenheiten hin, und schon das würde eine große Erleichterung sein: sich im Anschein des Guten auszuruhen. Wenn alles schön aussah, musste man sich nicht dagegen wappnen, was andere denken könnten, musste nicht schmeicheln, nichts kompensieren. Er packte die Apfelsaftflasche am Henkel und ging durch das Tor aufs Haus zu.

»Ich bin stolz auf dich«, sagte er.

KLEINES LAND

Ein paar Wochen später, an einem ganz normalen Vormittag im Juni, packten meine Mutter und ich meine Sachen und fuhren zum Haus meines Vaters. Eine vier Blocks weite Reise, auf der man nur einmal abbiegen musste.

Sie parkte an der Santa Rita. Wir gingen durch das metallene Tor mit dem metallenen Ring, dessen Scheppern im Hof widerhallte. Obwohl niemand es gesagt hatte, war mir klar, dass wir hier zusammen nichts zu suchen hatten. Die Seitentür war nicht verschlossen. »Hallo?«, rief ich. Niemand da. Mein Vater war bei NeXT, Laurene bei TerraVera. Mein Bruder musste wohl mit Carmen, der Kinderfrau, unterwegs sein, die wochentags von neun bis fünf auf ihn aufpasste.

Wir gingen hinein. Im Haus war es feucht und kühl, wie im Schatten unter großen Bäumen.

»Komm mit«, sagte ich. Beim niedrigen Flur links, durch einen Torbogen und an der nächsten Tür wieder links in mein neues Zimmer.

Der Raum war quadratisch, mit weiß gestrichenen Backsteinwänden und einem Fenster, das auf den Rosengarten und die Einfahrt hinausging. Wenn ich mich streckte, konnte ich die schachtelförmige Reispapierlaterne berühren, die an einem der dicken Holzbalken hing. Ich hatte ein Futonbett mit Rahmen, einen Schreibtisch, eine Kommode; ein eigenes, grün gekacheltes Bad. Wie mein Zimmer fühlte es sich nicht an. Ich mochte nichts anfassen, nicht in dem Bett schlafen, die Dusche nicht benutzen. Ich hatte das Zimmer gewählt, weil es nah bei der Küche lag. Die Küche war der Raum, wo sie sich zusammen aufhielten, meinen Bruder fütterten. Ich wollte so nah bei meinem Vater, Laurene und meinem Bruder sein wie möglich.

Als ich das Haus zum ersten Mal gesehen hatte, noch bevor sie verheiratet waren, hatte ich zu meinem Vater gesagt, dass ich gern das Zimmer neben ihrem hätte. Ich legte mich dort auf den Boden und stellte mir vor, es wäre meines, mit den Fenstern zu beiden Seiten und dem Kamin mit der geschwungenen Abzugshaube aus angestrichenen Ziegeln. Ich fand es schön, wie das Licht in den Raum schien und dass ich ihnen hier ganz nah wäre. »Dieses Zimmer kannst du nicht haben«, hatte mein Vater gesagt und dann: »Wir bekommen vielleicht Zuwachs.« Ich verstand nicht, was er mit »Zuwachs« meinte; dass Laurene schwanger sein könnte, kam mir nicht in den Sinn. Als ich nachfragte, sagte er nur: »Tut mir leid, Kiddo.« Erst kurz bevor ich zu ihnen zog, als mein Bruder längst geboren war und in dem Zimmer schlief, das ich mir ursprünglich ausgesucht hatte, sagte er, ich dürfe auch ein Zimmer haben und könne zwischen den beiden, die noch übrig seien, wählen. Beide waren weit von ihrem Zimmer entfernt. Eines lag über der Garage am Ende eines langen, dunklen, muffigen Flurs. Das andere war unten neben der Küche.

»Es ist zwar klein«, sagte meine Mutter, »aber der Blick gefällt mir. Und du weißt ja, wie sehr ich diese Fliesen liebe.« Seit Jahren sprach sie davon, dass sie gern Terrakottafliesen hätte.

Sie ging in ein anderes kleines Zimmer am Ende des Flurs. Ich machte mir allmählich Sorgen, dass wir erwischt werden könnten – dass mit Gerassel die Haustür aufgehen würde und mein Vater oder Laurene uns hier zusammen sähen. Ich wünschte, sie würde sich beeilen. Gleichzeitig wollte ich nicht, dass sie ging. Ich brauchte sie nah bei mir, zu meinem Schutz.

»Hier gibt es ja immer noch keine Möbel«, rief sie. Ihre Stimme hallte.

»Ich weiß«, sagte ich. »Wenn sie sich doch nur mal ein Sofa oder so was kaufen würden.« Die meisten Räume waren leer. Der Schall traf auf keinerlei Hindernis und wurde von Glas, Ton und Backstein zurückgeworfen, nichts, was ihn abfing, aufnahm oder dämpfte. In den Jahren, als ich dort wohnte, sehnte ich mich nach mehr Möbeln, ja entwickelte ein geradezu fieberhaftes Verlangen nach den möblierten Zimmern, die ich in anderen Häusern gesehen hatte.

»Also«, sagte sie. Sie stand mit feuchten Augen im Türrahmen meines Zimmers. »Ich werde dich vermissen. Hoffentlich ist es das Beste so.« Wir umarmten uns. »Mach dir keine Sorgen um mich, ich komme schon klar.«

»Du fährst nach Griechenland«, sagte ich.

»Ja. Im Moment freue ich mich allerdings nicht darauf«, sagte sie. Ihre Haut wurde durchscheinend, wenn sie traurig war, wie von innen erleuchtet.

»Es wird bestimmt toll«, sagte ich.

Im Oktober würde sie für drei Wochen nach Europa aufbrechen, eine Reise, die mein Vater ihr als eine Art Entschädigung versprochen hatte, als ich auszog. Er hatte ihr zehntausend Dollar gegeben.

Sie würde allein reisen, nach Venedig und zu einem Yoga-Retreat in Griechenland. Mit Yoga fing sie erst nach meinem Auszug an.

Später erzählte sie mir oft, wie einsam sie sich am ersten Abend in Venedig gefühlt, wie sie geweint habe – absurd, blödsinnig, all das Wasser anstelle von Straßen! –, doch am nächsten Morgen habe sie mit Schwung Vorhänge, Fensterläden und Fenster aufgemacht, und da, im Morgenlicht, habe er vor ihr gelegen, der glitzernde Canal Grande.

Doch im Lauf der nächsten Monate, als wir zum ersten Mal in meinem Leben keinerlei Kontakt hatten und ich nicht wusste, was sie gerade machte, lasteten Schuldgefühle auf meiner Brust, schwer wie ein großes, kauerndes Tier. Irgendein Verbrechen hatte ich begangen, an das ich mich nicht richtig erinnern konnte. Vielleicht, dass ich meine Mutter verlassen hatte? Reed mir heruntergefallen war? Manchmal war ich unfähig zu sprechen, vor lauter Angst, dass ich das Falsche sagen und andere infolge des kleinsten Versehens verletzen könnte.

Ich ging hinter meiner Mutter her und blieb in der Nähe der Tür stehen. Am Tor drehte sie sich um und winkte: der Flügelschlag eines Vogels im scharfen, weißen Licht.

Meine Mutter und ich hatten seiner Bedingung zugestimmt. Ich spürte, dass sie für zwei Menschen, die dreizehn Jahre lang kaum auch nur ein paar Tage ohneeinander gelebt hatten, drastisch war – und dass für die Bildung einer neuen Familie die Ausmerzung der existierenden nicht nötig gewesen wäre. Insgeheim empfand ich aber auch Erleichterung, gab es mir doch die perfekte Ausrede: Ich müsste meine Mutter sechs Monate lang nicht sehen, meine Mutter, die immer wütend auf mich war. Und es war nicht meine Schuld, sondern er hatte es so verlangt, auch wenn ich später ein schlechtes Gewissen deswegen bekam und mich mitschuldig fühlte.

Außerdem glaubte ich, dass ich meinen Vater mit meiner Loyalität beeindrucken könnte und er mich daraufhin mehr lieben würde. Ich war mir absolut sicher, dass ihm das Ausmaß des Opfers, das er von mir verlangte, bewusst war, weshalb es mich verwirrte, als er mir später irgendwann sagte, ich täte nicht *genug*, um Teil der Familie zu sein. Ich dachte, es wäre klar: Ich hatte ihm alles gegeben.

In jenem ersten Sommer ohne meine Mutter ging ich weiterhin ein paar Tage in der Woche zu einer Einrichtung für Betreutes Wohnen namens Lytton Gardens, wo ich im Jahr davor angefangen hatte, ehrenamtlich zu arbeiten. Ich nahm die alten Frauen mit auf Spaziergänge, schob ihre Rollstühle durch belaubte Straßen in der Nähe der University Avenue. Meistens waren es dieselben zwei, Lucille oder eine Frau, die sich Zsa Zsa nannte und unterwegs oft

Tiny Bubbles sang. Sie schienen unsere gemeinsame Zeit zu genießen, aber von einem Besuch zum anderen vergaßen sie, wer ich war.

Ein paarmal lief ich in dieser Gegend von Palo Alto meiner Mutter über den Weg, einmal auf der Hamilton, als ich von den Alten kam und sie nach dem Yogaunterricht gerade ins Auto stieg. Sie rief mich, und wir unterhielten uns kurz, Smalltalk. Wenn ich sie sah, empfand ich eine Mischung aus Sehnsucht und Furcht. Ich versuchte, so schnell wie möglich weiterzugehen, damit wir nicht erwischt würden. Ich hatte Angst, dass uns jemand sehen und es meinem Vater berichten könnte, Angst, gegen die Regeln zu verstoßen, und auch Angst vor ihrer Wut.

Ich mochte nicht zugeben, was für ein großer Fehler das Ganze gewesen war, wie schrecklich einsam ich mich jetzt schon fühlte, wie sehr ich sie wieder brauchte. Und ich sah keinen Ausweg aus dieser Situation.

Telefonate hatte mein Vater nicht verboten, und ab dem Herbst, als die Schule wieder angefangen hatte, telefonierten wir manchmal abends, wenn der Rest der Familie schon schlief.

Ich nahm das Festnetztelefon mit, so weit die gedrehte Schnur es zuließ, zog sie dann bis hinter das Abtropfbrett und klemmte mir den Hörer zwischen Kopf und Schulter. So konnten wir uns unterhalten, während ich das Geschirr spülte. Ich fürchtete, sie würde mir vorwerfen, dass ich sie verraten hätte, doch das tat sie nicht. An diesen Abenden am Telefon fühlte ich mich durch ihre Neugier und Wärme gestärkt. Wir sprachen nicht darüber, dass wir uns nicht sehen durften. Wir stritten uns nicht. Sie ließ sich nichts anmerken, aber später erzählte sie mir, dass sie sich Sorgen um mich gemacht habe und abends oft zu Hause geblieben sei, um da zu sein, falls ich anriefe.

Mein Vater ließ einen niedrigen Weidezaun errichten, der den Garten vor dem Haus wie eine Klammer umgab. Alles Gras wurde herausgerissen, sodass nur nackte Erde blieb. Dort, auf der Waverley-Seite, sollte ein Baum gepflanzt werden.

»Mir gefallen Ostküsteneichen gut«, sagte Laurene im Auto, als sie sich darüber unterhielten, was für ein Baum es sein sollte.

»Kennst du die Ostküstensorte, Lis?«, fragte mein Vater und schaute im Rückspiegel kurz zu mir. Normalerweise benutzte er das Wort »Ostküste« als Synonym für »minderwertig«.

»Wie sehen die aus?«

»So«, sagte er und zeigte auf einen Baum, der zwischen Gehweg und Straße stand. Er ähnelte der kalifornischen Eiche kein bisschen. Seine Blätter waren größer und so geformt, als wären die Ränder mit einem Riesenlocher bearbeitet worden.

Am Ende entschieden sie sich dafür, eine ausgewachsene Blutbuche zu verpflanzen. Sie wurde mithilfe eines Krans in ein tiefes Loch gesetzt. Ein wuchtiger Stamm, ein drahtiges Wurzelknäuel. Die Buche war so hoch wie ein zweistöckiges Gebäude, höher als das Dach des Hauses, mit besenartigen Ästen, die sich nach oben und zur Seite reckten, und toten Blättern an den ansonsten nackten Zweigen.

Wenn ich morgens zur Schule ging und abends wieder nach Hause kam, suchte ich nach Spuren von Leben – Blättern, Knospen –, irgendeinem Zeichen dafür, dass der Baum blühen und gedeihen würde. Nach ungefähr einem Monat hatte sich noch immer nichts getan. Er schlug nicht aus und richtete sich nicht auf, wurde nicht symmetrisch wie andere Bäume, sondern blieb krumm und kahl. Eines Tages kam ein Trupp Männer, zersägte Stamm und Äste und transportierte ihn ab.

Eine Freundin meines Vaters, Joanna, kam zum Mittagessen zu uns – sie war im ursprünglichen Apple-Team gewesen und hatte einen Sohn, der ungefähr neun Monate alt war, wie Reed. Steve führte sie durchs Haus. »Diese da«, sagte er und zeigte auf die silbrig gewordenen Holzbalken an der Decke eines kleinen Alkovens, »wurden beim Bau der Golden Gate Bridge verwendet.« Ich dachte, als Teil der Brücke selbst, aber später verstand ich, dass sie Teil des Gerüsts gewesen waren.

»Machst du dir keine Sorgen wegen der Proteine, Steve?«, fragte sie während des Essens. Ich mochte ihren Akzent. Sie sprach von der Entwicklung des Gehirns bei Kindern und davon, dass eine vegane Ernährung womöglich nicht genügend Eiweiß oder Fett enthalte. Sie war offenbar jemand, der sich viele Sorgen machte.

»Nein«, sagte mein Vater gelassen und bestimmt. »Denk nur an Muttermilch – also das, was Babys ganz am Anfang trinken, wenn sie sich besonders schnell entwickeln.«

So begann seine Argumentation immer, wenn ihn jemand auf unsere vegane Ernährung ansprach.

»Was ist damit?«, sagte Joanna.

»Tja, stell dir vor: Muttermilch hat nur sechs Prozent Eiweiß«, sagte er. »Also kann es doch nicht so wichtig sein, viel Protein zu sich zu nehmen.«

Er brachte diese Schlussfolgerung derart überzeugend vor, dass ich sie jahrelang nicht in Zweifel zog. Milchprodukte seien schleimbildend, sagte er, und Schleim verstopfe den Geist genauso, wie er eine Nase verstopfe. Es war vor allem die Ernährung, durch die er sich von anderen zu unterscheiden trachtete. Als ich kleiner war, hatte er das noch nicht ganz so eng gesehen, sich gelegentlich sogar im Stanford Barn eine Kugel Häagen-Dazs-Eis gegönnt. Jetzt war er da ganz strikt geworden und ließ nicht zu, dass irgendwer in der Familie, insbesondere Reed, auch nur die Spur eines tierischen Produkts zu sich nahm.

Mir fiel auf, wie selbstsicher Laurene wirkte; ihr Gesicht war symmetrisch und ruhig, während meines aus ungleichen Hälften bestand, Augenbraue, Ohr und Auge auf der einen Seite höher als auf der anderen, und ohne mein Zutun oder Wissen Ausdrücke annahm, die meine Gedanken und Gefühle offenbarten wie Wetterlagen. Ich fing an nachzuahmen, wie sie ihr langes Haar zurückwarf. Sie war weder Hippie noch Bohemien. Bevor sie meinen Vater eroberte, hatte sie zwei Heiratsanträge abgelehnt, deshalb war ich mir sicher, dass sie auch andere Großtaten vollbringen konnte. Mein Vater sprach über sie in der dritten Person, wenn er sie sich schnappte, um sie zu küssen: »Sie war Cheerleaderin, weißt du?«

Zum Mittagessen machte mein Vater Pasta, während ich auf einer Servierplatte einen TerraVera-Burrito anrichtete – in Lavasch-Fladen gewickelte schwarze Bohnen, Salsa und Avocado, in Scheiben geschnitten wie Sushi-Röllchen. In solchen Augenblicken mochte ich unsere reine, puritanische Ernährung, die spärliche Einrichtung des Hauses, die seine schönen Knochen, das Balkengerippe, zur Geltung brachten; und dass die Haustür immer unverschlossen war, sodass jeder hereinkommen konnte. Der Gärtner hatte Rasenkamille zwischen den Pflastersteinen gepflanzt, und wenn man darüber lief, stieg einem der Duft in die Nase. Wir aßen unser gesundes Essen am runden Holztisch in der Küche, mein Bruder auf seinem Hochstuhl, der dicht an die Kante geschoben wurde, und in diesen Momenten – wenn wir Besuch hatten, mein Bruder mit den Händen auf sein Plastiktischchen klatschte, mein Vater summte und uns seine Pasta mit Avocadowürfeln und ein paar Spritzern von seinem besonderen Olivenöl servierte –, fühlte ich mich als Teil der Familie.

Das einzige Problem waren meine Hände. Seit ich hier eingezogen war, fühlten sich wie losgelöst an, auffällig. Es war peinlich, wie sie sich von allein hoben und herumflatterten, als wünschten auch sie sich Aufmerksamkeit. Oder sie hingen tot an meinen Handgelenken, so offensichtlich und seltsam, dass bestimmt alle es merkten. Ich war mir ihrer extrem bewusst. Wenn wir uns zum Essen setzten, flehte ich sie im Stillen an, mich nicht zu verraten. Aber ich machte jeden Abend ein Glas kaputt.

Ich hatte schreckliche Angst, dass mein Vater und Laurene mir irgendwann sagen würden, wie unbedeutend ich sei, was für eine Enttäuschung, schlampig und abstoßend, ein Mädchen, das Sachen kaputt mache wie ein Baby. Sie hatten schon eins. Wie wenig ich in das Familienbild passte – ich konnte es sehen und spüren. Sie hatten einen Fehler gemacht, hätten mich nicht zu sich nehmen sollen; ich war mir meines Platzes bei ihnen nicht sicher, und diese Angst – gepaart mit so ungeheurer Dankbarkeit, dass ich meinte, platzen zu müssen – ließ mich zu viel reden, zu viel schmeicheln, zu viel Ja sagen, immer in der Hoffnung, mein unterwürfiges Benehmen würde Erbarmen, Mitgefühl oder Liebe bei ihnen entfachen. Sie hatten mich aus einem tristen Leben in dieses perfekte Haus geholt: Sie war stark und intelligent, er funkelte vor Genialität und ästhetischer Überlegenheit.

Ich scharwenzelte um Laurene herum, pflückte im Garten Wandelröschen von den Stielen und ließ die Blütenblätter auf sie herabregnen, wenn sie von der Arbeit nach Hause kam. Mit allem, was ich tat, versuchte ich mich als die lange verloren geglaubte Tochter, die sie sich vielleicht wünschten, zu erweisen, und der Versuch missglückte. Meine Hände fühlten sich weiterhin so an, als würden sie im nächsten Moment abheben und verschwinden, und ich machte weiterhin Gläser kaputt.

Eines Tages nach der Schule rannte ich zu meinem Vater und Laurene, als sie auf dem Hof unter dem Julia-Balkon standen, an dessen dicken Holzbalken sich grünblättriger Blauregen emporrankte. Sie besprachen die Gartengestaltung.

»Wie viele Vogelschützer brauchen wir in Kalifornien?«, fragte ich. Normalerweise erzählte ich keine Witze, aber diesen hatte ich in der Schule gehört und dachte, ich könnte sie damit beeindrucken. Mir war er nicht besonders lustig vorgekommen, aber die anderen Schüler hatten gelacht.

Sie sahen mich erwartungsvoll an.

»Wie viele denn?«, fragte mein Vater.

»Gar keinen. Sie sind sowieso gut zu Vögeln.« Erst in der Sekunde, als ich es aussprach, begriff ich die Doppeldeutigkeit des Wortes *vögeln*, und in meinem Gesicht verrutschte etwas, obwohl ich es mit aller Kraft zu verhindern suchte.

Keiner von beiden lachte.

»Ich glaube, sie versteht ihn gar nicht«, sagte mein Vater.

»O doch, das glaube ich schon«, sagte Laurene und musterte mich. »Ich bin mir sogar sicher, dass sie ihn versteht.«

An dem Abend zerbrach ich schon wieder ein Glas und rannte in mein Zimmer.

Ich versteckte mich bei ausgeschaltetem Licht im begehbaren Kleiderschrank, kauerte mich dort auf den Boden. Mein Vater folgte mir und fand mich, wie ich es gehofft hatte.

»He, Lis«, sagte er. Nachdem er eine Weile neben mir gehockt hatte, zog er mich hoch. »Es tut mir leid, dass ich nicht für dich da war, weißt du. Als du kleiner warst.«

»Macht nichts«, sagte ich zu schnell.

»Jetzt werde ich dich bis zum Sankt-Nimmerleins-Tag lieben«, sagte er.

»He, Lis«, sagte er eines Tages, als wir uns im Flur begegneten. »Möchtest du deinen Namen ändern?«

Er war barfuß und hatte nichts als ein schwarzes Hemd und eine weiße Unterhose an – seine Uniform, wenn er zu Hause war. Er bildete sich etwas auf seine schlanken Beine ein und trug diese Uniform selbst dann, wenn Leute zu Besuch kamen, sodass ich irgendwann anfing, ihn damit zu necken.

»Wie denn ändern?«, fragte ich. Sonnenlicht strömte durch die Reihe Bleiglasfenster, aus der die eine Wand des Flurs bestand. Es fiel in leuchtenden Rechtecken auf den Boden und wärmte die Fliesen.

»Du könntest meinen Namen annehmen«, sagte er.

Einen Moment lang dachte ich, er meinte Steve.

»Du meinst ... Jobs?«, fragte ich.

»Genau.«

Ich sagte erst einmal nichts. Ich wollte ihn nicht vor den Kopf stoßen. Wenn er sich vor den Kopf gestoßen fühlte, ging er auf Distanz und beachtete mich manchmal tagelang nicht. Ich hatte mein Leben lang Lisa Brennan geheißen. Der Gedanke, meine Mutter nicht nur zu verlassen, sondern auch noch ihren Namen herzugeben, war zu viel – als hätte er mir vorgeschlagen, eine Art Diebstahl zu begehen.

»Vielleicht«, sagte ich. »Ich meine, Mom ... ich muss darüber nachdenken.«

»Gib mir Bescheid«, sagte er und schlenderte davon.

Am nächsten Abend ging ich zu ihm ins Arbeitszimmer und sagte ihm, ich würde gerne seinen Namen annehmen, aber auch ihren behalten und beide mit einem Bindestrich verknüpfen.

Ein paar Wochen später kam ein Anwalt zu uns. Wir versammelten uns um den Wohnzimmertisch, einschließlich meines Bruders. Er stand da und klatschte mit den Händen auf die Glasplatte. Es gab zwei Eames-Clubsessel, eine Tiffany-Lampe mit Drachenflügeln, einen großen gemusterten Teppich, aber kein Sofa. Wir setzten uns auf den Boden.

Zwei Unterschriften, erst seine, dann meine, und mein neuer, zusammengesetzter Name war amtlich. Der Anwalt steckte die Papiere in seine Aktentasche. Später tauschte er das Original meiner Geburtsurkunde – auf das meine Mutter Sterne gezeichnet hatte – gegen ein offizieller aussehendes Dokument aus, mit Wasserzeichen in Gelb und Blau und ohne Sterne. Es war derselbe Anwalt, der damals vor dem kalifornischen Gericht die Vaterschaft meines Vaters angefochten hatte, doch das wusste ich zu dem Zeitpunkt nicht.

Auf der Highschool war ich unter meinem alten Namen angemeldet worden, doch von nun an schrieb ich immer den neuen Namen auf meine Arbeiten.

»Sollen wir sie rahmen lassen?«, sagte mein Vater im Aufstehen. »Wir könnten sie hierhin hängen.« Er zeigte auf eine Stelle an der Wand, wo der Flur auf das Wohnzimmer traf. Er wirkte überschwänglich; ich fühlte mich wichtig und war ganz aufgekratzt – so viel Aufhebens um einen Bindestrich und vier Buchstaben. Ein Anwalt war herbeizitiert worden!

»Was meinst du, Schatz?«, fragte er Laurene.

»Eine Geburtsurkunde aufzuhängen, wäre vielleicht ein bisschen merkwürdig«, sagte sie taktvoll.

Laurene kannte die Trennlinie zwischen *merkwürdig* und *normal* offenbar besser als wir. Er und ich waren ihr gegenüber im Nachteil. Wir waren Gesindel. Er war adoptiert und hatte das College abgebrochen. Er schien nicht zu wissen, was man tat oder nicht tat, und ich wusste es auch nicht. Im Unterschied zu mir sagte er allerdings, es sei ihm egal. Anstands- und Benimmregeln lehnte er für gewöhnlich ab oder fand sie sogar verachtenswert. (Aber er war unberechenbar. Eines Tages, als ich eine Strickjacke trug, sagte er streng: »Man lässt den untersten Knopf auf«, und ich war überrascht, dass er das nicht nur wusste, sondern wichtig fand.) Auch meiner Mutter waren viele Konventionen gleichgültig, weswegen sie mich schon als kleines Kind selbst bestimmen ließ, was ich anzog, und sich über meine schlechte Rechtschreibung lieber amüsierte, als sie zu korrigieren. Sie versuchte nicht, die Konfusionen der Welt handhabbar und unschädlich zu machen, sondern schipperte darin herum, und das nahm ich ihr jetzt furchtbar übel, denn ich wollte die Regeln unbedingt kennen

Was für eine Erleichterung war es da, Laurene zu haben, die sich mit Etikette und Benimmregeln auskannte. Die wusste, dass man Geburtsurkunden nicht rahmte und an Wände hängte.

An dem Abend deckte ich den Tisch, während Laurene meinen Bruder fütterte. Sie hatten blau-grün gestreifte Stoffservietten und dicke französische Gläser (diejenigen, die ich kaputt machte) mit blütenförmigen Einkerbungen rund um den Rand, in denen das Licht sich fing.

»Wo legt man Messer und Gabeln hin?«, fragte ich, einen Strauß Besteck in der Hand. Ich war entschlossen, von ihr zu lernen. Ihre Mutter war Englischlehrerin gewesen; bestimmt wusste sie, was sich gehörte, konnte mir ohne Weiteres sagen: »Mach es so und nicht anders.«

»Gabel links«, sagte Laurene, »Messer und Löffel rechts.«

»Was außen, was innen?« Ich wollte es genau wissen.

»Den Löffel außen«, sagte sie.

Mein Bruder saß in seinem Hochstuhl und mantschte mit flachen Händen in seinem Essen herum. Meinen Bruder zu füttern war, als verspachtele man ein Loch; man schob einen Löffel Brei in seinen o-förmigen Mund, wischte von Lippen und Wangen, was nicht darin gelandet war, schob den Löffel erneut hinein – bis er fertig war und den Rest ohne Vorwarnung mit lautem Prusten von sich gab.

»Und die Serviette?«

»Unter die Gabel.«

Jahre später lebte ich in Italien, wo man es noch genauer nahm, und lernte so viel, wie ich konnte – nur um festzustellen, dass mir diese Regeln letztlich doch nicht besonders wichtig waren. Was mein Vater mir vermutlich vorher hätte sagen können und was er wohl auch gehofft hatte, so oft, wie er mich mit dem mir verhassten Satz aufzog: »Lis, du wirst später mal ein Hippie.«

Am nächsten Tag fuhren mein Vater und ich zu Country Sun, um Avocados zu kaufen. »Ich bin sehr gut darin, die richtigen auszuwählen«, sagte er und wog jede Avocado ein paar Sekunden lang mit geschlossenen Augen in der Hand.

An der Kasse saß ein Mann mit langem, zum Pferdeschwanz gebundenem braunen Haar und sah ihn an. »Hat Ihnen schon mal jemand gesagt, dass Sie wie Steve Jobs aussehen?«, fragte er. Ich verzog keine Miene.

Mein Vater schaute in sein Portemonnaie und suchte Kleingeld heraus. »Ja, gelegentlich«, sagte er und bezahlte. Dann gingen wir, er vorneweg, ich hinter ihm her. Wie cool es war, dass er sich nicht zu erkennen gegeben hatte. Selbst ein normaler Einkauf mit meinem Vater hatte etwas Glamouröses.

Auf dem Rückweg brachte ich endlich den Mut auf, ihn zu fragen, ob der Lisa-Computer nach mir benannt worden sei. Ich hatte Jahre auf den richtigen Moment dafür, allein mit ihm, gewartet – wenn er Nein sagte, wäre ich nicht vor anderen Leuten gedemütigt.

»Sag mal, dieser Computer, der Lisa, du weißt schon ...«

»Ja?«, sagte er.

»Wurde der nach mir benannt?«, fragte ich. Wir schauten beide nach vorne. Ich sah ihn nicht an und versuchte, neugierig zu klingen, weiter nichts.

Wenn er mir das doch zugestehen würde, nur dieses eine.

»Nein.« Es klang schroff, abweisend. Als wäre ich bloß auf ein Kompliment aus. »Tut mir leid, Mädchen.«

»Dachte ich mir«, sagte ich. Ich war froh, dass er mein Gesicht nicht sehen konnte.

Ich war inzwischen darauf fixiert, nach der Schule aufs College zu gehen, und glaubte, ein Schlüssel zur Aufnahme seien möglichst viele außerschulische Aktivitäten. Zusammen mit vier Freunden, die ich von der Nueva kannte, ging ich auf eine private Highschool, die Lick-Wilmerding in San Francisco, die ungefähr eine Autostunde von uns entfernt war. Das Schulgebäude war modern, Zement und Glas. Morgens lag es in weißen Nebel gehüllt; nachmittags, wenn der Nebel sich auflöste, strömte Sonnenlicht durch die Glasscheiben auf die Whiteboards und Industrieteppiche. Mein Vater hatte mit den Eltern der anderen einen Fahrdienst organisiert, der uns einen nach dem anderen an diversen Haltestellen auf der Halbinsel abholte. Nachmittags wurden wir auch wieder zurückgebracht – aber wenn man nach der Schule noch an irgendwelchen Aktivitäten teilnahm, verpasste man den Fahrdienst.

Am Wochenende ging Laurene mit mir Kleidung einkaufen.

»Wir müssen uns beeilen«, sagte sie. »Nur ein Laden.« Wir hatten eine Stunde. Meine Mutter hatte Zeit, aber kein Geld; bei Laurene war es umgekehrt, also nahm ich an, ich könnte alles behalten, was wir fanden; wie in dieser Gameshow, von der meine Mutter mir einmal erzählt hatte, in der die Mitspieler hektisch Sachen aus den Regalen zerrten und so viel wie möglich in einen Einkaufswagen warfen, bis ein Signal ertönte.

Als wir in dem weißen BMW-Cabrio, den mein Vater ihr gekauft hatte, rückwärts aus der Einfahrt fuhren, setzte Laurene sich eine Sonnenbrille aus gebürstetem braunen Kunstharz mit kleinen, rechteckigen, grünlichen Gläsern auf.

»Die ist ja schön«, sagte ich.

»Ach, sie ist albern«, sagte sie. Das schien mir unglaublich, den Glamour, der einen umgab, so abzutun.

Als wir bei den Läden ankamen, wurde direkt vor Gap Kids eine

Parklücke frei. »Vorsehung!«, sagte sie. Wir gingen hinein, und ich suchte mir ein paar Sachen von den kreisförmigen Ständern aus und hängte sie in eine Kabine. Als Erstes probierte ich ein geripptes, eng anliegendes gelbes Hemd und eine schwarze lange Baumwollhose an.

»Das steht dir beides sehr gut«, sagte sie. »Das nehmen wir.«

Ich fand gelbe Socken, die zu dem Hemd passten, ein graues Hemd, ein blaues T-Shirt, ein Paar Jeans. Ihr gefiel alles, was mir gefiel. Zuerst war ich schüchtern, doch sie störte sich anscheinend nicht daran, wenn die Sachen eng waren oder womöglich sexy.

Am Ende herrschte das reinste Chaos in meiner Umkleidekabine: über die Haken geworfene Hemden, Hosen auf dem Boden. Ich würde es so lassen – ich war ja schließlich mit *ihr* hier. Wir waren Königinnen dieses Reichs; die Sachen aufheben und weghängen, das würden andere machen. Außerdem hatten wir es eilig.

Als ich den Vorhang zur Seite zog, runzelte sie die Stirn.

»Was für eine Unordnung«, sagte sie. »So kannst du die Kabine nicht hinterlassen.«

Sie kam herein und begann, Hemden auf Bügel zu hängen und Hosen in Metallclips zu klemmen. Ihre Bewegungen waren energisch und schnell. Ich beeilte mich, ihr zu helfen.

Ich hatte in dem Stück *Guys and Dolls*, das wir im Herbst auf die Bühne bringen würden, keine Rolle bekommen und war stattdessen Assistentin der Inspizientin geworden: meiner Freundin Tess. Wir hatten schwarze Ringbücher, in denen für jede Szene die Requisiten, Bühnenanweisungen und Beleuchtungsangaben vermerkt waren.

»Kann ich mit dir nach Hause fahren?«, fragte ich meinen Vater. Freitags arbeitete er immer bei Pixar, nicht bei NeXT, und ich dachte, er könne mich auf dem Heimweg abholen. Als ich bei meiner Mutter lebte, war mir kaum aufgefallen, wie leicht es war, von A nach B zu kommen; wie durch Zauberei gelangte ich von Ort zu Ort. Auch wenn wir uns stritten, stand nie infrage, dass sie mich zu

Freunden, zum Arzt, zum Tanzen und zur Schule bringen und wieder abholen würde.

»Nein«, sagte er. »Da musst du dir was anderes überlegen.«

Ein paar Wochen später war die Premiere. Im Vorfeld der Aufführung war ich ungefähr einen Abend pro Woche nicht zu Hause und wäre oft gerne noch länger in der Schule geblieben, aber wenn ich den Fahrdienst verpasste, kam ich nicht mehr zurück. An Probenabenden übernachtete ich bei einer Freundin. Zu Hause sprach mein Vater jetzt manchmal nicht mit mir oder schaute mich beim Essen nicht an, und sogar Laurene wirkte kühl und verstimmt. Da sie nichts sagten, dachte ich, sie ärgerten sich über irgendetwas anderes. Doch dann begann mein Vater, sich darüber zu beschweren, dass ich zu selten zu Hause sei.

Am Premierenabend hatte ich vor, bei Tess zu übernachten. Laurene lieh mir ihre schwarzen Lederschuhe, Joan & David Oxfords mit Schnallenverschluss. Wir hatten beide Größe 37,5.

Das Mädchen, das Miss Adelaide spielte, hatte einen langen Hals, eine nasale Stimme und eine Frisur wie Louise Brooks, kurzes, schwarzes Haar, das im Scheinwerferlicht glänzte. Ich hatte mich schwer in den Star des Abends verknallt, David, der einen englischen Akzent hatte und Sky Masterson spielte, aber er schien mich gar nicht zu sehen, wenn ich mit Requisiten und Zetteln hin und her sauste.

Nach der Aufführung liefen ein paar Bühnenarbeiter, Schauspieler und ich nach draußen. Der Rasen war feucht von Sprengern, Tau oder Nebel. Wir spielten Capture the Flag, mit zwei Pullovern als Fahnen. Ich war zum ersten Mal an der neuen Schule froh und unbekümmert. An die Schuhe auf dem nassen Gras verschwendete ich keinen Gedanken. Erst am Morgen sah ich, dass die Absätze senkrechte Kerben hatten, wie mit einer Klinge hineingeritzt, und das Leder aufgequollen war. Wie konnten Grashalme kräftig genug sein, um in Leder zu schneiden? Als ich nach Hause kam, stellte ich die Schuhe wieder in Laurenes Schrank und hoffte, sie würde nichts merken. Und falls doch, könnte sie sich sicher ein neues Paar leisten, dachte ich. Die Kratzer fielen ihr ein paar Tage später auf, und sie fragte gereizt, was passiert sei, kam aber nicht mehr darauf zurück.

Ich ließ meine Sachen überall im Haus herumliegen, so wie ich es auch bei meiner Mutter immer gemacht hatte: Schuhe, Sweatshirts, Mangoschalen auf Schneidebrettern, Zettel, zusammengeknüllte Socken, Pferdeäpfeln gleich. Vielleicht dachte ich, sie würden es liebenswert finden oder ich könnte so einen Teil der Aufmerksamkeit, die sie meinem Bruder schenkten, auf mich ziehen. Als Laurene eines Abends, kurz nachdem ich ihre Schuhe ruiniert hatte, ins Wohnzimmer kam und meine Socken und ein Sweatshirt auf dem Teppich liegen sah, sagte sie: »Lis, ich möchte, dass du von jetzt an immer all deine Sachen einsammelst.« Sie sagte es kühl.

»Okay«, sagte ich. Es war eine vernünftige Bitte.

»Ich habe mit einem Baby und der Gründung einer Firma schon genug zu tun«, sagte sie. »Ich kann nicht auch noch hinter dir herräumen.«

Ihre Wörter trafen mich wie Messerstiche. Unbewusst hatte ich meine Sachen vielleicht als eine Art Aufforderung herumliegen lassen, eine Bitte an sie, mich als ihr Kind anzunehmen, und sie hatte Nein gesagt. Ich fühlte mich gedemütigt und bloßgestellt. Ich war schlampig; sie war es nicht.

Mein Vater nannte die Schule Leck-mein-Wilmerding. Ich lachte und verdrehte die Augen.

»Weißt du, ich habe dir eine ziemlich tolle Empfehlung für Leck-mein-Wilmerding geschrieben«, sagte er eines Morgens.

»Wirklich? Kann ich sie mal sehen?«

»Ich dachte, du wolltest sie aufheben und ihr erst geben, wenn sie älter ist«, sagte Laurene. Sie schien zu fürchten, ich könnte eingebildet werden oder immer im Mittelpunkt stehen wollen. Das Problem ist nur, wenn man sich Dinge für später aufhebt, gehen sie womöglich verloren oder geraten in Vergessenheit.

»Nein. Ich möchte es jetzt machen«, sagte er, ging in sein Arbeitszimmer, kam mit einem Stück Papier wieder und las den Brief – barfuß in der Küche stehend – laut vor.

An das Allermeiste erinnere ich mich nicht mehr, nur an die letzte Zeile: »Ich an Ihrer Stelle würde keine Sekunde zögern, sie zu nehmen.«

Ich beschloss, mich als Jahrgangssprecherin der Neunten zu bewerben, und heftete überall in der Schule Handzettel an Schwarze Bretter. Ich hatte ein paar neue Freunde gefunden und einen Opernklub gegründet, das heißt, ich organisierte Fahrten zur Oper in San Francisco zu Schülergruppentarifen. Es war ein Witz. Ich wusste nichts über Opern, war noch nie in einer gewesen.

Am Abend der ersten Aufführung bat mich mein Vater, ihm ein Ticket zu reservieren, holte mich dann von der Schule ab und fuhr uns zur Oper. »Ich bin so stolz auf dich«, flüsterte er, als der Vorhang aufging. Ich hoffte, er würde sich auch freuen, wenn ich Jahrgangssprecherin würde.

Die Wahl fand ein paar Wochen später statt und begann damit, dass jeder der vier Kandidaten eine kurze Rede hielt. Ich hatte eine Kehlkopfentzündung und fast keine Stimme mehr. Als Glücksbringer trug ich Cordhosen und einen dicken Pullover mit Zopfmuster. Meine Klassenkameraden rückten eng zusammen, und ich spürte die Welle des Wohlwollens, die mich manchmal trug, wenn ich krank war und keine Kraft mehr hatte, Haltung zu bewahren, sondern zuließ, dass andere mich stützten.

An dem Abend verpasste ich den Fahrdienst und ging mit zu einer Freundin, die in Potrero Hill wohnte. Von dort aus rief ich meinen Vater an, um ihm Bescheid zu geben. Ich fürchtete diese Anrufe. Beim letzten Mal, als ich bei einer Freundin in San Francisco übernachtet hatte, war er kurz angebunden und distanziert gewesen, hatte sogar tief geseufzt. Sie arbeiteten beide viel. Carmen blieb bis siebzehn Uhr, aber mein Vater duldete keine Angestellten im Haus, wenn er von der Arbeit zurück war, und mein Bruder schlief noch nicht durch. Ich frage mich, ob mein häufiges Wegbleiben zwischen ihm und Laurene zu Streit führte.

»Ich habe den Fahrdienst verpasst«, sagte ich, als er abnahm. »Wegen der Wahl.«

»Du investierst nicht genügend Zeit, Lis«, sagte er mit strenger Stimme. »Du benimmst dich nicht wie ein Teil dieser Familie.«

»Morgen bin ich wieder da«, sagte ich. »Heute fanden doch die Wahlen statt –«

»Das interessiert mich nicht. Ich muss auflegen.« Und das tat er.

Später am Abend rief mich Tess an. »Rate mal, was passiert ist«, sagte sie.

»Was?« Nach dem Telefonat mit meinem Vater hatte ich alles andere vergessen.

»Komm schon, rate.«

»Ich weiß es nicht.«

»Du hast gewonnen, Dummerchen«, sagte sie. »Du bist Jahrgangssprecherin.«

Das bedeutete, dass ich etwa einmal die Woche nach der Schule an Sitzungen der Schülervertretung teilnehmen, bei einer Freundin übernachten oder die Eltern meiner Freunde bitten müsste, mich nach Hause zu bringen.

»So geht das nicht, Lis«, sagte mein Vater am nächsten Tag, als ich ihm erzählte, dass ich gewonnen hatte. »Du bist kein gutes Familienmitglied. Du bringst dich nicht ein. Du bist nie hier. Wenn du zu dieser Familie gehören willst, musst du auch die Zeit dafür investieren.«

Es schien merkwürdig, dass er auf meiner permanenten Anwesenheit bestehen konnte, nachdem er selbst so lange durch Abwesenheit geglänzt hatte. Beim gemeinsamen Abendessen kamen er und Laurene mir jetzt reserviert vor. Ich nahm an, dass es mit mir zu tun hatte, aber es konnte natürlich auch an den Schwierigkeiten einer jungen Ehe liegen, dem Leben mit einem Kleinkind, zu wenig Schlaf. Mein Vater machte Pasta, pur oder mit Avocados, und aß Karottensalat. Ich schnitt einen Burrito mit schwarzen Bohnen in Scheiben und half, Broccoli zu dämpfen, während Laurene meinen Bruder fütterte. Sobald das Essen vorbei war, gingen sie nach oben, um ihn ins Bett zu bringen. Ich spürte ihre Enttäuschung wie eine Zunahme der Schwerkraft im Raum, und der kleinste Fehler von mir war ein Haken auf der falschen Seite der Bilanz und gab mir das Gefühl, dass ich immer nur von außen auf dieses Gebilde schauen würde, in das ich hineinwollte: die Familie.

Wie war es wohl von innen? Ich stellte es mir bindend und alltäglich vor, unumkehrbar; einmal drinnen, könnte ich nicht mehr daraus entfernt werden. Ich wäre unersetzlich, wenn ich nur erst hineinkäme.

Er wollte, dass ich da war, aber immer in einem anderen Raum, in seiner Umlaufbahn, aber nicht zu nah bei ihm. Ich sollte mich auf der Kreislinie aufhalten, die ein Zirkel zeichnete, um ihn als den Mittelpunkt.

Irgendwann in dieser Zeit, als ich immer öfter nicht zu Hause war und er sich immer mehr über mich ärgerte, erzählte ich ihm, dass die neue Schule im Vergleich zur Nueva nicht sehr anspruchsvoll sei. Ich langweilte mich manchmal im Unterricht und finge dann an zu trödeln.

»Trödeln?«, sagte er. »Das ist nicht gut. Das ist gar nicht gut.«

»In Geschichte nehmen wir gerade die Renaissance durch. Aber die hatte ich schon.« (Als könnte die ganze Renaissance in einem Atemzug unterrichtet werden.)

Es folgte ein seltsamer Wirbel: Er und ich fuhren zur Schule, um mit dem Direktor, der für die Aufnahme von Schülern zuständigen Kollegin und mehreren anderen Lehrern zu sprechen, und er forderte mich auf, noch einmal zu wiederholen, was ich ihm gesagt hätte. In meiner Fantasie wurde ich zu einer dieser außergewöhnlichen Schülerinnen, für die bestimmte Privatschulen leider, leider unzulänglich waren. Mein Vater machte den Schwindel mit und empörte sich um meinetwillen; vielleicht glaubte er mir, vielleicht sah er in meiner Eitelkeit auch einen Ausweg aus der Schulwegproblematik. Durch ihn noch ermutigt, glaubte ich es mir selbst: Die renommierte Schule war für mich nicht anspruchsvoll genug.

Ich scheute mich, zuzugeben oder mir einzugestehen, dass weniger die Schule das Problem war, als vielmehr die Tatsache, dass ich nicht daran teilhaben, mich nicht mit Freunden treffen und nicht das Haus verlassen konnte, ohne das Gefühl zu bekommen, ich hätte gegen eine grundsätzliche Vereinbarung verstoßen.

Nach einem weiteren Gespräch in der Schule schlug er vor, wir sollten bei der Palo Alto High School – kurz »Paly« – vorbeifahren, um uns einen Eindruck zu verschaffen. Es war später Nachmittag, der Unterricht zu Ende. Ein paar Minuten lang spazierten wir auf dem verwaisten Schulhof herum. Viele der Gebäude sahen wie Bunker aus. Ich fühlte mich unbehaglich, als hätten wir unbefugt das Gelände betreten. Doch dann hörten wir irgendwo Musik und folgten den Klängen bis zu der Tür, aus der sie kamen. Ein hoch aufgeschossener Junge stand daneben. Ich war zu schüchtern, um den Mund aufzumachen, aber mein Vater fragte: »Was passiert da drinnen?«, und der Junge sagte: »Wir machen die Schülerzeitung.« Wir warfen einen Blick hinein und sahen viele Leute an Computern arbeiten oder sich auf Sitzsäcken lümmeln, und mir war sofort klar, dass ich auch bei der Zeitung mitarbeiten würde, sollte ich mich für diese Schule entscheiden. »Weißt du, was das Tolle an einer Schule ist, die nicht weit weg von zu Hause liegt?«, sagte mein Vater. »Du kannst zu Fuß hin- und zurückgehen, genau wie ich früher. Und wenn man viel zu Fuß geht, kriegt man den Wechsel der Jahreszeiten mit.« Er sagte das genauso langsam und bedächtig, wie er über schöne Frauen sprach. Zu Fuß zur Schule zu gehen fand ich nicht sonderlich romantisch. Ich entschied mich trotzdem für die Paly – es schien mir die einzige Möglichkeit zu sein, wie die Situation zu Hause besser werden könnte.

Das Halbjahr war gerade zu Ende, als ich mich für den Schulwechsel entschied, und mein Vater fuhr mich zur Paly, damit ich mich dort anmelden konnte. Die Büros der Verwaltung gingen von einem langen, glänzenden Korridor ab, wo es nach dem gleichen Reinigungsmittel roch wie in der öffentlichen Bücherei und auch die Geräuschkulisse die gleiche war, gedämpft mit scharfen Echos dazwischen. Ich strahlte innerlich, weil mein Vater bei mir war, seine Aufmerksamkeit auf mich gerichtet. Als ich neben ihm den Korridor entlangging, fühlte ich mich beschützt; er hatte Vertrauen in diese Schule.

Wir setzten uns in ein Büro, wo eine Verwaltungsangestellte mir half, meinen Stundenplan auszufüllen, und mich in manche bereits vollen Kurse aufnahm, weil ich sie unbedingt brauchte.

»Gibt es hier eine Schülervertretung?«, fragte ich sie.

»Ja«, sagte sie. »Vielleicht kannst du dich als Delegierte bewerben. Es gibt immer zwei pro Klasse – die Wahlen sind bald.« Eine Degradierung, dachte ich. Ich würde mich als Jahrgangsprecherin bewerben.

Mehrere Weihnachtskränze von Smith & Hawken wurden geliefert. Drei waren nicht größer als kleine Vogelnester. Einen davon trug mein Vater durch die Küche, um ihn an den Holzbalken zwischen den Terrassentüren im Flur aufzuhängen. Weder ich noch sonst jemand durfte die Kränze anfassen, genauso wenig wie den restlichen Weihnachtsschmuck, den er bestellt hatte. Auch die Baumlichter wollte er unbedingt selbst anbringen; er brauchte den ganzen Tag dafür, die gedrehten Schnüre durch die Äste und Zweige der Douglastanne zu fädeln. Um den kleinen Kranz machte er ein großes Getue, hängte ihn an den Nagel, trat ein paar Schritte zurück, rückte ihn zurecht, trat wieder zurück.

Ich lachte, als ich ihn dabei beobachtete. »Du nimmst es ja ganz genau.«

»Er muss exakt richtig hängen«, sagte er mit hoher Falsettstimme und gerollten *rs*, »sonst *krepiere* ich.« Wenn er gut gelaunt war, wurde er albern und konnte über sich selbst und seine Pingeligkeit lachen.

Manchmal sang mein Vater mir improvisierte Nonsensreime vor – das habe Bob Dylan immer im Aufnahmestudio gemacht, sagte er –, die auf mich gemünzt waren. Mein Rad mich bat um Rat und Tat, huch, ein Fluch ich such mein Buch, mein Leben ein Schweben und Streben.

Er rückte den Kranz noch ein letztes Mal zurecht und stürzte sich dann auf mich, um mich mit dem Zeigefinger unter dem Brustkorb zu kitzeln. Ich versuchte, ihm zuvorzukommen und ihn unter dem Arm zu erwischen. Er war schneller, ich lachte – ein schrilles Lachen, das nicht zu mir zu gehören schien. Albern tänzelnd, sprang er weg, mit seinen konisch zulaufenden nackten Beinen, die wie Froschschenkel aussahen.

Er hatte vor Kurzem eine CD gekauft, die er mir gern vorspielte, eine Aufnahme des letzten Kastraten. Er klang weder weiblich noch männlich, hatte eine unheimliche Stimmlage irgendwo dazwischen, wie jemand, der singt, nachdem er an einem Luftballon gesaugt hat. »Sonst krepiere ich, sonst krepiere ich«, sang er jetzt mit dieser hohen Stimme, schon auf dem Weg in sein Arbeitszimmer, um unter dem Punktlicht einer Schreibtischlampe, die, gebogen und irgendwie in der Luft stehend, an eine Gottesanbeterin erinnerte, ein paar geschäftliche Anrufe zu machen.

Zu Weihnachten schenkte er Laurene ein Ballkleid von Giorgio Armani und ein Paar Schuhe, die für ihre Füße zu schmal waren. Mir schenkte er nur das Paar Schuhe, die gleichen, die er auch für sie gekauft hatte – schmale schwarze Slipper, ebenfalls von Armani. Sie passten mir perfekt. Nachdem er gesehen hatte, dass die Schuhe Laurene nicht passten, zeigte er ihr die kalte Schulter, als deutete die Breite ihrer Füße für ihn auf einen tiefer liegenden Makel hin. Ich war neidisch auf das Ballkleid, das lang und transparent war und sich so schön aus der Schachtel heraus entfaltete. Meiner Füße wegen fühlte ich mich dagegen kurzzeitig überlegen, als wäre ihre schmale Form ein Zeichen von Reinheit und Noblesse.

Meine Mutter hatte ich inzwischen über fünf Monate lang nicht gesehen. Ich war böse auf sie; sie fehlte mir. Ich hasste sie, ich hatte Mitleid mit ihr, ich wollte alles an mir, was an sie erinnerte, auslöschen, ich vermisste es, von ihr berührt zu werden. Sie bekam nicht mit, was ich jeden Tag machte, dass ich zum Beispiel auf meinen Bruder aufpasste und er dann manchmal weinte und ich nicht wusste, was ich tun und wie ich ihn trösten sollte.

In den Monaten, in denen wir uns nicht sahen, träumte meine Mutter immer wieder von einem atomaren Angriff, in dem sie sich ein Laken über den Kopf warf und zu uns hinüberrannte, um mich zu holen.

Jetzt endlich, zu Weihnachten, war mein Vater damit einverstanden, dass wir uns wiedersahen.

Bei der erstbesten Gelegenheit ging ich zum Rinconada-Haus und machte die Tür auf. Es hatte einen Eigengeruch, warmes Holz, Erde und Farbe, der mir nicht aufgefallen war, als ich noch dort wohnte. Ich sprang auf ihren Schoß – dafür war ich immer noch klein genug –, und sie umarmte mich, berührte meine Schultern und meinen Kopf, meine Arme und Beine, meine Finger, roch an meinem Haar. Später beschrieb sie diesen Moment als Schock der Erleichterung – nachdem sie mich so lange nicht gesehen habe, sei es für sie auf irgendeiner Ebene so gewesen, als wäre ich tot. Ich weiß noch, dass sie mich nicht mehr loslassen wollte.

Nach den Ferien fing ich unter meinem neuen Namen auf der Paly an.

Der Schulhof war eine an manchen Stellen zu Stoppeln oder bloßer Erde heruntergetretene Rasenfläche. Ich folgte dem für mich vorgesehenen Stundenplan und benutzte Schulbücher mit Löchern im Einband, unter denen brauner Karton zu sehen war, und Notizen früherer Schüler am Rand.

Freunde zu finden war mir vorher nie schwergefallen; jetzt war ich geradezu lähmend schüchtern, voller Selbstzweifel, bevor ich mich im Unterricht meldete. Ich hatte überhaupt keine Freunde.

Der Algebraunterricht an der neuen Schule war anders als an der Lick-Wilmerding, schwieriger für mich, weil er auf Formeln basierte, die ich nicht kannte. Ein paar Monate lang bat ich fast jeden Abend Laurene um Hilfe. Sie stand seufzend auf, wir gingen hinunter, sie schaute sich die Aufgabe geschäftsmäßig an, rechnete und erklärte mir dann den Lösungsweg.

Abends, wenn sie nach oben gegangen waren, fühlte ich mich unglaublich einsam und weinte mich in den Schlaf. Außerdem fror ich. Ich hatte festgestellt, dass die Heizung in meinem Teil des Hauses nicht funktionierte.

Ich hätte darum bitten können, in den ersten Stock ziehen zu dürfen, in das Zimmer über der Garage mit den schrägen Dachfenstern. Es war das Zimmer, das mein Vater mir zuerst angeboten hatte, weil er dachte, es würde mir am besten gefallen – es war groß, hatte einen Kamin und einen eigenen Julia-Balkon mit einer Treppe zum Hof. Ich könne mich nachts heimlich fortstehlen, hatte er damals gesagt und mir zugezwinkert. Doch mittlerweile war es zum Gästezimmer geworden, und als ich ihn schließlich fragte, ob ich dorthin umziehen dürfe, sagte er Nein.

»Mir ist kalt hier unten«, sagte ich am Morgen in der Küche zu ihm. »Könntest du die Heizung reparieren lassen?«

Er nahm eine Flasche Apfelsaft aus dem Kühlschrank. »Nein. Erst wenn wir die Küche renovieren«, sagte er, »und das wird so bald nicht passieren.«

Am darauffolgenden Wochenende stellte ich mein Fahrrad vor einem Kleidergeschäft namens Roxy ab, einem weißen Kubus, in dem schon mittags englische Punkmusik dröhnte und die Sachen so hoch hingen, dass sie im Vorbeigehen meine Wange streiften: kurze, weite Jacken mit Schulterpolstern, seidige Bundfaltenhosen, T-Shirts in leuchtenden Pastellfarben. Ich war mit meiner Mutter dort gewesen und wollte die vertraute Umgebung spüren. Als ich wieder auf die Straße kam, war mein Fahrrad weg.

Ich ging davon aus, dass mein Vater mir ein neues kaufen würde, jetzt, wo er den Fahrdienst und die Privatschule nicht mehr bezahlen musste. Außerdem – aber das hätte ich so wohl nicht formulieren können – war er mir meiner Meinung nach etwas schuldig. Ich dachte, dass er und Laurene das mit der Zeit begreifen und versuchen würden, es wiedergutzumachen; dass es ihm irgendwann wie Schuppen von den Augen fallen und er Mitleid mit mir haben würde.

Das Gefühl, dass sie mir etwas schuldeten, war wie eine Wolke, die alles um mich herum verdunkelte, sich nur manchmal, solange mein Vater nett zu mir war, für kurze Zeit hob und auflöste, dann aber wieder breitmachte. Ich schaffte es nicht, sie für immer zu vertreiben.

Jetzt, da mich niemand mehr hin und her chauffierte, brauchte ich jedenfalls ein Fahrrad.

»Lis«, sagte er, als ich ihm von dem Fahrrad erzählte, »du passt nicht gut auf deine Sachen auf.« Es war früh am Morgen, und mein Vater, Laurene, Reed und ich saßen am Tisch.

»Ich versuche es ja.« Ich hoffte, Laurene würde mir zu Hilfe kommen.

»Du lässt die Dinge schleifen«, sagte er.

»Es war ein Versehen.«

»Na schön, ich habe eine Idee. Ich kaufe dir ein neues Fahrrad, wenn du den Abwasch machst. Jeden Abend. Und babysittest, wann immer wir dich brauchen.«

»Okay«, sagte ich schnell. Es war ein schlechtes Geschäft, das war mir klar. Ich hätte verhandeln sollen. Das wusste er sicher auch, aber ich dachte, sie würden mir gegenüber vielleicht großzügiger sein, wenn sie sahen, dass ich mich trotzdem darauf einließ. Es wäre eine Art Kompensation dafür, dass ich so oft nicht zu Hause gewesen war, und würde mir die Chance geben, mein familiäres Engagement zu beweisen.

Die Spülmaschine war schon in die Kücheninsel eingebaut gewesen, als sie das Haus kauften, und funktionierte nicht, aber mein Vater sagte, er wolle sie nicht durch eine neue ersetzen, also wusch ich das Geschirr per Hand mit einem sorbetfarbenen Schwamm ab. Ich stand auf den kalten Terrakottafliesen, sah mich im Fenster, der sich abends in einen Spiegel verwandelte, und stellte die Teller hintereinander in die Rillen eines Holzgestells. Die Aufgaben, die mir bei meiner Mutter belastend und wie Sisyphusarbeit erschienen waren – Bett machen, Tisch decken, Arbeitsflächen abwischen, Dankbriefe schreiben –, erledigte ich jetzt meistens, ohne dass mich jemand dazu drängen musste.

Wenn ich mit dem Abwasch fertig war, schaute ich mir die Familienfotos an, die in einem Schuhkarton in einer Küchenschublade aufbewahrt wurden. Es gab viele von meinem Bruder und wenige von mir. Ich sah den Stapel durch und nahm die Bilder von mir, die mir nicht gefielen, heraus. Vielleicht würden sie dann merken, wie wenige es waren, und einsehen, dass sie mehr hätten machen sollen.

Nachdem sie meinen Bruder ins Bett gebracht hatten, kam mein Vater meist herunter und arbeitete noch ein paar Stunden in seinem Büro. An meinem Schreibtisch sitzend, hörte ich ihn danach wieder aus seinem Zimmer kommen. Ich lauschte seinen Schritten auf den Fliesen, wenn er links abbog und die Treppe hinaufging. Es wäre ein Leichtes für ihn gewesen, ein kleines Stück weiter zu gehen, den Kopf in mein Zimmer zu strecken und mir Gute Nacht zu sagen. Aber ich war vierzehn, zu alt dafür. Meine Mutter hatte mir immer Gute Nacht gesagt, ich hatte mich dadurch wie ein Kind behandelt gefühlt und geglaubt, ich könne daruf verzichten. Hier sehnte ich mich brennend danach.

Was wollte ich? Was erwartete ich? Er brauchte mich nicht so, wie ich ihn brauchte. Eine dunkle, beängstigende Einsamkeit packte mich, ein scharfer Schmerz unterhalb meiner Rippen. Ich weinte mich in den Schlaf, und die Tränen wurden kalt und sammelten sich in meinen Ohren.

Doch selbst in meinem tiefsten, lähmendsten Selbstmitleid war mir bewusst, dass es in meinem Zimmer nicht *so* kalt war – wir lebten schließlich in Kalifornien – und dass die Putzfrau zwar nicht meine schmutzigen Kleider, aber alle vierzehn Tage meine Bettwäsche wusch und dass es Fotos gab, auf denen ich auch mit drauf war.

Nach der Schule, wenn mein Bruder schlief, flocht Carmen mir manchmal in der Küche die Haare. Sie war sehr lieb zu mir. Sie konnte diverse Flechtfrisuren machen, darunter einen Zopfkreis rund um den Kopf herum, wie eine Krone. Ihre Zöpfe fransten nicht aus und lockerten sich nicht gleich wieder, sondern hielten ein paar Tage lang, obwohl mein Haar fein und glatt war. Ich trug sie, bis sie sich lösten und die herausgerutschten Haare im Licht einen diffusen Heiligenschein bildeten. Ich saß auf dem Küchenstuhl, während sie mit ihren Fingernägeln Strähnen abteilte, sodass ich Gänsehaut am Kopf bekam. Ich schloss die Augen. Ich fand es schön, berührt zu werden. In diesen Momenten dachte ich, dass sie und ich Glück hatten, in diesem Haus zu sein, mit all dem Backstein und den blinkenden Fenstern, dem Jasmin, der vor der Haustür blühte und einen Durst löschenden Duft verströmte, als wäre er trinkbar.

An einem Nachmittag am Wochenende, als mein Bruder schlief, gingen mein Vater, Laurene und ich nach draußen und setzten uns an den Tisch auf dem Hof. Laurene hatte Wassermelone geschnitten. Bevor sie ein Stück aß, rieb sie sich jedes Mal die Lippen damit ein, als wäre es Lipgloss.

Mein Vater saß neben ihr und beobachtete, wie sie sich die Lippen befeuchtete, packte sie dann an der Schulter und zog sie zu sich herüber. Ich wollte gehen, doch meine Füße waren schwer, als zwänge mich eine unsichtbare äußere Kraft zu bleiben. Die beiden bildeten ein Gemälde; er küsste sie und bewegte seine Hand in die Nähe ihrer Brüste und zu dem Teil ihres Beins, wo der Rock endete, und stöhnte dabei theatralisch, wie für ein Publikum. Bei Tina hatte er es genauso gemacht. Warum schoben diese Frauen ihn nicht weg?, fragte ich mich. Ich fühlte mich extrem allein auf diesem Hof, niemand da, der hätte sagen können: Hört auf.

Die Gefühle schienen mir nicht echt, sondern wie eine Darbietung. Wie Cary Grant in *Der unsichtbare Dritte,* als er im Zug Eva Marie Saint küsst.

Unter dem Saum ihres Jeansrocks konnte ich zwischen ihren Beinen ein Stück weiße Baumwollunterhose sehen. Meine Mutter hatte mir eingebläut, die Knie zu schließen, wenn ich einen Rock trug; hatte ihre Mutter ihr das nicht beigebracht? Ich war wütend, dass sie sich wie ein Kind und wie eine Erwachsene zugleich benahm, sich in meiner Gegenwart so von ihm küssen ließ und nicht darauf achtete oder es nicht wichtig fand, die Knie zu schließen.

Irgendwann schaffte ich es doch, aufzustehen und die Tür zum Haus anzusteuern. Sie lösten sich voneinander. »He, Lis«, sagte er. »Komm wieder her. Wir haben es hier doch gerade sehr schön. Es ist wichtig, dass du versuchst, Teil dieser Familie zu sein.«

Ich setzte mich, ganz still, und schaute weg, während er am Rand meines Blickfelds stöhnte und sich wand. Es war nicht abzusehen, wie lange es so weitergehen würde. Ich schaute ins Gras des Innenhofs, auf den Zierapfelbaum neben dem geschwungenen Backsteinpfad mit seiner Haube aus unzähligen kleinen weißen und rosafarbenen Blüten.

Auch wenn es mir damals noch nicht so klar war: Ich hoffte, Laurene würde eine richtige, heile Familie aus uns machen, meinen Vater aufschließen, sein ganzes Herz und seine ganze Aufmerksamkeit fordern und ihn erkennen lassen, was er versäumt hatte.

Wenn ich mich jetzt darüber ärgerte, dass sie auch nur ein Mensch mit Fehlern war – sie schloss die Knie nicht, schob ihn in meiner Gegenwart nicht von sich weg –, dann lag es an der Größe der Aufgabe, die ich ihr zugewiesen hatte. Sie war für mich die letzte Rettung, nachdem alles andere gescheitert war. Doch in ihrem mädchenhaften Fehlverhalten deutete sich an, dass sie diese Rolle vielleicht nicht annehmen wollte oder es gar nicht könnte: dass sie nicht hier war, damit ich einen richtigen Vater bekam.

An einem Samstag verabredeten meine Mutter und ich uns zum Brunch. Seit unserem Wiedersehen an Weihnachten war ich noch zweimal bei ihr gewesen, aber beide Besuche waren in Streit ausgeartet. Ich wählte das Il Fornaio, weil es nur zwanzig Minuten zu Fuß vom Haus meines Vaters entfernt war. Wenn sie die Beherrschung verlor, konnte ich gehen. Ein neues Fahrrad hatte ich noch nicht. Als ich ankam, wartete sie schon. Wir umarmten uns. Sie hatte ein neues Kleid an. Der Oberkellner mit dem grauen Schnurrbart sagte: »Bitte folgen Sie mir« und führte uns in den Innenhof, am Brunnen vorbei, zu einem Metalltisch ganz hinten direkt neben einer von lila Blüten strotzenden Topfpflanze. Er schien mich nicht wiederzuerkennen, obwohl ich oft mit meinem Vater hier gewesen war, um Pizza Marinara zu holen, mit Zwiebeln, Oliven und Oregano.

Meine Mutter saß mit Blick auf die anderen Tische, ich davon abgewandt. Wir legten uns die Servietten auf den Schoß. Wir waren jetzt keine Einheit mehr, sondern zwei Einzelpersonen. Ich wusste nicht, wie ich ihr vermitteln sollte, dass ich immer noch ihre Tochter war. Wenn sie zu schreien anfinge, würde ich aufstehen und gehen; beim bloßen Gedanke daran, an so eine Kühnheit, fühlte ich mich zugleich leicht und schuldig.

»Wie geht es dir?«, fragte sie.

»Gut«, sagte ich. »Und dir?«

»Mir auch. Ich vermisse dich. Wie ist es auf der Paly?«

»Ganz okay.« Es war furchtbar. »Na ja, ich meine, es wird sicher noch besser«, sagte ich mit fröhlicher Stimme.

So konnten wir nicht weitermachen. Ich wusste, dass sie die Förmlichkeit durchbrechen würde.

»Dann ist ja offenbar alles ganz großartig«, sagte sie – ein Hauch von Sarkasmus.

Der Kellner kam und fragte, ob wir bestellen wollten, gut gelaunt, so als hätte er es hier mit einer x-beliebigen Mutter und ihrer Tochter an einem x-beliebigen Morgen zu tun. Ich bestellte die Pfannkuchen mit gedünsteten Pfirsichen und Schlagsahne.

»Du kommst mir so merkwürdig und distanziert vor«, sagte sie, als der Kellner gegangen war. »Völlig verändert. Als wärst du gar nicht mehr meine Tochter, seit du ausgezogen bist.« Es klang verwundert, und ihre Verwunderung tat mir weh – als falle es ihr auf, sei ihr aber egal. Ich fragte mich, ob sie recht hatte; vielleicht war es ja schlimmer, als ich dachte, und ich hatte mich unwiderruflich verändert. Neben ihr war ich die reinste Muschel, mit einer Schale, die selbst ich nicht aufbrechen konnte.

»Ich bin ausgezogen, weil wir uns immer gestritten haben«, sagte ich. »Eigentlich wollte ich das nicht.«

»Ach, komm«, sagte sie. »Dir geht es doch nur um dich selbst.

Dein perfektes Leben. Es wird schwierig, und puff – Lisa geht zu den reichen Leuten.«

Ich empfand mein Leben nicht als reich; vielleicht sah es von außen reich oder reicher aus. Sicher, ich hatte jetzt schönere Klamotten. Nicht viele, aber bessere und neuere. Wenn wir uns im Einkaufszentrum indisches Essen holen wollten, ging mein Vater manchmal mit mir zu Armani Exchange und kaufte mir ein T-Shirt oder eine Hose. Früher hatte ich meine neuen Kleider immer permanent getragen, bis sie irgendwann aussahen wie alles andere in meinem Schrank. Nun war Shopping anders: Wir kauften häufiger etwas Neues, dafür aber wenig und aus schöneren Stoffen, und da die meisten Sachen aus demselben Laden stammten, passte alles gut zueinander. Blau, weiß, anthrazit. Wenn ich jetzt in meinen Kleiderschrank schaute, fand ich darin zum ersten Mal etwas relativ Neues, das mir passte und sich mit etwas anderem relativ Neuen, das mir ebenfalls passte, kombinieren ließ. Ich wusste, dass meine Mutter das genauso schön gefunden hätte wie ich, und fühlte mich schlecht, weil ich ihr diese Erfahrung voraushatte.

»Du hast ein echtes Problem, Lisa«, knurrte sie durch die Zähne. »Weißt du, was du falsch machst? Du willst unbedingt so sein wie sie und vergisst darüber, was im Leben wichtig ist.«

Ich wollte in der Tat so sein wie sie, aber es klappte nicht, wie sehr ich mich auch bemühte. Ich fiel aus der Reihe, fügte mich nicht ein, brauchte mehr, als mir gegeben wurde, und hoffte, es verbergen zu können.

Meine Mutter fing jetzt an, mich mit hoher, schriller Stimme nachzuäffen.

»Ich bin ja so zart und fein, eine kleine Prinzessin«, sagte sie.

»Du bist genau wie sie.« Sie wurde lauter und immer wütender »Kalt, herzlos und gekünstelt. Da kannst du gleich bei ihnen bleiben.«

Ich blickte mich um – direkt neben uns saß niemand, aber ein paar Leute schauten herüber. »Das geht so nicht«, sagte ich und stand auf. »Du kannst mich nicht mehr anschreien. Tschüss.«

Sie sah mich sprachlos an. Ich ging über den Innenhof, durch den Bauch des Restaurants, an der Reihe von Köchen vorbei, durch das Gewusel, die Wärme, den Lärm. Ich spürte meinen Rücken und meine Beine. Alles, was sie sah, während sie mich jetzt beobachtete – meine Bewegungen, meine Kleidung, mein Gang –, bestätigte ihr womöglich, was sie über mich gesagt hatte. Ich versuchte, so zu gehen, wie ich immer ging, wie ich auch gegangen war, als ich bei ihr lebte, damit sie begriff, dass ich immer noch dieselbe war wie vorher. Sobald ich draußen war, beschleunigte ich meine Schritte, für den Fall, dass sie mir bereits folgte, um mich weiter anzuschreien. Ich wollte, dass sie mir folgte; ich hatte panische Angst davor.

Ich ging nach Hause. Meine Hände zitterten. Ich hatte meine Mutter sitzen lassen. Sie ganz allein gelassen. Die Straße war leer und friedlich. In mir war es seltsam ruhig, zu ruhig; ich war ein Mädchen, das eine Straße entlangging, und ein Mädchen irgendwo anders, das zusah, wie ein Mädchen eine Straße entlangging. Sie hatte recht mit dem, was sie über mich sagte: Ich war imstande, die Menschen, die ich liebte, zu verlassen.

Ich drehte mich immer wieder um. Dazwischen gab ich acht, nicht auf die harten Früchte der Amberbäume zu treten. Die Bäume waren feuerrot und orange mit sternförmigen Blättern. Da es am Vortag geregnet hatte, lagen einige Blätter auf dem grauen Bürgersteig, wo sie unnatürlich leuchteten. Die Früchte waren so groß wie Kirschen, braun mit braunen Stacheln. Sie hinterließen rostfarbene Abdrücke auf dem Boden. Die gleichen Früchte waren von dem Baum im Garten des Rinconada-Hauses immer mit lautem Knall auf die Holzterrasse gefallen, so viele, dass ich nicht mehr hätte darüberlaufen können, ohne das Gleichgewicht zu verlieren, wenn meine Mutter sie nicht wegfegt hätte.

Als ein, zwei Monate nach Halbjahresbeginn die Wahlen anstanden, verteilte ich Handzettel, auf denen ich meine Kandidatur als Jahrgangssprecherin ankündigte. Das Problem war, dass die anderen Schüler sich alle kannten, ich sie aber nicht und sie mich auch nicht. Ich trug einen schwarzen Rock, der bis zur halben Wade reichte; sie liefen in Jeans herum, zu zweit oder zu dritt, und lächelten verhalten. Manche nahmen meine Zettel, andere grinsten und sagten: »Nein danke.«

»Entschuldige, wer bist du?«, sagte ein Mädchen.

»Eine Neue aus der Neunten«, sagte ich. »Ich habe gerade erst hierher gewechselt.«

»Und dann bewirbst du dich als Jahrgangssprecherin?«

»Ja«, sagte ich, und mir wurde klar, wie absurd ihr das erscheinen musste.

Sie nahm einen Handzettel und ging weiter.

Die Schüler an der Lick-Wilmerding waren vorher auf lauter unterschiedlichen Schulen gewesen; hier kannten sich die meisten seit dem Kindergarten. Es sprach sich herum, dass ich Steve Jobs' Tochter war, was meine Kandidatur vermutlich noch weniger attraktiv machte. Damals war mir das nicht bewusst. Ich war nur verlegen und schämte mich ein wenig, dass ich meine Kandidatur so dickköpfig verfolgte, als könnte ich mit genügend Willenskraft den Triumph an meiner alten Schule hier wiederholen.

Die Stimmen wurden gezählt, und ein Junge namens Kyle gewann. Er trug karierte Hemden und Kakihosen. Kräftige, entschiedene Stimme, großer Adamsapfel, langer Hals.

Am Abend waren mein Vater und Laurene zum Essen eingeladen, und ich passte auf meinen Bruder auf. Sie ließen mich oft babysitten und sagten mir meist erst in letzter Minute Bescheid, weil sie sich erst dann entschieden. Ich liebte meinen Bruder und passte gern auf ihn auf, aber wenn sie ihn mir, ohne zu fragen, auf den Arm setzten und gingen, fühlte ich mich nicht wahrgenommen. Mein Vater hatte mich verlassen, als ich klein war; jetzt ging er schon wieder aus der Tür und ließ mich sein nächstes Kind hüten.

Ich fütterte meinen Bruder, der voller Begeisterung auf seinem Stuhl herumzappelte; ich schaute Bücher mit ihm an, die er zu zerreißen versuchte; ich gab mir alle Mühe, ihn in den Schlaf zu singen. Es klappte nicht. Er weinte, ließ sich auch von der Milch, die ich gewärmt und an der Innenseite meines Handgelenks getestet hatte, nicht trösten. Er brüllte über Stunden, so kam es mir jedenfalls vor, das Gesicht knallrot, die Wangen nass, der Mund weit aufgesperrt.

Ich rief die Nummer an, die sie mir hinterlassen hatten. Niemand nahm ab. Vor den Fenstern, die nachts zu Spiegeln wurden, lief ich mit ihm auf und ab und fragte mich, ob es so auch für meine Mutter gewesen war, allein mit mir.

Etwa eine Woche nach unserem Brunch im Il Fornaio telefonierten meine Mutter und ich miteinander. Es tue ihr leid, sagte sie, sie hätte nicht schreien sollen; sie sei mir nicht böse und verstehe, warum ich ausgezogen sei. Sie habe einen lukrativen Job in einem großen Frauen- und Kinderkrankenhaus in Los Angeles angeboten bekommen, für das sie mittels Schablonen Bilder und Beschilderungen malen sollte, und würde ungefähr einen Monat lang meistens dort sein. Wir würden uns also nicht sehen, aber abends weiterhin telefonieren.

Nach ihrer Rückkehr fing sie an, selbstklebende Tierbilder aus Segeltuch für Kinderzimmerwände herzustellen. Ein Krankenhaus in der Nähe beauftragte sie damit, in mehreren Zimmern Wandgemälde nach Schablonen zu malen, und für ein anderes Krankenhaus sollte sie Bäume zeichnen und mit Schablonen die Spendernamen auf die Früchte schreiben. Für die größeren Projekte heuerte sie eine Assistentin an; sie arbeiteten gemeinsam in ihrem Garagenatelier und hörten dabei die Cranberries, Talking Heads, Paul Simon, Ladysmith Black Mambazo.

Meine Eltern begegneten sich manchmal in der Stadt bei Country Sun oder Whole Foods. Das hörte ich von meiner Mutter. Sie war nicht begeistert, wenn sie ihn traf, berichtete aber, sie seien nett zueinander gewesen, hätten sich begrüßt, kurz über mich geredet, oder er habe sie gebeten, Tina von ihm zu grüßen.

Tina und meine Mutter waren noch befreundet und frühstückten manchmal zusammen im Joanie's Café an der California Avenue. Als ich sie fragte, wie es Tina gehe, sagte meine Mutter, mein Vater habe sie in letzter Zeit zehn- oder zwanzigmal am Tag angerufen und Nachrichten auf ihrem Anrufbeantworter hinterlassen, um ihr zu sagen, dass er wieder mit ihr zusammen sein wolle.

Eines Morgens legte mein Vater seine Zeitung weg, nahm Reeds Händchen und machte ein Fingerspiel mit ihm. »Das ist der Daumen, der schüttelt die Pflaumen …«, bis mein Bruder sich wand und versuchte, ihm die Hand wegzuziehen.

Laurene ging nach oben, um sich für einen Aerobic-Kurs umzuziehen; mein Vater hörte kurz auf, mit Reed zu spielen, und sah mich an.

»He«, sagte er, »was meinst du, wie es Tina geht?« Wenn wir allein waren oder allein mit Reed, fragte er mich jetzt öfter nach ihr, und zwar immer so, als wäre es das erste Mal, ja als wäre ihm die Frage gerade erst in den Sinn gekommen. Bald war es das einzige Thema, über das er direkt mit mir sprach, und ich fühlte mich wichtig. Obwohl ich mir heimlichtuerisch dabei vorkam, gefiel es mir auch.

»Ich glaube, es geht ihr gut«, sagte ich. Ich gab nicht zu erkennen, dass ich von seinen Anrufen gehört hatte oder verstand, dass es ihm mit seiner Frage weniger um Tina als um ihn selbst ging. Ich wusste zu viel. Ich wollte ihm nicht so viel erzählen, dass er aufhören würde zu fragen. Es gab mir ein seltsames, herrliches Machtgefühl; durch mein Wissen über Tina war ich ihm nützlich, selbst wenn ich mich illoyal und hinterhältig benahm.

»Ich vermisse sie sehr«, sagte er.

Als Laurene wiederkam, spielten wir mit Reed in der Küche und machten Mittagessen. Mein Vater holte seinen Fotoapparat, den teuren mit dem großen Objektiv, den niemand außer ihm anfassen durfte. Ich wollte unbedingt auf den Bildern sein, die er machte. Ich wollte es so sehr, dass es an Verzweiflung grenzte.

Außerdem wollte ich lieber mein Bruder sein als ich selbst. Es machte nichts, wenn ich mein bisheriges Leben dafür aufgeben müsste, denn das zählte nicht. So wie ich es mir vorstellte, wäre es kein Tod, sondern ich, Glückliche, würde einfach er sein, dieses

Mal am rechten Platz geboren. Ich malte mir aus, wie wunderbar das wäre. Der Wunsch war stärker als jeder andere, den ich je gehabt hatte; er hatte eine mir unbekannte, drängende Kraft, und weil das so anders war als sonst im Leben, glaubte ich ganz zaghaft, dass es tatsächlich passieren könnte. Manchmal suchte ich meine Handflächen nach einem Hinweis auf das Wann und Wie ab.

»Lisa, geh zur Seite«, sagte er mit geschäftsmäßiger Stimme, den Fotoapparat vor dem Auge, das Objektiv wie eine Murmel oder ein tiefer, stiller Teich. Ich sprang Richtung Spüle aus dem Bild. Von dort versuchte ich weiterhin, Reed zum Lächeln zu bringen, damit mein Vater nicht merkte, wie weh es tat.

»Lis kann doch auch mit aufs Foto, Steve«, sagte Laurene. Sie streckte die Hand nach mir aus. »Komm, Lis.« Ich stellte mich neben sie. Ich war ihr so dankbar, dass ich zitterte.

Eines Morgens nahm Laurene mich mit auf einen Ausflug der Audubon Society. In einem vollbesetzten Kleinbus fuhren wir in ein Naturschutzgebiet, wo auf beiden Seiten eines Sandwegs dünne, hohe Bäume standen, deren Äste von Vögeln in Bewegung versetzt wurden.

Ein paar Tage später kam mein Vater zu mir ins Zimmer. Er wirkte verstört, ging auf und ab.

»Was ist los?«, fragte ich. »Stimmt irgendwas nicht?«

»Im Leben zählt nur, was du mit deinen eigenen Händen schaffst«, sagte er.

»Wie meinst du das?«, fragte ich.

»Dieser Vogelausflug«, sagte er. »Solche – *Sachen.*« Was meinte er damit? Der Ausflug war mir harmlos vorgekommen, leise Schritte, Kopf im Nacken, Fernglas in der Hand, Ausschauhalten nach dem Ursprung des Trällerns.

»Solche Sachen sind ohne Belang. Sie bedeuten nichts.«

»Ich weiß«, sagte ich mit Nachdruck, aber das stimmte nicht. Erst später begriff ich, dass wir zu dem Ausflug eingeladen worden waren, weil die Audubon Society hoffte, er oder Laurene würden Geld spenden, und das ärgerte ihn gewaltig.

Ich wollte nicht sein Gewissen sein – diejenige, der er sich anvertraute, wenn etwas schieflief, mit der er ein strengeres Wertesystem teilte. Als wäre ich eine grobkörnige alte Fotografie aus der Zeit, bevor er »sich verloren hatte«, wie meine Mutter es ausdrückte. Das Foto verstaubte, und manchmal nahm er es in die Hand und schaute es sich an, wischte den Staub ab und betrachtete es, aber dann legte er es wieder weg und vergaß es.

»Menschen, die nicht hier geboren sind« – er meinte Kalifornien« –, »die *kapieren* es einfach nicht.«

Hin und wieder steckte Laurene mir, wenn ich das Haus verließ, heimlich einen Zwanzigdollarschein zu. Sie sagte mir, ich sähe hübsch aus.

Als ich ihn einmal fragte, ob er für wohltätige Zwecke spende, sagte er barsch, das gehe mich nichts an. Laurene schurigelte er, weil sie mit seiner Kreditkarte ein Samtkleid für ihre Nichte gekauft hatte, und las ihr die Rechnung laut in der Küche vor. Ich nahm an, seine Sparsamkeit sei einer der Gründe für die kärgliche Möblierung unseres Hauses, und dass er nicht mehr Hilfe für die Betreuung meines Bruders oder für den Haushalt engagieren wollte, habe mit Geiz zu tun, aber vielleicht stimmte das gar nicht. Im Lebensmittelgeschäft, im Restaurant oder bei GAP rechnete er uns laut vor, was die Sachen kosteten und was eine normale Familie sich leisten konnte, war empört, wenn etwas zu teuer war, und weigerte sich, es zu kaufen, während ich mir wünschte, er würde einfach akzeptieren, dass er kein Otto Normalverbraucher war, und prassen. Er konnte ja auch großzügig sein, hatte für Tina einen Alfa Romeo gekauft, Laurenes Studiendarlehen zurückgezahlt und ihr den BMW geschenkt. Mich hielt er am allerkürzesten, fand ich, mit seiner Weigerung, mir mehr Jeans, mehr Möbel, mehr Heizungswärme zuzugestehen. Es war schwer zu verstehen, warum jemand, der genug Geld hatte, eine Atmosphäre des Mangels schuf, warum er uns nicht alle damit überhäufte.

Außer dem Porsche hatte mein Vater noch einen großen silbernen Mercedes. Ich nannte ihn »Kleines Land«, ein Spitzname, den ich mir ausgedacht hatte.

»Wieso ›Kleines Land‹?«, fragte er.

»Weil er groß genug ist, um ein kleines Land abzudecken, schwer genug, um es zu zerquetschen, und teuer genug, um seine Bevölkerung ein Jahr lang zu ernähren«, sagte ich. Es war ein Scherz, aber ich wollte ihn auch damit zwiebeln, dass er so viel Geld für sich selbst ausgab, ihn zum Nachdenken über sich selbst bringen, irgendeine Erkenntnis herbeiführen.

»Kleines Land«, sagte er, in sich hinein lachend. »Das ist wirklich witzig, Lis.«

Einmal, als wir uns zu Hause auf dem Flur begegneten, sagte mein Vater zu mir: »Weißt du, jede meiner Freundinnen hatte ein noch schwierigeres Verhältnis zu ihrem Vater als die davor.« Ich wusste nicht, was ich mit dieser Äußerung anfangen sollte oder warum er mir das sagte.

Die meisten Frauen, die ich kannte, waren wie ich ohne Vater aufgewachsen; Halbwaisen, Scheidungskinder, Trennungskinder. Keinen Vater zu haben war nicht einzigartig, ja nicht einmal bedeutsam. Die Bedeutung meines Vaters lag anderswo. Anstatt mich großzuziehen, erfand er Maschinen, die die Welt veränderten; er war berühmt, traf wichtige Leute, sammelte Reichtümer an, fuhr stoned mit einem Milliardär namens Pigozzi durch Südfrankreich, bandelte mit Joan Baez an. Niemand würde sagen: *Der hätte sich mal lieber um seine Tochter kümmern sollen,* dachte ich. Eine Anmaßung. Wie traurig ich auch darüber sein mochte, dass ich ihn so lange entbehrt hatte, und mit wie viel Macht diese Trauer auch in mir hochsteigen mochte, ich unterdrückte sie oder machte sie mir nicht vollständig bewusst: Sie war falsch, egoistisch; ich zählte nichts. Und so gewöhnte ich mir an, die Tatsache meiner Bedeutung für ihn, seine Bedeutung für mich, ja die Bedeutung von Vätern für ihre Kinder und Kindern für ihre Väter ganz generell abzutun – ein Empfinden, das mir damals so vertraut war, dass ich es gar nicht wahrnahm: Es war wie die Luft.

Erst kürzlich, als ein älterer Freund, der selbst Vater ist, mich anrief, um mir von der Verlobung seiner Tochter zu erzählen, habe ich etwas Neues begriffen. Seine Tochter und ihr Freund seien zu ihm gekommen, um es ihm zu sagen, und zu seiner eigenen Überraschung habe er geweint.

»Und was war es, das dich zum Weinen gebracht hat?«, fragte ich.

»Seit dem Tag ihrer Geburt war es meine Aufgabe, unsere Aufgabe, sie zu beschützen und für sie zu sorgen«, sagte er. »Mir wurde plötzlich klar, dass von jetzt an jemand anderes diese Aufgabe übernehmen wird. Ich stehe nicht mehr in der ersten Reihe, bin nicht mehr die Hauptperson.«

Nach diesem Anruf dämmerte mir, dass ich unterschätzt hatte, was mir, aber auch was meinem Vater entgangen war. Als ich bei ihm lebte, hatte ich versucht, es in die Sprache von Spülmaschinen, Sofas und Fahrrädern zu übersetzen, wie um seine Abwesenheit auf Dinge zu reduzieren. Ich dachte, er schulde mir Kleinigkeiten; sie waren es, nach denen es mich so entschieden, so schmerzlich verlangte. Tatsächlich aber war uns etwas Größeres entgangen – etwas, das ich in diesem Telefonat plötzlich tief im Bauch als ein ganzes, komplexes Universum spürte: jene Art der Zuneigung und Liebe, wie es sie nur zwischen Vater und Kind geben kann.

Wenn ich las, war ich nicht einsam und beobachtete mich nicht dauernd selbst. Die Geschichten stärkten mich. Oft las ich mehrere Romane parallel, von einem zum anderen wechselnd, um mit allen gleichzeitig durch zu sein, sodass die vielfältigen Auflösungen auf mich einprasselten wie die Beckenschläge eines musikalischen Finales. Wenn ich aufhörte zu lesen, fühlte ich mich augenblicklich wieder einsam, als wäre ein Fenster aufgerissen worden.

Die Bücherregale im Arbeitszimmer meines Vaters stammten von demselben Schreiner, der auch den Wickeltisch meines Bruders gebaut hatte, und jedes einzelne Bord war an der Rückseite genau an die Unebenheiten der geweißten Backsteinmauer angepasst. Abends, wenn mein Vater schon oben war, ging ich manchmal dorthin und blätterte in den Büchern, darunter eines über Noguchi und *Aufstieg und Fall des Dritten Reichs* und *Autobiografie eines Yogi*. Auf seinem Schreibtisch neben dem NeXT-Computer stand ein Kasten mit zwölf neuen, schwarzen Gelschreibern. Er schrieb immer mit diesen Stiften, hatte auch meistens so einen bei sich. Ich nahm mir drei. Während alle anderen im Haus schliefen, setzte ich mich, einen seiner Stifte in der Hand, in seinem Arbeitszimmer auf den Teppich und las. Hier herrschten Überfluss und Freiheit – so viele Bücher, wie mein Herz begehrte, Stifte, niemand da, der mich störte oder mir überallhin folgte.

Irgendwann in dieser Zeit entdeckte ich *Franny und Zooey* von Salinger. Es war ein mattweißes Taschenbuch mit schwarzem Text und zwei farbigen Streifen auf dem Cover. Ich las es so oft, bis mein Exemplar zerfleddert und von meinen Händen und meinem Rucksack ganz schmuddelig war. Züge, eisige Bahnhöfe, Mäntel, Studentenwohnheime, Diners, Drinks – hier war die Ostküste, die Ivy League, Harvard –, ein anderer Planet, eine andere Klasse. Gab es all das wirklich so? Ich bezweifelte es. Die Charaktere benutzten Ausdrücke, die mir fremd waren, klangen schnittig und überlegen. Trotzdem wollte ich Franny sein. Sie war real genug. Wörter wie »absolut« und »reizend« und »Liebling« sprudelten nur so aus ihr hervor. Züge waren Zeiten: der 10 Uhr 52. Sie fuhren in kalte Bahnsteige ein, wo man seinen Atem sehen konnte. Wegen der Kälte trugen die Leute Mäntel, Überzieher, Waschbärpelze, einknöpfbare wollene Innenfutter.

Ich beschloss, später nach Harvard zu gehen, weil es das College war, von dem die Figuren in dem Buch sprachen. Ich würde fortziehen, weg aus dieser Stadt, aus der Welt meiner Eltern. Und ich würde ihnen nicht verraten, wie fest mein Plan stand; sie könnten sonst womöglich versuchen, mich davon abzubringen.

Es war ganz anders als alles, was sie gemacht hatten, aber vielleicht würde es sie dennoch beeindrucken. Das schien die Antwort zu sein: ein Plan, hier herauszukommen, der über jeden Vorwurf erhaben wäre. Ich wusste nicht, was ich studieren wollte oder was ich mir eigentlich vom College erhoffte, dachte mir aber, das würde sich schon finden, wenn ich erst in Harvard wäre.

Ohne dass mir selbst klar war, warum, begann ich, Mäntel zu sammeln, wünschte mir welche zu Geburtstagen und zu Weihnachten, obwohl es in Nordkalifornien oft zu warm für sie war. Mit der Zeit begriff ich, dass ich sie fürs College sammelte, und ich tat es mit großem Eifer (später sollte sich herausstellten, dass diese für Kalifornien zu warmen Mäntel für die Ostküste nicht warm genug waren).

Meinem Vater sagte ich mit keinem Wort, wie entschlossen ich war, denn das Vorhaben war noch zu fragil, zu unfertig, um ihm standzuhalten. Ich spürte, dass es ihm nicht gefallen würde, wenn ich wegginge, und dass er sich nicht bewusst machte, wie bald es soweit wäre – trotz seiner ewigen Witze über meine zukünftige Ehe mit Biff oder Tad und Konsorten. Ich würde listig vorgehen müssen. Denn auch wenn er es nicht richtig fand, dass ein Kind ewig bei ihm zu Hause herumhing und von seinem Charisma zehrte, versuchte er unwillkürlich vielleicht doch, genauso ein Kind heranzuziehen.

Zum Spaß drehte mein Vater mir manchmal den Rücken zu, umarmte sich selbst, stöhnte und bewegte seine Hände an sich hoch und runter, bis sie von seinem Körper losgelöst wirkten, wie die eines anderen.

Wenn er direkt mit mir über Liebe und Sex sprach, war er neugierig und interessiert; wir waren dann gleichberechtigt, ein Team.

Ich fand es nicht so unangenehm, wie mit meiner Mutter über Sex zu reden. Vielleicht lag das daran, dass ich nicht bei ihm aufgewachsen war.

»Gehen wir noch mal die *Bases* durch«, sagte er in einem warmen, aber beflissenen Ton. Wir benutzten Ausdrücke aus dem Baseball, einem Spiel, von dem wir beide nichts verstanden und das uns nicht interessierte.

»Du meinst – beim Rummachen?«, fragte ich.

»Genau. Also, erste Base: Küssen …«, soufflierte er.

Ich wusste, wie lächerlich das war, aber es machte mir Spaß.

Er fragte mich ungefähr einmal pro Woche danach, als hätte er meine Antwort in der Zwischenzeit vergessen. Es war eine Wiederholungsübung. Ich hatte keinen Freund und machte keine Fortschritte. Ich gab wieder, was ich schon wusste. Er soufflierte. Das einzig Verwirrende für mich war die dritte Base, die »Fummeln« hieß, was womöglich oralen Sex einschloss, also sagte ich dazu einfach nichts und hoffte, er würde nicht nach Einzelheiten fragen.

»Und bei welcher Base bist du jetzt?«, fragte er.

»Der zweiten«, sagte ich, »noch von der Nueva.«

»Aha«, sagte er. »Gut.«

Eines Abends, als Laurene nach Hause kam, ging ich ihr bis zu den Rosen beim Tor entgegen.

»Dieser Computer, der Lisa«, sagte sie, während sie mit ihrem großen Lederbeutel über der Schulter und im Sonnenlicht funkelndem Haar scheppernd das Tor schloss, »der wurde doch nach dir benannt, stimmt's?« Wir hatten noch nie darüber geredet, und ich wunderte mich, dass sie es jetzt ansprach. Vielleicht war sie danach gefragt worden.

»Ich weiß es nicht. Ich glaube schon«, log ich. Ich hoffte, sie würde es dabei bewenden lassen.

»Bestimmt«, sagte sie. »Wir fragen ihn, wenn er zurückkommt.«

»Ist doch nicht wichtig«, sagte ich. Ich wollte ihn nicht noch einmal Nein sagen hören. Aber vielleicht würde er, wenn sie ihn fragte, Ja sagen?

Ein paar Minuten später kam er, und Laurene ging ihm entgegen. Ich folgte ihr.

»Schatz«, sagte sie, »der Computer damals wurde nach Lisa benannt, stimmt's?«

»Nein«, sagte er.

»Im Ernst?«

»Im Ernst.«

»Ach, komm.« Sie schaute ihm in die Augen. Ich war beeindruckt und dankbar, dass sie weiter bohrte, wo ich aufgegeben hätte. Sie standen einander auf dem Weg zwischen Tor und Haustür gegenüber.

»Er wurde nicht nach ihr benannt«, sagte er.

Da wünschte ich, sie hätte ihn nicht gefragt. Die Erkenntnis, dass ich ihm nicht so viel bedeutete, wie sie vielleicht angenommen hatte, war mir um ihretwillen peinlich.

»Und nach wem wurde er dann benannt?«

»Nach einer alten Freundin«, sagte er und blickte in die Ferne, als dächte er zurück. Wehmütig. Dieses Träumerische war es, weshalb ich ihm glaubte, denn sonst wäre es eine ganz schöne Showeinlage gewesen. Ich hatte ein komisches Gefühl im Magen, so wie immer, wenn mir etwas nicht echt oder unaufrichtig vorkam, doch das geschah in letzter Zeit so oft. Und warum sollte er auch lügen? Seine wahren Gefühle galten eindeutig der anderen Lisa. Ich hatte noch nie etwas von einer Jugendfreundin namens Lisa gehört, und als ich meiner Mutter davon erzählte, sagte sie: »Quatsch.« Aber vielleicht wusste sie es nur nicht, vielleicht hatte er die erste Lisa vor uns beiden geheim gehalten.

»Tut mir leid, Kiddo«, sagte er, klopfte mir auf den Rücken und ging ins Haus.

Mein Vater öffnete einen großen Briefumschlag aus dickem Papier – eine Einladung zu einer Hochzeit in Napa.

»He, Lisa, willst du mitkommen?«

Wenn mein Vater und Laurene auf Festen eingeladen waren, passte ich meistens auf meinen Bruder auf. Diesmal wäre ich dabei, in aller Öffentlichkeit, als Teil der Familie! Die Tochter, die Schwester. Ich überlegte, welches Kleid ich einpacken sollte, nahm mir vor, Nylonstrümpfe zu kaufen, ein Rausch des Planens und Entscheidens. Ein paar Wochen später war der Tag der Hochzeit da.

Unterwegs machten wir halt, um in einem teuren Lebensmittelladen Sandwiches zu kaufen, und als ich später im Auto sagte, ich müsse mal, wedelte mein Vater mit einer leeren Wasserflasche. Mein Bruder saß auf seinem erhöhten Sitz neben mir.

Kurz vor unserer Ankunft hielt mein Vater einen Vortrag über ›Risiko und Folge‹, der mir wie eine Darbietung vorkam. »Lis, kennst du das Prinzip von Risiko und Folge?«, fragte er. »Es ist eine Methode, um einzuschätzen, ob man etwas tun soll, eine Gleitskala. Wenn zum Beispiel das Risiko zwar gering ist, die Folge aber erheblich, sollte man vielleicht beschließen, etwas nicht zu tun.«

»Klar«, sagte ich.

»Selbst bei Gesetzen ist das so«, sagte er. »Es geht nicht darum, was man tun kann und was nicht, sondern darum ob man erwischt wird. Ein Beispiel: Autos können 200 Stundenkilometer fahren, viel schneller, als es irgendwo in diesem Land erlaubt ist. Du kannst so schnell fahren, wie du willst – solange du nicht erwischt wirst.«

Mir fiel ein, was meine Mutter mir einmal erzählt hatte: Bevor ich ihn kannte, sei er auf den Straßen Woodsides immer so schnell nach Hause gefahren, noch dazu ohne Nummernschild, dass die Polizei ihn fast ein Jahr lang nicht erwischt habe. Er war der coole, schneidige Typ, der mir erklärte, wie man die Regeln brach. Ich begriff, wie leichtfüßig sein freier Geist ihn machte.

Die Feier sollte im Meadowood Napa Valley mit seiner grandiosen geschwungenen Auffahrt stattfinden, irgendwo in der Nähe des Golfplatzes, an Pools vorbei und Suiten, die wie Blockhütten aussahen.

In unserem Hotelzimmer zogen wir uns alle um. Meinen Bruder steckte Laurene in eine hellblaue Baumwolllatzhose. Sie trug ein Kleid, das aus alten japanischen Kimonostoffen zusammengesetzt war; mein Vater ein schwarzes Sakko, ein weißes Hemd und Jeans.

»Okay, wir müssen«, sagte er, schon fast an der Tür.

Dass ich mit ihnen zusammen eingeladen war, hatten sie zwar impliziert, aber nie ausdrücklich gesagt.

»Wartet. Ich bin noch nicht fertig«, sagte ich. Ich hatte mir gerade die Strumpfhose hochgezogen; wegen der Feuchtigkeit blieb sie immer wieder an der Haut kleben.

»Das macht nichts«, sagte Laurene. »Lass dir Zeit. Hier ist er.«

Sie gab mir Reed, und die Art, wie sie das tat, signalisierte, dass sie im Aufbruch war und ich an Ort und Stelle bleiben würde.

Ihr Ton und ihre Gestik sagten alles. Sie schienen jetzt in Eile zu sein, als wollten sie fliehen. Sie hatten noch nicht einmal mehr Zeit zu sagen, was wir zu Abend essen sollten. Als mir mein Irrtum klar wurde, schämte ich mich vor allem für meine Anmaßung. Aber spätestens, als ich mein Kleid ins Auto hängte, hätten sie mir ja auch sagen können, dass ich keins brauchte.

»Wollt ihr zwei nicht rausgehen, vielleicht an den Pool?«, sagte Laurene noch, und dann waren sie verschwunden.

Ich zog meine Jeans wieder an. Vor jeder Zimmertür stand ein roter Wagen. Dort setzte ich Reed in seiner schicken Hose hinein. Er wollte gezogen, dann getragen, dann wieder gezogen werden. Es war feucht und kühl draußen, zu kühl für den Pool. Reed zeigte nach oben und sagte: »Immel.« Käfer, Baum, Pool. Das Licht war diffus, von einer dünnen Wolkenschicht verschleiert wie von Seidenpapier, überall und nirgends.

Als wir ans Ende des gepflasterten Wegs kamen und das Feld begann, hob ich ihn aus dem Wagen, und er rannte auf den Pool zu, stolperte fast über Erdklumpen im Gras, immer kurz vor dem Hinfallen, wie eine von Fäden unter den Achseln aufrecht gehaltene Marionette. Ich holte ihn ein und half ihm, sich bäuchlings auf den Beckenrand zu legen, damit er das Wasser berühren konnte. Sein Bein fest im Griff, hockte ich mich neben ihn. Er schlug mit den Händen auf die Wasseroberfläche.

»Klatsch klatsch klatsch«, sagte ich.

»Latsch latsch latsch«, sagte er.

Hinter uns hörte ich Motorengeräusche und Gelächter. Ich blickte auf und sah ein Cabrio vorbeifahren, einen alten Sportwagen, Chrome und Creme, aus dem Fenster baumelnde Gliedmaßen, Teenager. Der Wagen knatterte die lange Einfahrt vom Hotel zur Straße entlang, unter einer Doppelreihe von Bäumen mit hohen, gebogenen Ästen, die ein anderes Maßstabsgefühl schufen – einen gewaltigen geschlossenen Raum, in den das Licht durch die hellgrünen Blätter fiel.

Ich wollte nicht hier sein und babysitten, dachte ich. Dort wollte ich sein. Bei ihnen in dem Wagen.

Eines Abends, als Steve und Laurene ausgegangen waren, brachte ich meinen Bruder ins Bett und stöberte dann im ersten Stock herum. Ich durchforstete Laurenes Ankleidezimmer in der Hoffnung, irgendeine kleine Schmucksache, ein Kleidungsstück oder ein altes Foto zu finden. Ein Geheimnis, das sie hatte und ich nicht. Ich fand einen Topf weiße Hautcreme mit Grübchen von ihren Fingern; eine hohe, dünne Dreiecksflasche Parfüm mit Glasmurmelverschluss; ein paar Fotos von meinem Bruder. In dem verzogenen Ganzkörperspiegel hatte ich breite Hüften. Ihr Ankleidezimmer war eine Enttäuschung – es wollte einfach nicht mehr über sie preisgeben.

Ich ging durchs Bad zum Ankleidezimmer meines Vaters. In seinen Regalen lagen Socken, Schlipse und Pullover, die knisterten, weil sie mit einem Bogen Seidenpapier zusammengelegt worden waren. Aus einer Schublade auf der linken Seite lugte die glänzende Lasche eines Briefumschlags hervor.

Ich schaute hinein: ein Packen Hundertdollarscheine, fünf Zentimeter dick! Mehr Bargeld, als ich je auf einem Haufen gesehen hatte. Ich erschrak ungefähr so wie an dem Tag, als ich auf einen Marienkäferbefall gestoßen war, hundert oder tausend Käfer, die um einen Ast herumkrabbelten, nachdem ich sie bis dahin nur einzeln oder in Paaren gesehen hatte.

Mit klopfendem Herzen blätterte ich den Packen durch. Die Scheine waren neu und steif, rochen nach Alkohol und Jute. Als ich über die Ränder strich, blieben immer mehrere aneinander kleben.

Ich nahm mir einen Schein, faltete ihn und steckte ihn ein. Dann schloss ich die Schublade und ging hinunter. Meine Handflächen schwitzten; ich wischte sie mir an der Jeans ab.

Gab es eine Kamera? Hatte ich Fingerabdrücke hinterlassen? Ich war so nervös, als könnte jeden Moment jemand hinter einer Tür hervorgesprungen kommen; meine Beine hatten etwas seltsam

Gummiartiges, und angenehme Stromstöße jagten mir durch die Arme.

Ich war eine Diebin. Aber mehr würde ich nicht stehlen. So sehr würde ich mein Schicksal nicht herausfordern. Einmal und nie wieder. Wenn mein Vater es herausfände, hätte er den Beweis, dass ich durch und durch wertlos war und jeden Abstand, den er zwischen uns legte, verdiente. Jetzt, da ich ein Verbrechen begangen hatte, wollte ich mich mehr denn je bei ihnen beliebt machen. Ich ging nach draußen und schnitt Blumen, stellte sie in Vasen und verteilte sie im Haus.

Wann immer mein Vater von diesem Abend an sagte: »Lis, wir müssen uns mal unterhalten« oder auch nur »Lis«, machte ich mich auf seine Anschuldigung gefasst.

Bei Benetton hatte ich an der Schaufensterpuppe einen zinnfarbenen Trenchcoat gesehen, silbrig wie die Unterseite eines Blatts. Ein Kurzmantel für neunundsiebzig Dollar. Er war ungefüttert und aus dem Stoff gemacht, der sonst oft für Windjacken genommen wurde, ließ sich aber in der Taille gürten, was sehr feminin aussah; die Silhouette ließ mich an Candice Bergen denken, die diesen Mantel im Regen oder auf dem Weg zu einem wichtigen Treffen hätte tragen können.

Als sie das nächste Mal ausgingen, schlich ich vor Angst und Aufregung zitternd wieder ins Ankleidezimmer meines Vaters. Ich konnte nicht feststellen, ob sich die Anzahl der Scheine seit dem letzten Mal verändert hatte.

Diesmal nahm ich zur Vorsicht gleich zwei, falls ich nie wieder herkommen würde.

Die Probleme kamen beim Bezahlen. Die Hunderter wurden nicht überall akzeptiert – der erste geklaute Schein etwa war von einem Café gegenüber meiner Schule abgelehnt worden. Ich machte mir Sorgen, dass Ladenbesitzer sich fragen würden, woher ich einen so großen Schein hatte; womöglich würde es sich dann bis zu meinem Vater herumsprechen. Deshalb war ich übervorsichtig, wenn ich damit bezahlen wollte, ging nie zweimal in denselben Laden und versuchte, lässig und selbstsicher zu wirken.

Auch bei Benetton wappnete ich mich dafür, dass die Frau den Schein nicht akzeptieren würde. Doch sie schaute nicht mal auf, nahm ihn entgegen, legte den Mantel zusammen, steckte ihn in eine Papiertasche und gab mir das Wechselgeld. Der Mantel war fast so leicht wie die Tasche. Beim Hinausgehen schwebte ich förmlich – das rauschhafte Gefühl, Geld in Besitz verwandelt zu haben.

Zu Hause versteckte ich den Mantel ganz hinten in einer Schublade. Anziehen durfte ich ihn nicht, das wäre wohl aufgefallen. Es war einer mehr in meiner Sammlung fürs College.

Ich legte das Geld nicht zurück, weil ich nicht verstand, wofür Ersparnisse gut sein sollten. Lieber suchte ich nach Sachen, die ich mir davon leisten konnte, und gab alles sofort aus. Abgesehen von ein paar Dingen für mich selbst, kaufte ich hauptsächlich Geschenke, für meine Eltern, Laurene und meinen Bruder zum Geburtstag und zu Weihnachten. Ich hörte Leute sagen, dass sie sparten, um sich etwas kaufen zu können, wenn sie in Zukunft irgendeinen Wunsch hätten – aber das leuchtete mir nicht ein, denn ich konnte doch auch das brennende Verlangen haben, etwas jetzt gleich zu besitzen, und welchen Sinn hatten Ersparnisse, wenn sie genau diesen Zweck erfüllten, nur später? Von anderen hörte ich, sie sparten für Notfälle oder einfach, um etwas auf der hohen Kante zu haben. Ich dachte mir, im Notfall würde ich mich schon irgendwie herauswinden, mir Geld beschaffen, meinen Charme spielen lassen. Ich würde die Sparer überlisten.

Beim Abendessen sagte mein Vater, bald würde ein Fotograf zu uns kommen, um Familienbilder zu machen. Meine Hände fingen an zu flattern. Ich machte ein weiteres Glas kaputt.

Am verabredeten Morgen befestigten der Fotograf und sein Assistent eine Rolle weißes Papier an einem Sparren im Wohnzimmer und zogen es als Bildhintergrund bis auf den Boden herunter. Zuerst machte er Fotos von meinem Bruder allein, in einem Jeansoverall vor dem weißen Papier auf dem Boden sitzend. Dann von uns allen zusammen, sie sitzend, ich hinter ihnen stehend; dann von Laurene mit meinem Bruder auf dem Arm, beide mit dem Gesicht nach vorne. Sie trug eine lange, gemusterte Jacke mit Fransen und Plateauschuhe.

»He, Lis, für das nächste Foto müsstest du bitte mal aus dem Bild gehen«, sagte mein Vater.

Ich ging zur Seite, sah zu und tat so, als machte es mir nichts aus. Während Fotos von meinem Vater mit Reed auf dem Arm gemacht wurden, fing mein Bruder an zu weinen, und Laurene nahm ihn mit nach oben, um seine Windel zu wechseln. Mein Vater verschwand in seinem Büro, um zu arbeiten, so wie er es oft zwischendurch machte.

Es war so ein Tag, an dem das Licht diffus und wässrig war, die Sonne ein gelber Schmierfleck hinter Wolken. Der Fotograf schaute mich an. »Darf ich ein paar Fotos von dir machen?«, fragte er.

»Das wäre toll«, sagte ich, obwohl ich ahnte, dass es nicht erlaubt war.

Ich trug eine Jeans, weil mein Vater es so gewollt hatte. »Warten Sie«, sagte ich, rannte in mein Zimmer und zog ein Kleid meiner Mutter aus den Siebzigern an, das in meinem Schrank hing. Es sah aus wie ein Muumuu: lange Ärmel mit Knöpfen am Handgelenk, ein Muster aus kleinen goldenen und cremefarbenen Blumen auf schwarzem Grund und dünne goldene Paspeln an Hals und Ärmeln. Es fiel mir von einer hohen, flachen Blende an der Vorderseite bis auf die Knöchel herunter.

Ich wünschte mir schon seit Jahren ein professionelles Foto – bei meinen Freunden hingen solche Bilder gerahmt an der Wand; nun würde endlich eins gemacht werden, wenn auch ohne meine Mutter. Und indem ich ihr Kleid anhatte, war sie irgendwie trotzdem dabei. Wen kümmerte es, ob das Kleid alt und unschick war.

Barfuß und außer Atem rannte ich zurück und stellte mich auf seine Anweisung hin neben einen der Eames-Sessel. Ich wusste, dass ich etwas tat, das sie nicht gutgeheißen hätten, weil ich mich ins Rampenlicht drängte; vielleicht ahnte er das. Eiliges Geklicker – je schneller wir waren, umso mehr Fotos würden wir bekommen. Ich lächelte breit, zeigte die Zähne, ließ meine Augen strahlen.

Mein Vater kam aus seinem Büro. »Was machst du da?«, fragte er und musterte mich von oben bis unten.

»Er hat gesagt, er würde –«

»Aufhören«, sagte er zu dem Fotografen. »Hört sofort auf.«

Eines Abends, als ich beim Geschirrspülen mit meiner Mutter telefonierte und erwähnte, dass ich einen Zahnarzttermin hätte, bot sie an, mich abzuholen und dorthin zu bringen. Ich nahm ihre Hilfe an, allerdings mit schlechtem Gewissen, denn ich ahnte, dass Steve das nicht gerne sähe; wenn meine Mutter mich hin und her chauffierte, stünde ich unter ihrem Einfluss und nicht unter seinem und Laurenes. Ich hätte zu meinen Terminen radeln können, so wie sie es wollten, aber ich war zu faul für die fünfundvierzigminütige Fahrt quer durch die Stadt zum Zahnarzt, zum Arzt, zum Therapeuten, erst recht, wenn ich stattdessen die Möglichkeit hatte, von meiner Mutter chauffiert zu werden. Aber waren es solche Aufgaben, derentwegen sie nicht mehr in der Lage gewesen war, für mich zu sorgen? Vielleicht würde ich sie jetzt endgültig überfordern.

Sie beteuerte, dass es kein Problem sei.

»Ich helfe dir gern«, sagte sie. »Aber sei pünktlich. Ich habe keine Lust, vor dem Haus da zu warten, bis du rauskommst.«

Am Samstag waren wir alle in der Küche, deren Fenster zur Santa Rita hinausgingen, wo sie parken würde. Ich hatte meinem Vater und Laurene nichts gesagt.

An diesem Morgen in der Küche verschmolzen wir zu einer Familie.

Mein Vater hatte Reed auf dem Schoß, packte seine kleine Patschhand und wackelte mit seinem Daumen. »Das ist der Daumen, der schüttelt die Pflaumen …« Reed hatte gerade einen neuen Zahn bekommen. Warum, fragte er wieder und wieder, egal, was einer von uns sagte. Warumwarumwarum? Er war Ellbogen und Knie, hellblondes Haar, rote Lippen, Kinngrübchen und Miniaturbizeps. Ich liebte sein zahnlückiges Lachen, bei dem er den Kopf zurückwarf und einem seine Spaghettiärmchen entwand. Er war drei, schlief aber immer noch nicht durch. Oft weckte er mich frühmorgens, kam in mein Zimmer gerannt und kitzelte mich unter den Armen.

Laurene und ich machten nach ihrem Rezept Bruschetta. »Sehr gut, Lisa«, sagte sie, als ich den Knoblauch hinzufügte und Öl auf das Brot träufelte. Es war ein Moment in dem ich uns als richtige Familie erlebte, ein Moment der Freude. Wir hatten einen Gipfel erklommen.

Meine Mutter war wahrscheinlich schon da und wartete auf mich; ich wusste, dass ich abfahrbereit hätte draußen stehen sollen, und wünschte, ich hätte mich gar nicht mit ihr verabredet, wünschte, ich könnte sie irgendwie dazu bringen, wieder wegzufahren. Ich hoffte, sie würde geduldig warten; vielleicht spürte sie ja, dass nichts wichtiger sein konnte als dies.

Sie drückte auf die Hupe, ein langgezogener Ton wie von einem Nebelhorn. Dachte sie nicht an die Nachbarn? Schämte sie sich nicht? Wenn sie so hupte, musste ich, so schnell ich konnte, aus dem Haus laufen. Warum kamen diese Minuten, die sich für mich wie familiäre Nähe anfühlten, ausgerechnet wenn meine Mutter mich abholte?

Als ich zu ihr ins Auto stieg, schäumte sie vor Wut und sprach durch die zusammengebissenen Zähne.

»Du hast es mir versprochen«, sagte sie.

»Ich weiß, aber –«

»Ich mag es nicht, vor dem Haus da zu warten, als wäre ich dein Dienstmädchen.«

Sie fuhr mich jetzt nicht nur hierhin und dahin, sondern seit einiger Zeit wohnte ich auch wieder alle vierzehn Tage eine Woche lang bei ihr. Die Gefahrenzone war die Zeit dazwischen, der Weg zu ihrem Auto, die vier Blocks Fußweg, die paar Tage der Gewöhnung – als wären meine Eltern (die ähnliche Werte, Ernährungsregeln und mystische Überzeugungen hatten) nicht nur zwei verschiedene Menschen, sondern funktionierten nach gegensätzlichen Prinzipien. Die Häuser lagen nah beieinander, aber die Unterschiede in der Atmosphäre waren derart krass, dass ich an etwas denken musste, das ich mal über den Mond gelesen hatte: Wenn man die Hand auf die Linie lege, wo das Licht auf den Schatten treffe, würde eine Seite erfrieren und die andere verbrennen.

Schon bald sorgte ich dafür, dass die Umzüge von einem Haus zum anderen seltener wurden, dehnte meinen Aufenthalt von einer Woche auf zwei aus, auf einen Monat hier, einen da, zwei Monate hier, zwei da.

»Ich möchte mehr bei Mom wohnen«, sagte ich gegen Ende des Sommers vor der zehnten Klasse zu meinem Vater. »Vielleicht die Hälfte der Zeit.« Da meine Eltern nie verheiratet gewesen waren und sich folglich auch nicht hatten scheiden lassen, gab es keine offizielle Sorgerechtsregelung. Inzwischen hatten wir seine Forderung, uns sechs Monate lang nicht zu sehen, erfüllt, und ich dachte mir, ich dürfe selbst entscheiden, wo ich wohnen wollte. Er wirkte zwar nicht begeistert, verbot es mir aber auch nicht. Dafür weigerte er sich, mich zwischen den Häusern hin und her zu fahren, und zeigte mir rund um den Wechsel jedes Mal ein paar Tage lang die kalte Schulter.

In den ersten zwei Tagen war mir die Wärme meiner Mutter zu viel, fühlte sich fast klebrig an. Sie folgte mir auf Schritt und Tritt, umsorgte mich, kochte mit viel zu viel Öl, wie ich inzwischen verstanden hatte, und verschwenderischen Mengen Butter. Ich fühlte mich ihr überlegen. Ich wusste Dinge, die sie nicht wusste. Ich hatte mehr ästhetisches Gespür als sie, dachte ich. Sie strich mir übers Haar und kam in mein Zimmer, um mir Gute Nacht zu sagen, obwohl ich inzwischen gelernt hatte, ohne sie auszukommen. Ich haderte damit, dass sie so bedürftig war, so verletzlich, dass sie immer bei mir sein wollte, selbst wenn ich sagte, ich käme gut allein zurecht; ich haderte damit, dass wir verwandt waren und ich ihretwegen nicht zu dem anderen Haus gehören konnte. Ihre Liebe war verwickelt, merkte ich. Ich spürte, wie sie mir mit ihrer Zuneigung gefallen wollte, und achtete sie deshalb geringer.

Ich wollte jemand anderes sein, hübscher, blond, groß, charakterfest – aber sie schien mich zu lieben, mich zu mögen, wie ich war. Ich zweifelte an ihrem Geschmack.

Ich hoffte, sie würde nicht merken, wie kritisch ich sie sah, biss mir auf die Zunge oder sprach mit spröder, herablassender Stimme, während ich sie bemitleidete, weil sie so merkwürdig war und mich so vergötterte.

Daraufhin bekamen wir regelmäßig Streit, und sie schluchzte und sagte, sie fühle sich gekränkt und schlecht von mir behandelt. Und dann konnte ich sie wieder als Mensch sehen, mein Schutzpanzer fiel ab, meine Perspektive veränderte sich, und ich fühlte mich ihr so nah wie nie zuvor. Nach diesem Muster lief es jedes Mal wieder ab, selbst nachdem es uns bewusst geworden war.

»Steve liebt mich nicht«, sagte ich zu ihr. »Ich bin zu früh geboren.« Wir saßen draußen auf den Stufen unter dem Blauregen und löffelten eine halbe Wassermelone aus.

»Doch, er liebt dich«, sagte sie. »Er weiß es nur nicht. Du, gerade du bist ihm wichtig.«

Bei ihren Worten blühte etwas in mir auf.

»Eigentlich weiß er es«, sagte sie, »und hat es immer gewusst, er hat nur keine Verbindung zu sich selbst. Er kennt sein eigenes Herz nicht, weil er es verloren hat.«

Ich war nicht nichts; ich war etwas. Ich dachte daran, dass er mich immer nach Tina fragte: Erst wenn es zu spät ist, weiß er, was er gehabt hat, ein Schema mit Überlappungen. Jetzt benutzt er mich, um etwas über sie zu erfahren, irgendwann wird er jemand anderes benutzen, um etwas über mich zu erfahren, und immer so weiter – die Tragik seines Lebens, dass keine zwei Punkte sich berühren.

»Es ist besser, die eigene Arbeit schlecht zu machen als die Arbeit eines anderen gut«, sagte sie. Das kam aus dem Hinduismus. Sie sagte auch: »Mama may have, papa may have, but God bless the child who's got his own.« Das war kein Hinduismus, sondern Teil eines alten Lieds.

Auf ihrem Schreibtisch war ein Haufen Schriftstücke, der Papierkram ihrer Zahlungsunfähigkeit. Davon wusste ich so gut wie nichts. Ich sah ein Männersweatshirt auf der Rückbank ihres Wagens. »Das gehört bloß einem Freund«, sagte sie; wenn ich bei ihr wohnte, ruhte dieser Teil ihres Lebens. Später fand ich heraus, dass sie mit einem Mathematiker zusammen gewesen war, sich wieder von ihm getrennt hatte und nun jemanden aus ihrem Yogakurs attraktiv fand, einen Softwareingenieur aus der Bronx, der den schwarzen Karategürtel hatte; aber sie war sich nicht sicher, ob sie ihm auch nur aufgefallen war. Donnerstagsabends gingen die Yogaschüler im Vicolo an der University Avenue immer Salat und Pizza essen.

Gegen Ende der Zeit bei meiner Mutter spürte ich jedes Mal, wie ein anderer Teil von mir aus seiner Schale kam – vielleicht meine Seele –, spürte überall um mich herum wieder seine vertraute Beschaffenheit, eine Art ruhiger, warmer Autorität. Wenn sie dann etwas erledigen musste, das nichts mit mir zu tun hatte – Malutensilien oder Lebensmittel kaufen –, begleitete ich sie, nur um in ihrer Nähe zu sein.

Wenn ich bei meinem Vater war, passte ich manchmal auf den dreijährigen Sohn der Nachbarn auf. Sie wohnten an der Waverley, einen Block von uns entfernt. Die Familie hatte ein zweistöckiges, hellblau gestrichenes Haus aus Holzschindeln mit einem weißen Lattenzaun; der Garten auf der Rückseite war mit Spielzeuglastern und -robotern übersät. Die Eltern, Kevin und Dorothy, waren beide Anwälte. Ich freute mich darauf, Cracker, Sojakäse und Kekse zu essen – Dinge, die es bei meinem Vater nicht gab – und auf einem Sessel im Schein einer Lampe zu lesen.

Wir hatten uns an einem Wochenende auf der Straße kennengelernt, als mein Vater und ich mit meinem schlafenden Bruder spazieren gingen. Kevin arbeitete in der offenen Garage an seinem Wagen und war vom Bürgersteig aus zu sehen gewesen. Mein Vater fühlte sich dadurch an seinen Vater Paul erinnert und sprach Kevin an. Er sah aus und wirkte so, als stamme er von aufrechteren, ehrlicheren Männern ab. Mein Vater und er wurden Freunde und gingen hin und wieder zusammen in der Nachbarschaft spazieren. Manchmal besuchten wir sie am Wochenende und saßen bei ihnen im Garten. Der Wagen, ein schwarz lackierter Morgan, hatte eine lange Schnauze mit Lüftungsschlitzen, funkelnde Chromauspüffe und einen feinen roten Streifen.

Kevin und Dorothy schienen mich zu mögen und zahlten mir zu viel fürs Babysitten. Eines Samstagnachmittags luden sie mich zu einem Ausflug ans Meer ein, und wir fuhren die von Sonne gesprenkelten Serpentinen bis zur Lichtung am Skyline Ridge hinauf, an einem Restaurant namens Alice's vorbei, wo Schwärme von Motorradfahrern einkehrten. Dann weiter durch die Hügellandschaft zum Strand. Dorothy lieh mir einen Schal als Kopftuch, Kevin eine Windjacke.

»Wie läuft es drüben?«, rief er mir durch die Wind- und Motorengeräusche zu. Er meinte das Haus meines Vaters.

»Ganz okay«, sagte ich. »Ist vielleicht ein bisschen kalt dort.«

»Kalt?«, rief er.

»Unten geht die Heizung nicht«, brüllte ich.

»Was?«

»Er lässt sie nicht reparieren.« Wir hatten jetzt eine Anhöhe erreicht und hielten bei einem Stoppschild. »Ich muss jeden Abend den Abwasch machen, und die Heizung funktioniert unten nicht. Die Spülmaschine auch nicht.«

»Warum kaufen sie keine neue?«

»Ich weiß es nicht.«

In meinem letzten Highschooljahr sollte sich das ändern, denn da hatte ich irgendwann die Nase voll vom Geschirrspülen und kam auf die Idee, einen Techniker zu rufen. Er reparierte die Maschine binnen zehn Minuten für vierzig Dollar – der Dichtungsring war völlig zerfleddert gewesen, mehr nicht. Als ich meinem Vater mitteilte, dass die alte braune Maschine wieder ging, runzelte er die Stirn, und eine Woche später, nach Jahren ohne funktionierende Spülmaschine, wurde ein neues Miele-Gerät installiert.

»Wie Aschenputtel«, sagte Kevin. Das war die Art von Mitgefühl, auf die ich aus war, das Bild, an das ich manchmal, wenn ich mir spätabends die Fotos anschaute, selber glaubte.

»Und ich muss ständig für sie babysitten«, sagte ich.

»Oh«, sagte Kevin. Er schien viel Verständnis für mich zu haben, aber das war für ihn eindeutig ein geringeres Vergehen, das die anderen abschwächte.

»Und ein Sofa wollen sie auch nicht kaufen«, sagte ich. Später sollte ich lernen, welche Beschwerden wirkten und welche bei anderen nicht viel Mitleid hervorriefen, egal, wie stark ich mich gekränkt fühlte.

Er ist noch nicht mal bereit, ein *Sofa* zu kaufen, sagte ich zu jedem, der mir zuhörte.

Tatsache war, dass es andere Sitzgelegenheiten gab – die Eames-Sessel inklusive der Schemel, den großen Orientteppich, den Küchentisch, meinen Schreibtischstuhl –, weshalb es mich selbst wunderte, dass ich auf dem Kauf eines Sofas herumritt, ja dass dieses Thema mir so zusetzte. Aber ich konnte nicht anders. Was immer wir früher verloren hatten, würden wir wiedergewinnen, wir würden aufholen – wenn er nur ein Sofa kaufte.

»Am schlimmsten ist, dass ich mich abends so einsam fühle«, fuhr ich fort. »Ich wünschte, mein Vater würde mir manchmal Gute Nacht sagen. Von mir aus nur einmal in der Woche.«

Kevin schüttelte den Kopf und lächelte. So – ohne etwas zu sagen, nur den Kopf schüttelnd – lächelte er, wenn ihn etwas ärgerte. Er hatte lange Wimpern, blitzende Augen, Grübchen und ein gespaltenes Kinn und wirkte auf mich damals wie ein richtiger Erwachsener, von einer anderen Spezies als mein Vater, der etwas Jungenhaftes hatte – dabei waren sie ungefähr gleich alt.

Jahre später, nachdem ich viel mehr Zeit mit ihnen verbracht und sogar bei ihnen gewohnt hatte, setzten Kevin und Dorothy sich über den Willen meines Vaters hinweg und bezahlten mir die Collegegebühren, damit ich mein Studium zu Ende führen konnte. Ich denke, sie hatten dafür ihre eigenen Gründe – verbunden mit ihrer Geschichte und ihrem Gerechtigkeitssinn –, und es machte sie einfach wütend, dass mein Vater damit durchkam, meine Studiengebühren nicht weiter zu bezahlen, nur weil er mehr Macht hatte.

»Ich wünschte, es gäbe jemanden in dem Haus, der mal an dich denken würde«, sagte Dorothy. »Jemanden, der überlegt: Was braucht Lisa?«

Ihnen mein Leid zu klagen, über die Heizung, das Gutenachtsagen, das Sofa, war erleichternd, auch weil es mir eine Doppelrolle gab: Ich befand mich nicht nur in dieser bemitleidenswerten Lage, sondern beobachtete sie auch; war sowohl die Gekränkte als auch die, die davon erzählte. Eingeschüchtert, wie ich war, wünschte ich mir, dass jemand anderes meinen Vater dazu bringen würde, die zwei, drei Dinge zu tun, zu denen ich ihn nicht bewegen konnte; anderen davon zu erzählen – und ihr Mitgefühl zu spüren – gab mir eine Kraft, die ich in der Situation selbst nicht hatte.

Windgepeitscht kamen wir von dem Ausflug zurück, und sie machten Tee.

»Ich bin so einsam«, sagte ich am Telefon zu Mona. »Er kommt nie zu mir, um mir Gute Nacht zu sagen.«

Ich setzte auf Mona als Mittlerin, eine Rolle, die sie bis in mein Erwachsenenleben hinein behalten sollte, als sie vor allem Informationen zwischen uns hin und her trug. Ihr Platz in der Mitte schien mir ein Segen zu sein; auf seine Schwester würde er vielleicht hören.

»Wirklich?«, sagte Mona. »Hast du ihn darum gebeten?«

»Nein.«

»Warum nicht?« Ich hatte ihn nicht darum gebeten, weil ich wusste, dass es irgendwie nicht richtig war, dieses Bedürfnis zu haben. Ich brauchte es zu sehr. Und der Unterschied zwischen dem, was ich hätte empfinden sollen, und dem, was ich tatsächlich empfand, war mir durchaus bewusst.

»Das Komische ist«, sagte ich, während ich durch das kleine Fenster in dem smaragdfarbenen Garten die kelchförmigen Rosen betrachtete, dicht mit Blüten gefüllt, die wie die Seiten eines aufgeweichten Buches aussahen, »... also, was ich nicht verstehe ...«

»Was?«

»Es sieht doch alles so schön hier aus«, sagte ich.

»Es ist ein schönes Haus«, sagte sie. Wenn man in die Fenster anderer schöner Häuser schaute und die Menschen in den hell erleuchteten Zimmern sah, stellte man sich vor, dass sie glücklich waren. Nun war ich selbst darin.

»Wie kann es so schön aussehen und sich trotzdem schlecht anfühlen?«, fragte ich. Es musste an mir liegen. Nicht an dem Haus.

»Wofür soll Geld sonst gut sein«, antwortete Mona, »wenn nicht dafür, es schön *aussehen* zu lassen?«

»Sagt mal, würdet ihr mir vielleicht manchmal Gute Nacht sagen kommen?«, fragte ich meinen Vater, als wir in der Küche standen. Nach dem Gespräch mit Mona hatte ich Mut gefasst.

»Was?«, fragte er.

»Nur ein-, zweimal pro Woche«, sagte ich. »Weil ich einsam bin.«

»Nein, tut mir leid«, sagte er, ohne nachzudenken. Er saß mit meinem Bruder auf dem Schoß im Schaukelstuhl und ließ ihn auf und ab hopsen.

Ein paar Tage später fragte ich Laurene.

»Klar«, sagte sie.

Dankbarkeit und Erleichterung durchfluteten mich, genauso, wie wenn sie dafür sorgte, dass ich mit aufs Foto kam, und wegen dieses Gefühls überschüttete ich sie manchmal, wenn sie nach der Arbeit durchs Tor kam, mit Rosen- und Wandelröschenblüten – so dankbar, dass ich zitterte, als wäre mir kalt.

Am Abend kam sie als Erste zu mir herunter, setzte sich auf mein Bett und streckte die Beine aus. Wenn sie die Beine durchstreckte, hatte sie Mannequinfüße, wie gemacht für hochhackige Schuhe. Ich imitierte ihre Fußhaltung. »Er kommt auch gleich runter«, sagte sie.

»Wie war dein Tag?«, fragte ich. Ich hatte die Deckenlampe eingeschaltet, anders als meistens sonst um diese Zeit. Ich wollte eine angenehme Atmosphäre schaffen, damit sie es nicht als lästig empfanden, zu mir zu kommen, sondern eher als etwas Schönes. Es wäre mir auch recht gewesen, wenn sie nur kurz den Kopf ins Zimmer gestreckt hätten – mir ging es um das Gutenachtsagen selbst, nicht seine Dauer.

»Sehr gut, Lis. Erzähl mir mal, was du gerade liest.« Sie beäugte den Stapel Bücher neben meinem Bett, die ich alle halb durchhatte. Sie las auch gern. Ich las gerade *Franny und Zooey* noch einmal und den letzten Band der *Kairo-Trilogie.* Außerdem ein Buch mit dem Titel *Und Nietzsche weinte* einem romanhaften Bericht über psychologische Klärungsprozesse, in dem ein übergewichtiges Mädchen vorkommt, das mithilfe des Therapeuten abnimmt und mit jedem Pfund, das sie verliert, noch einmal die Schwierigkeiten durchlebt, mit denen sie bei genau diesem Gewicht zu kämpfen hatte. Die Geschichte beeindruckte mich wegen der Idee, dass es ein Zellgedächtnis gab – dass alles, was wir erleben, in unserem Körper gespeichert wird, selbst wenn die bewusste Erinnerung daran verschwindet.

Mein Vater kam und setzte sich neben Laurene auf mein Bett. Vor Freude und Erleichterung fiel es mir schwer, mich zu entspannen, wie Atmen bei starkem Wind.

»Na schön, also – gute Nacht, Lis«, sagte mein Vater weihevoll und stand wie zur Betonung auf. Wir umarmten uns.

Danach kamen sie nicht mehr Gutenacht sagen. Ich bat sie noch einmal darum, mein Vater sagte Nein, und ich sprach es nicht wieder an.

VERMARKTBARE FÄHIGKEITEN

Ich trat dem Debattierklub bei. Es schien mir noch etwas weiteres zu sein, das mir bei den Bewerbungen um einen Collegeplatz helfen würde, und wie die anderen Aktivitäten, die ich zu diesem Zweck aufgenommen hatte, ging ich so darin auf, dass ich irgendwann vergaß, warum ich damit angefangen hatte. Die Debattenart, die ich wählte, hieß Lincoln-Douglas, nach den berühmten Debatten zwischen Abraham Lincoln und Stephen Douglas. Das Thema stand auf einem langen schmalen Zettel: »Mehrheitsprinzip versus Minderheitenrechte«. Was bedeutete das genau? Und wie würden wir Fragen zu einer Aussage entwickeln? Ich wusste es nicht.

Nachdem wir unsere Argumentationen für beide Seiten ausgearbeitet, viele Übungsrunden durchlaufen und an einem kleinen Wettbewerb in Stanford teilgenommen hatten, wo ich verlor, brachen wir in einer kleinen Gruppe zu einem weiteren Debattierwettbewerb an einer Schule namens Lincoln auf, die eine Stunde entfernt war. Die Debatten fanden in Klassenzimmern statt und wurden von Freiwilligen, Eltern und Lehrern moderiert. Nach jeder Runde wurden Zettel an die Wand geheftet, auf denen stand, gegen wen man wo als Nächstes anzutreten hatte. Zwischendurch trafen wir vier von unserer Schule uns draußen, kauften uns Snacks und setzten uns damit auf den Rand von Betonpflanzkübeln. Diese Schule war viel größer als unsere, mit Tabellen in den Klassenräumen, die komplexer und schwieriger wirkten als unsere. Im Flüsterton tauschten wir uns über die hirnverbrannten Argumente unserer Gegner aus.

Wenn ich debattierte, wurden meine Wangen rot, und ich fühlte mich, als ob ich schwebte und Funken sprühte. Die Gedanken schienen mir nur so zuzufliegen, mit den richtigen Wörtern in der richtigen Reihenfolge in der mir zustehenden Zeit. Während meine Gegner sprachen, kamen mir Ideen, wie ich sie rhetorisch aushebeln könnte. Das Thema der Minderheitenrechte und des Mehrheitsprinzips wurde mir zum persönlichen Anliegen. Nur eine Debatte, gegen einen Jungen in der ersten Runde, hatte ich mit ziemlicher Sicherheit verloren.

Am Abend ging es nach Hause. Der nächste Tag, ein Sonntag, war der zweite und letzte Tag des Wettbewerbs. Wir brachen frühmorgens mit demselben Kleinbus wieder auf.

»Wenn wir alle verloren haben, fahren wir nach Hause, aber solange noch jemand weiterkommt, bleiben wir«, sagte der Coach. Ich hatte meinem Vater gesagt, dass ich noch einen Tag weg sein würde; er schien argwöhnisch, als hätte ich mir den Debattierklub ausgedacht. »Zum Abendessen müsste ich zurück sein«, sagte ich.

Aber ich gewann in einem fort. Meine Wangen glühten so heiß, dass ich mir, während ich meine Gegenargumente formulierte, zur Kühlung mal links, mal rechts die Hand an die Wange legte.

Zwischen den Runden rief ich zu Hause an und sagte Laurene, es würde später werden als gedacht. An ihrer tonlosen Stimme hörte ich, dass mein Vater nicht begeistert war.

»Wenn du willst, kannst du mit dem Coach sprechen«, sagte ich. »Damit er es dir bestätigt.«

»Nein danke«, sagte sie. »Bis nachher. Kann sein, dass wir schon schlafen, wenn du nach Hause kommst.«

Falls ich gewinnen würde, könnte ich ihm den Pokal zeigen. Ich hatte noch nie einen gewonnen, und es schien mir immer wichtiger zu werden, ihn zu bekommen und mich damit zu beweisen.

Es wurde Abend, die Zahl der Mitstreiter auf dem weißen Blatt Papier, das nach jeder Runde an die Wand geheftet wurde, schmolz auf ganz wenige zusammen, und als ich in den Raum kam, wo angeblich (es war nicht ganz klar) das Halbfinale stattfinden sollte, saßen dort anstelle eines einzigen gleich drei Juroren.

Mit Ausnahme des ersten habe ich keinen der Kandidaten mehr vor Augen, gegen die ich debattierte, aber an die Atmosphäre in der Endrunde, als ich wusste, dass ich gewinnen würde, erinnere ich mich deutlich. Es dauerte nicht lange. Mittlerweile war es mir egal, welche Seite ich vertreten musste – die Zettel mit meinen Stellungnahmen waren schon ganz abgegriffen und zerknittert. Jedes Argument konnte bezwungen werden; ich kannte sie alle. Am Ende schüttelten wir uns die Hand. Ich empfand große, hochherzige Zuneigung zu meinem Kontrahenten und zu allen, die vorher gegen mich angetreten waren.

Zwanzig Minuten später versammelten wir uns zur Preisverleihung. »In der Lincoln-Douglas-Kategorie haben wir zwei Gewinner«, sagte der Mann auf der Bühne. Er hielt nur einen Pokal in der Hand. Ich stand schon mal auf. »Leider gibt es anscheinend nur einen Pokal. Also, den bekommt dann wohl, wer zuerst hier oben ist.«

Ich eilte bereits so lässig wie möglich die Stufen zur Bühne hinauf. Der andere Gewinner war, wie ich jetzt sah, der Junge aus der ersten Runde, der unsere Debatte wahrscheinlich für sich entschieden hatte, was bedeutete, dass seine späteren Gegner schwieriger gewesen waren als meine. Doch er war nicht schnell genug, und als ich beim Podium ankam, streckte der Mann mir den Pokal entgegen. Ich nahm ihn an mich und wechselte ihn in die linke Hand, als der Junge hinter mir auftauchte. Wir gaben uns die Hand und lächelten.

»Ich habe den gesamten Wettbewerb gewonnen!«, log ich, als ich am nächsten Tag mit meinem Vater im Auto saß. Am Morgen hatte ich den Pokal hervorgeholt, aber mein Vater hatte nicht beeindruckt genug gewirkt, deshalb sprach ich es jetzt noch einmal an.

»Ich weiß, Lis. Vielleicht reicht das«, sagte er.

»Was?«

»Du hast es geschafft. Du hast es bewiesen«, sagte er.

»Aber das war erst ein Wettbewerb. Es gibt noch andere. Vielleicht hilft es mir bei den Collegebewerbungen.«

»Es ist besser, im echten Leben zu debattieren«, sagte er. »Spar's dir für Situationen auf, in denen du es wirklich brauchst. So ein Klub ist doch albern.«

Am Highway 101, schräg zur Straße, gab es ein kompaktes Gebäude, auf dessen Vordach »Ruby's« stand, mit einem Bild zweier anstoßender Martinigläser darunter.

»Da arbeitet Lis später mal«, sagte mein Vater, als wir daran vorbeisausten, Laurene vorne neben ihm, mein Bruder und ich hinten. Den Witz hatte er schon öfter gemacht. Jetzt begriff ich, dass es ein Stripklub war. Ich stellte mir Frauen aus Filmszenen vor, Frauen, die sich nackt auf dem Tresen wanden. Es standen kaum Autos auf dem Parkplatz.

»Ha«, machte ich, um mitzuspielen.

Als wir nach Hause kamen, legte er im Wohnzimmer eine CD ein. Er hatte in letzter Zeit schon öfter gesagt, dass er mir etwas vorspielen wolle. »Hör mal zu«, sagte er glucksend. »Der Song ist für dich, Lis.«

Es war *Short People* von Randy Newman, der die Musik zu Pixars *Toy Story* komponierte.

Toy Story sollte der erste vollständig computeranimierte Spielfilm werden, sagte er und brachte jede Woche Videokassetten mit, die zeigten, wie die Arbeit am Film voranging. Auf den Bändern waren gezeichnete Skizzen neben computeranimierten Szenen und unbespielten Sequenzen zu sehen. Die Figuren wurden von den unterschiedlichsten Leuten gesprochen, unausgebildeten Stimmen, geschulten Stimmen, Filmstars und Laien, die für Filmstars einsprangen – ein Patchworkfilm in der Entstehung.

Als ich den Text zu *Short People* hörte, musste ich wider Willen lachen: Ich war eins achtundfünfzig und würde nicht mehr wachsen. Während der Song lief, wippte mein Vater auf den Fersen, sah mich an und versuchte, den Text mitzusingen; er kannte ihn nur zum Teil. Er wollte mich packen, um mit mir zu tanzen. Mein Vater war eins zweiundachtzig, Laurene eins vierundsiebzig. Sie hatten meinen Bruder gemessen und die Zahl mal zwei genommen, ein Trick, den Laurene kannte; demnach würde auch er groß werden. Größe schien ihnen so wichtig zu sein, als ein Zeichen für ein vielversprechendes Leben.

Eines Tages, als ich von der Schule nach Hause kam, stand ein Computer auf meinem Schreibtisch. Er war mattschwarz, mit Lüftungsschlitzen an der Seite und einem riesigen Bildschirm.

»Ich dachte, du hättest vielleicht gern einen«, sagte er, als er in mein Zimmer kam. Seit ich zu ihnen gezogen war, hatte ich ihn immer wieder gefragt, ob ich auch einen NeXT-Computer haben dürfe; er und Laurene hatten jeder einen. Aber er hatte immer Nein gesagt. Zu teuer, zu schön für ein Kind.

»Wow«, sagte ich. »Danke.« Warum hatte er jetzt, ohne Anlass, beschlossen, mir einen zu schenken? Ich drückte auf den Kippschalter an der Rückseite des Computers; nichts geschah. »Wie macht man ihn an?«, fragte ich.

»So«, sagte er, griff nach hinten und betätigte denselben Schalter. Immer noch nichts. Ich tippte auf einen Buchstaben der Tastatur, klickte auf die Maus. Keine Reaktion. Er packte den Bildschirm an einer Ecke und kippte ihn ein paar Zentimeter nach hinten, knipste den Schalter aus, an, aus, an. Ich kroch unter den Schreibtisch, zog den Stecker und schob ihn wieder hinein. Er prüfte meine Schreibtischlampe, um sicherzugehen, dass die Steckdose funktionierte. Tat sie.

»Tja, Lis«, sagte er. »Ich weiß es auch nicht.«

Als ich am darauffolgenden Tag aus der Schule kam, war der Computer verschwunden, und es gab nie einen Ersatz.

Nach meinem sechzehnten Geburtstag sang mein Vater mir das ganze Jahr über, wann immer wir zusammen waren, *Sixteen going on seventeen* aus *The Sound of Music* vor. Er sang es, wenn er in seiner üblichen Uniform – schwarzes T-Shirt, weiße Unterhose, barfuß – die Treppe hinaufging, und streckte die Arme über dem Geländer aus wie ein Darsteller in einer Broadwayrevue: »Innocent as a *ro-o-ose.*« Es war helllichter Tag, ich stand unten an der Treppe und verdrehte die Augen. Aber ich fand es herrlich.

An einem Samstagnachmittag gingen mein Vater und ich mit meinem Bruder spazieren. Mein Vater schob die Karre. Es roch nach dem wuchernden Rosmarin in den Gärten und dem heißen, rissigen Asphalt. »Wäre es nicht furchtbar, auf diesem Turm gepfählt zu werden?«, sagte er, als wir an der Kirche mit ihrer hohen Zementspitze vorbeikamen. Er machte ein Furzgeräusch mit den Wangen: eine Spitze, die Eingeweide durchbohrt.

Licht und Luft schienen eine goldene Textur zu haben – sie wimmelten von mannigfachen leuchtenden Partikeln, Pollen vielleicht. Wir gingen an einem Park mit Pinien und wildlederblättrigen Magnolien vorbei. »Weißt du, Lis«, sagte er, »die Menschen von der Ostküste verstehen die Westküste nicht richtig. Sie versuchen es, aber sie können es einfach nicht. Sie haben es nicht im Blut.« An der Ostküste trügen die Leute in ihrer Freizeit Kakihosen. Sie seien völlig anders als wir – unaufrichtig und zu förmlich, ohne die heilige Ergebenheit, die wir diesen nach Pfeffer und Eukalyptus duftenden Hügeln verdankten, all diesem wässrigen Licht. Wir trugen Jeans mit Löchern, er und ich, und Birkenstocksandalen.

Ich wechselte zwischen verschiedenen Selbstbildern hin und her: An einem Wochenendvormittag war ich die Vertraute meines Vaters, diejenige, die so war wie er, echt wie Jeans, die Stanford-Hügel, Bob Dylan.

Wenn er das Gesicht verzog, entstand ganz oben in seiner Wange manchmal ein Grübchen; genauso eines hatte ich auch. Wie er mied ich Fleisch, Butter, Sahne. Ich hatte angefangen, seinen Gang zu imitieren, also in jeden Schritt hineinzufallen, und gewöhnte mir an, »gewissermaßen« zu sagen wie er, weil ich dachte, es klinge kultiviert. Das typisch Kalifornische an uns und die Dinge, in denen wir uns ähnelten, vermischten sich für mich.

Irgendwann standen wir Ecke Cowper Street und North California Avenue vor einem Grundstück mit Lattenzaun, dessen Lücken so von einem Rosenbusch ausgefüllt wurden, dass wir das Haus vom Bürgersteig aus nicht sehen konnten. Die hellgrünen Stiele mit den hellgrünen Dornen ragten wie Speichen in die Höhe. Die Rosen, nicht groß, hatten alle Farbtöne zwischen Sorbet und Sonnenuntergang: weiß, orange, hellrosa, pink, magentarot, purpurrot. Jede Rose wies eine andere Farbnuance auf, und wegen irgendeiner optischen Licht- oder Farbtäuschung schienen sie von innen erleuchtet.

»Wie wunderschön«, sagte mein Vater.

»Ich weiß«, sagte ich.

Keiner von uns rührte sich vom Fleck. Wir standen da und schauten, während mein Bruder in der Karre schlief. Er und ich sehen diese Rosen auf die gleiche Weise, dachte ich. Wir haben den gleichen Blick. Was für eine Erleichterung, jemanden außer meiner Mutter – und jemand anderen als meine Mutter – zu haben, der die Dinge so sah wie ich.

Ein paar Minuten später kam ein Mann aus der Tür des Hauses.

»Wie heißen diese Rosen?«, fragte mein Vater.

»Joseph's Coat«, sagte er. »Wahrscheinlich weil sie alle verschiedene Farben haben.«

Als wir wieder zu Hause waren und am Tisch saßen, schlug ich ihm vor, zum Spaß die Brillen zu tauschen. Ich hatte die auf, die er für mich gekauft hatte – mit dunklem Rand, von Oliver Peoples. Sie hatte Schnörkel aus oxidiertem Metall und saß groß und frech auf meiner Nase. Seine war randlos, zwei dünne Metallstriche bis zu den Ohren.

Er nahm sie langsam, mit beiden Händen, ab.

»Vorsichtig«, sagte er. »Wenn du sie verbiegst, macht das die Linsen kaputt.« Seine Brille fühlte sich zartgliedrig und lebendig an, wie ein Insekt. Noch warm von seinem Gesicht.

Ich setzte seine auf, er meine, und wir fingen gleichzeitig an zu kichern. Wir waren beide kurzsichtig mit identischem Astigmatismus im linken Auge.

»Zupf dir nie die Augenbrauen, vor allem nicht in der Mitte«, sagte er. Meine Brauen waren zusammengewachsen und bildeten eine ungleichmäßige Welle; eine Seite stieg bis zum Kamm an, die andere brach. Der Rand der einen streckte sich nach der anderen. »Wenn du sie zupfst, wachsen die Haare nicht nach, und irgendwann musst du sie dir dann mit dem Stift nachmalen.« Er verzog missbilligend oder geringschätzig das Gesicht. »Du wirst es noch sehen«, sagte er und berührte die Mitte, wo sie sich trafen. »Diese Augenbrauen sind dein größter Vorzug.«

»Ich hab dir ein Bad eingelassen«, sagte er ein paar Tage später am Abend.

Ich ging ins Badezimmer und sah, dass er Kerzen angezündet und sie auf das Regal über dem Waschbecken und den Wannenrand gestellt hatte. Rosenblüten schwammen auf dem Wasser, das von den Kerzen gelbgolden leuchtete. Er musste sie von den Rosen draußen abgezupft haben.

Eines Morgens ging ich in die Küche. Er las die Zeitung; Laurene schaute die Post durch. Als ich hereinkam, ließ er die Zeitung sinken und sah mich an.

»Lis?«

»Ja?«

»Masturbierst du?« Die Frage hing in der Luft. Die Antwort war Nein. Ich hatte es nie versucht. Ich wusste, was das Wort bedeutete, war mir aber nicht sicher, wie ich es machen sollte. Im Tanzunterricht, Jahre zuvor, war ich einmal mitten in einer Schrittfolge, einfach so, von einer Bö oder einem Wirbelwind der Lust erfasst worden und daraufhin knallrot und verwirrt aus dem Studio in die Umkleide gerannt.

Ich sagte nichts und stand ganz still.

»Also, das solltest du tun«, sagte er und nahm die Zeitung wieder hoch.

Im Herbst der elften Klasse, als der Druck, gute Noten für die Aufnahme ins College zu bekommen, auf dem Höhepunkt war, lud mich mein Vater zu einem Familienurlaub auf Hawaii ein. Mona würde auch mitkommen.

»Ich glaube nicht, dass ich einfach so vom Unterricht befreit werden kann«, sagte ich.

Wir saßen zusammen im Flur, auf einer dunklen Holzbank aus breiten Brettern, dem einzigen Möbelstück in dem Teil des Hauses.

»Wenn du es nicht hinkriegst, auf diese Reise mitzukommen«, sagte er, »solltest du dich nicht als Teil der Familie betrachten, Lis ...« Er hielt inne, als wollte er noch etwas sagen, kniff dann aber die Lippen zusammen und schüttelte den Kopf.

»Okay, ich komme mit«, sagte ich, damit er nicht noch weiter ausholte.

Am nächsten Tag tischte ich meinen Lehrern, die meinen Antrag auf Schulbefreiung unterschreiben mussten, die Lüge auf, ich würde mir eine Reihe von Colleges anschauen. Die Chemielehrerin Ms Lawrence schüttelte den Kopf und unterschrieb. Die Geschichtslehrerin Mrs Warren sah mich überrascht an, unterschrieb aber ebenfalls. Wie, fragte ich mich, würde ich mir jetzt tatsächlich noch Colleges anschauen können, da sie dachten, ich hätte es schon getan? Wie sollte ich von Städten berichten, die ich nie gesehen hatte? Wie Sommersprossen und Sonnenbräune verbergen?

Ich würde mir etwas einfallen lassen müssen, sobald ich zurück war. Vielleicht würde ich die ganze Zeit drinnen bleiben.

Am Tag unserer Ankunft auf Hawaii ging ich mit meinem Vater an den Strand. Der Sand war mit Lavabröseln gesprenkelt und brannte unter meinen nackten Füßen. Im Schatten einiger Palmen war ein Stand mit Strohdach, Beach Shack genannt, wo man Ausrüstung leihen und sich auf einem Klemmbrett für diverse Aktivitäten eintragen konnte: Schnorcheln, Katamaransegeln, Tauchunterricht.

Hier war der Sand kühl. Neben dem Stand, auf einer Stange zwischen zwei Pfosten, hockte ein leuchtend grüner Ara mit schwarzer Zunge. Mein Vater hatte ein Stück Brot vom Mittagessen aufbewahrt, das er dem Papageien jetzt hinhielt. Der Vogel reckte Hals und Brust und lehnte sich vor, die schwarzhäutigen Füße um die Stange gekrallt. Er neigte sich nach vorne wie an einem Gelenk, trippelte, klammerte sich wieder fest, riss den schwarzen Schnabel auf und zeigte seine Stummelzunge, die wie das oberste Glied des kleinen Fingers geformt war. Er hob sie erwartungsvoll – da zog mein Vater das Brot weg. Der Papagei schwang sich wieder in die Senkrechte und schloss den Schnabel.

»He«, sagte ich. »Gib es ihm doch.«

»Warte kurz«, sagte er.

Erneut hielt mein Vater ihm das Brot hin, gerade außerhalb seiner Reichweite; der Papagei lehnte sich vor und öffnete langsam den Schnabel, innen ganz schwarz und so groß wie ein Pillboxhut. Wieder zog mein Vater das Brot weg, bevor der Papagei es sich schnappen konnte.

»Das ist langweilig«, sagte ich.

Er machte weiter, entwickelte einen Rhythmus. Der Papagei beugte sich vor, er zog das Brot weg, der Papagei richtete sich auf und schüttelte seine grünen Federn. Jedes Mal fürchtete ich, der Vogel könnte abkippen und dann kopfüber an der Stange hängen – seine Flügel waren gestutzt.

»Das ist gemein. Du quälst ihn.«

»Es ist ein Experiment«, sagte er. »Ich will prüfen, ob er lernfähig ist.«

Ich wartete ab, um zu sehen ob mein Vater auf mich hören oder irgendwann die Lust an dem Spiel verlieren würde oder ob der Papagei es irgendwann begriff. Nichts davon geschah, also ging ich weg.

Als ich ihn später wiedersah, lächelte er und wirkte erfrischt. »Ist es nicht herrlich hier?«, sagte er. Um uns herum trällerten die Vögel mit ihren verschiedenen Gesängen bunt durcheinander.

Das Abendessen fand in demselben Saal statt, wo auch das Frühstück serviert wurde. Wir bekamen einen der runden Tische ganz vorne, in der Nähe der Tür und den großen Fenstern. Von draußen wehte hawaiianische Musik einer dreiköpfigen Band herein, traurig-schöne Harmonien. Unsere Kellnerin, eine zierliche Frau mit langen, dunklen, hier und da grauen Haaren, kam an unseren Tisch, um die Bestellung aufzunehmen. Ich hatte sie tagsüber schon mit einem kleinen Jungen an der Hand gesehen, vermutlich ihrem Sohn.

Mein Vater bestellte einen Karottensalat. »Ich hätte ihn gern in so lange Stücke geraspelt« – er hielt die Finger zwei, drei Zentimeter auseinander –, »mit einer halben Zitrone dazu. Kann ich auch ein großes Glas frisch gepressten Orangensaft haben? Nicht solche kleinen Gläser. Ein großes.« Er deutete mit beiden Händen die Höhe an. Wenn er besonders deutlich sprach, lispelte er. »Wir tun, was wir können, Sir.« Sie sagte es freundlich, aber desinteressiert, den Blick während des Schreibens auf ihren Block gerichtet. Mein Vater kippte seinen Stuhl so weit zurück, dass sein Kinn fast auf einer Höhe mit seinen Knien war. Ich witterte Gefahr.

Sie sah Mona an, bereit für die nächste Bestellung.

»Ich hätte gern einen weißen Fisch«, sagte Mona. »Was würden Sie empfehlen?« Mona war höflich, ihre Stimme leise und sanft.

»Wir haben den Ono, einen Weißfisch wie Schnapper«, sagte die Kellnerin. »Oder den Ahi, der ist heute auch frisch, aber er hat festeres Fleisch.«

»Ich hätte gern den Ono, bitte. Könnte ich ihn pochiert haben, ohne Butter und nur mit etwas Olivenöl? Und dazu etwas gedünstetes Gemüse?«

Fisch und Gemüse, keine Butter? Es war, als wäre sie von meinem Team zu dem der Erwachsenen übergewechselt; als würde sie auf dieser Reise nicht so sehr meine als vielmehr ihre Freundin sein. Laurene bestellte auch etwas Einfaches, einen Salat. Ich nahm Fettuccini Alfredo.

»Ich habe ein kleines Experiment mit dem Papageien gemacht«, sagte mein Vater. »Unten am Strand. Wie sich gezeigt hat, sind diese Vögel strohdumm.«

»Er hat ihn gequält«, sagte ich.

»Sie können nicht lernen«, sagt er. »Sie haben nur ein einziges, festes Verhaltensmuster. Es ist faszinierend.«

Die Kellnerin kam mit dem Essen wieder. Der Salat meines Vaters war ein Haufen streichholzdicker, maschinell gehäckselter Karotten, achtlos auf einem kleinen Beilagenteller angerichtet. Die Karotten waren oxidiert, an den Rändern rau-weiß. Die Haut der Zitrone – ein Viertel, keine Hälfte – spannte sich und würde einreißen, wenn er sie zerdrückte. Die Kellnerin teilte die anderen Gerichte aus. Irgendetwas lag in der Luft, deshalb zeigte ich meine Zufriedenheit deutlicher, als ich es sonst getan hätte.

Mein Vater betrachtete die Karotten. Er berührte eine davon und zog dann wie abgestoßen die Hand weg. »Moment«, sagte er, als die Kellnerin schon im Gehen war. »Das habe ich nicht bestellt.«

»Aber Sie sagten doch –«

Diese Frau mit ihrem freundlichen Gesicht und den müden Augen – sie hätte nicht widersprechen sollen. Sie würde den Unterschied zwischen dem, was er wollte, und dem, was sie gebracht hatte, nicht verstehen; es war deutlich, dass sie ihn lästig und extravagant fand. Trotzdem musste sie Interesse an seinen Wünschen heucheln. Gehen Sie, beschwor ich sie in Gedanken.

»Ich kann versuchen, ihn auszutauschen«, sagte sie zu förmlich.

Sie nahm den Teller mit, und als sie noch in Hörweite war, sagte mein Vater: »Schade, dass das Abendessen hier so schlecht ist. Alles andere ist so schön. Und dann dieser Scheiß.«

»Steve, probier mal den Fisch«, sagte Mona. »Da ist keine Butter dran.« Sie schob ihm ihren Teller hin. Er schaute hin, nahm aber nichts. An seinem schmallippigen Lächeln sah ich, dass er sich auf einen Angriff vorbereitete.

Wenn er es auf jemand anderen abgesehen hatte, war man nirgends sicherer als in seiner Nähe.

Ich wollte für immer aus der Gefahrenzone heraus sein, die unsichtbare Grenze vom äußeren in den inneren Kreis überqueren – und der Preis für diese mögliche Sicherheit war, dass ich jetzt zuschauen musste, wie er diese Frau attackierte. Leid nahm nicht ab oder zu, sondern wurde verteilt, von Person zu Person zugemessen. Wenn ich sie verteidigte, würde er sich vielleicht gegen mich wenden. Ein Angriff auf eine Person hob die anderen auf eine höhere Stufe; bei mir erzeugte die Erleichterung darüber, inmitten der Gefahr selbst in Sicherheit zu sein, ein Gefühl von Schwerelosigkeit.

Auf der ersten Hawaiireise mit Laurene hatte er auf meinen Badeanzug gezeigt und gesagt: »Warum kaufst du dir nicht einen wie ihren?« Und ich konnte nicht anders, als mich wie der tollste Mensch zu fühlen, weil ich im Vergleich mit ihr das Richtige hatte.

Später wurde mir bewusst, dass wir alle, die wir da am Tisch saßen, irgendwann in der Kindheit den Vater verloren hatten. Er war der Patriarch, und er hatte für uns alle bezahlt. Die Stimmung war angespannt.

Die Kellnerin kam jetzt mit einer neuen Schüssel voller Karotten zurück – frische und alte kombiniert. Sie brachte auch ein neues Zitronenviertel und den Orangensaft.

»Ist es das, was Sie wollten?«, fragte sie, als glaubte sie, es könnte ihn zufriedenstellen.

»Nein«, sagte er. »Nein, das ist es ganz sicher nicht. Versteht hier eigentlich irgendwer was von seiner Arbeit? Im Ernst. Sie jedenfalls nicht. Ich hatte frische Karotten bestellt.«

»Sir, ich habe die Küche gebeten, die Kar–«

»Nein. Nein. Das haben Sie offensichtlich *nicht* getan. Dies ist derselbe Scheiß, den Sie mir eben schon gebracht haben.«

»Entschuldigen Sie«, sagte sie mit einem Zittern in der Stimme. »Ich nehme es wieder mit.«

»Ja, das ist eine sehr gute Idee«, sagte er. »Sie sollten mal darüber nachdenken, warum Sie hier sind und ob Sie Ihre Arbeit richtig erledigen. Denn bisher machen Sie nur Mist. Alles, was Sie gemacht haben, ist Mist. Sie bringen mir einfach wieder und wieder diesen Scheiß. Ich hätte gerne geriebene Karotten und Zitrone in einer Schale.« Er zeigte mit den Händen die Größe der Schale an.

»Ja, ich verstehe, aber –«

»Ich bitte Sie um etwas ganz Einfaches. Haben Sie Karotten.«

»Ja, aber –«

»Haben Sie eine Zitrone.«

»Ja.« Sie stand ganz still.

»Haben Sie eine Reibe in der Küche.« Er lehnte sich in seinem Stuhl zurück und schaute über den mit Teppich ausgelegten Boden zum Kücheneingang.

»Ja.«

»Gut. Bitte sagen Sie Ihren Kollegen dort, dass sie drei Karotten nehmen und sie so reiben sollen« – er tat so, als presse er eine Karotte auf eine Metallreibe. Seine Wortenden waren scharf wie Peitschenhiebe. »Und dann servieren Sie den Salat mit einer Zitrone.«

»Die Küche reibt die Karotten im Voraus.« Sie weinte jetzt, versuchte aber, es zu verbergen. »Ich frage sie, was sie tun können.« Sie wandte sich zum Gehen. In Zeitlupe lenkte er den Blick auf die Enttäuschung vor sich auf dem Teller, als hätte er eine Tragödie erlitten.

»Wissen Sie was«, rief er ihr hinterher. »Lassen Sie das mit den Karotten. Kann ich die Karte noch mal sehen?«

Sie brachte sie ihm und blieb abwartend neben ihm stehen.

»Ich nehme einfach das hier.« Er zeigte auf einen in der Pfanne sautierten Fisch. »Aber ich möchte ihn gedünstet haben, nicht gebraten. Keine Butter, keine Sahne. Und nichts dazu. Nur den Fisch.«

Sie schrieb es schweigend auf. Der Fisch würde ihn ohne die Zutaten, die ihm Geschmack verliehen, auch nicht zufriedenstellen. Er mochte Butter, nur nicht den Gedanken, woraus sie bestand. Er hätte einfach das Gleiche wie Mona nehmen sollen. Diese Hotelküche würde nichts richtig machen können, solange er die Gerichte selbst erfand und so viele Regeln hatte.

Wir anderen waren schon fast fertig, als sie ihm den Fisch brachte: weiß auf weißem Teller, an der Seite heraussickerndes, wolkiges Kochwasser. Dieses Mal kam auch der Manager an unseren Tisch, ein gedrungener Mann mit Schnauzbart.

Mit einem Zinken seiner Gabel pickte mein Vater ein streichholzgroßes Stück weißes Fleisch auf und steckte es sich in den Mund. Er verzog das Gesicht.

»Taugt auch nichts, aber trotzdem danke.« Er legte die Gabel weg, als wäre er persönlich getroffen.

»Es tut uns leid, dass es nicht Ihren Wünschen entspricht, Steve«, sagte der Manager. »Was können wir tun, damit Sie mit Ihrem Essen zufrieden sind?«

»Nichts. Sie können gar nichts tun. Schade, dass das Essen hier so schlecht ist.« Er lehnte sich mit seinem schmallippigen Lächeln im Stuhl zurück. »Aber ansonsten ist hier ja alles toll. Dann ist es eben einfach so.«

»Wir werden tun, was wir können, damit so etwas nicht wieder vorkommt«, sagte der Manager.

Auf dem Rückweg vom Essen zwitscherten die Geckos und wirbelten um die niedrigen Lampen am Rand der weißen Sandpfade herum. Es war fast dunkel, und Laurenes weißes Kleid schien zu leuchten. Mir kam es vor, als befänden wir uns in dem Film *Citizen Kane*. Einige Jahre zuvor hatte mein Vater mich ein paarmal nachmittags abgeholt und mir »Rosebud« ins Ohr geflüstert oder vielmehr geknurrt, bevor wir ins neu eröffnete Stanford Theatre fuhren, um uns den Film anzuschauen. Die Handlung hatte mir nicht viel gesagt, aber die Sets, die Palmwedel und langen Schatten, die leuchtend weißen Kleider, die Fackeln, all das war derart ähnlich wie hier, dass ich mich in eine Fantasiewelt entführt fühlte.

Am nächsten Tag stellten wir fest, dass ein Freund meines Vaters, Larry Ellison, auch in unserem Hotel Urlaub machte. Er trug einen Strohhut. Nach dem Mittagessen saß ich mit Larry und meinem Vater an einem Tisch auf den Lavafelsen oberhalb des Ozeans. Larry erzählte, er habe gerade einen Bericht darüber gelesen, dass die Evolution nicht graduell verlaufe, sondern sprunghaft und stoßweise – wenn man sich die Geschichte der Fossilienfunde anschaue, gebe es keinen linearen Fortschritt. Durch allmähliche, zufällige Mutation hätten sich Tiere niemals so schnell anpassen können

Sie machten Unternehmerwitze, die ich nicht verstand. Larry hatte eine tiefe Stimme, lachte aber hoch und schnell, als hätte er an einem Ballon gesogen, sodass der Mann, der sprach, ein anderer zu sein schien als der Mann, der lachte. Er war mit einer Frau gekommen, die an diesem Tag mit United nach Hause flog. Morgen reise eine andere Frau an, sagte er. Die Zweite trug ebenfalls hochhackige Schuhe und wusste nichts von der Ersten.

Mein Vater nahm mich in den Arm und drückte mich. Seine Zuneigung überraschte mich, sie schien vollkommen, verschwand und tauchte wieder auf, wie die zwei verschiedenen Landschaften auf der Insel.

»Was meinst du, Schatz«, hörte ich meinen Vater am nächsten Tag zu Laurene sagen. »Was wäre besser – einem Kind jedes Jahr eine Reise in dieses Hotel auf Hawaii zu schenken oder es aufs College zu schicken?«

»Ich weiß nicht«, sagte sie. »Hier ist es schon ziemlich toll.«

»Ich denke, es könnte besser sein, Kinder einfach jedes Jahr hierherkommen zu lassen. Wenn man beides gegeneinander abwägt.«

Machten sie Witze? Er benahm sich ja gerne mal merkwürdig, auch im Vergleich zu anderen Eltern. In Restaurants schnäuzte er sich direkt in die Stoffservietten. Ich hätte vor dieser Reise mit ihm übers College sprechen sollen. Mir war nicht in den Sinn gekommen, dass ich mir mit der Zustimmung zu einem womöglich das andere verscherzen könnte. Ich bin ein Mädchen, das in den Urlaub fährt, *und* ein Mädchen, das aufs College gehen wird, hatte ich gedacht. Das war Anspruchsdenken, klar, aber es war eine schöne Vorstellung, beides zu sein. Jetzt, nach etlichen alkoholfreien Piña Coladas, war das Geld für die Reise längst ausgegeben. Was kostete es hierherzukommen? Vermutlich weniger als das College. Ich wusste es nicht. Ich bereute alles daran. Die Gerüche, die Bäume und die Vögel machten mich krank.

»Ja, ich glaube, das würde sich lohnen«, sagte Laurene, »unterm Strich.« Sie sagte es mit ihrer Scherzstimme. Vielleicht dachte sie, er würde das nie tun, nicht im Ernst. Wie lächerlich, hätte ich sie lieber sagen hören.

»Was hast du deinen Lehrern erzählt?«, fragte meine Mutter, als ich sie von einem der zwei weißen Hoteltelefone in einem Raum neben der Rezeption aus anrief.

»Dass ich mir Colleges anschaue«, sagte ich. »Wenn ich ihnen die Wahrheit gesagt hätte, hätten sie mich nicht fahren lassen.«

»Ich erkläre es ihnen«, sagte sie. Ich hätte nicht gedacht, dass es eine andere Möglichkeit gäbe, als weiter zu lügen. Um nicht braun zu werden, war ich möglichst viel drinnen geblieben.

Ich nannte ihr die Namen meiner Lehrer, sagte ihr, in welchen Klassenräumen sie unterrichteten, und am nächsten Morgen ging sie in die Schule und sagte ihnen, ich hätte keinen Ausweg gesehen und gelogen, weil ich mich geschämt hätte. Als ich wieder in die Schule kam, warfen einige Lehrer mir fragende Blicke zu, und Mrs Lawrence zog mich auf, aber die Angelegenheit war schnell vergessen.

An einem unserer letzten Abende auf Hawaii stand ich dort, wo der Lavafelsen über den Ozean ragte, in der Nähe des Restaurants. Ich blickte hinab auf die kleinen Wellen, die im schwachen Schein einer unter der Felsnase befestigten Lampe ans Ufer schwappten. Warmer Wind wirbelte, und ich sah einen Fisch aufleuchten und in dunkleres Wasser weiterschwimmen und weit über ihm einen hellen Stern. In dem Augenblick bemerkte ich – spürte ich – ein zwischen dem Fisch und dem Stern gespanntes Band. Es war silbrig und stark wie ein Tau, deutlich, offensichtlich, als wäre es wirklich da.

Es gab kein unbedeutendes, kein nichtswürdiges Wesen, dachte ich da; etwas so Kleines und scheinbar Belangloses wie ein Fisch im plätschernden Ozean war mit dem unermesslichen Universum verbunden.

Kurz nach unserer Rückkehr nach Palo Alto erzählte ich Laurene und meinem Vater von dem Fisch und dem Stern. Wir saßen im Auto, auf dem Parkplatz von Tower Records in Redwood City, wo wir CDs kaufen wollten. Mein Vater schaltete den Motor aus. Mein Bruder schlief neben mir im Autositz. Zu meiner Überraschung blieben sie sitzen und ließen mich ausreden. Normalerweise waren sie immer in Eile. Sie saßen ganz still da, mit dem Gesicht zur Windschutzscheibe, und hörten zu.

Wenn ich einerseits hoffte, dass Laurene mich retten würde, sah ich mich andererseits insgeheim auch als ihre Retterin, mächtig und großherzig. Eines Tages hatte sie sich mir in der Küche zugewandt und gesagt: »Ich war zu jung.«

»Wofür?«

»Die Ehe«, hatte sie trocken gesagt.

Sie hatte im Garten Blumenkohl geerntet und wollte ihn jetzt in dem neuen Alessi-Topf, den mein Vater kürzlich gekauft hatte, dämpfen. Er war ganz begeistert davon, hatte uns darauf hingewiesen, dass er an den Seiten nicht gerade war, sondern nach außen gerundet, ein kesselförmiger Topf aus den gleichen Materialien und zum gleichen Preis wie ein gewöhnlicher Topf. Aber man konnte sehen, was ein besseres Design ausmachte. »So schlicht und so schön«, sagte er, während er ihn unter den Küchenlichtern drehte und wendete.

Laurene war nach oben gegangen und hatte den Blumenkohl vergessen, sodass das Wasser verkochte, und der Topf war ruiniert. Auf die Idee, einen neuen zu kaufen, kam ich nicht, außerdem hatte ich keine Ahnung, wo er ihn herhatte oder wie viel solche Töpfe kosteten, und sowieso hätten wir nicht genug Zeit gehabt, einen anderen zu besorgen, bevor er nach Hause kam. Die Küche war voller Rauch. »Oh, Scheibenkleister. *Scheiben*kleister«, sagte sie, riss alle Fenster und die Tür auf und fächelte wie wild mit der Zeitung. Ich hatte sie noch nie in Panik geraten sehen; normalerweise war sie ruhig. Ich half ihr fächeln. Im Haus roch es nach Zucker, Ruß und verbranntem Metall. Wir fächerten beide wie wild.

Manchmal ritt er darauf herum, dass sie aus New Jersey komme und breite Füße habe und die falsche Art von Bäumen möge. Der Kesseltopf symbolisierte vielleicht ein ganzes Reich der Ästhetik, das ihr aus seiner Sicht verschlossen blieb. (»Sie hat keinen Geschmack«, sagte er einmal zu Gästen, als sie den Raum verlassen hatte.) Wenn er den verbrannten Topf sah, würde er vielleicht gemein zu ihr sein, als wäre dies ein weiterer Beweis dafür, dass sie seine kultivierte Lebensart zugrunde richten würde.

Sie hatte jemand Besseren verdient als ihn, dachte ich. Ich würde sie retten; wir würden uns gegenseitig retten und in ihrem weißen

BMW davonbrausen wie Thelma und Louise. Ich war von Zuneigung zu ihr überwältigt – zu ihr, die trotz allem ihre positive Einstellung behielt, die hart arbeitete, um ihre Firma zum Erfolg zu führen. Sie wusste, dass das Leben eine gewisse Unnachgiebigkeit verlangte, sie machte trotz seiner Missbilligung weiter, und in dieser Vorwärtsgewandtheit war sie ein Vorbild für mich. Falls sie zögern sollte, ihn zu verlassen, weil sie dachte, niemand außer ihr merke, wie er sie behandelte, oder ihrer eigenen Wahrnehmung misstraute – *ich* merkte es, *ich* sah es. Ich wünschte mir Erfüllung und Freude für sie, ich glaubte an ihre Fähigkeiten, und ich dachte, meine Zuversicht und meine Ermunterung wären vielleicht genau das, was sie brauchte, um den Absprung zu finden.

Die Nähe zwischen uns hielt nicht vor. Es überraschte mich jedes Mal, wenn wir uns nah gewesen waren, dass das Gefühl nicht so blieb, sondern umsprang und wir wieder förmlicher miteinander wurden. Mein Vater, verstimmt über den verbrannten Topf, war tagelang wortkarg.

Ich ging nach wie vor zum Therapeuten, Dr. Lake. Seit ich neun war, hatte ich jede Woche eine Sitzung bei ihm, die mein Vater bezahlte. Dr. Lakes Praxis war ein Raum an der Welch Road in der Nähe des Stanford-Krankenhauses. Er war groß und dunkelhaarig und hatte ein gütiges Gesicht. Als ich anfangs bei ihm war, hatte er mich eine Puppe mit Nagellack bemalen und ruinieren lassen, hatte nichts gesagt, als ich ihr einen Minirock anzog und ihr mit der Schere Zacken ins krause Haar schnitt. Jetzt saß ich auf einer Liege an der Wand und er auf einem Eames-Sessel mir gegenüber. Manchmal spielten wir Dame oder Schach. Er hatte ein Glas mit Oreo-Keksen; dass ich vor Jahren eingewilligt hatte, weiter zu ihm zu kommen, hatte zum Teil mit diesen Keksen zu tun, von denen ich so viele nehmen durfte, wie ich wollte. Als er noch woanders praktizierte, waren wir manchmal die Straße hinunter zu Fosters Freeze gegangen und hatten unser Gespräch unterwegs fortgesetzt. Jetzt gingen wir hin und wieder zu Häagen-Dazs im Stanford Barn, wo er uns ein Eis kaufte. »Freud würde sich im Grabe herumdrehen«, scherzte er.

Nachdem ich sie monatelang immer wieder gebeten hatte, doch mal zu einer Sitzung mitzukommen, waren mein Vater und Laurene endlich dazu bereit. Ich hatte die verrückte Idee, dass Dr. Lake etwas zu ihnen sagen oder aber zu dem, was sie sagten, schweigen würde, sodass sie es einfach kapieren *müssten*. Dann würden sie all meinen (wie ich fand: vernünftigen) Wünschen zustimmen, etwa ein Sofa zu kaufen, mir Gute Nacht zu sagen und die Heizung zu reparieren. Seine Gegenwart würde es ihnen unmöglich machen zu leugnen, wie *vernünftig* ich war.

Mein Vater und Laurene hatten sich dem Anlass gemäß gekleidet – wie zusammengehörig und adrett sie aussahen, als sie hereinkamen. Sie roch nach Seife und gestärktem Leinen und trug eine frische weiße Bluse und die kleine Goldrandbrille, die mein Vater ihr geschenkt hatte. Er hatte ein neues schwarzes T-Shirt und Jeans ohne Löcher an. Offenbar hatte er sich gerade die Haare schneiden lassen.

Dr. Lake hatte vier gepolsterte Holzstühle mit Armlehnen um einen Tisch gestellt. Sie setzten sich hin, kerzengerade. Ich hatte Dr. Lake gegenüber längst alle Förmlichkeit aufgegeben und hoffte, sie würden ihn auch so einnehmend finden, diesen Teddybären mit seinen Cordhosen und seiner unordentlichen, aber mit Bedacht eingerichteten Praxis.

»Wir sind hier, um über Lisa zu sprechen«, sagte Dr. Lake.

Schweigen. Ich wusste, dass Dr. Lake gut darin war, langes Schweigen zuzulassen, und manchmal, wenn ich ihn zum Sprechen bringen wollte, musste ich eine ganze Weile abwarten, über das mir angemessen erscheinende Maß hinaus.

Ich räusperte mich. »Ich fühle mich so einsam«, sagte ich. »Ich hatte gehofft, Ihr könntet … wir könnten was dagegen tun.« Ich hielt inne und schaute Laurene an, deren Gesicht völlig reglos war, als wäre es eine Darstellung ihres Gesichts und nicht ihr richtiges.

»Ich fühle mich schrecklich allein«, versuchte ich es erneut. Sie sagten immer noch nichts.

Ich schaute Dr. Lake an; er sagte auch nichts.

Wir warteten ab. Ich wünschte, ich bräuchte weniger, wäre weniger bedürftig, wäre wie eine dieser Sukkulenten, die ein Gewirr aus drahtigen, trockenen Wurzeln und eine Ansammlung minziger Blätter haben und von einem Nichts an Feuchtigkeit und Luft leben können.

Nach einer Stille, die mir unendlich lang vorkam, brach ich in Tränen aus. Ich hoffte, das würde sie erweichen, hoffte, wenn ich mich gehen ließ, würden sie es sich auch erlauben. Ich war nicht perfekt oder aufrecht oder glatt; von mir aus brauchten sie es auch nicht zu sein.

Laurene ergriff schließlich das Wort. »Wir sind einfach kalte Menschen«, sagte sie. Es klang sachlich, wie eine Erklärung.

So etwas darf man sagen?, dachte ich. Wie unglaublich; das war es, was mich später beeindruckte: dass sie es zu sagen gewagt hatte. Wie gut wäre es, die eigenen Beschränkungen zu kennen und sie voller Überzeugung, ohne Rechtfertigungsdrang, zu äußern. Ihr Ton war ausdruckslos. Ich hatte gedacht, ich könnte sie beschämen, weil sie kalt und abwesend waren. Nun war ich diejenige, die sich schämte, weil ich die schlichte Wahrheit nicht erkannt hatte.

Es lag ja auf der Hand – sie waren einfach kalte Menschen! Die Äußerung war so klar, dass meine Tränen versiegten. Ich sah meinen Vater an, der nichts sagte. Er ist eigentlich nicht kalt, dachte ich; er hält seine Zuneigung nur zurück, nach einem Muster, das ich nicht durchschauen oder kontrollieren kann. Am Ende lief es vielleicht auf das Gleiche hinaus.

Unsere Zeit war um, und Dr. Lake brachte uns hinaus. Später erzählte er mir, er sei selbst überrascht davon gewesen, was er dann im Flur zwischen Sprech- und Wartezimmer zu ihnen gesagt habe: »Sie waren genau so, wie ich es erwartet hatte.«

»Du musst auf dein Leben vertrauen«, sagte mein Vater, als er am selben Abend zu mir ins Zimmer kam, wo ich am Schreibtisch saß und mit kleiner Schrift meine Notizen auf kleine Karteikarten abschrieb, um sie mir einzuprägen. »Wenn du deiner Intuition vertraust und auf sie hörst, wird sie lauter sprechen. ›Im Hier und Jetzt sein‹ schon mal gehört?«

Was bedeutete das? Dass man im Moment leben sollte oder so was. Aber ich hatte Hausaufgaben zu machen. Das meiste davon fand ich langweilig, aber ich motivierte mich mit dem Gedanken an Harvard. Im Hier und Jetzt sein hieß sich elend fühlen.

»Lis«, sagte er.

»Was?«

»Du solltest mal Hasch rauchen«, sagte er.

Ich sei zu ernst, war die Botschaft. Aber ich traute ihm nicht. Ich war in der elften Klasse. Noten waren wichtig.

»Ich mach's auch mit dir zusammen«, sagte er. »Wenn du willst.«

»Nein danke«, sagte ich. Er würde dafür sorgen, dass ich im Haschtran meine Motivation einbüßte (so jedenfalls stellte ich es mir vor). Dann könnte er sagen: Seht ihr, sie war es nicht wert.

»Du wirst mal ein Hippie«, sagte er. »Glaub mir.«

»Nein, sicher nicht«, sagte ich. Ich wusste, dass er das Wort als eine Art Kürzel für Entspanntheit und Frieden mit sich selbst benutzte. Aber ich hatte schon Hippies gekannt, bevor ich ihn kennenlernte – Männer, die Braun trugen und sich die Haare lang wachsen ließen. Die Erinnerung daran schmeckte staubig.

»Wie du willst«, sagte er und ging aus dem Zimmer, wobei er auf den Fersen seiner Birkenstocksandalen wippte und pfiff, als wollte er mir demonstrieren, wie entspannt und im Frieden mit sich selbst *er* war.

In jener Nacht träumte ich, dass ich zusammen mit einem Mitschüler namens Josh, den ich kaum kannte, über den runzligen Hügeln im Westen der Stadt schwebte. Josh und ich waren im selben Englischkurs und arbeiteten beide für die Schülerzeitung, hatten aber nie groß miteinander geredet. In dem Traum trugen wir spezielle Rucksäcke, mit denen wir uns auf der Luft treiben lassen konnten. Wir schaukelten dort faul herum und blickten auf das ferne San Francisco: die Zacken und Lichtreflexe von Hochhäusern und viktorianische Villen in pastellfarbenen, abfallenden Kurven und jenseits davon der leuchtende, freundliche Pazifik, der an die Küste schwappte. Die Stadt war lebhafter als in Wirklichkeit, fern und nah zugleich, die Perspektive verkürzt, so wie bei gewissen atmosphärischen Bedingungen Dinge am Horizont abwechselnd weit weg und sehr dicht dran erscheinen.

In dem Traum schaute ich Josh an, und ein Glücksgefühl stieg mir wie ein Ballon vom Brustkorb in die Kehle. Ich war so aufgeregt, dass ich mich bemühen musste, nicht zu schnell zu sprechen, nicht mit den Wörtern herauszuplatzen. »Komm mit«, sagte ich. Langsam schwebten wir auf die große Metropole zu – die aufregendste Stadt, die ich kannte.

Am nächsten Morgen in der Schule beugte ich mich, bevor Mrs Paugh kam, über mein Pult und tippte ihm auf die Schulter.

»Ich hab gestern von dir geträumt.«

Er drehte sich zu mir um. »Oha«, sagte er lächelnd. »Worum ging's?«

»Wir sind nach San Francisco geflogen. Geschwebt, besser gesagt. Ich meine, wir hatten so Schweberucksäcke auf.«

»Na, dann sollten wir das mal machen«, sagte er. »Wir könnten –«, doch da kam Mrs Paugh, Josh drehte sich wieder nach vorne, und der Unterricht begann.

Wenn ich bei meiner Mutter war, wurde mir war vage bewusst, dass sie irgendwann, vielleicht wenn ich aufs College kam, keine Unterhaltsschecks von Jeff Howson mehr erhalten würde. Eine andere verlässliche Einnahmequelle hatte sie nicht. Ihr muss das auch klar gewesen sein, und sie wäre gern von meinem Vater unabhängig gewesen.

Sobald sie eine neue Idee hatte, wie sie Geld verdienen könnte, ging sie voller Leidenschaft und Optimismus ans Werk. Sie bewunderte Mrs Fields, die die Schokoladenkekse backte, und Nancy mt ihren Quiches, Frauen, die als Unternehmerinnen ein Vermögen gemacht hatten. Doch sie berücksichtigte dabei nicht, dass es nicht nur die Qualität des Produkts war, die eine Idee in Geld verwandelte, sondern auch Geschäftssinn – Marketing und strategisches Know-how.

Einmal plante sie, einen Flohmarkt bei uns zu veranstalten, stellte aber bis zum Tag davor keine Schilder auf. Wir hatten schöne Dinge zum Verkaufen, schönere, als es sie bei den meisten privaten Flohmärkten gab, doch nur wenige Leute wussten davon; es kam fast niemand. Den Verkauf ihrer Kunst handhabte sie kaum systematischer. Als ihre Schablonen sich bei Neiman Marcus oder Smith & Hawken nicht gut verkauften und auch durch reine Mundpropaganda nicht weggingen wie warme Semmeln, war sie entmutigt und setzte die Hoffnung auf ein neues Projekt: Bodenleinwände – Gemälde, die man auf den Boden legte. Es waren Quadrate und Rechtecke aus nicht aufgezogener Leinwand in leuchtenden Acrylfarben – sattes Pflaumenblau, tiefes Orange und die gesamte Palette von Grüntönen. Reife Früchte, Blüten und Blätter, aus denen sie Muster machte, manche mit Schablone, manche von Hand und alles mit teurer Glasur lackiert, die sie zum Schutz über die Farbe goss und die schöne Risse bildete, wie die Oberfläche von altem Porzellan. Sie und ihre Freundin arbeiteten beide daran, aber ihre Freundin hatte keine künstlerische Ausbildung; ihre waren wesentlich besser.

An den Wänden ihres Ateliers hingen Leinwände in verschiedenen Stadien der Fertigstellung neben benutzten Schablonen, die sie zum Trocknen aufgehängt hatte. Ich saß gern bei ihr in der Garage, wenn sie malte. Sie schien mich dann zu vergessen und versank tief in sich selbst. Wenn sie mit dem Schablonierpinsel tupfte, klang es wie ein ferner Specht.

Ich kratzte an den Farbklecksen auf dem Brett, das sie als Palette benutzte – Indigoblau, Karmesinrot, Weiß, Gummigutt, was eine Art mattes, teigiges Braun zu sein schien, doch wenn man es mit Wasser mischte, wurde es zu einem elektrischen Gelb, einer Farbe wie Muskatwein. Die oberste Schicht der Kleckse war hart, aber wenn ich drückte, sickerte aus dem Inneren feuchte Farbe heraus. Um die Pinsel zu reinigen, klopfte sie sie gegen die Innenwände einer metallenen Terpentindose.

Einmal hörten wir meinen Vater rufen und gingen zu ihm ins Haus hinüber. Er hatte sich seit Jahren nicht hier blicken lassen;

warum er an diesem Tag gekommen war, wusste ich auch nicht. Er stand mitten in der Küche, kerzengerade, in einem grauen Kapuzensweatshirt mit rotem Zugband, das auf beiden Seiten seines Halses herabhing. Er blickte sich um, als wäre er leicht enttäuscht.

»Steve«, sagte sie. »Wie geht es dir?«

»Sehr gut«, sagte er. »Woran arbeitest du?« Er bewegte seine Schulter und das Schulterblatt, als meißelte er einen Halbkreis in die Luft.

»Bodenleinwände«, sagte sie.

»Was ist das?«, fragte er.

»Das sind Bilder, aber für den Boden«, sagte sie und stupste mit dem Zeh ein Stück Leinwand unter der Spüle an, auf das sie einen Granatapfel gemalt hatte. »Im Grunde sind es Matten, die man in die Küche legen kann oder wohin auch immer; sie haben eine Schutzschicht. Ich mache sie mit einer Freundin zusammen, und wir glauben, es gibt bestimmt einen Markt dafür. Vielleicht verkaufen wir sie bei Macy's oder Neiman Marcus.«

Ich wusste, dass sie auf seine Anerkennung und seinen Beifall aus war; wir waren es beide. Er war der Geschäftsmann; er kannte sich mit Geld aus, war weltläufig und erfolgreich. Sie wurde redselig, zugleich aber unsicher, wie immer, wenn er im Begriff war, gemein zu sein – als spürte sie das und wüsste, wie sie seine Grausamkeit entschärfen könne.

Ich sah sie ihre Positionen einnehmen wie in einer vertrauten Choreografie: Sie hatte gesagt, sie wolle sich von ihm befreien, er hatte gesagt, er wolle sich von ihr befreien, und doch kamen sie, nach all den Jahren, nicht voneinander los; sie zappelten im selben Netz und würden sich immer mehr verheddern.

»Ich mache auch Schablonen«, sagte sie.

»Zeig mal«, sagte er. Sie öffnete die Fliegengittertür und ging ihm voraus unter den violetten Blüten und dem gierigen Jammern der Bienen ins kühle Atelier. Ich folgte ihnen. Er schaute sich um, ging mit dem Gesicht nah an jedes Bild heran, sagte nichts – als wüsste er, wonach er suchen musste. Wir blieben an der Tür stehen, wo es noch warm war, und warteten auf sein Urteil.

»Weißt du, Chris«, sagte er schließlich in freundlichem Ton, »willst du nicht einfach noch ein paar Kinder bekommen?«

Als er die Garage verließ, wirkte er leichter, gelöster. Er winkte, ging zu seinem Auto und fuhr weg. Meine Mutter und ich standen schreckensstarr oben an der Einfahrt.

Als ich wieder im Haus meines Vaters wohnte, kam Mona mit ihrem Mann Richie übers Wochenende zu Besuch. Mein Vater war erkältet und miserabel gelaunt. Ich ging ihm aus dem Weg, stahl mich aus dem Zimmer, wenn er es betrat, versuchte, in Monas und Richies Nähe zu bleiben, die lustig und warmherzig waren, und bekam Panik, wenn sie spazieren gingen und mich mit ihm allein ließen.

Als ich irgendwann Hunger bekam und in die Küche ging, stand er dort am Tisch und aß Mandeln aus der Tüte.

»Wie läuft's mit den Hausaufgaben?«, fragte er. Ich merkte, dass ihn irgendetwas beschäftigte, ihm Sorgen machte.

»Gut«, sagte ich, innerlich auf der Hut.

»Es ist so, Lis«, begann er langsam. Ich kannte diesen Tonfall – er bedeutete, dass er gleich etwas Einschneidendes und möglicherweise Vernichtendes sagen würde. »Du hast keine vermarktbaren Fähigkeiten. Nicht eine einzige.« Er warf sich eine weitere Mandel in den Mund. Das Thema schien aus dem Nichts zu kommen – warum sprachen wir an einem Samstagvormittag von vermarktbaren Fähigkeiten?

»Aber ich mache doch ganz viel«, sagte ich, »und habe überall sehr gute Noten!« Doch noch während ich protestierte – immerhin sei ich bei der Zeitung dabei, hätte an Mock Trials teilgenommen, im Sommer im Labor gearbeitet und einen Japanischkurs gemacht –, knickte ich ein. Ich begriff, was er meinte. All die außerschulischen Aktivitäten, die aufgeregte Selbstherrlichkeit – ein Fiebertraum. Niemand stellt dich ein, weil du im Debattierklub warst. Ich hatte ihn weder beeindruckt noch täuschen können. Er wusste, dass all diese Sachen nicht viel wert waren, und sorgte sich um meine Zukunft.

Ich ging davon aus, dass diese Aktivitäten zu weiteren Aktivitäten führten und man so die Leitersprossen zu einem verantwortungsvollen Erwachsenenleben erklomm. Es ging nicht darum, mich auf einen richtigen Job vorzubereiten. Andere schienen der gleichen Meinung zu sein. Doch gleichzeitig war seine Bemerkung vernichtend – weil er sie mit großer Autorität vorbrachte und weil ich gehofft hatte, ihn zu beeindrucken, und weil er berühmt, erfolgreich und weltläufig war.

»Darüber würde ich mir keine grauen Haare wachsen lassen«, sagte Mona. »Er spinnt bloß.« Ich wünschte mir, sie würde sagen, er sei vollkommen verrückt geworden, und ihn dazu bringen, es zurückzunehmen, zum Teil, weil ich Angst hatte, er könnte recht haben – vielleicht nicht für jetzt, aber doch hinsichtlich der Zukunft – und ich würde nie Erfolg haben, nie eine Arbeit finden.

In gewissem Maß waren wir alle bereit, ihm sein exzentrisches Verhalten, die Art, wie er andere Menschen attackierte, nachzusehen, weil er so brillant war und manchmal zugewandt und einfühlsam sein konnte. Aber in diesem Fall dachte ich, wenn ich ihn ließe, würde er mich kleinkriegen. Er würde mir immer und immer wieder sagen, wie wenig ich wert war, bis ich es selbst glaubte. Was nützte mir seine Genialität?

Ich war es leid, zwischen den Häusern meiner Eltern hin- und herzuwechseln, und beschloss, die restliche Zeit bis zum College zu splitten, sechs Monate bei jedem. Dass meinem Vater die Idee nicht gefallen würde, wusste ich. Die Wahrheit ist: Ich wäre am liebsten ganz zu meiner Mutter gezogen, fürchtete aber seinen Zorn und wollte auch Reed nicht verlassen.

Ich hatte inzwischen gelernt, wie man wirkungsvoll verhandelte: Man musste bereit sein, das, was man sich wünschte, für etwas anderes ganz und gar aufzugeben, brauchte eine erbitterte Gleichgültigkeit. Seit dem Gespräch über meine nicht vorhandenen vermarktbaren Fähigkeiten hatte sich etwas in mir verschoben und gelöst. Ich wusste jetzt, dass es zwischen uns nie so werden würde, wie ich es mir erhofft hatte, als ich bei ihm einzog.

Noch am selben Wochenende setzte ich mich nach dem Mittagessen neben die Terrassentür im Flur und wartete, bis er vorbeikam.

»Kann ich kurz mit dir sprechen?«

»Jap«, sagte er und setzte sich neben mich auf die dunkle Holzbank.

»Du weißt sicher, wie schwierig es für mich ist, immer hin- und herzuziehen«, sagte ich. »Die beiden Häuser sind Gegenpole. Ich würde gern ein halbes Jahr hier und ein halbes Jahr bei ihr wohnen.« Ich zitterte. Der Trick bestand darin, die Bitte vorzutragen, bevor man ihren Unterbau offenbarte, die Balken und Träger, das Stützwerk.

»Du bist ja jetzt schon bei zwei Monaten«, sagte er. »Ich möchte, dass du öfter hier bist. Es gefällt mir nicht, wie du es jetzt machst. Wenn du Teil dieser Familie sein willst, wirst du auch mehr hier sein müssen. Weißt du was? Nein«, sagte er. »Damit bin ich nicht einverstanden.« Andere Menschen strebten nach Harmonie, aber er konnte einen Missklang aushalten.

Er stand auf und ging.

»Wenn du es mich nicht so machen lässt, ziehe ich für das ganze Jahr zu Mom«, sagte ich wie nebenbei.

Ich beobachtete ihn aus dem Augenwinkel. Er schien ganz plötzlich in sich zusammenzusacken. Ich hatte in einer Verhandlung mit ihm noch nie gewonnen.

»Ich –«, er drehte sich um. »Na gut. Schön.« Mein Sieg fühlte sich nicht gut an – als hätte ich ihn verletzt.

Ich dachte, ich müsste mich gnädig zeigen. »Du kannst dir aussuchen, welche Hälfte du gern hättest«, sagte ich.

»Ich denk drüber nach«, sagte er im Weggehen.

Ich hatte gewonnen. Es war nichts Großes, aber es war ein Schritt. Ich würde von hier wegkommen. Ich würde auf meine Freiheit hinarbeiten. Eines Tages würde ich unter hohen, gebogenen Ästen meine Gliedmaße aus einem Autofenster baumeln lassen.

FLIEHKRAFT

In meinem letzten Jahr an der Paly wurde ich zur Chefredakteurin der Zeitung gewählt. Jetzt war ich diejenige, die zusammen mit drei anderen die Seiten fertigstellte und die Zeitung spät in der Nacht zur Druckerei brachte. Die Chefredakteure der letzten Jahre waren mir unerreichbar reif und wissend vorgekommen. Jetzt würden wir für andere so wirken.

In jenem Jahr brachten wir eine Reihe von Artikeln über das Schulamt heraus, das mitten in einer Welle der Entlassungen den eigenen Mitarbeitern Kreditkarten gegeben hatte, von denen sie sich unter anderem ein teures Mittagessen im MacArthur Park gönnten. Nachdem die Artikel erschienen waren, trat der Leiter des Schulamts zurück.

Eines Tages mitten in der Woche gab es technische Probleme. Das Computersystem stürzte ab, die Monitore wurden schwarz, der Drucker reagierte nicht. Wenn die Computer nicht mehr funktionierten und sich nicht neu starten ließen, wäre die Arbeit von Tagen dahin – all unsere sorgfältig gestalteten Seiten. Josh, das aschblonde, sanddünenfarbene Haar zum dicken Pferdeschwanz gebunden, legte sich auf den Boden, um die Kabel zu untersuchen und zu ordnen. Wir anderen waren vor Schreck und Entsetzen benommen. Er kriegte es normalerweise immer hin – die Computer erwachten dann stotternd zum Leben, der Drucker holte tief Luft und spuckte wieder Papier aus.

»Kommst du mit?«, fragte er mich. Er wollte zu sich nach Hause fahren, um ein Ersatzkabel zu holen. Ich betrachtete Josh genauer: Grübchen, wenn er lächelte, breite Schultern unter dem Flanellhemd. Er war schüchtern und freundlich und hatte eine wackelige, komplizierte Handschrift, wie die auf- und abhüpfende Schnur eines Drachens.

»Klar«, sagte ich. Ich wusste nicht, dass er in Portola Valley wohnte, zwanzig Minuten entfernt. Seine Mutter und sein Stiefvater waren Anwälte und hatten aufgrund irgendwelcher Erfordernisse ihres Arbeitsweges die Erlaubnis für ihn erwirkt, in den Palo-Alto-Schulbezirk zu wechseln.

Ich fand ihn schlampig. Zu entspannt, chaotisch. Er konnte zwar Computer reparieren, war aber desorganisiert und vergaß andauernd, seine Aufgaben für Mrs Paughs Englischkurs zu machen, während ich gewissenhaft war, eine Streberin. Er kam nie pünktlich irgendwohin, konnte einfach keine Termine einhalten und erledigte seine Hausaufgaben hektisch in den Minuten vor dem Unterricht. (Später sollte ich herausfinden, dass er in Stanford Angewandte Mathematik und Differenzialrechnung belegt hatte und in Stanford und am MIT angenommen wurde.)

Er fuhr einen gebrauchten '83 Toyota Supra in leuchtendem Petrol mit einer rosa Sinuskurve auf beiden Seiten. »Sorry, für die Lackierung kann ich nichts«, sagte er, als wir einstiegen. Er hatte den Wagen von einer Physikerin in Livermore gekauft. Seine Hände am Steuer waren schön.

In seinem Zimmer gab es eine Matratze auf dem Boden und eine Stereoanlage mit Kopfhörer, und überall lagen Zettel und Bücher herum. Vom Fenster aus schaute man in einen Garten und den Wald. Das Zimmer war groß genug, um leer und unordentlich zugleich zu wirken. Er fand das Kabel, und wir gingen wieder.

Auf dem Rückweg bogen wir auf die Arastradero ein, eine zweispurige Straße, die sich neben einem Naturschutzgebiet entlangwand.

»Ich zeig dir jetzt ein Geheimnis«, sagte er. »Pass auf.«

Die Geschwindigkeitsbegrenzung war 40 km/h; er begann zu beschleunigen. Wir fuhren auf eine nicht einsehbare Stelle zu, wo die Straße anstieg, um den Berg herumführte und verschwand, rechts ein Abhang, links ein Berg. Ein anderer Wagen konnte uns entgegenkommen und in der Kurve mit uns zusammenkrachen; ein Rudel Rehe konnte über die Straße laufen.

Er beschleunigte immer noch, wechselte vom dritten in den vierten, in den fünften Gang. Der Wagen ratterte und jaulte.

»Bist du dir sicher, dass du so –«

»Keine Sorge«, brüllte er. »Ich hab das schon öfter gemacht.«

Meine Mutter sagte manchmal, es gebe Schutzengel eigens für Teenager.

Bitte hilf mir, Gott der Teenager, dachte ich. Oh, Gott der Teenager.

»Halt dich fest!«, brüllte er. Der Wagen schrammte, die Gänge sangen. Ich umklammerte mit einer Hand den Gurt, mit der anderen den Türgriff. Er schaltete noch einmal, bretterte um die Kurve –

Und dann flogen wir.

Es lag an der unebenen Straße – ein Buckel gefolgt von einem langen Gefälle. Wenn man genügend Fahrt aufnahm, konnte man den höchsten Punkt der Anhöhe als Rampe benutzen und fliegen, mitten durch die Lichttupfer hindurch, die von den smaragdgrünen Bäumen und Büschen am Straßenrand geschaffen wurden.

Für mich war es, als nähme der Flug einen Deckel von der Stadt.

Es gab verborgene Orte der Freiheit, und Josh kannte sie.

Nachdem wir ein paar Monate später die dritte Zeitung ausgeliefert hatten, standen die anderen Chefredakteure, Rebecca, Nicole, Tom, und ich am späten Nachmittag zusammen bei Nicoles Wagen auf dem Schulparkplatz. Es waren kaum noch Autos da, und durch die Pinien fiel schräges, kupfernes Licht in die Parklücken. Der Asphalt war verzogen und gewellt. In der Ferne sah ich ein Paar näher kommen, Händchen haltend.

Es war Josh, in einem zu großen weißen Hemd und einer Art Clownshose. Später erfuhr ich, dass er sie aus Stoffresten selbst genäht, dabei zuerst Taille und Knöchel verwechselt und dann noch einmal von vorne angefangen hatte. Er schlenderte breitbeinig auf uns zu, ging bei jedem Schritt in die Knie. Das Mädchen kannte ich nicht. Sie war hübsch und dünn, mit welligem, honigfarbenem Haar. Als sie bei uns waren, ließen sie ihre Hände los.

»He, Josh«, sagte Tom. »Wir haben gerade die Zeitung ausgeliefert.«

Ich spürte meine Muskeln schlaff werden. Vorher hatte ich ihn bemitleidet, ihn für unattraktiv gehalten; jetzt, da er mit einem anderen Mädchen ankam, wurde ich schüchtern und verlegen und fühlte mich klein neben den beiden.

Ich radelte nach Hause und weinte mich bei Carmen aus, die mir mit den Fingern durchs Haar strich. Eine Stunde später schepperte das Tor. Ich spähte über die Rosenbüsche. Josh war noch nie bei uns gewesen, aber wir hatten gemeinsame Freunde, daher wusste er, wo ich wohnte. Er kam federnd auf die Tür zu; sein weißes Leinenhemd schwang über der Flickenhose hin und her.

Ich bat ihn herein, und er folgte mir in mein Zimmer. Das Ganze war seltsam, ich hatte so inbrünstig gehofft, dass er kommen würde, obwohl er das noch nie getan hatte, und nun war er da.

»Was gibt's?«, sagte ich. Ich stand mitten im Zimmer unter der kastenförmigen Lampe.

»Ich fand, du wirktest irgendwie unglücklich eben.« Er stand dicht bei mir, breitbeinig, aufrecht.

»Du warst mit diesem anderen Mädchen da«, sagte ich.

»Sie ist älter als ich«, sagte er. »Sie studiert in Stanford.«

»Ich bin bloß – mir war nicht klar, dass ich dich mag, und jetzt ist es zu spät.«

»Wir sind nur Freunde. Ich kenne sie gar nicht so gut. Außerdem, eigentlich –«

»Was?«, sagte ich.

»Ich bin seit der Neunten in dich verknallt. Seit Erste Hilfe«, sagte er. Wir waren Partner bei den Reanimationsübungen gewesen, das hatte ich völlig vergessen. Konnte es denn sein, dass mich damals, als ich neu in der Schule war, neu bei meinem Vater wohnte und keine Freunde hatte, die ganze Zeit jemand gemocht hatte?

Er beugte sich auf einem Fuß zu mir vor, und wir küssten uns. Alles war perfekt und öffnete sich weit mit wilden Flügelschlägen. »Tschüss«, sagte er danach und lächelte. Mit wehendem Leinenhemd verließ er mein Zimmer, und ich rannte in die Küche, um es Carmen zu erzählen.

»Was willst du später werden?«, fragte mein Vater Josh, als sie sich kennenlernten. Wir saßen im Zimmer meines Bruders auf dem Boden, beim Bücherregal – es war das erste Mal, dass wir zu dritt waren.

»Ich weiß es noch nicht«, sagte Josh.

»Aber ich«, sagte mein Vater. »Du wirst mal ein Gammler.«

Josh schaute zu Boden.

Als ich meiner Mutter davon erzählte, rief sie mir ins Gedächtnis, dass mein Vater damals, als sie noch in der Highschool waren, auf die gleiche Frage ihres Vaters geantwortet habe, er wolle Gammler werden; so benutze er manchmal seine eigenen Geschichten als Schablone für seine Vorstellung von Vollkommenheit.

Es war ein Kompliment, auch wenn es nicht so schien.

Manchmal fuhren Josh und ich nach Einbruch der Dunkelheit zum Woodside-Haus, um zu knutschen. Lichter gab es nicht, aber man konnte das weiße Haus, den weißen Nebel und den silbernen Tau auf dem Rasen sehen, der sich bis zu den bedeutsamen Bäumen hinabschwang.

»Er hat mal gesagt, er würde eine Rutsche von da nach da bauen«, sagte ich und zeigte nach oben. »Direkt in den Pool. Aber er hat es nie getan.«

Sein Zimmer war noch genauso wie damals, als ich immer mittwochs bei meinem Vater übernachtet hatte. Die Matratze lag noch neben dem Fernseher auf dem Boden. Auf einer Kommode stand ein gerahmtes Foto von ihm und Tina auf einer Party, sie in einem schwarzen Kleid. Wenn er über Tina sprach, sagte er oft wehmütig, sie habe nie Kleider angehabt, aber hier trug sie eins. Seine Anzüge hingen nicht mehr im Ankleidezimmer.

»Komm mit«, sagte ich. Ich zog die Schuhe aus und lief jubelnd über den nassen Rasen auf die Eichen zu. Niemand war da. Es roch nach Kardamomkapseln, Eukalyptus, Pfeffer, Wasser und Borke. Der Himmel hing tief und war voller Sterne, manche trüb und unscharf, andere klar und hell, alle zusammen chaotisch und nah, ein Himmel, der Aufmerksamkeit forderte.

»Er hat das Haus wegen der Bäume gekauft«, sagte ich langsam, mit einem britischen Akzent wie Laurence Olivier.

»Ich hätte es wegen des Hauses gekauft«, sagte Josh. Von hier aus sah man nur in Mondlicht getauchte weiße Bögen, so weiß wie Salz. Mich fröstelte bei dem Anblick, so nackt und allein, wie es dastand.

»Ich auch«, sagte ich, »aber er sagt, das Haus sei Schrott.«

Das Trampolin war voller Eichenlaub. Wir kletterten hinauf und sprangen. Es gab keinen Schutz, kein Sicherheitsnetz ringsherum. Wir stießen in der Luft zusammen.

»Was ist da drüben?«

Es war ein kleineres Haus, das auch meinem Vater gehörte – leer. Von hier oben sah man die weißen Konturen und dahinter die Berge. »Sieben Morgen«, sagte ich mit dem britischen Akzent.

Wenn wir nicht zum Woodside-Haus fuhren, kam Josh spätabends zum Waverley-Haus, passte auf, dass der Metallring am Tor nicht schepperte, schlich durch den Rosengarten, kletterte durch mein Fenster und legte sich zu mir ins Bett, mit eiskalten Händen, weil er beim Fahren immer alle Fenster offen ließ. Er blieb bis dann zum frühen Morgen bei mir, stahl sich wieder durchs Fenster oder die Schiebeglastüren hinaus und fuhr nach Hause.

»Was, wenn wir herausgefunden hätten, dass Josh jede Nacht

herkommt«, sagte mein Vater beim Frühstück, »und heimlich durchs Fenster klettert?« Ich schluckte, sagte aber nichts, und er kam nicht mehr darauf zurück. Ich schaffte es, mir einzureden, dass er vielleicht gar nichts wusste.

»Seid ihr, du und Josh, öfter zum Knutschen im Woodside-Haus?«, fragte er mich ein paar Tage später. Josh und ich waren von einem Gärtner aus Australien entdeckt worden, den Steve kürzlich eingestellt hatte und der im Haus wohnte, ohne dass ich etwas davon erfahren hätte. Er war eines Abends den Musikgeräuschen gefolgt und hatte uns in einem leeren Raum im ersten Stock gesehen. Ich wollte zuerst lügen oder behaupten, wir seien nur einmal dort gewesen, aber die Freiheit, die ich hätte, wenn er sein Okay gäbe, schien das Risiko wert.

»Ja«, sagte ich. »Bist du damit einverstanden?«

»Denke schon«, sagte er.

»Es ist passiert«, sagte ich. Wir saßen nebeneinander auf meiner Bettkante. »Die letzte Base.« Ich war siebzehn, zwölfte Klasse.

»War es okay?«, fragte er.

»Ja.« Ich erzählte meinem Vater nicht, dass wir zuerst nicht die richtige Stellung gefunden und eine Zeit lang gedacht hatten, Sex sei für uns nicht möglich, wir seien körperlich nicht kompatibel, die Teile passten nicht so zueinander, wie sie es sollten.

In den Wochen, wenn wir keine Zeitung produzierten, fuhren Josh und ich manchmal nach der Schule, spätnachmittags, ins Naturschutzgebiet Windy Hill, oberhalb des Skyline Ridge, wo die Hügel weit, gelb und weich waren wie Kamelhöcker und aussahen wie eine in den Wind geworfene Decke, die ganz bis zum Pazifik hinunterreichte. Die Stadt lag winzig klein unter uns, still und stumm abgesehen von dem singenden, raspelnden Wind, der die hohen Gräser flach drückte. Ein klarer Tag, zu viel für die Sinne, gläserne Luft und ein Gefühl von großer Freiheit und Gnade angesichts der sich öffnenden Welt. Ich blickte nach Norden und konnte in der Ferne San Francisco funkeln sehen, so deutlich, als wäre es ganz nah. Es war wie in dem Schwebetraum, dicht bei uns und zugleich weit weg, was irgendetwas mit der Luft zu tun hatte, dem Blickwinkel von diesem Berg zu jenen Bergen dort drüben der Brechung des Lichts.

So ähnlich ging es mir, seit Josh bei mir war, mit meinen Eltern; nicht dass es mir egal gewesen wäre, wie meine Mutter Geld verdienen sollte und ob mein Vater mich verhöhnte und was passieren würde, wenn er begriff, dass ich tatsächlich vorhatte, Palo Alto zu verlassen, um aufs College zu gehen. Aber ich schwebte einfach über alledem, und so zwickte und drückte es mich nicht. Jetzt fuhr Josh mich zu Arztterminen oder zwischen den Häusern hin und her. Weil er sich nie irgendwas aufschrieb, vergaß er Hausaufgaben und verpasste Zahnarzt- und andere Termine, aber nie die Verabredungen mit mir. In seinem petrolfarbenen Supra war ich sicher.

Nach den Frühlingsregenfällen, als überall in Stanford Gräser aus der bloßen Erde unter den Eichen und Eukalyptusbäumen sprossen – viridiangrün, zart wie Schnurrhaare, lange, leuchtende Streifen aus goldenem Licht –, dachte ich: Dies ist meine Stadt. Nach der Schule ging ich zu Fuß nach Hause und sah die Jahreszeiten wechseln. Vorher war es die Stadt meines Vaters, die Stadt meiner Mutter gewesen oder die Stadt, in der ich zufällig gelandet war und mich umherbewegt hatte. Jetzt war ich verliebt, und das Land hatte Dimensionen und war schwer und substanziell; es gehörte mir.

In der Mittagspause ging ich ins Collegezulassungsbüro der Paly, über das eine Frau mit kurzem grauen Haar namens Mrs Daas herrschte. Ich blätterte einen Ordner durch, um die Namen und Adressen der Schüler ausfindig zu machen, die in Harvard angenommen worden waren. Harvard, gewaltig, geografisch und auch sonst weit von mir entfernt, vielleicht zu weit. Es war die ehrwürdigste Einrichtung, die ich mir vorstellen konnte. Außerdem schien die Entscheidung dafür alle Ungewissheit auszuräumen. Hätte ich erst Harvard gewählt, brauchte ich keine weiteren Entscheidungen mehr zu treffen, keine weiteren Entdeckungen mehr zu machen. Es schien richtig – nicht unbedingt für mich, denn ich wusste ja gar nicht, was richtig für mich war, und hatte auch noch nicht so weit gedacht, aber in einem allgemeinen Sinn. Normalerweise wurden ein paar Schüler pro Jahrgang angenommen. In einer Rubrik sollten die Bewerber aufschreiben, welches College ihre Eltern besucht hatten, und ich las sie alle durch, um noch jemanden zu finden, dessen Vater oder Mutter nicht aufs College gegangen war.

Ich zahlte für einen SAT-Kurs und fuhr jeden Samstagmorgen mit dem Fahrrad dorthin. Meinen Eltern erzählte ich nichts von dem ganzen Procedere, obwohl sie wussten, dass ich mich für Colleges bewarb. Sie schienen keine Ahnung zu haben, was man dafür tun musste, und stellten keine Fragen.

Ich bewarb mich für die frühe Zulassung. Man sollte der Bewerbung eine an sich selbst adressierte, frankierte Postkarte beilegen. Ich ging heimlich in Laurenes Arbeitszimmer und nahm mir eine besonders schöne aus ihrem Heft mit Schwarz-Weiß-Fotografien von Cartier-Bresson. Ich mochte diese Postkarten und wollte, dass die Leute in Harvard meine Bewerbung geschmackvoll fanden. Die geklaute Karte würde wieder bei uns ankommen, und mein Diebstahl wäre offensichtlich. Aber Eindruck zu schinden war mir wichtiger, als nicht ertappt zu werden.

Da mein Vater auf Geschäftsreise war, fälschte ich seine Unterschrift auf der Bewerbung.

Ich flog für ein verlängertes Wochenende nach New York, um mir zusammen mit Mona Colleges anzuschauen. Meine Mutter konnte es sich nicht leisten mitzukommen; mein Vater hatte keine Zeit. Und Mona wusste sowieso mehr über Colleges als die beiden.

Sie wohnte in einem Apartment an der Upper West Side, das eine Reihe runder, von abgebeiztem Holz gerahmter Fenster mit Blick auf den Riverside Park hatte. Die Heizungskörper schepperten.

Mona zeigte mir den Campus der Columbia University, wo sie studiert hatte. Sie fuhr mit mir nach Princeton, das sie (für mich) favorisierte, und dann nach Harvard, wo ich ein Interview im Zulassungsbüro vereinbart hatte statt mit einem Alumnus in Kalifornien, weil ich dachte, möglichst nah an der Quelle zu sein würde meine Chancen erhöhen.

Zwei Männer, die in Harvard gewesen waren, hatten mir abgeraten. Dr. Botstein vom Stanford Genetics Lab, wo ich zwei Sommer lang gearbeitet hatte, erzählte mir, er habe keinen Zutritt zu den ultimativen Klubs bekommen, weil er jüdisch sei. »Das soll nicht heißen, dass Sie nicht hingehen sollen«, sagte er, »aber ich würde es mir gut überlegen.« Zu dem Zeitpunkt konnte ich mir nicht einmal vorstellen, dass ich eine Zulassung bekommen, geschweige denn sie ablehnen würde. Der andere, Dr. Lake, sagte, er sei dort einsam gewesen, es habe sich wie ein Institut angefühlt, und erst nach seinem Wechsel an die medizinische Fakultät der University of Chicago sei er glücklich geworden. Ich glaubte keinem von beiden. Ihr Studium lag lange zurück. Ich wusste selbst, was das Beste mich war, dachte ich, dabei war Harvard für mich weitgehend unbekanntes Terrain. Und es ging mir auch nicht um Glück, sondern um etwas, das sie vielleicht nicht verstanden: um ein Siegel der Anerkennung – und ums Entkommen. Harvard, dachte ich, würde mich aufwerten. Meine ganze Existenz. Undenkbar, dass jemand verstehen könnte, wie sehr es mich an diesen Ort zog, über den ich so wenig wusste.

Es war ein klarer und beißend kalter Herbsttag, als Mona und ich dort hinfuhren, nicht schöner oder kälter, als es in Princeton und Columbia gewesen war. Die Idee von Harvard, der Glamour und die Chancen, die ich damit assoziierte – die Marke –, schwebte über dem tatsächlichen Harvard und verlieh ihm – den Gebäuden, Rasenflächen und Bäumen – Glanz und Würde.

Das Wartezimmer des Zulassungsbüros mit cremefarbenen Wänden und blauem Teppich war überheizt und roch nach Farbe. Andere angehende Studenten saßen ganz in meiner Nähe. Ich trug einen schwarzen Rock mit schwarzen Strümpfen.

Ich war nervös. Zwar hatte ich in der ganzen Highschoolzeit immer nur sehr gute Noten bekommen, doch ich hatte auch viel dafür tun müssen. Meine SAT-Ergebnisse waren gut, aber nicht astronomisch. Dieses Interview konnte entscheidend sein.

»Lisa?«

Ich stand auf.

Eine große Frau mit dunklem Haar, in Rock und weißem Pullover, sagte: »Folgen Sie mir« und führte mich über einen Flur in einen kleinen, schummrigen Raum. Sie schien gelangweilt, wirkte nicht gerade begeistert von mir, sondern fast, als sei meine Gegenwart ihr lästig.

»Erzählen Sie mir doch ein wenig über Ihre Interessen außerhalb der Schule«, sagte sie. Kein Wort zu meiner Bewerbung, so als hätte sie sie gar nicht gelesen.

»Also«, sagte ich. »Ich mache vieles, wie wahrscheinlich die meisten Ihrer Kandidaten.« Ich wollte ihr vermitteln, dass ich trotz meiner tollen Leistungen menschlich und bescheiden war und genau wusste, es sogar etwas peinlich fand, wie viele außerschulische Aktivitäten ich angehäuft hatte, um sie in ebendiesem Moment nennen zu können. »Ich bin Anwältin in unserem Mock-Trial-Team und Chefredakteurin der Schülerzeitung mit achtzig Mitarbeitern«, sagte ich, die drei anderen Chefredakteure elegant übergehend. »Außerdem mache ich einen Japanischkurs für Fortgeschrittene, nachdem ich mit der Schule in Japan war und später meinen Vater auf einer Geschäftsreise dorthin begleitet habe. Er hat mir auch geholfen, einen Job in einem Labor in Stanford zu bekommen, wo ich Fotos von Hefezellen unter dem Elektronenmikroskop entwickelt und DNA-Vektoren in die Zellen eingesetzt habe, um umfangreiche Experimente über Hefe durchzuführen.« Als hätte ich diese Experimente verantwortlich geleitet, wo ich doch nur Anweisungen befolgt hatte; als erfüllte mich irgendeine dieser Aktivitäten, außer der Zeitung, mit Leidenschaft oder interessierte mich an Japanisch oder Hefe etwas anderes, als dass sie geeignet waren, mir hier einen Studienplatz zu verschaffen – sobald ich zugelassen wäre, würde ich sie alle aufgeben.

Ich saß kerzengerade, die Beine übereinandergeschlagen, auf meinem Stuhl. Meinen Vater hatte ich wie aus Versehen erwähnt.

Ich würde ihn benutzen. Neben den Noten und Aktivitäten war er mein einziger Vorteil.

»Und was macht dein Vater?«, fragte sie höflich.

Ich zögerte, hob die Augenbrauen, wie um zu sagen: »Ach, der?« Dann holte ich Luft, als hätte ich nicht erwartet, dass das Gespräch diese Wendung nehmen würde.

»Er hat eine Computerfirma gegründet«, sagte ich. »Er hat einen Computer namens Macintosh erfunden.« Ich sagte es, als hätte sie womöglich noch nie davon gehört.

Daraufhin stand die Frau auf; sie wirkte alarmiert. »Entschuldigen Sie mich«, sagte sie. »Ich bin gleich wieder da.« Sie packte den Türknauf, verließ abrupt den Raum und schloss die Tür hinter sich, als wäre ihr plötzlich eingefallen, dass sie dringend irgendwo anders erwartet wurde.

Es war zu offensichtlich; ich fragte mich, ob es tatsächlich so laufen könnte. Würde sie jetzt losrennen und irgendwen davon abhalten, meine Bewerbung abzulehnen? Prüften andere Zulassungsbeamten die Unterlagen der Bewerber, während sie im Interview saßen? Ein paar Minuten später kam sie wieder. Sie erklärte mir nicht, wo sie gewesen oder warum sie hinausgeeilt war, wirkte aber freundlicher und aufmerksamer. Sie stellte mir noch ein paar Fragen, an die ich mich nicht erinnere, und das Interview war beendet.

Als ich hinausging, glühten meine Wangen.

Während ich, wieder zu Hause, auf die Nachricht wartete, ob ich zugelassen war, trug ich als Glücksbringer Cord, und zwar von oben bis unten: Cordhose und Cordhemd. Die Hose war aus moosgrünem Breitcord, das Hemd feiner gerippt, indigoblau und Button-down mit Brusttaschen. Es fühlte sich wie Samt an. Normalerweise trug ich diese beiden Kleidungsstücke einzeln, wenn ich einen wichtigen Test schrieb oder die Note dafür erwartete.

Bei der Zeitung war Produktionswoche, und drei der vier Chefredakteure hatten sich in Harvard für die frühe Zulassung beworben; wir versprachen einander, dass wir nichts unternehmen würden, bevor die aktuelle Ausgabe der Zeitung fertig war. Rebecca hatte gesagt, Harvard habe eine Hotline, die man anrufen könne, um herauszufinden, ob man angenommen sei oder nicht, und später in der Woche verstieß sie gegen unsere Abmachung, rief an und erfuhr, dass sie zugelassen war, sagte es mir und Nicole, und danach rief auch ich von dem Telefon in unserem Klassenzimmer aus dort an, aber es war immer besetzt.

Die Zu- oder Absage konnte in dieser Woche auch per Post eintreffen, also trug ich die Cordsachen nicht nur, um bei der Hotline durchzukommen, sondern auch als Prophylaxe gegen die Möglichkeit, dass ich den Brief zu Hause auf dem Küchentisch vorfinden würde, ohne die glückbringenden Sachen anzuhaben. Folglich trug ich dieselben Klamotten nun schon seit vier Tagen.

Am Donnerstag beschloss ich anzurufen, sobald die Leitungen freigeschaltet wurden. Ich stellte mir den Wecker auf 4 Uhr 30. Das Callcenter des Zulassungsbüros öffnete um 7 Uhr 30 Bostoner Zeit.

Die Frau am anderen Ende der Leitung war distanziert und professionell. Sie ließ sich meinen Nachnamen geben und sagte, ich solle einen Moment warten.

»Herzlichen Glückwunsch«, sagte sie, als sie wieder ans Telefon kam; ihre Stimme klang warm oder eher erleichtert – als hätte sie Angst gehabt, Nein sagen zu müssen.

Es dauerte eine Weile, bis ich begriff, was sie meinte. »Moment«, sagte ich.

Sie lachte. »Sie sind in den Harvard-Jahrgang 2000 aufgenommen.« Es war ein Standardsatz, aber sie sagte ihn mit solcher Freude, dass er auch von ihr selbst hätte stammen können.

»Danke«, sagte ich. »Oh, vielen Dank.«

Ich stand auf, zog mir Schuhe zu meinem Pyjama an, schnappte mir einen Pullover und trat hinaus in die Dämmerung, die einen blauen Schleier über die Straße legte. Häuser, Gärten und Autos waren beleuchtet, aber unbewegt wie ein Bühnenbild. Nichts regte sich außer mir. Mein Jubel wurde aufgesogen wie das Geräusch von Schritten auf feuchtem Gras. Das Viertel war ruhig, und ich würde es verlassen; das veränderte es, ließ es flach wie eine Zeichnung wirken. Ich lief an Kevins und Dorothys Haus vorbei. Alle schliefen. Hier und da gingen ein paar Verandalichter aus – wahrscheinlich von Zeitschaltuhren geregelt –, und Sprenger stimmten ihr Hisch-hisch-hisch an.

Ich kehrte zum Haus zurück, rannte in mein Zimmer und riss ein paar Zettel linierten Papiers aus einem Notizheft. ICH BIN DRIN ICH BIN DRIN ICH BIN DRIN ICH BIN DRIN, schrieb ich. Ich klebte sie an die Fenster, die den Flur säumten.

Nach einer Weile hörte ich meinen Vater und Laurene oben rumoren. Ich wartete, immer noch im Pyjama, im Flur, lief dort auf und ab. Sie kamen herunter, zuerst mein Vater, dann Laurene. Ich hielt den Atem an.

»Oh!«, sagte Laurene.

»Was ist das?«, sagte mein Vater. »Wo bist du drin?«

»Ding, dong«, sagte Laurene. »Sie ist in Harvard angenommen worden.«

»Oh«, sagte er. »Verstehe.«

Nicht mehr lange, und ich würde zu meiner Mutter ziehen.

Ich stand unten an der Treppe und rief meinen Bruder. Zu seinem vierten Geburtstag hatte ich ihm einen königsblauen Umhang mit silbernen Sternen und Halskrause geschenkt. Dazu gehörten ein spitzer Zauberhut aus dem gleichen Stoff und ein Holzstab.

»Reed?«, rief ich. Keine Antwort. Ich meinte, oben ein leises Rascheln zu hören.

»Glinda?«, rief ich jetzt. Das war einer der Namen, auf die er hörte, wenn er verkleidet war.

»Esmeralda? Valencia?«

»Ja?«, kam die dünne, wässrige Antwort aus einem der oberen Zimmer. »Ich bin Valencia.«

Ich ging zu ihm in seine Fantasiewelt.

»Ich möchte mit dir reden«, sagte ich und zog ihn mit mir auf den Boden herunter. »Von jetzt an werde ich meistens bei meiner Mutter wohnen.« Er war abgelenkt, saß zwar mit dem Gesicht zu mir, sah mich aber nicht an.

Meine Mutter hatte vorgeschlagen, ich solle es ihm in Form einer Geschichte beibringen. »Es waren einmal ein Prinz und ein

Frosch«, begann ich. Warum ich mich zu einem Frosch machte, wusste ich selbst nicht so genau. »Der Prinz liebte den Frosch, und der Frosch liebte den Prinzen mehr als jeden anderen Prinzen. Sie waren die besten Freunde. Doch dann, eines Tages, musste der Frosch in sein eigenes Königreich zurückkehren.« Jetzt hörte er gebannt zu.

»Warum musste er denn weggehen?«, fragte Reed.

»Es gab noch andere Frösche. Ein Land der Frösche. Er war lange Zeit fort gewesen. Aber weißt du, der Frosch liebte den Prinzen immer noch. Er ging nicht weg, weil er ihn nicht liebte – er hatte gute Gründe dafür.« Die Geschichte war unausgegoren, bleiern, ohne rechte Handlung, doch das schien ihm nichts auszumachen, und er wollte mehr hören.

»Aber er musste weggehen?«

»Ja«, sagte ich. »Weil es wichtig war, dass er zu den anderen Fröschen zurückkehrte.«

Später in diesem Jahr, nachdem ich zu meiner Mutter gezogen war, wurde meine Schwester Erin geboren. Sie hatte dunkle Haare, Geheimratsecken und große, seelenvolle Augen. Wenn ich zu Besuch war und sie noch nicht schlief, hielt ich sie im Arm und streichelte ihre Stirn bis zum Haaransatz. Eine einzige solche Berührung reichte, und sie schlief, wie durch ein Wunder, fest ein. In den Monaten vor ihrer Geburt reiste mein Vater für seine Firma Pixar, die kurz vor dem Börsengang stand, oft geschäftlich nach Europa, und von diesen Reisen brachte er Babysachen aus teuren Läden mit, sodass sie bei ihrer Geburt schon lauter Kleidchen in Pflaumenblau, Beige und Weiß hatte, die alle hintereinander an einer Stange hingen.

Harvard schickte mir ein Formular zum Ausfüllen, anhand dessen bestimmt werden sollte, wer mit wem ein Zimmer teilen würde. Ich wollte cool und lässig klingen, um eine coole, lässige Zimmergenossin zu bekommen. Mein autobiografischer Abschnitt endete mit dem Satz: »Und ab und zu nehme ich gerne die Gitarre in die Hand und spiele einen Song.« Das beschrieb mich kein bisschen, verklemmt, wie ich war. Ich hatte zwar einmal ein paar Lieder spielen können, sie aber längst wieder vergessen, und selbst damals war ich vor Angst gestorben, wenn ich vor anderen Leuten spielen sollte.

In dem Sommer, bevor ich ging – als ich bei meiner Mutter wohnte –, fuhr mein Vater mit mir nach San Francisco, um mir einen Mantel zu kaufen. Es war seine Idee, und wenn ich geahnt hätte, dass er mir einen kaufen würde, hätte ich vielleicht vorher keine gesammelt. Wir gingen zu Emporio Armani, das in einem ehemaligen Bankgebäude war, mit turmhoher Decke und einem Innenbalkon, der als Café diente. Wir blieben bei einem Ständer mit Schlipsen stehen, die er inspizierte, indem er sie zwischen Daumen und Zeigefinger nahm. Ich fand es schön, wie er Dinge anfasste. Er betrachtete sie mit großer Intensität, kaufte dann aber doch keine. Ich sorgte mich, wie immer beim Shoppen, dass meine Größe ausverkauft wäre.

Die Mäntel waren an der hinteren Wand, unter dem Cafébalkon. Dies waren keine Mäntel für Kalifornien, sondern für ein andersartiges Leben. »Wie wäre es mit dem hier?«, sagte er. Schwarze Wolle mit Kragen und doppelter Knopfreihe vorne, unten ausgestellt wie ein Kleid. Wir würden ihn ändern lassen müssen, die Ärmel, die Länge. »Er ist schön«, sagte er. »Sehr schön.« Ich stimmte ihm zu, fragte mich nur, ob er nicht zu außergewöhnlich war. Und was andere tragen würden, wenn ich ankam. Er sah aus wie ein Kleidungsstück für einen altmodischen französischen Schauspieler. Er kaufte ihn mir.

Wir ließen ihn beim Änderungsschneider. Auf der Rückfahrt nach Palo Alto auf dem Highway 101 sprachen wir kaum miteinander. Er machte keinen Witz, als wir am Ruby's vorbeifuhren. Mir kam nicht in den Sinn, dass er so schweigsam war, weil ihm dämmerte, dass ich tatsächlich fortgehen würde, und er mich womöglich vermissen könnte. Vielleicht dachte er aber auch über seine Arbeit nach, über NeXT und Pixar. In den kommenden Jahren sollte das Schweigen zwischen uns wachsen. Bald schrieb und rief er nicht mehr zurück; ich war mir nicht sicher, wie und warum es dazu gekommen war. An jenem Tag blickte er nach vorne, hielt das Steuer mit beiden Händen, bewegte die Schultern im Gelenk, wischte mit den Daumen hin und her, ließ die Kiefermuskeln spielen, alles unentwegt, aber nicht im selben Rhythmus, wie ein Roboter.

»Ich bringe dir bei, wie man Klos putzt«, sagte meine Mutter ein paar Wochen später. Ich hatte ihr den Mantel gezeigt, als er vom Schneider zurück war, und das war ihre Antwort darauf: Das würde sie mir mit auf den Weg nach Harvard geben.

»Da, wo ich hingehe, werde ich keine Klos putzen«, sagte ich.

»Vielleicht nicht«, sagte sie. »Aber eines Tages bestimmt.« Sie hatte recht.

KODA

Während ihr euch etwas wünscht, ist dessen Zeit noch nicht reif. Und wenn ihr habt, was ihr euch wünschtet, werdet ihr keinen Wunsch mehr haben, dafür aber Zeit. Schwache Wünsche schützen vor Enttäuschung. Doch am sichersten seid ihr als sichtbare Ruine.

Fanny Howe, *Indivisible*

Ich traf eine Woche vor Semesterbeginn allein in Harvard ein, um am Outdoorprogramm für die Studienanfänger teilzunehmen. Es war schwül. Ich wartete unter einem weißen Zeltdach in der Schlange, um mich registrieren zu lassen, doch als ich an der Reihe war und meinen Namen sagte, nahm eine Frau mich beiseite und sagte, meine Collegegebühren seien noch nicht bezahlt. Offenbar bezweifelte sie, dass ich rechtmäßig hier war. Ich sagte ihr, es müsse sich um einen Irrtum handeln, aber ich schämte mich und fühlte mich extrem allein gelassen. Es gab noch keine Zimmerzuweisung und kein Registrierungspaket für mich. Ich suchte mir ein Münztelefon und rief Jeff Howson an, den Buchhalter meines Vaters, der mir versprach, sein Bestes zu tun, um die Sache in Ordnung zu bringen. Als ich eine Woche später vom Zelten zurückkehrte, waren die Gebühren bezahlt, und ich bekam ein Zimmer zugewiesen.

In den ersten drei Monaten meiner Collegezeit, bevor mein Vater aufhörte, mich zurückzurufen und meine E-Mails zu beantworten, beklagte ich mich am Telefon bei ihm, ich könne nicht richtig sehen, seit ich in Boston sei. Alles sei flach und nah; es gebe keine Ausblicke; meine Augen täten weh; die Gebäude schienen in die Sichtlinien eingeklemmt zu sein. »Egal, wo ich hingehe, ich sehe immer nur das Gebäude direkt vor mir.«

»Das ist eine Metapher für den Geist der Ostküste«, sagte er.

Als es Herbst wurde, fror ich in meinem neuen Mantel. Ich hatte nur Baumwollsocken mitgebracht. Dass man hier Wollsachen brauchte, hatte ich noch nicht verstanden.

Ich machte mir Sorgen um meine Mutter. Wovon würde sie die Miete bezahlen?

»Mir fällt schon was ein«, sagte sie, als ich sie fragte. »Du brauchst dir keine Gedanken um mich zu machen. Ich kriege es immer irgendwie hin.«

Sie war es, mit der ich in meinem ersten Collegejahr jeden Abend stundenlang telefonierte, weil ich ihren Rat und ihre Zuwendung brauchte, als ich eine Kultur vorfand, die mir weitaus fremder war, als ich erwartet hatte, und noch dazu nach der Trennung von Josh zum ersten Mal unter Liebeskummer litt, worauf mich weder ein schicker Mantel noch irgendwelche Kloputzkünste vorbereitet hatten.

Ich war am Boden zerstört.

Meine Eltern gaben mir unabhängig voneinander den gleichen Rat: »Du musst alle deine Gefühle zulassen. Wenn du dich dann das nächste Mal verliebst, wird alles wieder genauso bedeutsam sein und genauso tief gehen.«

»Der erste Liebeskummer bringt den Schmerz der Vergangenheit an die Oberfläche«, sagte mein Vater. »Der erste große Verlust. Mach ihn dir zunutze.«

»Wenn etwas richtig wehtut, weißt du, dass es der Brandungssog einer großen, wunderschönen Welle ist«, sagte meine Mutter.

Die meisten anderen Leute sagten: »Vergiss ihn einfach« und »Geh mal wieder aus.«

Ich belegte nur Seminare, für die ich mich wirklich interessierte: ein Anthropologieseminar, das in einem Holzhaus voller Knochen stattfand; ein Film- und Literaturseminar; eins über den Schutz von Kinderrechten; und ein Kunstseminar, in dem wir mit einer Hand die andere zeichnen sollten. Ich trat der Zeitungsredaktion und dem Literaturmagazin bei und volontierte in einer örtlichen Schule.

Mein Vater kam mich in dem Jahr einmal besuchen. Als er hinter mir die Treppe zu meinem Zimmer im Wohnheim hinaufging, sagte er: »Du musst abnehmen.« Zu meiner neuen Mitbewohnerin sagte er, ihr Popcorn mit künstlichen Geschmacksstoffen sei »Dreck«. Unterhalb seiner Gereiztheit wirkte er melancholisch, bot mir sogar an, mir in einer schönen Boutique namens Agnès B. eine Lederjacke zu kaufen. Ich lehnte ab, weil sie mir zu teuer schien, zu schwergewichtig, als stünde sie für noch etwas anderes, auch wenn ich nicht wusste, wofür oder was ich zu ihm sagen sollte, denn ich war selbst traurig, erneut einsam ohne ihn an diesem merkwürdigen Ort, wo es mir eigentlich gefallen sollte.

Als ich in jenem Sommer nach Hause kam, war mein Vater komisch zu mir; er sprach nicht mit mir, sondern schnauzte mich höchstens manchmal verächtlich an: Ich sei zu dünn. Laurene erzählte ihrer Freundin, ich sei magersüchtig. Ich wollte ja essen, aber im Laden gekaufte Sachen schmeckten nach Pappe, und ich konnte nicht kochen. Laurene kaufte mir unentwegt Sandwiches.

Ich ging zu Dr. Lake, wo sich herausstellte, dass mein Vater die Kosten nicht mehr übernahm. Dr. Lake sagte: »Niemand hat das Recht, dir medizinische Behandlung zu versagen« und reduzierte seinen Satz auf fünfundzwanzig Dollar pro Sitzung, die ich selbst bezahlte.

Über den Sommer arbeitete ich auf der Hidden Villa Farm – wo meine Mutter mir und ein paar anderen Kindern damals Kunstunterricht gegeben hatte – als Betreuerin von Kindergruppen, die etwas über die Tiere und das Leben auf dem Bauernhof lernen wollten.

Seit ich auf dem College war, bekam meine Mutter keine Schecks mehr von Jeff Howson, die sie gebraucht hätte, um die Miete zu bezahlen. Folglich konnte sie es sich nicht leisten, in dem Haus an der Rinconada Street zu bleiben, und würde umziehen müssen.

Der aktuelle Freund meiner Mutter war der Softwareingenieur mit dem schwarzen Karategürtel, den sie aus dem Yogakurs kannte. Sie würde zu ihm ziehen, bis sie etwas Eigenes gefunden hatte. Er besaß ein kleines Haus im nicht eingemeindeten Viertel Menlo Park. Anscheinend hieß »nicht eingemeindet«, dass es keine Bürgersteige, sondern nur Rinnsteine gab und die Bäume buschiger und zahlreicher waren und nicht in ordentlichen Reihen gepflanzt. Er sagte, sie könne bei ihm wohnen, bis sie etwas gefunden habe, aber für mich sei bei ihm nicht genügend Platz.

An einem Samstag packte sie mithilfe einiger Freunde ihren Hausrat ein. Ich sollte auch helfen. Sie führte die Regie und lief schnellen Schrittes zwischen Garage und Haus hin und her, durch die sonnigen Flecken unter dem Blauregen. »Komm, Lisa«, sagte sie. Ich stand vor den Kisten und den Stapeln von Büchern, Kleidung und Geschirr, all den Dingen unseres Lebens, unserer gemeinsamen Vergangenheit, und war unfähig, mich zu rühren.

»Mach mit«, sagte sie, »bitte«, aber ich konnte nicht mehr unterscheiden, was weggeworfen und was aufgehoben werden sollte, und meine Beine waren wie gelähmt. Bald gab sie es auf.

Am späten Nachmittag, als die anderen mit dem Packen fertig waren, saß ich am Schreibtisch meiner Mutter, während sie für mich kochte, und zum ersten Mal seit Tagen ging es mir gut. Ich wusste, dass ich bald essen und genährt werden würde. Ich wollte in der Sphäre ihrer Fürsorge bleiben.

Doch mein Vater hatte für diesen Abend Tickets für den Cirque du Soleil. Obwohl er, seit ich wieder da war, kaum mit mir gesprochen, mich kaum angesehen hatte, wollte er, dass ich mitkam, und war fixiert auf meine Zuwendung zu meinem kleinen Bruder.

Ich war mager und deprimiert, eine Flickenpuppe, hatte kein Selbstbewusstsein, bemühte mich, ihm zu gefallen, schaffte es aber nicht. Ich beschloss, nicht mitzugehen.

Ich rief ihn von meiner Mutter aus an. »Ich kann heute Abend nicht mitkommen«, sagte ich. »Es tut mir leid.«

»Du musst«, sagte er. Ich verstand nicht, warum meine Anwesenheit ihm so wichtig war, es sei denn, ich sollte auf meinen Bruder aufpassen, mit ihm im Zirkuszelt herumlaufen.

»Ich muss hierbleiben, ich muss etwas essen. Mom kocht für mich«, sagte ich. Meine Mutter beobachtete mich von der Küche aus mit sorgenvollem Blick.

»Lis, du verhältst dich nicht wie ein Teil dieser Familie«, sagte er. »Offen gesagt, finden wir dich enorm egoistisch.«

»Ich möchte ja Teil der Familie sein«, sagte ich.

»Wenn du nicht mit in den Zirkus kommst, musst du ausziehen.«

»Schön« sagte ich und legte auf, weil mich bei seinen Worten eine unerwartete Welle der Erleichterung erfasste, als wäre ich aus einem kleinen, dunklen Raum auf ein helles, offenes Feld getreten.

Ich rief sofort Kevin, den Nachbarn, an.

»Er hat gesagt, ich soll ausziehen«, sagte ich. »Wenn ich heute Abend nicht mit in den Zirkus komme, soll ich gehen.« Mir gefiel das Gefühl von Freiheit, das dieser Schritt meines Vaters mir gab, die Erlaubnis. »Was soll ich tun?«

»Ausziehen«, sagte Kevin. »Ich helfe dir.«

»Wann?«

»Heute Abend. Wenn sie im Zirkus sind.« Vor Jahren hatte er auch Dorothy geholfen, aus dem Haus ihres Vaters auszuziehen. Er hatte sie vor ihrem eigenen Vater gerettet, und sie hatten jung geheiratet.

»Und dann?« Er wusste, dass meine Mutter gerade umzog und ich keine Bleibe hatte.

»Du kannst bei uns wohnen«, sagte er.

Das war die Antwort, auf die ich gehofft hatte.

Als es Abend wurde, traf ich mich mit Kevin vor seinem Haus, und wir fuhren einen Block weiter zum Haus meines Vaters, um meine Sachen zu holen. Ich nahm den Großteil meiner Kleidungsstücke und Schuhe mit, mein Waschzeug, einige meiner persönlichen Briefe; die CDs ließ ich da. Obwohl für mich eigentlich kein Zweifel bestand, dass mein Vater im Zirkus war, mindestens eine halbe Autostunde entfernt, hatte ich doch die ganze Zeit das Gefühl, er könnte jede Sekunde zurückkommen und uns erwischen. Kevin war auch nicht zu Scherzen aufgelegt, ernster als sonst. Ich warf alles in eine Tasche.

Wie würde es sein, wenn mein Vater zurückkam und merkte, dass ich fort war? Da schien es mir auf einmal unglaublich traurig, nicht so wie vorhin, bei unserem Gespräch, als ich es mir vorgestellt hatte: ein Schock. Möglicherweise wollte er gar nicht, dass ich ging, sorgte geradezu dafür, dass er genau die Menschen verlor, die er nicht verlieren wollte, war unfähig, sie, die ihm dieses Muster hätten erklären können, in seinem Leben zu halten. Wäre er dazu fähig gewesen, er hätte trotzdem nicht auf sie gehört.

Erst viel später hatte ich den verwegenen Gedanken, dass er sich von mir allein gelassen, ja betrogen gefühlt hatte, als ich für die zweiten sechs Monate zu meiner Mutter zog und mich dann für ein weit entferntes College entschied. Fair war das nicht, aber vielleicht stimmte es trotzdem: Er hatte nicht viel Zeit mit mir verbracht und sich nicht sonderlich um mich gekümmert, doch als ich meiner Wege ging, nahm er es mir übel. Damals hätte ich behauptet, er hasse mich, nehme kaum Notiz von mir, es könne also gar nicht sein, dass er mich vermisse und deshalb so außer sich sei. Ich sei nicht *genug*, um vermisst zu werden. Erst mit Anfang dreißig begriff ich, dass er so wütend gewesen sein könnte, weil er mich verloren hatte. Viele Eltern verbrachten jahrelang Zeit mit ihren Kindern und hatten gelernt, den Verlust in kleineren Dosen zu ertragen – aber für ihn war das alles neu.

Als ich Mitte zwanzig war, besuchte mein Vater mich in London, und wir gingen in den Green Park und setzten uns Seite an Seite auf eine Bank. »Wenn ich ein alter Mann wäre, würde ich die ganze Zeit auf so einer Bank sitzen«, sagte er und blickte sich um, doch an dem Morgen waren keine alten Männer da, und die anderen Bänke waren leer.

»Weißt du«, sagte er dann, »die Jahre, in denen du bei uns gelebt hast – das waren für mich die besten.« Ich erschrak – ich wusste nicht, was ich sagen sollte –; für mich waren sie schwierig gewesen, und ich hatte gedacht, dass sie für ihn zu den schlimmsten gehörten.

»Nimm nur das Nötigste mit«, sagte Kevin. »Und hinterlass ihm eine Nachricht.«

Ich schrieb: »Lieber Steve, ich bin ausgezogen, denn das sollte ich ja, wenn ich nicht mit in den Zirkus komme. Ich hoffe, du rufst mich morgen an.« Er muss wissen, wo du bist, meinte Kevin. »Ich wohne bei Kevin und Dorothy.« Ich schrieb ihre Telefonnummer hin und darunter: »Ich hab dich lieb.« Mir kam das alles jetzt fast irreal vor, ganz anders als nachmittags, als wir darüber gesprochen hatten. Ich hoffte die ganze Zeit, ich würde ruhiger werden, wenn auch nicht so ruhig, dass Kevin den Eindruck bekäme, ich sei daran gewöhnt, gerettet zu werden.

Warum beschlossen die Nachbarn, mir zu helfen? Sie hatten jahrelang mitbekommen, wie mein Vater mich behandelte, und es als zutiefst unangenehm empfunden. Dorothys Vater, ebenfalls ein prominenter, charismatischer Mann, war grausam zu ihr gewesen. Sie hatten genug Geld, um mir zu helfen. Der Gedanke, dass mein Vater es sich erlauben konnte, grausam zu einem Kind zu sein, nur weil er Geld hatte und von Menschen umgeben war, die ihn hofierten, ging ihnen gegen den Strich. Über die Jahre fragte ich sie wieder und wieder, wie ich es ihnen vergelten könne. Wenn ich irgendwann dazu in der Lage sei, sagten sie, solle ich es ummünzen. Einem anderen Kind helfen.

»Lass uns losfahren«, sagte Kevin.

Dorothy hatte ein Tablett mit zuckerbestäubten, in Plastikfolie gewickelten russischen Keksen und einer Thermoskanne Kräutertee auf mein Bett gestellt und einen Willkommensgruß dazugelegt. Am Morgen, vor der Arbeit auf dem Bauernhof, wollte ich meinen Nacken dehnen, zerrte mir dabei die Sehne über dem Knochen und verrenkte mir den Hals. Ich konnte mich den ganzen Tag nicht aus dieser verdrehten Position befreien.

Mein Vater rief nicht an und erwiderte auch meine Anrufe nicht.

So ging es diesen Sommer weiter – ich wohnte bei den Nachbarn, arbeitete auf dem Bauernhof, besuchte meine Mutter, stellte Mutmaßungen über meinen Vater und seine Gedanken an. Dorothy kochte für mich. Ich beschloss, keine Medikamente gegen Depressionen zu nehmen, wie mein Therapeut es mir zu Beginn des Sommers geraten hatte, sondern sagte mir für jeden negativen Gedanken, der in meinem Kopf auftauchte, etwas Positives, zuerst sehr häufig, dann immer seltener, und am Ende des Sommers waren die meisten grausamen, schneidenden Stimmen verstummt, und ich war nicht mehr deprimiert und nicht mehr zu dünn.

»Ich werde Steve bitten, mir ein Haus zu kaufen«, sagte meine Mutter irgendwann in meinem zweiten Collegejahr am Telefon.

Sie lebte immer noch bei ihrem Freund; ich wohnte in den Ferien bei den Nachbarn. »Das macht er doch nie«, sagte ich.

»Ich werde ihn so lange fragen, bis er nachgibt.«

Sie hatte noch nie ein Haus besessen. In all den Jahren meiner Kindheit hatte er uns kein Haus gekauft; wir hatten nie in einem Haus gewohnt, das uns gehörte. Wenn er es gewollt hätte, hätte er es doch sicher damals schon getan. Ich fragte mich, warum sie glaubte, dass es klappen könnte, ausgerechnet jetzt, da ich ausgezogen war – und er nicht mehr mit mir sprach –, und warum sie ihn dann nicht schon früher dazu überredet hatte.

Der Gedanke, dass es möglich war und schon vorher möglich gewesen wäre, machte mich wütend, auch wenn ich es ihr wünschte.

Tatsächlich erklärte er sich ein paar Monate später einverstanden. Sie fand ein Haus in Menlo Park, das seine Kriterien erfüllte: innerhalb eines bestimmten Radius seines Hauses, weniger als vierhunderttausend Dollar. Es war ein dünnwandiges Holzhaus an der verkehrsreichen Alameda de las Pulgas mit zwei Schlafzimmern und einem schönen Garten nach hinten. Er hatte gesagt, es müsse in der Nähe seines Hauses liegen, damit er es sich anschauen könne, bevor er es kaufte, doch am Ende kaufte er es in ihrem Namen, ohne es vorher besichtigt zu haben.

Im Sommer nach dem zweiten Jahr in Harvard fand ich einen Job in dem Stanforder Labor, in dem ich schon während der Highschool gearbeitet hatte. Es sollte das letzte Mal sein, dass ich in Palo Alto wohnte.

Meine Mutter machte uns Salat mit frischem Estragon, den sie unter die Blattsalate mischte. Sie nähte sich Vorhänge mit französischer Naht. Sie pflanzte Tomaten hinter dem Haus, die sie zu wässern vergaß, bis die Blätter welkten und braun wurden; die Früchte waren dank ihrer Vernachlässigung so süß wie sonst keine.

In jenem Sommer sprach mein Vater zwar nicht mit mir, bestand aber darauf, dass ich mich um meinen Bruder kümmerte, der mich vermisst hatte. Ich war ein paarmal zum Babysitten bei ihm im Haus gewesen und hatte gehofft, ich könne mit ihm reden, aber er hatte mich ignoriert. Danach sagte ich ihm, ich müsse zuerst mit ihm sprechen, und ehe er nicht dazu bereit sei, würde ich nicht mehr babysitten kommen, doch er lehnte ab und sagte, ich ließe meinen Bruder im Stich.

Eines Nachmittags kamen Kevin und Dorothy zu uns, als bei meiner Mutter und mir gerade Panikstimmung herrschte. Mein Vater hatte mich angerufen und gebrüllt, ich hätte gefälligst zum Babysitten zu erscheinen, und meiner Mutter dann eine wütende E-Mail geschickt. Ich sei unmöglich und egoistisch, drücke mich vor meiner Verantwortung gegenüber meinem Bruder. Meine Mutter und ich waren aufgewühlt und wussten nicht, wie wir reagieren sollten. Ich fürchtete, ich sei vielleicht doch im Unrecht. Immer wieder, zuerst am Telefon und dann per E-Mail, hatte ich meinem Vater gesagt, dass ich meinen Bruder wahnsinnig gerne sehen würde, aber vorher mit *ihm* sprechen müsse.

»Ich möchte nicht mit dir sprechen und dich nicht sehen«, hatte er am Telefon zu mir gesagt. »Du willst Reed nicht sehen, und ich liebe Reed, und mit Leuten, die keine Zeit mit den Menschen verbringen wollen, die ich liebe, will ich nichts zu tun haben«, sagte er.

Dorothy stand hinter meiner Mutter und diktierte ihr eine Antwort, die so begann: »Spar dir den scheinheiligen Kokolores, Steve.« Meine Mutter tippte es hin. Dorothy buchstabierte Kokolores. Ich war begeistert von Dorothys Antwort und auch von dem neuen Ausdruck.

In Harvard beschloss ich, Englisch als Hauptfach zu wählen. In meinem dritten Jahr dort nahm ich an einem Seminar über Chaucers *Troilus und Cressida* teil, bei einem Chaucer-Spezialisten aus England mit charmant ungleichmäßigen Zähnen und weißen Haarbüscheln in den Ohren. Irgendwann verlässt Cressida Troilus, aber Troilus scheint sie nicht vergessen zu können.

»Es lässt Troilus so erbärmlich wirken, dass er nicht über sie hinwegkommt«, sagte ich voller Überzeugung in dem Seminar.

»Nein«, sagte der Professor und schaute mich mit freundlichem Blick an. »Es ist seine Stärke, dass er an ihr *festhalten* kann.«

In jenem Frühjahr, kurz nachdem ich für die Collegeliteraturzeitschrift ein Stück über meine Augenbrauen geschrieben hatte, das ich für ziemlich ergreifend hielt, ging ich zur Campustherapeutin, die kostenlose Gespräche anbot, und trug mich auf einem Anmeldebogen ein. Die Therapeutin war eine dünne Frau mit dünner Stimme, dünnem Haar, dünnem Gesicht, dünner Nase, wie eine Modigliani-Gestalt; ihr Blick war friedvoll, und sie strahlte Ruhe aus.

Im Lauf der nächsten Wochen ging ich ein paarmal zu ihr, und vor der letzten Sitzung, gegen Ende des Jahres, erzählte ich ihr von einem Traum, den ich in der Nacht davor gehabt hatte: Ich hockte auf einer Klippe und schaute über den weiten Ozean, wo mein Vater unter einem Lichtkegel am Schreibtisch saß. Der Schreibtisch war wie ein Floß und trieb aufs Meer hinaus, während er sich auf den Monitor konzentrierte.

»Er wird gehen«, sagte sie mit traurigem Unterton, »und eines Tages merkt er dann vielleicht, dass er Ihnen das Gleiche angetan hat, was ihm angetan wurde.« Ich war überrascht von ihrem schnellen, knappen Resümee und nahm an, es müsse falsch sein. Doch als ich später darüber nachdachte, schien mir, dass sie recht hatte. Ich hatte gedacht, meine Familie sei einzigartig, aber das stimmte wohl nicht, und ich wunderte mich, dass die Sache so offensichtlich sein konnte.

Um diese Zeit hatte mein Vater wieder angefangen, bei Apple zu arbeiten. Ich las davon in der Zeitung, und bevor ich aufbrach, um die letzten beiden Semester in London zu studieren, erschienen wie mit Schrumpffolie überzogen, die ersten Anzeigen für die farbenfrohen neuen iMacs auf allen Bussen auf dem Harvard Yard.

Im darauffolgenden Sommer blieb ich in Cambridge, um bei dem Reiseführerverlag Let's Go als Redaktionsassistentin für den Südostasienband zu arbeiten. Als der Sommer halb um war, informierte Harvard mich schriftlich darüber, dass meine Studiengebühren für das Folgejahr nicht beglichen worden seien.

Seit dem Abend der Zirkusvorstellung, an dem ich ausgezogen war – was jetzt zwei Jahre zurücklag –, kam mein Vater für nichts außer meinen Collegegebühren mehr auf; keine Hin- und Rückflüge, keine Bücher, kein Taschengeld. All das hatte ich von meinem selbstverdienten Geld und mit Kevins und Dorothys Hilfe bezahlt.

Am nächsten Tag ging ich einen dunklen, verschlungenen Kellerflur entlang, um mich mit einem für Studienbeihilfen zuständigen Harvard-Mitarbeiter zu treffen. Der Mann saß mit Blick zur Tür an seinem Schreibtisch. Hinter ihm, in einer Ecke des

Zimmers, fehlte eine Deckenfliese, und ein Stück der Isolierung hatte sich zu lösen begonnen.

Ich erklärte ihm, dass mein Vater beschlossen habe, meine Gebühren nicht mehr zu bezahlen, obwohl er es sich leisten könne.

»Dann müssen Sie Ihr Studium bis zur Volljährigkeit unterbrechen«, sagte er.

»Ab wann ist man denn volljährig?«, fragte ich; ich hoffte, mit einundzwanzig.

»Mit fünfundzwanzig«, sagte er. Ich war fix und fertig.

Im College hatte ich zwei Jobs, einen als Englischlehrerin für Ausländer und einen in der Entwicklungsabteilung der Universität; »Entwicklung« hieß dort, durch Kampagnen, Fundraisingveranstaltungen und Werbung Geld für das College zu beschaffen.

Ich hatte angenommen, die Abteilung für Studienbeihilfe wäre so etwas Ähnliches – ein Ort wo Geld reinkam und Geld rausging. Doch dieses Büro und dieser Mann wirkten belagert, als sollte hier der Eindruck vermittelt werden, dass Harvard nicht so viel Geld hatte, wie man meinen könnte. Ich ärgerte mich schwarz über seine Sachlichkeit; es musste doch eine Möglichkeit geben, wie ich weiterstudieren könnte. Harvard würde mir doch sicher helfen, mich sicher behalten wollen, dachte ich; tatsächlich aber war es die Aufgabe dieses Mannes, mir mitzuteilen, dass dem nicht so sei.

»Unterstützung bietet Harvard nur bei finanzieller Bedürftigkeit an«, sagte er. Wegen der Stellung meines Vaters komme bei mir keinerlei Beihilfe infrage.

»Das heißt, ich muss einfach abbrechen? Harvard wird nichts tun, um mir zu helfen?«

»Das ist richtig«, sagte er. »Absolut nichts.«

Wenn Kevin geschäftlich in Boston zu tun hatte, lud er mich zum Essen ein. Ich freute mich auf diese Abende, weil ich mich dadurch weniger einsam am College fühlte und mehr wie andere, die ab und zu mit ihren Vätern essen gingen, auch wenn Kevin gar nicht mein Vater war. Manchmal schien er mit meinem Vater konkurrieren zu wollen: »Kann ja sein, dass er schöne Autos hat«, sagte er einmal,

»aber er hat keine Ahnung, wie man sie fährt.« Zu gutem Autofahren, wie Kevin es definierte, gehörte auch, dass die Beifahrer sich wohlfühlten, Tempo und Beschleunigung nicht spürten. Diese Fähigkeit hatte mein Vater allerdings wirklich nicht; bei seinem Fahrstil war mir, als hätte ich ein Stromkabel im Magen, so schlingerte er durch die Kurven. Vor seinem Erfolg bei Pixar und seinem neuen Job bei Apple hatte Kevin den mangelnden Geschäftssinn meines Vaters moniert und behauptet, NeXT stehe überhaupt nicht gut da, schlechter, als andere wüssten, was man daran ablesen könne, dass er sich keine neuen Sachen mehr kaufe. Ich hörte zu und nickte. Aber verglichen mit anderen reichen Leuten, hatte mein Vater sowieso nie viel gekauft, und keine dieser Eigenschaften konnte meine Zuneigung zu ihm oder seine Bedeutung für mich mindern. Von mir aus hätte er der schlechteste Geschäftsführer und der schlechteste Autofahrer der Welt sein können.

»Er liebt dich nicht«, sagte Kevin zu mir. »Liebe ist das, was man tut.«

»Vielleicht hast du recht«, sagte ich und dachte darüber nach. Zuerst gab es mir einen Stich, doch dann fand ich es fast erleichternd, die Sache beim Namen zu nennen.

»Wie kann Kevin es wagen. Natürlich liebt er dich«, sagte meine Mutter am Telefon, als ich es ihr erzählte.

»Aber lieben ist ein Verb«, sagte ich. »Also was soll's?«

»Es ist wichtig«, sagte sie.

Vielleicht wusste sie es nur nicht, dachte ich. Ich experimentierte mit der Idee, wenn ich durch die Gegend lief: Er liebt mich nicht, deshalb benimmt er sich so.

Die schlichte Wahrheit.

Kevin und Dorothy übernahmen die Studiengebühren für mein letztes Collegejahr.

Meine Mutter sagte, sie habe versucht, ihr neues Haus zu verkaufen, um das Geld aufzubringen, aber die Zeit war knapp, und sie konnte so schnell keinen Käufer finden. Sie sagte auch, sie habe eine Vision von einem riesigen, strahlend goldenen Engel, der hinter unseren Nachbarn aufrage. Das war natürlich unmöglich, machte es mir aber leichter, dieses Geschenk anzunehmen, die Vorstellung, dass das Geld von einem Engel kam und nicht nur von ihnen, zumal ich fürchtete, ich könnte es ihnen nie im Leben zurückzahlen. Das Geschenk war unfassbar groß.

Manchmal wünschte ich mir, diese verlässlichen, verantwortungsvollen Nachbarn wären meine Familie, und während ich mich danach sehnte, einer solchen Familie würdig zu sein, gaben sie vielleicht gern ein Vorbild ab und genossen es, dass ich sie heroisierte. Sie rissen oft Witze, und ich lernte von ihnen, wie andere Menschen lebten, andere Familien miteinander umgingen, dass ich niemanden unterbrechen solle, welche Fragen unhöflich seien, wie ich mich mit Worten verteidigen könne und was ich von den Leuten zu halten hätte, die um meinen Vater und meine Stiefmutter herumscharwenzelten, mich aber nicht beachteten, kein Interesse an mir zeigten. Mal wollte ich genauso sein wie sie, mal ganz ich selbst mit ihnen als hingebungsvollen Eltern. Eine Zeit lang waren wir vielleicht alle drei in dem Wunsch gefangen, eine Familie zu sein.

Meine Mutter rief einen Freund an, um ihn zu fragen, worauf das seiner Meinung hinauslaufen würde.

Er sagte: »Lisa wird merken, dass sie ihre Eltern nicht austauschen kann, und Kevin und Dorothy werden lernen, dass sie sich keine Tochter kaufen können.«

Ich hatte mich entschieden, mein letztes Collegejahr am King's College in London zu verbringen, und Kevin und Dorothy unterstützten diesen Entschluss voll und ganz.

In dem Jahr wurde in der Nähe meines Wohnheims das London Eye über dem Wasser errichtet.

Gegen Ende meines Auslandsjahrs hatte ich einen Freund, einen englischen Anwalt mit zu Berge stehenden blonden Wuschelhaaren.

»Du solltest deinen Vater zur Abschlussfeier einladen«, sagte er.

»Auf keinen Fall«, sagte ich. Ich erzählte ihm alles, was mein Vater falsch gemacht hatte.

»Aber er ist dein Vater«, sagte er. Er ließ nicht locker. Es sei egal, was ein Vater getan habe, er bleibe immer der Vater, Väter hätten Schlimmeres getan und sollten trotzdem zu den wichtigen Anlässen eingeladen werden, und wenn ich es nicht täte, würde ich es irgendwann, wenn es zu spät sei, bereuen. Ich war hin- und hergerissen, aber am Ende schickte ich meinem Vater und Laurene zwei Tickets und eine Nachricht.

Kevin und Dorothy, die hatten kommen wollen, waren tief gekränkt – nach allem, was sie anstelle meines Vaters für mich getan hatten – und beschlossen, zu Hause zu bleiben.

Meine Mutter fürchtete, dass sie sich die Reise nicht leisten könnte, doch in letzter Minute bekam sie einen Beratungsjob bei Hewlett-Packard, buchte ein Ticket, reservierte ein Hotelzimmer und kaufte sich ein umwerfendes schwarzes Baumwollkleid, unten gebauscht wie ein Fallschirm.

Wenn mein Vater später über diesen Tag sprach, sagte er einige Male: »Deine Mutter war so elegant.« Er wusste nicht, was ich wusste – dass sie die Wörter, die sie an ihn richtete, sorgfältig rationiert, sie auf maximal fünfundzwanzig begrenzt hatte. Um diese Ökonomie zu wahren, sprach sie bedacht und vorsichtig mit ihm.

Mein Vater und Laurene waren von mir unbemerkt durch das flussseitige Tor des Winthrop House hereingekommen, um mich mein Diplom entgegennehmen zu sehen. Als ich nach der Zeremonie zu meiner Mutter ging, standen sie neben ihr. »Ich glaube nicht an Genetik«, platzte mein Vater heraus, nachdem wir uns begrüßt hatten. Solche Äußerungen machte er manchmal. Ich hatte ihn auch schon darüber sprechen hören, wie mächtig die Gene seien. Mir fiel keine Erwiderung ein.

»Was hast du als Nächstes vor? Hast du einen Job?«, fragte er.

Ich war fast zu befangen, um zu antworten, denn ich wusste ja, dass er das Bankwesen oder was er »das Gewöhnliche und Schmalspurige« nannte, nicht respektierte, genauso wenig wie ich, und beim Gedanken an sein Urteil wurde mir ganz flau.

»Erzähl's ihm doch«, sagte meine Mutter, und ich murmelte, ich würde als Analystin bei einer Bank in London anfangen. Es war die falsche Art Job für eine Anglistin, und ich kam mir dumm vor, weil ich mich dem normalen Trubel der Welt angeschlossen hatte und einer der Menschen war, über die mein Vater manchmal spottete, aber Schroder Salomon Smith Barney würden mir ein Visum besorgen, damit ich in London leben und arbeiten konnte. Und ich wäre in der Lage, mich selbst zu finanzieren.

Von da an sah ich meinen Vater höchstens einmal im Jahr. Meine jüngere Schwester, Eve, war geboren worden, als ich noch auf dem College war, aber in ein paar Zeitschriften, die ich in den folgenden Jahren in die Hände bekam, und in seiner Vita auf der Unternehmenswebsite sagte er, er habe drei Kinder, nicht vier. Er konnte hinreißend sein und im nächsten Moment etwas ganz Niederträchtiges sagen, und so war ich ihm gegenüber auf der Hut und hielt freiwillig Abstand.

Ein paar Wochen nach dem Diplom bat meine Mutter Kevin und Dorothy darum, detailliert aufzulisten, was sie für mein Studium ausgegeben hatten, einschließlich der Flüge, Bücher, Urlaube und Kleidung. Sie schickte diese Liste an meinen Vater weiter, und kurz darauf zahlte er ihnen alles zurück.

Als ich siebenundzwanzig war und nicht mehr bei der Bank, sondern in London in einer Firma für Grafikdesign arbeitete, lud mein Vater mich auf die Jacht ein, mit der er, Laurene, meine Geschwister und der Babysitter im Mittelmeer segeln wollten. Seine Einladung galt nur für ein Wochenende, doch als es um war, bat er mich inständig, noch ein paar Tage länger zu bleiben. Als auch die vorbei waren, wollte er mich erneut dabehalten, bis ich schließlich über zwei Wochen geblieben war, so lange wie es ging. Vor der Küste Südfrankreichs sagte er, wir würden einen Zwischenstopp im Département Alpes-Maritimes machen, um uns mit einem Freund von ihm zum Mittagessen zu treffen. Wer dieser Freund war, wollte er nicht sagen. Wir fuhren per Boot zum Kai, wo wir mit einem Minibus abgeholt und in eine Villa in Èze gebracht wurden.

Wie sich herausstellte, war es Bonos Villa. Er empfing uns in Jeans und T-Shirt und mit der gleichen Sonnenbrille, die ich ihn auf Fotos und Plattencovern hatte tragen sehen. Er wirkte ganz normal und freundlich, ohne diese affektierte Distanziertheit, wie man sie sonst häufig bei Prominenten erlebt.

Er führte uns voller Überschwang durch sein Haus, so als könnte er selbst kaum glauben, dass es ihm gehörte. Die Fenster gingen aufs Mittelmeer hinaus, und in den Zimmer lagen überall Kindersachen herum. Als wir in ein leeres, lichtdurchflutetes achteckiges Zimmer kamen, sagte er, hier habe einmal Gandhi geschlafen.

Wir aßen auf einem überdachten Balkon mit Blick aufs Meer. Mein Vater saß neben Bono am Kopfende des Tisches, ich ein paar Plätze von meinem Vater entfernt. Das Essen wurde von Kellnern serviert.

Bono fragte meinen Vater, wie Apple angelaufen sei, ob das Team sich lebendig fühle, ob die Leute spürten, dass sie an etwas Großem beteiligt seien und die Welt verändern würden. Mein Vater sagte, als sie den Macintosh entworfen hätten, habe es sich in der Tat so angefühlt. Bei ihm und seiner Band sei es genauso, sagte Bono, und es sei doch unglaublich, dass Leute in so unterschiedlichen Branchen die gleiche Erfahrung machten. Dann fragte er: »Der Lisa-Computer wurde also nach ihr benannt?«

Pause. Ich wappnete mich für seine Antwort.

Mein Vater zögerte, blickte eine Weile auf seinen Teller und dann wieder zu Bono. »Ja, so ist es«, sagte er.

Ich richtete mich auf.

»Das dachte ich mir«, sagte Bono.

»Jap«, sagte mein Vater.

Ich musterte sein Gesicht. Was hatte sich verändert? Warum gab er es jetzt zu, nach all den Jahren? Natürlich war er nach mir benannt, dachte ich dann. Seine Lüge erschien mir plötzlich absurd. Ich fühlte eine neue Kraft, die mich buchstäblich aufrichtete.

»Das ist das erste Mal, dass er diese Frage mit Ja beantwortet«, sagte ich zu Bono. »Danke, dass Sie gefragt haben.« Es war, als müssten berühmte Leute andere berühmte Leute um sich haben, um ihre Geheimnisse preiszugeben.

Ein paar Jahre später lebte ich in New York. Von dort aus besuchte ich meinen Vater, und er wollte mit mir Sushi essen gehen, nur wir beide.

Damals wusste ich schon, dass er Krebs hatte. Er war sehr dünn.

In den Wochen davor hatte ich mir überlegt, dass ich ihm die guten Dinge sagen sollte, bevor es zu spät wäre, auch wenn ich nicht genau wusste, wie krank er war. Ich hielt es für möglich, dass er bald wieder gesund werden würde.

»Weißt du – wie du mit mir über Sex geredet hast, das war in vielerlei Hinsicht gut«, sagte ich zu ihm. Sex war unser leichtestes Thema. »Wenn du dir ein Diaphragma einsetzt«, hatte er mir erklärt, als ich noch auf der Highschool war, »hast du einen Augenblick ganz für dich allein und kannst dir noch mal überlegen, was du machen willst.« Er hatte weder darauf bestanden, dass ich die Pille nahm, noch offen die Sorge geäußert, ich könnte schwanger werden, sondern mir das Gefühl gegeben, dass er mir vertraute und mich für vernünftig und ernsthaft hielt.

»Du wolltest, dass ich keine Scham empfinde«, sagte ich.

»Ja. Genau!«, sagte er. Er konnte sich kaum beherrschen, zappelte neben mir die ganze Zeit mit seinen dünnen Beinen. Wir waren gerade beim Sushi-Restaurant angekommen und saßen bei ausgeschaltetem Motor im Auto. »Das wollte ich zumindest«, sagte er. »Und weißt du was? Ich war der erste Mensch, mit dem du gesprochen hast, nachdem du deine Jungfräulichkeit verloren hattest!«, sagte er. »Das war so schön. Es hat mir so viel bedeutet.« Mir fiel es erst jetzt wieder ein.

»Ich kenne dich besser als die Mädchen«, sagte er, als wir ausgestiegen waren und zum Restaurant gingen. Ich wusste nicht, was ich darauf erwidern sollte; es war eine erschreckende Behauptung, wenn man bedachte, wie spät ich ihn kennengelernt hatte, während sie ihr Leben von Anfang an mit ihm verbracht hatten. Es konnte nicht stimmen, dachte ich.

Am Abend ging ich zu ihm hinauf ins Schlafzimmer, wo er alte Folgen von *Law & Order* schaute. Vom Bett aus fragte er mich urplötzlich: »Wirst du über mich schreiben?«

»Nein«, sagte ich.

»Gut«, sagte er und wandte sich wieder dem Fernseher zu.

Meine Mutter erkrankte an einer Nebenhöhlen- und Knochenentzündung, die aber zuerst nicht erkannt wurde, und konnte nicht mehr arbeiten und ihre Miete nicht mehr bezahlen. Zu meinem Leidwesen hatte sie ihr Haus an der Alameda des las Pulgas ein paar Jahre zuvor verkauft und von dem Geld gelebt und Reisen gemacht, bis es aufgebraucht war. Verzweifelt rief ich die Eltern einer Freundin von der Nueva an, die ihr anboten, ein paar Monate in ihrem Zweithaus in San Francisco zu wohnen. Andere Freunde liehen mir Geld, damit ich ihr helfen konnte, den kieferchirurgischen Eingriff zu bezahlen, nachdem ihre Wange angeschwollen war, als wäre sie von einer Biene gestochen worden.

Ein paar Wochen später besuchte ich meinen Vater in dem Krankenhaus in Memphis, in dem er sich einer Lebertransplantation unterzogen hatte. Für Memphis hatte er sich entschieden, weil dort eine Leber verfügbar gewesen war; er und meine Stiefmutter waren spätnachts in seinem Privatjet dorthin geflogen. Einmal, als er Wasser lassen musste, wollte eine Krankenschwester mich aus dem Raum begleiten.

»Sie kann bleiben«, sagte er, pinkelte in einen Plastikbehälter unter seinem Krankenhemd und sprach währenddessen mit mir, als wollte er nicht eine Sekunde von mir getrennt sein. Er hatte zwei Zimmer in dem Krankenhaus, eins, in dem sein Bett stand, und ein kleines Vorzimmer mit einem Sofa und Stühlen wie in der Grundschule aus Melamin und Metall, die klapperten, wenn wir sie herumschoben. Einmal, als wir mit meiner Tante und meiner Stiefmutter im Vorzimmer saßen, rang er plötzlich nach Luft und lief blaurot an, und panisch versuchten wir alle herauszufinden, woran es lag. Ich schaute verstohlen zu Boden und sah, dass eins meiner Stuhlbeine seinen Sauerstoffschlauch abklemmte. Ich rückte, so schnell es ging, zur Seite, und er fing wieder an zu atmen.

Weniger als ein Jahr nach der Transplantation, als mein Vater wieder im Waverley-Haus lebte, hatte der Krebs sich auf seinen Oberschenkelhals und die äußere Hautschicht seines Darms ausgebreitet. »Wie nennt man die?«, fragte ich die Krankenschwester, Elham.

»Sie heißt oberflächliche Körperfaszie«, sagte sie. Ich stellte sie mir vor, diese Hülle, die seine Gedärme zusammenhielt, und aus irgendeinem Grund war sie in meiner Fantasie phosphoreszierend, gesträhnt wie eine Qualle oder wie Stadtlichter, nachts vom Flugzeug aus gesehen; innerhalb der leuchtenden Konturen war es dunkel. In den Krankenhauspapieren wurde er als Johnny Eight geführt. Manchmal lutschte er Morphiumlollis. Wenn er im Bett lag und schlief, sah er aus manchen Blickwinkeln wie ein Haufen gelber Knochen aus. Laufen konnte er nicht mehr. »Er hat keine Schmerzen«, versicherte Elham mir. Sein Gehirn war, dem MRT zufolge, nicht von Krebs befallen.

Bei meinem letzten Besuch hatte er noch ab und zu etwas gegessen. (Er blieb pingelig; wenn eine Mangosorte in der Schüssel eine andere Mangosorte berührte, drehte er sich weg und wollte sie nicht essen.) Nun nahm er nur noch flüssige Nahrung zu sich, TPN, die ihm abends intravenös verabreicht wurde, nie lange genug, um ihn an Gewicht zulegen zu lassen; er bekam 150 Kalorien pro Stunde.

Einige Monate nach jenem Besuch bei ihm, als er gesagt hatte, ich röche nach Klo, stahl ich immer noch Kleinigkeiten aus dem Haus. Ich rief meine Mutter an, um es ihr zu erzählen. Ich wollte, dass sie mir Absolution erteilte. Sie sollte nur für mich, nur für dieses Mal, eine Ausnahme von der Regel machen, dass man nicht stehlen durfte. Sie sollte sagen: Liebling, du kannst alles behalten.

Aber sie sagte: »Du musst ihnen die Sachen zurückbringen. Das ist wichtig. Du darfst nicht stehlen – denk an Persephone.« Es war typisch für sie, es ins Mythische zu heben. »Du weißt doch, die Göttin, die von den Granatapfelkernen gegessen hat?«

Ich erinnerte mich, dass sie in die Unterwelt hinabgestiegen war, wo sie nichts anfassen sollte, aber nicht widerstehen konnte und die Kerne aß. Zur Strafe musste sie einen Teil des Jahres dort unten bleiben, was der Legende nach der Grund dafür ist, warum es bei uns Winter wird. Ich versuchte, mich zu erinnern, wie viele Kerne sie genommen hatte.

»Es ist ganz egal, wie viele«, sagte meine Mutter. »Das Entscheidende ist, dass sie da unten bleiben musste, weil sie sich welche genommen hatte. Sie hat sie der Unterwelt gestohlen, sich an ihr bereichert, und war daraufhin an sie gefesselt.«

»Und?«

»Wenn du die Sachen behältst, bist du an das Haus gefesselt. Dann gibt es dich nicht frei, sondern bindet dich an sich.« Allerdings war die Geschichte von Persephone auch eine Mutter-Tochter-Geschichte, in der die Mutter in den Monaten der Abwesenheit ihrer Tochter vor lauter Kummer das Land unfruchtbar werden lässt.

Ich brachte die gestohlenen Dinge nach und nach zurück, weil es zu viele waren, um sie alle auf einmal mitzunehmen. Die Schalen wickelte ich in Kissenhüllen, damit sie nicht klapperten. Ich stellte den Lipgloss wieder aufs Badezimmerregal, die Creme in das Schränkchen im ersten Stock, die Schuhe ins Ankleidezimmer. Es erwies sich als genauso schwierig, gestohlene Sachen zurückzubringen, wie sie zu stehlen.

Bei diesem Besuch schien mein Vater nicht sonderlich an mir interessiert; einmal bat er mich, aus dem Zimmer zu gehen, weil er sich mit meinem Bruder einen Film anschauen wollte. Er konnte nicht mehr laufen und nicht mehr essen, aber ich machte mir etwas vor und glaubte, er würde noch lange leben. Weil er schon so lange krank war, merkte ich gar nicht, dass sein Zustand sich verändert hatte und er mittlerweile im Sterben lag. Ich mied sein Zimmer, zwang mich nur gelegentlich, zu ihm hineinzugehen, und hoffte dann immer, er schliefe. Am Ende des Besuchs dachte ich, dass ich vielleicht nicht wiederkommen würde, so hohl und unbefriedigend hatte es sich angefühlt.

Doch einen Monat später schrieb er mir eine SMS – das tat er sonst praktisch nie – und bat mich, ihn an einem Wochenende, wenn Laurene und meine Geschwister nicht da wären, zu besuchen. Ich fuhr vom Flughafen in San Francisco mit dem Zug nach Palo Alto.

Die Luft war frisch, das Licht auf den Bahnhofspfeilern scharf. In New York war die Luft flach; sie roch selten nach etwas oder wenn, dann nur nach einer Sache zur Zeit: Müll oder Regen, Parfüm oder Smog. Hier war der Wind kühl; er trug Wasser in sich. Nebel wellte sich über die Hügel wie andere, weichere Hügel. Es roch nach Eukalyptus und Gräsern, Gewürzkuchen und Menthol. Feuchter Erde, trockener Erde.

Ich bezweifelte, dass dieser Besuch anders sein würde als die anderen. Mona hatte mir vor langer Zeit den Spitznamen »die Kleingläubige« gegeben, und wenn meine Mutter mich necken wollte, nannte sie mich immer noch so.

An der Haltestelle California Avenue stieg ich aus. Die Stadt machte einen verschlafenen Eindruck; die Straße, schnurgerade wie eine Start- und Landebahn, reichte bis zu den tiefgrünen Hügeln. Ich nahm die Unterführung unter der Alma Street, die auf der anderen Seite im goldenen Licht wieder auftauchte, und ging am Park und an den Pinien vorbei. Die Häuser in dieser Gegend schienen sich an den Boden zu schmiegen.

Ich nahm seit sechs Monaten eine kleine Dosis Conazepam, 0,25 Milligramm am Tag, ein angstlösendes Mittel, das die Kampf-oder-Flucht-Reaktion der Amygdala reduzieren soll. Obwohl oder gerade weil mein Vater mich oft gedrängt hatte, Hasch oder LSD auszuprobieren, waren mir Drogen wie Medikamente suspekt – ich hatte noch nie welche genommen –, doch in dieser

Situation, da ich Monat für Monat hin- und herflog, um ihn zu besuchen, gleichzeitig meinen Master machte und mich um meine Mutter sorgte, die krank und knapp bei Kasse war, änderte sich das. Ich hatte gemerkt, dass ich mich kaum noch konzentrieren konnte. Ich redete und bewegte mich immer schneller, hatte etwas Hektisches an mir, weil ich von mir ablenken wollte. Ich war zittrig, defensiv und gehemmt, voller Angst, dass mein Vater irgendetwas Schreckliches sagen und kurz darauf sterben würde; dann wäre nichts geklärt.

Im Film gibt es die Szene, in der der Sterbende sich entschuldigt – aber dies war das Leben.

Ich ging durchs Haus und blieb an der Schwelle zum Arbeitszimmer meines Vaters, das sein Schlafzimmer geworden war, stehen. Dort hing ein Foto von Harold Edgerton, ein Apfel mit Einschussloch, an dessen Rändern die Schale ausfranst.

Ich bog um die Ecke und betrat sein Zimmer. Er saß, an Kissen gelehnt, auf dem Bett, seine Beine bleich und dünn wie Stricknadeln. Auf der Kommode standen gerahmte Fotos, alle zu ihm hin ausgerichtet. Die Kommode hatte mehrere gleich breite Schubladen, und später stellte ich fest, dass er, systematisch geordnet, Kunstwerke und Fotografien darin aufbewahrt hatte. Er war allein und wach und schien auf mich zu warten. Er lächelte.

»Ich bin so froh, dass du hier bist«, sagte er. Seine Wärme war entwaffnend. Tränen rannen ihm über das Gesicht. Bevor er krank geworden war, hatte ich ihn nur zweimal weinen sehen, einmal bei der Beerdigung seines Vaters und einmal im Kino am Ende von *Cinema Paradiso,* wo ich zuerst gedacht hatte, ihn fröstele. »Dies ist das letzte Mal, dass du mich siehst«, sagte er. »Du wirst mich loslassen müssen.«

»Okay«, sagte ich. Aber ich glaubte ihm nicht ganz, und ich hätte nicht gedacht, dass er ungefähr einen Monat später sterben würde. Meine Vorstellung, wie lange er noch leben würde, war verschwommen und unbestimmt. Ich setzte mich neben ihn aufs Bett.

»Ich habe nicht genug Zeit mit dir verbracht, als du klein warst«, sagte er. »Ich wünschte, wir hätten mehr Zeit gehabt.«

»Ist schon gut«, sagte er. Er war so schwach und zerbrechlich. Ich legte mich auf die Seite und sah ihn an.

»Nein, es ist nicht in Ordnung. Ich habe nicht genug Zeit mit dir verbracht«, sagte er. »Ich hätte mir Zeit für dich nehmen müssen. Jetzt ist es zu spät.«

»Unser Timing war wohl einfach schlecht«, sagte ich, dabei glaubte ich das gar nicht. Vielmehr war mir kürzlich klar geworden, dass ich von Glück sagen konnte: Ich hatte ihn kennengelernt, bevor er so ungeheuer berühmt wurde und als er noch gesund genug war, um Rollschuh zu laufen. Ich hatte immer gedacht, er habe mit allen anderen viel mehr Zeit verbracht als mit mir, aber inzwischen war ich mir da nicht mehr sicher.

Er sah mich an, und seine Augen füllten sich erneut mit Tränen. »Du hast etwas gut bei mir.« Ich wusste nicht, was ich davon halten sollte. Im Laufe des Wochenendes sagte er es immer wieder – weinend –, wenn ich in seinen wachen Phasen zu ihm ging: »Du hast etwas gut bei mir, du hast etwas gut bei mir.« Was ich mir wünschte und bei ihm gutzuhaben meinte, war ein eindeutiger Platz in der Hierarchie der Menschen, die er liebte.

Er und ich waren allein im Haus, mit Ausnahme der Krankenschwestern, die sich alle sechs Stunden abwechselten. Ein paar andere kamen zu Besuch – Leute, mit denen er zusammengearbeitet hatte. Manchmal standen auch Menschen vor der Tür, die er nicht kannte, spazierten mit Päckchen oder leeren Händen in den Garten und wollten ihn sehen. Ein Fremder im Sari bat darum, mit ihm sprechen zu dürfen. Ein Mann sagte, er sei extra aus Bulgarien hergeflogen, um meinen Vater zu sehen. Am Seiteneingang bildete sich eine Traube von Leuten, die miteinander sprachen und sich wieder zerstreuten.

»Erinnerst du dich an deine Träume?«

Ich lag neben ihm, auf der Seite, in seinem Bett. Mal schlief er, mal war er wach.

»Ja.«

»Hast du dich immer an sie erinnert?«

»Meistens.«

»Und wovon träumst du?«

»Von der Arbeit vor allem«, sagte er. »Davon, Menschen zu überzeugen.«

»Wovon?«

»Ideen.«

»Ideen, die dir im Traum eingefallen sind?«

»Manchmal. Aber meistens schaffe ich es in meinen Träumen nicht, sie zu überzeugen. Meistens sind sie einfach zu doof, um es zu kapieren.«

»Sind dir viele Ideen so gekommen? Im Traum?«

»Ja«, sagte er und schlief wieder ein.

Am nächsten Tag begleitete ich ihn ins Krankenhaus, wo er eine Bluttransfusion bekommen sollte. Das dauerte fast den ganzen Tag, weil er zu schwach war, um zu laufen, und vom Rollstuhl ins Auto, in den Rollstuhl, ins Krankenhaus, in den Rollstuhl und wieder ins Bett gebracht werden musste. Das Blut im Beutel war dick und dunkel. Es sah aus wie unechtes Sirup-Draculablut. Im Krankenhaus gab man ihm gewärmte Decken, die aus einem kühlschrankähnlichen Gerät kamen. Ihm war erst kalt, dann heiß, dann kalt.

Ich saß auf einem Stuhl bei ihm im Zimmer und lauschte dem mechanischen Rauschen der Maschine. Ich hätte gern gefragt, wessen Blut er wohl bekam, wollte aber die Aufmerksamkeit nicht auf den Beutel lenken. Er bekam etwa alle zehn Tage eine Transfusion. Sie dauerte mehrere Stunden. Danach hatte er mehr Farbe.

»Ich glaube, ihm ist kalt«, sagte ich gegen Ende der Transfusion zu einer Krankenschwester.

»Nein, schon gut«, sagte er. Ich setzte mich auf den Stuhl in der Ecke.

»Ich glaube, ihm könnte doch kalt sein«, sagte ich ein paar Minuten später. Ich spürte die Böen kalter Luft, die aus den Lüftungsschlitzen kamen.

»Nein, schon gut«, sagte er wieder, dann musste ich den Raum aus irgendeinem Grund verlassen, und als ich hereingerufen wurde und mich wieder hinsetzte, brachte die Krankenschwester mir eine Decke.

»Er hat gesagt, Ihnen sei kalt«, sagte sie. Ich hatte es selbst gar nicht gemerkt.

»Es tut mir leid, dass ich nicht mehr Zeit mit dir verbracht habe. Es tut mir so leid«, sagte er vom Bett aus.

»Ich nehme an, du hattest zu viel um die Ohren, um meine Mails zu beantworten oder mich zurückzurufen.« Auch an meinem Geburtstag hatte er sich nicht gemeldet.

»Nein«, sagte er zögernd. »Es lag nicht daran, dass ich zu beschäftigt war. Es lag daran, dass ich wütend war, weil du mich nicht zu dem Harvard-Wochenende eingeladen hast.«

»Zu welchem denn?«

»Dem Einführungswochenende. Alles, was ich bekommen habe, war die Rechnung«, sagte er mit stockender Stimme.

Die Immatrikulation. Später fiel mir ein, wie vorsichtig ich als Achtzehnjährige mit meinen Eltern jongliert hatte, weil sie nicht gleichzeitig irgendwo sein wollten; mithilfe meines Therapeuten und der Einwilligung meiner beiden Eltern hatten wir entschieden, dass an jenem Wochenende meine Mutter an der Reihe sei, er dafür ein paar Wochenenden später. Damals hatte er zugestimmt, dass es so am besten wäre.

»Warum hast du mir das nicht gesagt?«

»Ich bin nicht gut im Kommunizieren.«

»Ich wünschte, ich könnte es zurücknehmen oder ändern«, sagte ich. Es kam mir unwahrscheinlich, ja aberwitzig vor, dass unser Verhältnis von einem einzigen Wochenende abhängig gewesen sein sollte. Ich glaubte es nicht. Ich hatte ihm eine Art allumfassende Weisheit zugeschrieben, aber Menschen, die sterben und Dinge in Ordnung zu bringen versuchen, sind nicht unbedingt reflektiert und tiefsinnig. Ich kaufte ihm nicht ab, dass eine einzige Einladung, ein einziges Wochenende sein zehnjähriges fast vollständiges Schweigen rechtfertigen sollten, einschließlich seiner Weigerung, die Collegegebühren meines letzten Studienjahrs zu bezahlen.

In all den Jahren hatte ich immer wieder meine Handfläche betrachtet. Mir war ein gutes Leben beschieden – das war es, was die Linien bedeuteten.

Ein Jahr davor hatte meine Mutter mich in New York besucht; daran musste ich jetzt denken. Sie erholte sich gerade von ihrer Krankheit, war geschwächt und hatte Druck auf den Ohren. Am späten Nachmittag machten wir einen Spaziergang.

West Fourth und Charles Street kreuzten sich bei einem Backsteinhaus, das lichtüberflutet war, als wir daran vorbeikamen. Meine Mutter und ich blieben gemeinsam stehen, um es zu betrachten. In jenen Tagen wuchs in uns allmählich das Gefühl, dass wir überlebt, dass wir es geschafft hatten, dass wir glücklich sein würden.

»Und das Handlesen? Verstehst du überhaupt was davon?«, hatte ich sie zu fragen gewagt.

»Mehr oder weniger«, sagte sie mit einem Lächeln, dem ich ansah, dass sie schwindelte.

»Ich meine, hast du irgendwelches Fachwissen darüber?« Ich hoffte, sie würde sagen, sie hätte jemanden in Indien kennengelernt oder ein seltenes Buch gelesen.

»Du brauchtest die richtigen Geschichten. Wir mussten uns unbedingt in eine radikal andere Welt befördern als die, in der wir lebten. Ich wusste nicht, wie ich das schaffen sollte, wenn nicht mit Geschichten. Außerdem, was ich da gesagt habe, das ist alles wahr.«

An jenem Abend, in seinem Haus, rief er mich mit der schwachen Stimme zu sich herein, mit der er auch nach den Krankenschwestern rief. »Lis.« Der Rucksack mit dem TPN-Beutel darin surrte wie eine Spielzeugeisenbahn auf ihrem Schienenkreis, während die milchige Flüssigkeit in seine Adern strömte. Er lag, an Kissen gelehnt und mit angezogenen Knien, auf dem Bett. Er war unfassbar dünn; es war schwer, ihn anzuschauen, ohne an irgendetwas anderes als seine Gliedmaßen, sein ausgemergeltes Gesicht zu denken.

»Noch mal zu dem Thema von vorhin –«, sagte er. Ich fand es bemerkenswert, dass er auf ein früheres Gespräch über Gefühle zurückkam; das hatte er noch nie gemacht, jedenfalls nicht bei mir. »Ich möchte etwas sagen: Dich trifft keine Schuld.« Er fing an zu weinen. »Hätten wir doch eine Anleitung gehabt. Wäre ich doch klüger gewesen. Aber dich trifft keine Schuld. Ich möchte, dass du das weißt – du warst an nichts von alledem schuld.« Er hatte seine Entschuldigung hinausgezögert, bis fast nichts mehr von ihm übrig war. Dies war es, worauf ich gewartet hatte. Es fühlte sich an wie kühles Wasser auf einer Brandwunde.

»Es tut mir so leid, Lis«, sagte er. Er hatte sich aufgesetzt und den Kopf in die Hände genommen, bewegte ihn immer hin und her, und weil er geschrumpft war und so viel Fett verloren hatte, wirkten seine Hände unverhältnismäßig groß und sein Hals zu dünn, um den Schädel zu halten, wie bei einer der Rodin-Skulpturen der Bürger von Calais. »Ich wünschte, ich könnte die Zeit zurückdrehen. Ich wünschte, ich könnte es ändern. Aber es ist zu spät. Was kann ich jetzt noch tun? Es ist einfach zu spät.« Er weinte, und sein Körper bebte. Beim Schluchzen blieb ihm der Atem weg, und ich wünschte, er würde aufhören. Danach sagte er erneut: »Du hast etwas bei mir gut.« Ich wusste nicht, was ich sagen sollte. Ich blieb neben ihm auf dem Bett sitzen. Selbst jetzt traute ich dem Frieden nicht: Wenn er sich durch irgendein Wunder erholen würde, sah ich ihn im Handumdrehen wieder so werden wie vorher; er würde vergessen, was geschehen war, und mich wieder so behandeln wie eh und je.

»Na ja, jetzt bin ich ja hier«, sagte ich. »Falls es ein nächstes Mal gibt, vielleicht können wir dann Freunde sein?« Es war zugleich ein Seitenhieb: nur Freunde. Aber in den Wochen, die auf diesen Besuch folgten, und später, nach seinem Tod, trauerte ich vor allem darum: unsere verpasste Chance auf Freundschaft.

»Okay«, sagte er. »Aber es tut mir so leid. Du hast etwas bei mir gut.«

Seit ich die gestohlenen Gegenstände wieder hergebracht hatte, war ich nicht mehr rückfällig geworden, auch wenn ich immer noch

Dinge entdeckte, nach denen es mich verlangte. Jetzt versiegte dieses Verlangen. Ich war nie wieder versucht, etwas zu stehlen.

Die Familie kam zurück, und es wurde lebendig im Haus. Nach dem Abendessen saßen Laurene und ich allein am Küchentisch. Bei anderen Besuchen wäre ich aufgesprungen, um das Geschirr zu spülen, doch dieses Mal blieb ich sitzen. »Er hat mit mir gesprochen«, sagte ich. »Wir haben uns wichtige Dinge gesagt. Entscheidende Dinge. Jetzt geht es mir besser.« Ich dachte, sie würde fragen, worüber wir gesprochen hätten, doch stattdessen stand sie auf und ging zur Spüle.

»Ich glaube nicht an Eröffnungen auf dem Sterbebett«, sagte sie.

Meine kleine Schwester, Eve, feierte ihren Geburtstag. Ich schlenderte in den Garten, wo es nach Sukkulenten, Geranium und Wasser roch. Eine Schar Mädchen stand auf dem Rasen, der schon dunkler wurde, während am Himmel noch etwas Licht war, wie auf einem Bild von Magritte.

Meine Schwester hatte Bänder quer über die große Trampolinfläche gespannt, wie Stolperdrähte, damit sie Pferdesprünge imitieren konnten, und die Mädchen begannen, auf Armen und Beinen darüberzuhüpfen. Vögel flogen um die Traufen des Hauses herum, und der Mops knurrte und rannte um die Trampolinbeine herum.

»Wer bist du?«, fragte mich ein Mädchen. Sie war ein paar Zentimeter größer als meine Schwester, ging mir bis zur Nase und hatte Haare wie Stroh. Meine Schwester kletterte vom Trampolin herunter und kam in unsere Nähe.

»Ich bin die Schwester des Geburtstagskinds«, sagte ich. Die Freundin wirkte verwirrt, vielleicht weil wir einundzwanzig Jahre auseinander waren. »Ich bin viel älter als sie, weil wir verschiedene Mütter haben«, erklärte ich.

»Ach so«, sagte das Mädchen. »Hallo.«

»Sie war Daddys Fehler«, verkündete meine Schwester.

Ich packte sie an den Schultern, um mich irgendwo festzuhalten, ihr Rücken an meiner Brust. »Sag so was nicht«, flüsterte ich ihr ins Ohr und ging durch die Dunkelheit zurück zum Haus.

Drinnen stand ein Honigtopf auf dem Küchentisch, und ich beugte mich vor, um das Etikett zu lesen. Fünf Bienen waren dort abgebildet, mit den Namen der Familienmitglieder darunter: Steve, Laurene, Reed, Erin und Eve. Die Überschrift lautete: »Jobs Family Farm«.

Am nächsten Tag fand ich in einer Schublade, unter den Servietten, einen ganzen Haufen solcher Etiketten, alle mit selbstklebender Rückseite. Ich nahm an, sie waren für Geschenke gedacht. Es gab so viele davon, dass sie aneinanderhafteten und sich auffächerten wie die Herbstblätter auf den Straßen hier in der Gegend, die zu dichten Haufen zusammengeharkt wurden. Ich schaute lange auf das Etikett, suchte nach meinem Namen zwischen den Bienen, als könnte er plötzlich dort auftauchen. In der Collegemensa hatte ein Mädchen einmal halb im Scherz gesagt: »Der Trick besteht darin, reich zu heiraten. Wie stellen wir das an?«, und ich hatte die gleiche Schwere empfunden wie jetzt, weil ich nur Zaungast war, nicht teilhatte an ihrem Spaß.

In den zurückliegenden Jahren war ich nach New York gezogen, hatte einen MFA am Bennington College gemacht und einen Beraterjob bei einer Grafikdesignfirma angenommen, wo ich einen Teil der MoMA-Website schrieb und gestaltete. Ich lebte mit einem Mann zusammen, den ich liebte und zu heiraten hoffte. Ich war erwachsen geworden, führte mein eigenes Leben; als mein Vater krank wurde und ich hinfuhr, um ihn zu besuchen, war ich daher überrascht, wie sehr es mich immer noch schmerzte, nicht in sein Leben eingeschlossen zu sein.

Mir fiel wieder ein, dass ich damals, als ich bei ihm lebte, gern jemand anderes gewesen wäre. Doch irgendwann in der Zeit seiner Krankheit – während eines meiner Besuche bei ihm in diesen merkwürdigen Jahren, in denen ich ungefähr einmal im Monat hierherflog – hatte ich, unter der Jasmingirlande der Eingangstür stehend, einen Moment der Offenbarung, einen Moment der Leichtigkeit gehabt, als wäre eine große Last, die ich die ganze Zeit mit mir herumgetragen hatte, plötzlich von mir genommen worden: Es war gleichgültig, dass mein Name nicht auf den Honigtöpfen stand. Ich war kein Fehler gewesen. Ich war nicht der nutzlose Teil von etwas Bedeutsamem. Ich habe einmal gehört, der Rhythmus unseres Atems solle gar nicht gleich- und regelmäßig sein. Menschen sind keine Metronome. Er geht mal lang, mal kurz, mal tief, mal flach, und genauso ist es gedacht, jeder Atemzug abhängig davon, was wir brauchen, was wir bekommen können und wie gesättigt wir sind. Ich hätte keinen Teil meiner Erfahrung gegen das Leben eines anderen eingetauscht, dachte ich da, auch nicht die Momente, in denen ich mir gewünscht hatte, nicht zu existieren – und zwar nicht, weil mein Leben so richtig, perfekt oder großartig war, sondern weil die Kumulation aller Entscheidungen einen Weg herausgemeißelt hatte, der charakteristisch und besonders war bis zur Serife, und einen Augenblick lang spürte um mich herum die vertraute Beschaffenheit all dessen, was mich ausmachte wie meine eigene Haut, und das reichte mir.

Bei der Trauerfeier wollten die Menschen mich wissen lassen, wie nah sie meinem Vater gestanden hatten, und das kommt auch jetzt noch manchmal vor.

»Er hat meinen Sohn gern Ratschläge gegeben«, sagte jemand. »Sie waren sich sehr nah.«

»Sie hatten so ein enges Verhältnis«, sagte eine Frau über ihren Sohn und meinen Vater.

»Er war wie ein Vater für mich«, sagte ein Mann mit Tränen in den Augen.

Diese Leute geben mir das Gefühl, dass ich nicht so sehr ihre Gesprächspartnerin als vielmehr ihre Zeugin sein soll. Sie stellen mir keine Fragen zu meinem Vater, sondern reden voller Inbrunst auf mich ein, als wäre meine Zuhörerschaft die fehlende Zutat, die Hefe, die ihre Geschichten aufgehen lässt. Sie sagen ihre Anekdoten auf wie einstudierte Reden und gehen dann ihrer Wege.

Wollen sie, dass ich ihnen Ehrerbietung zeige? Er war auch für sie wie ein Vater. Sie erheben einen Anspruch, und ich soll seine Urvaterschaft bezeugen. Seine Majestät, seine Großartigkeit.

Wenn Leute über die Gemeinheit meines Vaters schreiben oder reden, nehmen sie manchmal an, dass Gemeinheit mit Genialität verknüpft sei. Dass das eine einen dem anderen näher bringe. Aber in seinem kreativen Schaffen zeigte er sich von seiner besten Seite: Da war er sensibel, kooperativ, witzig. Die Freunde, mit denen er zusammenarbeitete, haben das mehr erlebt als ich. Vielleicht schützte die Gemeinheit ja seine kreative Seite – dann wäre der Versuch, der Genialität näher zu kommen, indem man sich gemein verhält, genauso albern wie der Versuch, erfolgreich zu sein, indem man das Lispeln oder den Gang meines Vaters imitiert oder nachahmt, wie er sich selbst umarmte und mit den Händen stöhnend am eigenen Rücken auf und ab fuhr, als ob er mit jemandem knutschte.

»Guck dir diese Wolken an«, sagte er einmal, als er schon krank war, aber noch laufen konnte, und zeigte aus dem Fenster; es war ein sonniger Tag, und er war milde gestimmt. »Sie sind etwa zehntausend Fuß hoch. Das sind rund drei Kilometer. Wenn wir wollten, du und ich, könnten wir dahin laufen. Mal überlegen – zehn, fünfzehn Minuten pro Kilometer.«

»Wir könnten in vierzig Minuten dort sein«, sagte er.

Rinpoche, der brasilianische Mönch, sagte zu meiner Mutter, wenn er zwei Monate mehr gehabt hätte, nur zwei Monate, hätte er für eine bessere Klärung zwischen meinen Eltern sorgen können.

Aber wer weiß?

Mit meiner Mutter und mir ist es jetzt so: Je mehr Zeit wir miteinander verbringen, desto mehr hänge ich an ihr. Wenn ich mal pinkeln muss, lasse ich die Tür offen, damit wir weiterreden können. Wir sind wie Saugnäpfe: Einmal zusammen, kriegt man uns schwer wieder auseinander. Manchmal streiten wir uns. Wenn wir getrennt sind – sie an ihrer Küste, ich an meiner –, vergesse ich, wie es ist, mit ihr zusammen zu sein, wie belebend, was für ein Auf und Ab. Bei ihren Besuchen in New York schauen wir uns Kunstwerke an.

In der Agnes-Martin-Ausstellung im Guggenheim Museum beginnen wir oben und schrauben uns nach unten, gegen den Verkehr all der Leute, die Streifen betrachten. Für uns wird Agnes Martin immer jünger. Danach gehen wir in den Tag hinaus, überqueren die Fifth Avenue gen Central Park, und sie sagt: »Guck mal!« und zeigt auf die dicken weißen Streifen auf dunklem Asphalt. »Da sind noch welche!«

Es gab ein Foto von meinen Eltern aus der Zeit vor meiner Geburt. Sie stehen am Bahnhof, an einem Morgen, als mein Vater wieder zum Reed College aufbrechen musste. Meine Mutter hat runde, volle Wangen. Sie trägt Jeans. Das Gesicht meines Vaters ist blass und süß. Sie sehen unglaublich jung aus. Ich dachte, es wäre meine Mutter, die ständig alles verlor – Häuser, Gegenstände, meinen Vater. Aber dieses Foto hatte sie viele Jahre lang aufgehoben, und dann gab sie es mir, und ich zog um und ließ es irgendwo liegen. Vor Kurzem hat sie mir ein Bild geschenkt, das sie als Schülerin gemalt und für das sie einen Preis gewonnen hatte.

»Er folgt dir auf Schritt und Tritt, dein Vater«, sagte sie, als sie mich nach seinem Tod besuchte.

»Sein Geist?«

»Er selbst. Ich weiß nicht, wie ich es sonst sagen soll. Ich kann ihn hier spüren. Und weißt du was? Er freut sich über die Maßen, bei dir zu sein. Er möchte so gerne mit dir zusammen sein, dass er die ganze Zeit hinter dir hertrabt. Weißt du, er ist schon glücklich, wenn er dir nur dabei zusieht, wie du einen Toast butterst.«

Das glaubte ich zwar nicht, aber es zu denken war trotzdem schön.